정신분석적 발달이론의 통합

정신분석적 발달이론의 통합

초판 1쇄 발행 2020년 8월 17일

지은이 필리스 타이슨, 로버트 타이슨
펴낸이 강수걸
편집장 권경옥
편집 박정은 윤은미 강나래 김해림
디자인 권문경 조은비
펴낸곳 산지니
등록 2005년 2월 7일 제333-3370000251002005000001호
주소 부산시 해운대구 수영강변대로 140 BCC 613호
전화 051-504-7070 | 팩스 051-507-7543
홈페이지 www.sanzinibook.com
전자우편 san5047@naver.com
블로그 http://sanzinibook.tistory.com

ISBN 978-89-6545-095-5 93180

* 책값은 뒤표지에 있습니다.
* 이 도서의 국립중앙도서관 출판예정도서목록(CIP)은 서지정보유통지원시스템 홈페이지(http://seoji.nl.go.kr)와 국가자료공동목록시스템(http://www.nl.go.kr/kolisnet)에서 이용하실 수 있습니다. (CIP 제어번호: CIP2020032792)

PSYCHOANALYTIC THEORIES OF DEVELOPMENT
AN INTEGRATION

PHYLLIS TYSON · ROBERT L. TYSON

정신분석적 발달이론의 통합

필리스 타이슨 · 로버트 타이슨 저 | 박영숙 · 장대식 역

산지니

우리의 성장을 지켜 주셨고,

이 책이 나오는 것을 보고 싶어 하셨을

Arthur P. McCoard, Frank McCoard,

Harry Kravitz, Bertha Tyson께 바칩니다.

한국어판 저자 서문

정신분석은 인간의 마음에 관한 연구를 그동안 진행해 왔고 현재도 발전 중인 과학이며, 동시에 감정적이면서 심리적인 어려움에 대한 치료법이기도 하다. 20세기 초 빈에서 프로이드의 작업으로부터 시작된 이후 정신분석으로 알게 된 것, 가르침과 교육훈련, 임상적용은 전 세계적으로 퍼져 나갔다. 이론과 기법이 복잡해져서 상충하는 개념들이 생겨나면서 여러 학파가 등장하게 되었고, 그럼으로써 학생들이 혼란에 빠져드는 일이 많아진 것은 당연하다. 따라서 우리는 학생의 입장에 있을 때나, 교육자로서 일을 할 때나 할 것 없이 우리가 잘 알게 된 정신분석의 이론과 사고에 관하여 가능한 한 분명한 설명이 필요하다는 확신을 갖게 되었다. 그리하여 1990년에 이 책을 영어로 간행하게 되었다. 이후 이 책은 프랑스어, 독일어, 이탈리아어, 스페인어, 러시아어, 포르투갈어, 일본어로도 번역 출판되었다. 이제 한국의 동료들이 이 책을 읽을 수 있어서 우리는 매우 기쁘게 생각하며, 또한 그럼으로써 이 책은 한국에서의 정신분석학적인 사고 발전에 기여할 것이라고 믿는다.

2013년 1월

Phyllis Tyson, Ph. D.

Robert L. Tyson, M. D., F. R. C. Psych.

Wallerstein의 서문

현대 정신분석은 너무나도 다양한 이론적 관점 때문에 곤란을 겪고 있다. 이것은 정신분석을 설립한 천재 지그문트 프로이트가 의도했던 것도 아니고, 기대했던 것도 아니다. 사실, 프로이트는 자신이 새로 만든 마음에 관한 과학의 변인들을 명확히 정의하여 그것을 외부에서 오는 파괴적이거나 의미를 축소하는 압력이나 유혹, 또한 내부에서 끊임없이 불거지는 인간적 불화에도 불구하고 통일된 사업으로 묶어 두려고 평생 불굴의 노력을 기울였다.

그러나 우리는 이를 실현하려는 프로이트의 의도가 실패했던 이야기도 알고 있다. 격렬하고 고통스러운 투쟁 끝에, 정신분석 이론에 그들 자신의 차별적인 지적 관점을 새기고자 노력했던 재능 있는 추종자들은 떠나 버렸고, 유명한 7인의 반지 소유자 위원회*가 결성되어, 공동의 지적 확신, 충성심, 확보된 지도적 지위를 통해 프로이트의 핵심적인 정신분석적 신조의 안정성을 보장하려고 노력했던 것도 그 목적을 이루지 못했다. 왜냐하면 프로이트 생애에 이미 대안적인 Klein 초심리학이 나타났고, 그것은 어머니와 아이 양자 간 애착을 바탕으로 일어나는 아주 초기의 인생 경험과 공격적 (혹은 죽음) 욕동 변화의 지배력에 초점을 맞추었기 때문이다. 심리적 초점을 전오이디푸스

* Adler. Jung 등이 학회에서 탈퇴한 후, Jones는 프로이트에게 충성하는 핵심 멤버들로 위원회를 구성하자고 제안하였다. 1913년 Jones, Adraham, Ferenczi, Sachs, Rank, Eitingon 등이 위원회를 구성하였고 프로이트는 각 사람들에게 황금 반지를 선물하였다.(역주)

시기의 경험으로 옮겨 그 범위를 넓힘으로써 Klein학파 사람들은 프로이트의 초심리학 추종자가 다루는 것보다 병리가 더 심한 환자를 다룰 수 있게 되었다고 느꼈다. 왜냐하면 프로이트의 초심리학에서 가장 중요한 것은 오이디푸스기와 오이디푸스기에 생기는 갈등의 해결이기 때문에, 그것으로는 소위 전이 신경증을 발달시킬 수 있는 정신신경증 환자만 볼 수 있다고 느꼈기 때문이다.

그 이후의 역사는 우리에게 익숙하다. 다음에 나타난 것은 영국 대상관계 이론인데, 자아는 욕동 방출보다는 대상 추구에 헌신한다는 전혀 새로운 초심리학이다. 이것은 프로이트학파와 Klein학파 사이의 새로운 독립 학파 혹은 중간 학파로서 발달했다. 그리고 그 다음 수년 동안에 Klein학파의 연장인 Bion의 관점과 또 독특하게 프랑스에서 언어가 가장 중요하다고 보는 정신분석으로 Lacan학파가 등장했다. 미국은 그때까지 통합된 정신분석이라는 프로이트의 이상이 지켜져 온 지역 중 한 곳이었다. 왜냐하면 프로이트가 후기에 발전시킨 자아심리학을 자신들이 직접 전수받았다는 주장에서 분명한 것처럼, 자아 심리학적 초심리학 패러다임이 장악하고 있었기 때문이다. 하지만 이제 자기애의 변천을 최우선으로 하는 Heinz Kohut과 Kohut의 자기심리학의 도전을 받게 되었다. 그리고 Mahler의 발달적 관점, Schafer의 정신분석에 대한 새로운 용어인 '행동 언어(action language)' 등 (규모는 작지만 새로운) 관점들도 있다.

우리는 모두 특정한 이론적 관점을 따르지만, 정신분석 안에 있는 이론적 관점들의 특징은, 각자 치료를 원하는 모든 환자에게 더 포괄적으로 적용 가능하며 다른 관점보다 더 효과적으로 환자를 이해하고 치료할 수 있다고 주장한다는 것이다. 프로이트의 정신분석은 원래 욕동 심리학에서 시작하였고, 나중에 자아 심리학을 포함하게 되었으며, 정신신경증의 본질을 해명하여 치료받으려는 모든 정신신경증 환자의 원인을 치료할 수 있는 최초의 과학적 정신치료로 여겨졌다.

Klein학파 사람들은, 원래 소아를 대상으로 하는 작업에 초점을 맞추었으나 나중에는 단순한 정신신경증 이상으로 장애가 심한 성인들까지 대상으로 하였으며, 그들 역시 고전적인 신경증도 더 잘(더 철저하고, 깊게) 치료한다고 선언하면서 자신들의 초심리학과 그에 따른 치료를 발전시켰다.

유사하게, Kohut의 자기 심리학은 외견상 난치성으로 보이는, 자기애적 성격 장애를 가진 사람들의 치료에 관한 관심에서 생겨난 것이다. 그러나 이것을 설명하는 이론적 구조와 기술적 개입은, 원래 정신병리 스펙트럼 중에서도 특수한 자기애적 장애 부분의 치료적 요구를 이해하기 위해 맞추어졌지만, 나중에는 고전적인 정신신경증까지 더 쉽게 설명하고 치료할 수 있다는 주장이 나왔다. 여기서 요점은, 정신분석 안에서 스스로를 주장하는 이론적 관점들은 정신분석의 적용범위 안에서 탐구하며 개입할 분야를 처음에는 좁게 잡지만, 곧 범위를 넓혀서, 정신적, 정서적 고통 때문에 전문적인 정신분석적 영역에 들어오는 모든 사람에게 자신이 가장 우수한 초심리학이며 치료체계라고 선언한다는 것이다.

이렇게 엄청난 수의 초심리학이 있는 우리 학문 분야의 전체 상황을 고려해 볼 때, 아직도 무언가 우리를 정신분석의 과학과 학문을 공유한(*shared*) 공통의 지지자로 묶고 있다는 것을 어떻게 이해해야 하는지 자연스레 의문이 생긴다. 즉, 우리의 다양한 이론적 관점들이 가진 어떤 것 때문에 그 관점들은 인간의 마음에 관해 공유하고 있는 근본적인 가정 그리고 마음의 기능을 이해하는 방법에서 정신분석적인 것으로 인식되는가? 또한, 아마 동전의 양면처럼, 우리의 이 모든 관점을 정신생활에 관한 다른 모든 비분석적 이론으로부터 구별하는 것은 무엇인가?

다른 곳에서 자세히 기술한 적이 있지만, 이 질문에 대한 나의 대답은, 현재 우리의 일반적 이론들 안에서는 공통의 기반을 찾을 수 없다는 것이다. 진료실에서 관찰할 수 있고 실증적으로 검증할 수 있는 임상 현상에 관한 말들이 별로 없는 것으로 보아 내 느낌에, 역사적으로 우리의 초심리학이 발달하는 현재 단계는, 과학적 연구가 가능한 단계가 아니라 과학적 은유만이 가능한 단계이다. 이는 아마 교수법적으로는 유용할 수 있을 것이다. 오히려 나는 우리의 공통적인 기반은 관찰할 수 있고 검증할 수 있는 임상 현상 그리고 경험상 쉽게 떠올릴 수 있는 갈등과 타협, 불안과 저항과 방어, 전이와 역전이의 상호작용에 관한 임상적 이론에서만 찾을 수 있다고 믿는다. 때로는 언어가 이런 임상적 공통성을 모호하게 하지만, 우리의 모든 초심리학은 이런 임상적 현상들을 공유하고 있다. 이렇게 공통적인 임상적 기반을 넘어서까지, 마음의 구조와 기능(혹은 역기능)에 관한 다양한 일반 정신분석 이론들의 개념을 조기에 융합하거나 통합하도록 노력하라고 압력을 넣는 것은 이 시점에서 과학적으로 부정적인 결과만을 초래할 것이다. 내게는 이런 이론이나 초심리학들의 준거 틀들이 서로를 비교하기에는 그냥 충분치 않다. 즉, 같은 분야에 대한 대화를 나누기에 충분치 않아 보인다. 또한, 준거 틀 중 그 어느 것도 관찰할 수 있고 그래서 검증할 수 있는 현상과는 연결되어 있지 않은 것 같다. 그들은 너무 많이 그리고 너무 추상적으로 벌어진 채 자신들의 고유한 교수법적 목적을 위해, 각자의 은유적 수사를 사용한다. 특정 이론의 지지자들은 그 안에서 거기에 맞춰 사고하고 작업하지만, 나란히 과학적으로 연구하고 대조하고 비교할 수 있는 영역은 너무 벗어나 있다.

이런 모든 고려할 점들은, 앞에서처럼 다양한 정신분석적 초심리학 무리에 관해 발달 이론의 관점에서 일관되고 유용한 개념적 통합을 제시하려는 Phyllis Tyson과 Robert Tyson의—내가 보기에는 대단히 성공한—노력에 어떻게 연결되는 것일까? 왜냐하면 정신분석 안에서 (아마 Lacan학파를 제외한) 다양한 이론적 관점 하나하나가 각자의 발달 이론을 후향적으로(일부 이론들은 어느 정도 전향적으로 관찰하여) 참으로 정교화해 왔기 때문이다. 특정 발달 이론들의 기초는 인생 경험의 종류에 관한 특정 학파의 개념(즉, 일어난 일에 주어진 의미)이며, 특정한 인생 경험들은 성격이 펼쳐지는 조직을 만드는데, 이 성격 조직은 마음이 조리 있어지고 변화하도록 영향을 받는 방식에 관한 특정 학파의 이론적 구조와 일치한다. 예를 들어, 프로이트의 원래의 욕동심리학과 일치하는 발달상의 초점은 정신성적 발달 단계에 속한 여러 시기의 리비도 변천에 있으며, 그 절정은 삼자 간 오이디푸스 배치의 불가피한 갈등과 양가감정의 적절한 해결이다. 자아 심리학으로 넘어오면 욕동 조절과 관리에 관한 것이 발달하고 정교해지면서, Anna Freud가 제시하고 Spitz, Mahler, 그 외 연구자들이 진행하고 확장시킨 여러 발달선과 함께 여러 자아 기능의 발달에 관한 연구가 전면에 부상한다. 유사하게, Kohut의 자아 심리학은 핵심적인 발달상의 동력으로서 자기애의 변천을 중요시하면서, 응집력 있는 자기(cohering self)의 발달선에 초점을 두었는데, 이 응집력 있는 자기는 점차 통합되어, 야망, 재능, 이상을 효과적으로 전개하며, 퇴행하고 파편화하려는 압력을 이겨낸다. 또한, 대상관계 이론가들은 자라나는 아이가 처음으로 양자관계 그리고 삼자관계, 그 후 점점 복잡해지고 분화된 대상 추가가 있는 다자간 세상을 향해 나아갈 때, 대상과 관계하는 성질의 발달상 변천을 특히 중요시하였다. 즉, 정신분석 안의 다양한 이론적 관점들은 전반적인 발달 과정에서 특히 구체적인 관계가 있는 발달상의 가닥이나 그 가닥들이 어떻게 발달하는지를 강조했다.

이런 발달은 특정 정신분석적 초심리학과 다소간 관계있는, 혼란스러울 정도로 다양한 정신분석적 발달 관점을 낳았다. 게다가 Piaget를 필두로 한 발달 심리학자들의 연구는 그들의 관찰 자료와 그 자료에서 유래한 이론적 구조로, 인간 발달이 진행하는 방식에 관한 우리의 전반적인 이해에 영향을 미치고 있다. Tyson부부가 이룩한 특별한(그리고 기념비적인) 업적은 이런 다양한 발달선을 추적했다는 것이며, 그 발달선들은 분리된 정신분석적 초심리학들과 관찰 가능한 것들과 연결되어 있고, 또한 이런 서로 다른—정신성, 대상관계, 응집력 있는 자기감과 정체감, 정동, 초자아, 성(gender), 자아 발달에 관한—전개의 관찰 가능한 지표들을 가능한 한 단단히 붙잡아서, 전반적인 발달의 구별되면서도 뚜렷하지 않은 모든 가닥들이 상호연관되어 있음을 보여 준다. 발달의 전반적인 과정을 정신분석적으로, 또한 포괄적으로 이해하려면, 이 가닥들 각각을 충분히 이해하여 다른 모든 가닥들과 연결해야만 한다.

이런 노력에서,—그리고 그 각각이 자체의 관찰 가능한 지표들과 경험으로 쉽게 알 수 있는 임상 공식화를 통해 다른 모든 관점과 연결된, 즉 이 모든 관점을 합친 혼합물로서 전반적인 발달 과정을 이해하려는 점에서,—Tyson 부부는 처음으로 과감히 그런 노력을 한 사람들이며, 이 한 권의 책으로 누구 못지않게 성과를 거두었다고 본다. 그들은 정신분석과 소아발달에 대한 광범위한 문헌을 사려 깊게 그리고 창의적으로 섭렵했다고 말할 수 있다. 그러나 광범위한 영역에 걸친 작업과 저술의 방대함을 고려할 때, Tyson부부가 탐구한 영역의 전문가들 대부분은 자신들의 개관을 너무 빨리 지나갔거나, 또 곳곳에서 나올 수 있는 자료나 추론의 복잡하고도 잠정적인 면을 대충 넘어가거나 무시하지 않았나 하는 의문을 가질 수 있다. 그런 의미에서, 이런 전문가들은 때때로 자신들의 학문적인 역할이 다소 부당하게 대우받고 충분한 평가를 받지 못했다고 비난할 수도 있겠다.

그러나 종합적으로 볼 때 이 책의 성과는 그 속의 모든 복잡 미묘한 것들을 완전 포괄적으로 다루겠다는 비현실적 추구에 있기보다 다른 곳에 있다. Tyson 부부는 마음의 구조에 대한 각각의 특정한 이론들과 일관성 있게 연결될 수 있는 특정한 종류의 초기 경험에까지 정신분석 이론의 다양한 발달적 기원을 추적함으로써, 서로 다른 이론적 관점에 연결된 관찰 가능한 발달상의 지표들이 어떻게 의미 있게 통합되어 이해할 수 있는 구조가 되는지 보여 줄 수 있다고 말한다. 그리고 그것은 그 자체로 상당한 업적이다. 더 중요한 것은 이 책이, 현재의 은유에 기초한 다양한 이론화를 넘어서는, 진정으로 통합된 과학적 일반 정신분석 이론을 궁극적으로 만들 수 있는 하나의 길을 알려 줄 수도 있다는 점이다. 그들은 이렇게 하려고 다양한 관찰 자료를 쌓아 올렸고, 공들여 그 자료들의 상호관련성을 모았으며, 상호관련성과 당연히 통합에서 서로 같은 지위에 있는 성인 정신 기능들(욕동, 대상, 자기, 정동, 인지, 자아, 초자아 등) 각각에 관해 더욱 경험에 기초한 이론을 지향하는 발달 시간표를 점차 진행시키고 있다. 또한, 그 정신 기능 각각은 이렇게 서로 양립하기 어려운 일반 이론이나 (은유적) 초심리학 중 어떤 것과 주로 연결되어 있다.

일부 정신분석 이론가들—Kernberg가 좋은 예가 되겠지만—은 융합을 위해 좀 더 부분적이거나 한정적인 노력으로, 모든 것을 아우르는 정신분석 이론을 만들기 위해 시도하고 있으며, Kernberg의 경우, 대상관계 관점과 자아 심리학적 구조 패러다임을 혼합하려고 한다. 우리 학문 분야의 이 중요한 이론적 과제에 대한 Tyson 부부의 발달적 접근은 틀림없이 더 유망한 것으로 밝혀질 것이다. 왜냐하면 그것은 관찰 가능한 현상이 갖추어야 할 자격 요건과 덜 복잡한, 즉 경험으로 쉽게 떠올릴 수 있는 이론화가 주는 (과학적 검증 가능성이라는)

보상으로 쉽게 제한되는 수준에서 개념화하고 있기 때문이다. 물론 모든 일들이 이렇게 과학적으로 진행될 거라고 보장할 수는 없지만, 가능성은 있으며, 이 책은 그 방식을 알려 준다. Tyson 부부가 의도했던 노력, 즉 합성하려는 노력의 결과가 주는 교수법적 · 교육적 장점에 덧붙여, 이 책은 또한 정신분석 내에서 궁극적인 전반적 이론 통합을 향한 작업 방향에서도 최소한 그만큼 중요한 시작점이라고 볼 수 있다. 그런 의미에서 이 책은 흥미진진한 과학적 전망을 보여 준다.

Robert S. Wallerstein, M. D.

감사의 글

우리가 처음으로 정신분석적 발달 이론의 통합에 관한 글을 써야겠다는 생각을 하기 시작한 것은, 런던의 햄스테드 소아 치료소 즉 지금의 안나 프로이트 센터에서 일하며 가르치고 있을 때였다. 우리가 그 훌륭한 연구소에 있을 때, 우리에게 매우 유익한 도움을 준 분이 많았으며 그중에는 Agi Bene, Maria Berger, Marion Burgner, Dorothy Burlingham, Rose Edgcumbe, Anna Freud, Ilse Hellman, Hansi Kennedy, Sara Rosenfeld, Joseph Sandler도 계셨다.

학생들이 자신이 배운 것을 통합하려는 지속적인 욕구는 발달에 관한 정보가 폭발적으로 증가하면서 성취하기가 더 어려워 보인다. 이 점은 1980~1983년에 개최된 World Association of Infant Psychiatry and Allied Disciplines(WAIPAD)의 초기 몇 회 학술대회가 전형적으로 보여준다. 우리는 이 분야에 대한 관심을 갖도록 격려하고 지지해 준 점에서, 그 단체에 있는 동료, 특히 Eleanor Galenson, Justin Call, Robert Emde에게 은혜를 입었다. Margaret Mahler와 John McDevitt과 나눈 토론도 중요하였다.

우리는 모든 연령대의 환자들, 학생들, 동료들에게서 배웠다. 우리가 언급해야 할 이름이 많지만 우리는 문헌을 인용한다든지 할 경우에만 언급하기로 하였다. 우리는 특히 일의 초기 단계에서 Beverly Kilman이 보내준 격려에 감사한다. 또한 각기 다른 단계들에 대한 원고를 읽어 준 Martin Silverman, Vann Spruiell, David Stier, Amy Tyson,

Joan Zilback의 노고에 정말로 감사한다. 특히 Philip Spielman이 보여 준 통찰력 있고, 지속적이고, 박학다식하면서도, 지지적인 비평과 상담에 진심으로 감사를 표한다. 그것은 우리가 바라던 것이었다. 만약 우리가 작업 중에 실수했거나 빠뜨린 것이 있다면 그것은 전적으로 우리에게 책임이 있다. Dr. Albert Solnit은 따뜻한 지지를 보여 주었을 뿐 아니라 출판에 관한 것을 효율적으로 도와주었다. 시카고 정신분석연구소 도서관의 Glenn Miller는 참고문헌을 찾는 데 많은 도움을 주었다.

Natalie Altman은 편집과 관련하여 일관되고, 노련하고, 박식하면서도 재기 넘치는 선의의 비평으로 우리가 추구해야 할 이상을 잃지 않게 해 주었으며, 우리가 상상했던 것보다 더 불분명한 여러 개념과 구절을 명료하게 표현하도록 도와주었다. 최근에는 Cecile Watters가 빈틈없이 날카로운 안목으로 원고를 편집했으며, Liza Altman은 광범위하고도 상세한 색인을 만들었다. Gladys Topkis의 열정과 지식은 이 책이 소원과 꿈에 그치는 것이 아니라 현실이 되는 데 중요한 역할을 하였다. 마지막으로, 여러 초안을 문서로 작업하는 중에 보여 준 Kim Snow의 끝없는 자발적 도움과 Loretta Kramer, Carolyn Severy, Lorraine Douglas의 성실하면서도 꾸준한 인내심에 많은 감사를 보낸다.

들어가는 글

이 책을 쓴 이유는 학생들을 가르치면서 그 필요성을 느꼈기 때문이다. 정신분석과 심리학을 공부하는 학생들, 또는 소아나 성인 정신과 수련의들에게 정신분석적 발달 이론을 가르치면서 우리는 그들이나, 가끔은 우리 스스로도 일련의 서로 모순되는 상호 배타적 이론들 때문에 혼란스럽고, 유·소아에 관한 아직 제대로 정립되지 않은 정보가 급속히 늘어나는 바람에 그 속에서 허우적거리고 있다는 것을 알게 되었다. 우리가 정신분석을 배울 때는 방향 감각을 잡기 위해 1945년 출판된 Otto Fenichel의 『신경증의 정신분석적 이론』(*The psychoanalytic theory of neurosis*)에 의지했는데 그 책은 그때까지 있었던 여러 이론을 통합한 것으로, 포괄적인 내용의 기념비적인 책이었다. 여기서 우리의 목표는 정신분석적 발달 이론을 합성하기 위해, 그 작품과 유사한 어떤 것을 만드는 것이다.

우리 학생들이 직면한 또 다른 어려움은 필요한 정보에 쉽게 접근할 수 없다는 것이다. 선택된 주제에 대한 선집과 특정한 관점을 제시하는 단행본처럼 저자들 각자의 작품 모음집을 이용할 수는 있다. 그러나 그 외는 단편적 이론들이 수많은 출판물 속에 흩어져 있다. 그래서 우리의 또 다른 목표는 성격 발달에 관한 전통적인 정신분석 이론과 더 최근의 정신분석 이론 그리고 그 분야의 연구에서 현재 가능한 모든 정보를 한곳에 모으는 것이다. 이전에 무엇이 있었는지 알면, 후자는 추가판이 되어 학생들은 그것을 더 잘 이해할 수 있을 것이다.

우리는 이 책을 통틀어 계속 정신 내적인 것을 최우선시하였다. 즉,

이는 마음이 진화할 때 마음속에 어떤 일이 생기는가 하는 것이다. 최근의 발달 연구는 대인관계에 관한 것을 최우선시하지만, 우리의 관심사는 대인관계의 상호작용을 지각하고 느낀 것이 정신 내적 구조의 기원, 성질, 기능에 영향을 미치는 방식이다.

성격발달에 관한 이론들을 통합하려고 시도하면서, 우리는 세월의 시험을 견뎌 낸 프로이트의 개념에서 그 작업을 시작할 것이다. 이렇게 하는 것은 현재의 이론들이 이 기초에서 어떻게 진화해 왔는지 보여 주려는 것이다. 프로이트의 이론이 틀렸다는 증거가 있을 때는 그 증거를 제시할 것이다. 우리의 입장은 주로 자아 심리학, 그중에서도 구조이론 쪽이며, Wallerstein(1988)이 후기 자아 심리학 시기라고 불렀던 것의 영향을 받았는데, 이 시기에 자아 심리학의 이론들은 점점 정신분석 안팎의 다른 영역에서 기원한 생각과 개념의 영향을 더 많이 받았다. 하지만 무엇보다 우리는 가르치는 것에서, 그리고 소아, 청소년, 성인과 작업하는 매일의 분석 시간에서 임상적으로 가치 있고 이해할 수 있으며, 조리 있다고 알게 된 것들의 영향을 받았다.

이런 통합된 관점을 세우기 위해 우리는 상세하고도 광범위한 수많은 이론적 가설, 임상 소견, 실험 자료들을 조사해야만 했다. 통합된 전체라는 관점에 이르기 위해 우리는 Piaget, Spitz, Anna Freud의 개념들을 von Bertalanffy가 기술한 일반 체계 이론에서 나온 더 현대의 개념들과 결합하여 그것을 구성틀로 사용하였다.

그렇게 함으로써 우리는, 발달이 상호작용하면서 서로 얽힌 많은 체계들(혹은 구조들)을 포함하는 연속적 · 불연속적 과정이며 각각의 체계에는 다른 체계의 발달과 관련지어 고려해야 하는 자체의 발달 순서가 있다는 관점에 도달했다. 우리는 인간의 성격을 형성하는, 중요하고도 동시에 진화하는 체계들* 각각의 발달 과정을 기술했다. 그것을 기술하면서 우리는 어떤 한 발달 시기가 최종적인 결과물에 대해 핵심적 위치에 있는 것은 아니며, 또 어떤 체계도 다른 것보다 더 상위 체계는 아니라는 견해를 유지했다.

우리는 정신분석 초기에 소아기 경험이 성인의 성격에 큰 영향을 미친다는 것을 인식하면서 발달적 관점이 진화했다는 것을 알고 있다. 처음부터, 과거의 재구성은 정신분석적 치료법에서 중요한 것이었고, 이런 발생적 관점은 정신분석적 공식화의 핵심이었다. 분석가들이 발생적 재구성 때문에 발달에 대한 관점이 왜곡되었다는 것을 알게 되면서, 그들은 발달 과정에 더 많은 관심을 기울이게 되었다.

발달적 관점도 진화했으며, 그 과정은 정신분석의 역사와 유사하다. 분석가들은 본능적 욕동의 진행과 오이디푸스 콤플렉스를 가장 중요시하던 것에서 벗어나, 인간의 발달이라는 개념에 관한 다양한 대체 이론을 내놓았다. 그중 어떤 것은 발달의 다른 측면을 무시하면서 한 측면만을 강조하여 비판을 받았다. 통합된 틀은 초기 경험이 나중의 정신병리에 끼치는 효과에 대해 단순한 환원주의나 부적절한 추론에 빠질 위험을 줄여 준다. 정신병리의 연구는 우리가 정상 발달을 이해하는 데 크게 기여했으며, 우리는 지금 그 빚을 다른 쪽으로 갚고 있다. 우리의 노력으로 다양한 관점이 그 속에 수용될 수 있는 틀이 만들어질 뿐만 아니라 발달 과정의 복잡성이 더 분명해지기를 기대한다. '정상적' 발달에 대한 자세하고도 정확한 지식은 사람들에게 그리고 사람들 사이에 일어나는 일탈적이고 병리적인 사건들을 점

---

* 우리는 이 책 전체를 통해 체계(*system*)와 구조(*structure*)라는 용어를 서로 혼용하였다. 마음에 관한 프로이트의 마지막 모델은 구조 모델이라고 알려져 있지만, 그럼에도 1부에서 우리가 구조는 상대적으로 안정적이며 느리게 진화하는 체계라고 기술한 것처럼, 구조를 체계라는 틀 속에서 볼 수 있다.

차 더 넓고 깊게 이해하는 기반을 형성하여, 조기발견과 예방, 효과적인 개입을 가능하게 한다.

이 책은 정신분석 이론의 발달적 관점의 역사와 함께 시작되며, 이어서 발달 과정과 우리가 사용하는 틀에 관한 기술이 나온다. 그 후에 정신성욕, 대상관계, 정동, 인지, 초자아, 성(gender), 자아 등의 영역에서 정신분석적 발달 심리학이 중요하게 여기는 관심사와 연구 주제를 제시하고 논의할 것이다.

우리는 전통적인 나이별 접근법 혹은 정신성(psychosexual) 단계별 접근법 대신 우리의 자료를 제시하는 방법을 선택했다. 그것은 생물학적 나이에 따른 발현 행동에 기여하면서 상호작용하는 광범위한 요인들을 강조하고, 또 발달 과정에서 각 체계가 모두 중요함을 분명히 하려는 것이다. 그래서 우리의 접근법은 개인의 나이보다 상호 관련성과 과정을 강조하며, 정신성 혹은 리비도 단계 특이성이라는 개념을 벗어난다. 우리는 이렇게 할 때의 장점이 어떤 중첩이나 중복에서 오는 단점보다 더 크다는 것을 경험으로 알고 있다. 그러나 이런 모든 체계의 상호의존적인 속성 때문에, 이 책을 구성할 때 약간의 어려움이 있었음을 고백하고자 한다. 결정하기 어려웠던 때가 몇 번 있었는데, 예를 들면, 초자아 발달이 성 정체성 발달보다 선행하는지 뒤따라 오는지, 또, 자아 발달이 초자아 발달과 성 정체성 발달보다 선행하는지 뒤따라 오는지 하는 것들이다. 그러나 이런 불확실성은 인간의 성격을 상호 관련되고, 상호작용하는 체계로 보는 시각의 타당성을 확신시켜 줄 뿐이다. 각 체계는 다른 모든 체계에 의존하기 때문에, 각 장은 다른 장에 실린 개념을 필요로 한다. 그래서 우리는 약간의 예상, 반복, 중첩을 피할 수 없었다.

발달 과정을 기술하고 통합하는 데 관계하는 개념과 발달 단계가 너무 많아서, 독자의 이해를 돕기 위해, 우리가 논의하는 성격 영역의 여러 순차적 과정을 도표로 그려 보았다. 이 표는 2장의 끝에서 찾을 수 있다. 물론, 그런 시각적 도표화는 지나친 단순화의 위험이 있다. 우리는 그것이 대단히 많은 자료의 통합에 익숙해지기 위한, 단지 시각적인 보조 자료로 쓰였으면 한다.

정신분석 용어의 초보자들은 접하게 되는 이런저런 용어의 뜻이 달라지는 것을 보면서 자주 혼란에 빠진다. 우리는 용어 설명으로 본문을 중단하거나 본문에 불필요한 부담을 주기보다, 그 용어를 사용하는 방식에 맞추어 간단하게 정의하는 용어 해설을 담았다.

편의상, 우리가 그(*he*)를 통칭으로 사용했지만 그것이 본문에서 남성 발달이 인간 발달의 기초가 되는 모델이라는 의미가 아니라는 것은 명백하다. 같은 맥락에서, 보살피거나 양육하는 사람을 말할 때는 통상적으로 어머니(*mother*)라는 용어를 사용했다.

이 책은 우리의 관점과 다른 사람들의 관점을 혼합한 것이다. 책 전반에 걸쳐 우리에게 익숙한 문헌들을 인용하였고, 우리는 그 점에서 완전할 수 없다는 것을 일찌감치 깨달았으며, 일부 뛰어난 업적들이 책에 실리지 않았음을 정직하게 인정한다. 우리가 인정받아야 할 것을 정당하게 평가하지 못했더라도, 그 누락은 고의가 아니다.

차례

5부 인지(Cognition)

6부 초자아(The Superego)

7부 성(Gender)

8부 자아(The Ego)

1부 발달 과정

THE DEVELOPMENTAL PROCESS

1장

정신분석에서 발달적 관점의 역사

프로이트는 한때, 정신분석은 철학 체계와 다르며 이미 완성된 이론 구조를 가질 수는 없다고 선언하였다. 그 대신 정신분석은 "복잡다단한 마음을 이해하기 위한 경로를 따라 한 걸음씩 자신의 길을 찾아야만" 할 것이다.(1923a, pp.35-36) 정신분석의 이론적인 구조가 점차 형태를 갖추면서, 발달적 관점이 중요한 초석으로 떠올랐다. 우리는 현재의 발달이론에 대한 통합적 접근의 바탕을 제공하기 위해 이 관점의 진화를 간단히 살펴보고자 한다. 분명히 역사적 접근법은 항상 유용하다고 생각한다. 그것은 현 시대의 사조를 평가하는 수단이 되고 알다시피 쓸데없이 시간을 낭비하는 경향을 최소화해준다.

발달적 관점의 발달

우선 발달적 관점이 유래한 발생적 관점을 살펴보자. 성격의 발생적, 혹은 더 정확히 말해, 정신발생적 관점은 한 개인의 과거가 그의 현재 기능에 어떤 방식으로 영향을 미치고 있는가에 관한 관심과 지식에서 생겨났다. 이 관점은 프로이트가 임상 작업을 통해 정신적 갈등을 조사하게 되면서 정신분석적 이론의 일부가 되었다. 그는 초기에 어떤 소아기 경험이 성인 신경증의 선행사건이 된다고 추측했고, 감정적 원인에서 오는 증상은 그 원인과 발달을 추적하지 않으면 제거할 수 없다고 생각했다. 실제로 프로이트는 복합적인 심리 현상에 대한 정신분석과 단순한 분석을 구별하였는데, "정신분석은 한 정신구조를 추적하여 시간상으로 그것에 선행하고 그 기원이 되는 다른 정신구조를 밝혀내는 일로 이루어진다."라고 강조하였다.(1913, p.183) 또한, 프로이트는 초기 경험의 성질을 재구성하고 이해하기 위한 치료기법들을 고안하였다. 따라서 유아기와 초기 아동기를 이해하기 위한 첫 시도는 성인 신경증 환자들과의 임상 경험에서 얻은 어린 시절의 재구성을 근거로 하였다.

그러나 프로이트는 재구성이 불가피하게 왜곡될 수밖에 없다는 것을 알았기 때문에 정신분석적 조사는 아이를 직접 관찰함으로써 보완해야 한다고 권고하였다.(1905b, p.201) 꼬마 한스(Little Hans)의 증례 보고(1909b)는 이런 방향의 이정표였다. 유아 신경증 치료에 초점을 맞추고 있지만, 이 증례는 그 소년의 경험과 그 경험에 대한 소년의 생생한 반응에 관한 가치 있는 정보를 포함하고 있다. 따라서 과거에 일이 어떻게 일어났는가를 설명하기보다 현재 일이 어떻게 일어나는가를 보여주는 발달적 관점을 제공한다.

프로이트는 또한 발달상의 지식을 이용할 때 함정이 있다는 것을 알았다. 성인에서 드러나는 과거의 흔적을 성장하는 아이와 같다고 할 수 없는 것처럼, 정신분석 이론에서 중요한 것은 심리적 과거(psychic past)라는 것 또한 인정해야 한다. 이 심리적 과거는 역사적 사실에 대한 현실적 설명보다 갈등과 방어의 영향을 더 많이 반영한다. 분명히 초기 경험들의 심리적 중요성은 그 당시에는 드러나지 않을 수 있으며, 나중에야 뚜렷해진다. 이 때문에 정신분석 이론은 소아 관찰만으로는 발전할 수 없었다. 생애 초기 경험들이 발달에 미치는 영향을 이해하게 된 것은 정신분석적 치료 방법과 무의식적 정신 과정에 관한 연구를 통해서였다. 1920년에 쓴 '성욕에 관한 세 편의 에세이'(1905b) 제4판의 서문에서, 다른 사람들도 아이에게서 성욕(sexuality)의 표현을 관찰했지만 아이의 성적 생활의 결정적 의미는 무의식에 대한 정신분석 연구를 통해서만 드러났다고 프로이트가 지적했을 때, 그도 마음속에 이런 생각을 했던 것 같다. 프로이트는 "만약 인간이 어린이를 직접 관찰하여 배울 수 있었다면, 이 세 편의 에세이는 나오지 않을 수도 있었다."라고 하였다.(p.133)

프로이트는 성적 발달의 연속적 단계를 제안하면서 처음으로 발달에 대한 정신분석적 이론을 내놓았다.(1905b) 이 이론에서 그는 유아기 성적 발달에 대한 이론뿐 아니라 체질(타고난 성숙의 순서)과 경험의 상호작용에 대한 이론도 제시하고 있다. 그와 다른 사람들이 이 발달 이론을 확장하여 더 많은 상호작용 이론을 포함하게 되면서, 그것은 '정신성 발달(psychosexual development)' 이론(1923b)으로 알려졌다.

프로이트의 뒤를 이어 Abraham은 구강기와 항문기에 가학적 요소가 있음을 확인하면서 이 시기에 대한 개념을 더 자세히 서술하였다.(1916, 1924a, 1924b) 그 이론의 일부 측면은 오늘날까지도 유용하게 남아 있다. 현실감(sense of reality)의 발달에 관심이 많았던 Ferenczi는 발달이론의 시야를 더 확장하여 자아심리학의 탄생에 영향을 미쳤다.(1913) 환상 생활의 발달을 강조한 Melanie Klein은 유아는 생의 첫 수주 혹은 수개월 동안에 공격성, 분노, 투사, 동일시 등의 우여곡절을 경험한다는 가설을 세웠다.(1928, 1933, 1948)

때로 삼요소 모델이라고 불리는 구조이론(structural theory)을 프로이트가 도입했을 때, 그는 마음은 이드, 자아, 초자아의 세 가지 가설적 정신구조로 구성되어 있고 그것들은 경험에 대한 안정된 기저의 조직을 제공한다는 이론을 제안했다.(1923a) 나중에 그는 타고난 특징과 환경이 이러한 구조들의 형성에 여러 가지 중요한 역할을 한다는 생각을 추가했고(1926), 이 생각은 분석가들이 발달에 영향을 미치는 다양한 요소들을 더 잘 이해하게 하였다. Anna Freud(1936), Hartmann(1939, 1952), Spitz(1959)가 이러한 정신구조의 발달을 처음으로 연구한 사람들이다. 게다가 Hartmann(1939)과 나중의 Winnicott(1956)은 타고난 체질적 요소가 발달 과정에 미치는 영향과 경험과 환경이 미치는 영향을 아주 자세하게 구별하기 시작하였다. 분석가들이 환경으로서의 어머니가 정신구조에 미치는 중요성을 인정하게 되면서 어머니-아이의 단위가 중요한 관심의 초점이 되었다. Anna Freud(1942), M. Klein(1928, 1933, 1952a, 1952b), Spitz(1959), Mahler(1963, 1972a, 1972b)가 어머니-아이 관계의 발전 단계를 기술함에 따라 마침내 대상관계의 발달 순서가 나타나게 되었다.

대인관계와 정신 내적 세계의 역동에 대한 프로이트의 이해는 주로 4~5세 아이의 오이디푸스 콤플렉스와 함께 시작했던 반면 우리가 현재 유아기(infancy)라고 여기는 생애 첫 3년 동안에 일어나는 일들이 점차 중요해졌다.(프로이트의 시대에 유아기는 보통 출생부터 오이디푸스기까지를 말하였다.) 생의 첫 몇 년이 더 강조됨에 따라 재구성적 접근의 문제점들이 뚜렷해졌고 연구자들은 초기 발달을 이해하는 다른 방법을 찾으려 노력하였다. 그 첫 노력은 소아 분석을 통해서였다. Anna Freud는 소아 분석이 분석이론 체계 속에 포함될 수 있는 지식을 낳는다는 걸 보여 주었다. 이런 초기 시절을 회상하면서, 그녀는 "소아 분석은 한 가지 매우 중요한 면에서 독특한 것임이 드러났다. 그것은 성인분석에서 이루어지는 재구성이 과연 옳은지 점검할 가능성을 열어 준 유일하고도 획기적인 방법이었다. 이제 처음으로 어린 아이들에게 직접 정신분석적 치료를 적용함으로써 이전에는 단지 추측하거나 추론하였던 것들이 생생하게 눈으로 볼 수 있고 증명할 수 있는 현실이 되었다."고 후에 말하였다.(1970b, p.210) 나중에 그녀는, 성인에서 이루어지는 재구성 작업은 주로 병리를 보는 정신분석적 관점을 책임졌지만, "소아 분석가는 정상적인 유아 발달의 과정을 설명하는 열쇠를 쥐고 있는 것 같다."고 덧붙였다.(1976, p.85)

신경증이 있는 아이들을 치료하는 것에 덧붙여, Anna Freud는 발달과정을 배우는 데에도 관심이 있었다. 1926년에 그녀와 몇 명의 가까운 동료들(Dorothy Burlingham과 Eva Rosenfeld, 그리고 교사 Peter Blos와 나중의 Erik Erikson)은 빈에 7~13세 아이를 위한 작은 학교를 세웠다. 이 학교는 부모가 분석을 받고 있거나 자신이 분석을 받고 있는 아이들을 위한 곳이었다. 따라서 이 학교는 정신분석적인 이해가 교육과정에 어떤 식으로 영향을 미치는지 관찰할 기회를 주었고, 특히 발달과 교육의 상호작용에 대한 초기의 관찰을 자극하였다.

분석가들은 정상 발달과 병적 발달의 기원을 이해하고자 점점 더 어린아이들을 연구하게 되었다. 생의 가장 초기 시기에는 언어적 사고나 의사소통보다 감각운동의 작용에 지배되기 때문에 분석가들은 관찰하는 방법을 택하였다. 이 분야에서 선구자 중 한 사람인 Melanie Klein은 처음에 자신의 아이들을 관찰하여 이론을 발전시켰다.(Grosskurth, 1986; Hughes, 1989)* 더 객관적이고 체계적인 관찰을 위하여 Anna Freud와 Dorothy Burlingham은 1937년에 빈의 극빈층 가정 걸음마기 아이들을 위한 실험적 주간 보육원을 세웠다. 2세 아이에 관한 정보와 어머니-아이의 생물학적인 단일체에서 서로 떨어지는 초기 단계의 정보를 모으기 위해서였다. 잭슨 보육원이라고 불린 이 센터는 곧 나치에 의해서 폐쇄되었지만 1938년 런던으로 이주한

* 이후에 자신의 아이를 치료하거나 해석하려고 시도하는 것은 아이에게 별로 좋지 않다는 사실이 일반화되었다.

Freud와 Burlingham은 고아가 되었거나 가족과 헤어진 유 · 소아를 위하여 전시 아동센터를 세웠다. 이 햄스테드 전시 보육원은 아동 거주 보호의 이정표가 되었을 뿐만 아니라 아이들의 행동에 대해 세심하게 관찰, 기록하여 정신분석적 소아연구의 중심지가 되었다.(A. Freud, 1942)

관찰적 접근법이 신뢰를 얻음에 따라, 정신병리의 기원에 대한 연구에도 관찰적 접근을 하게 되었다. 2차 세계대전 직후에 Spitz(1945, 1946a, 1946b)는 시설과 보육원에 있는 유아들에 대하여 일련의 관찰 연구를 시작하였는데, 그곳의 유아들은 신체적인 보살핌은 받았지만, 일정한 보모와 상호작용을 통하여 느낄 수 있는 자극이나 애정은 거의 받지 못했다. 이러한 박탈이 미치는 영향에 대한 Spitz의 보고는 초기의 발달과 정신병리에 관한 정보와 이론적인 이해를 보탰다. 또한, spitz는 자신이 발견한 것을 영상으로 기록하였는데, 지금은 이것이 영 · 유아의 실험실적 연구와 교육에서 당연한 일이지만 1947년에는 아주 드문 일이었다.

발달 연구의 이러한 선구적인 노력으로 새로운 분야가 대두하였는데, 이것은 두 종류의 큰 흐름으로 나타난다. 한 흐름은 정신분석적 사고의 틀과 Anna Freud · Dorothy Burlingham의 작업에서 유래한 것으로, 소아 분석의 임상 상황에서 자료를 모으거나, 혹은 자연적이거나 표준화된 세팅에서 장기간 아이를 관찰하여 자료를 모으는 것이다. 이런 연구들은 발달의 과정, 즉 정신 체계와 구조의 분화, 정신 내적 생활의 복잡성 증가, 생각과 환상의 출현, 그리고 정신병리의 근원과 예방법을 강조하였다. 이런 연구들은 정상적인 정신발달의 많은 소단계들에 대하여 우리의 지식을 상당히 확장시켰다.

두 번째 흐름은 전형적으로 조심스럽게 고안된 실험을 이용하여 진행되었다. 지금은 여러 분야에 걸쳐 하고 있지만, 원래는 Spitz가 시도했던 연구실 실험에서 유래하였고, 학문적 심리학의 많은 연구 방법들도 포함했다. 이런 실험은 깨어 있는 상태의 유아를 대상으로 비교적 짧은 기간 동안 실험실에서 수행하였는데, 배고프거나 불편한 상태에서는 관찰하지 않았다. 이런 연구는 종종 장기간의 종단 연구보다 좀 더 제한된 목적을 가진다. 즉 특정 가설을 검증하려는 것이다. 지난 수십 년간 실험적인 작업 영역의 확장과 더불어 다양한 연구 주제가 있었고 이러한 연구는 유아, 특히 신생아에 대한 이해를 매우 넓혀 주었다.

80년 이상 정신분석적 관심을 기울인 후(P. Tyson, 1989a 참고), 이제 우리는 발달과정의 많은 주요 특징들을 말할 수 있게 되었다. 다음 장에서 이런 것들을 토론할 것이다. 게다가, 자료를 이해하고 사용할 때의 문제점들이 이제는 분명하다. 명백히 성인의 자료만으로 실제의 아이를 재구성할 수는 없으며, 유·소아 관찰에서 온 추론만으로 성인을 구성할 수도 없다.

때때로 발생적 관점이 너무 단순화되거나 환원적인 방법으로 적용될 때가 있는데, 이것은 발달이 진행함에 따라 진화하는 '기능의 변화'(Hartmann, 1939, p.25) 혹은 이차 자율성(Hartmann, 1950)을 무시하는 것이다. 이런 용어들은 발달의 한 시기에서 유래한 행동이 나중에는 전혀 다른 기능을 가지거나 혹은 원래 그것이 발생하게 된 상황과는 전혀 무관하게 되는 것을 말한다. 예로서 대소변 훈련과 관계해서 나타나는 반동형성(본능적 소원을 방어하기 위해 정반대의 태도를 보이는 기제)이 있다. 좀 더 큰 아이나 성인에게서 청결은 꼭 더럽히고 싶은 소원을 의미하는 것은 아니다. 이런 요소를 인식하지 못하면 소위 발생적 오류(Hartmann, 1955, p.221), 즉 나중의 행동이 원래 문제가 되는 요소들이 있었기 때문이라고 보는 경향에 빠지게 된다. 예를 들자면, 성인기의 의존적 관계가 어머니와의 초기 관계 반복으로 단순하게 이해되곤 한다.

이렇게 되면, 이런 생각의 결과로, 성인 정신 병리를 단지 초기 발달상의 경험 지속이나 퇴행적 반복을 의미하는 것으로 자동적으로 이해하게 된다. 따라서 어린 시절 감정 기능의 흔적들을 자기애적, 경계선적, 정신병적 특징을 가진 아주 심각한 원시적 성격 장애의 진단적 증거로 보게 된다. 결과적으로, 발달상 후기에 일어난 일을 무시하게 되며, 특정 정신병리적 장애는 생의 첫 수개월보다 더 후기에 기원할 수 있다는 중요한 가능성도 무시하게 된다. 우리는 이런 접근법이 옳지 않다고 생각한다. 비록 성인에게 어린 시절 기능 양식의 잔재처럼 혹은 그것이 계속되고 있는 것처럼 보이는 어떤 것이 있다 할지라도, 이것이 그 기능 양식이 처음 생길 당시에 아이가 하던 것과 똑같은 방법으로 성인이 기능하고 있다는 것을 의미하지는 않는다. 발달의 후기 단계는 그 이전 단계의 영향을 받지만, 각각의 단계도 전체 성격에 고유하게 이바지하는 부분이 있다는 것 또한 잘 알려진 사실이다. 예를 들자면, 긍정적 느낌과 부정적 느낌을 나누는(분리하는) 방어적 경향이 있어 양가감정을 보이는 성인의 경우이다.* 흔히 그런 모습은 이런 감정들이 통합되기 전 단계로 퇴행하거나 발달이 정지된 것의 증거로 잘못 여겨진다. 그런 과도한 단순화는 암세포가 빨리 분열한다고 해서 유아기가 돌아온다는 신호라고 보는 것과 같다. 유

---

* 분리(*splitting*)라는 용어는 두 가지로 사용된다. 이 용어는 아직 한 번도 합쳐진 적이 없는 것들—예를 들어 어머니에 관한 즐거운 정신표상과 불쾌한 정신표상—을 계속 떨어진 상태로 두는 원시적 방어를 뜻할 수 있다. 이 용어는 또한 이런 표상들이 합쳐진 후에 분리되는 퇴행적 방어를 뜻할 수도 있다. 예를 들면, 어머니의 모든 측면을 포괄하는 정신표상이 어머니의 '좋거나' 즐거운 속성을 가진 것과 '나쁘거나' 불쾌한 속성을 가진 것으로 분리될 수 있다. 혹은 어떤 사람이나 그 자신에 대한 혼합된 느낌이 좋은 느낌, 나쁜 느낌으로 분리될 수도 있다. 그때 이들 중 한 가지 느낌이 종종 다른 사람에게 전치된다. 불행히도 이 용어를 어떤 의미로 사용하는지 구체적으로 명시하는 경우는 거의 없다.

아기에 세포가 빨리 분열한다고 해서 그것이 암은 아닌 것이다. 성장과 암의 관계처럼, 초기 발달 현상과 정신병리 사이의 연관성은 그렇게 단순하지 않다. 그 사이에 일어나는 사건들이 궁극적인 결과물에 중요한 역할을 한다. 이미 언급한 이차 자율성과 기능의 변화에 덧붙여서 다중 기능의 원리(Waelder, 1930)도 한몫을 한다. 즉 욕동, 자아, 초자아가 서로 합쳐서 정상 혹은 비정상의 모든 정신기능을 결정한다. Waelder는 모든 행동은 중복 결정(overdetermination)된다고 하였고, 이 접근법은 어떤 형태의 장애에도 유익하게 적용할 수 있다.(Brenner, 1959, 1979) 그래서 어떤 분석 환자의 과거를 이해하는 데 있어 치료자의 재구성이 아주 유용했다 하더라도, 우리가 '정신적 사실'로 이해하는 그 과거가 최소한 그것을 재구성하는 방식대로는 전혀 일어나지 않았을 수도 있다.

아마 더 흔한 문제는 성인 중심적 편견이다. 관찰자가 유아나 아이에게서 일어나는 현상을 그 나이의 아이에게 아직 존재하지 않는 구조, 기능, 기제의 탓으로 돌리는 것이다. 예를 들면, 유아의 혀 내밀기를 초기의 모방이라고 해석하는 경우이다. 실제 유아의 혀 내밀기는 시각적 대면 자극에 대한 반사 반응으로서, 생후 수개월 내에 점차 사라지는 것으로 밝혀졌다.(S. W. Jacobson, 1979) 진짜 모방은 훨씬 더 복잡하다.(Meltzoff, 1982, 1988) 또 다른 예는 유방에 대한 유아의 행동이 환상 활동이라고 하는 Melanie Klein의 주장인데(1928, 1958), 연구 결과 환상을 가지는 데 필수적인 정신적 능력은 나이가 더 들어야 이용 가능하다는 것이다.

이런 점에서 볼 때 소아 분석은 발달에 대한 우리의 전반적인 지식을 향상시킬 또 다른 기회이다. Anna Freud가 지적한 것처럼, 소아의 정신분석적 치료는 이미 그 자체가 아이의 내면세계에 접근할 수 있는 하나의 수단으로 그리고 성인분석의 재구성을 근거로 한 이론들을 확증하거나 반박하는 수단으로 자리 잡았다.(1970b) 또 최근에 소아 분석은 관찰 연구에 기초한 가정이나 이론들을 교차 점검할 수 있게 해 주었다. 이런 개념들은 대개 정신생활이 오이디푸스 콤플렉스를 중심으로 재조직되기 전인 전오이디푸스기(preoedipal) 아이에 관한 것이기 때문에, 보통은 나중에 성인분석가가 재구성할 때 그것들을 이용할 수 없다. 그런데 더 많은 아이가 오이디푸스기 초기나 그 전에 분석을 받게 됨에 따라 분석 자료를 통해 발달과정의 초기 단계를 조명할 수 있었고, 오이디푸스기로 진행이 일어나기 전에 해결되어야 할 주제나 갈등들을 더 잘 알게 되었다.(P. Tyson, 1977, 1989; R. L. Tyson 참고)

발달 과정에 대한 최근의 논쟁은, 만약 그 과정에 끝이 있다면 언제인가 하는 것이다. 몇몇 연구자는 소아발달을 서술할 때 쓰는 단계이론을 성인에게도 적용하자고 제안한다. Erikson(1950)은 발달이 평생의 과정이라는 것을 처음으로 제안한 사람 중 한 명으로, 프로이트의 정신성 이론을 정교화하면서 세 가지 성인 단계를 추가하였다. 즉 친밀성, 생산성, 자아 통합의 능력을 획득하는 단계들이다. Benedek(1959)은 부모가 되는 것도 발달 단계로 볼 수 있다고 했고, Bibling 등(1961)은 임신도 역시 발달 단계로 볼 수 있다고 했다. Gould(1972), Jaques(1981), Dewald(1981)는 성인 발달 단계를 설명하는 다른 기준들을 제시했다.

Colarusso와 Nemiroff(1981)는 평생 발달이 일어나지만, 후기에는 초기와 같은 방식으로 성숙 단계에 얽매이지 않고, 대신 어떤 역동적인 성인 발달 과제에 따라 규정된다는 입장을 가졌다. 대략 시기적으로 보면 이것들은 초기, 중기, 후기 성인기에 일어나는 것이다. 이와 비슷하게, Pollock(1981)도 예상되는 인생의 과정에 대해 말하면서, 성인 발달 단계는 변이가 많다는 것을 강조했다. Emde(1985) 또한 발달은 평생 능동적으로 일어나며 구조적 변화가 청소년기에 끝나는 것은 아니라고 주장하였다. Neugarten(1979)도 유사하게 심리적 개조는 평생 일어나지만, 성인발달은 특징적으로 단계를 구별하여 기술할 수는 없다고 생각하였다.

Settlage 등(1988)은 이런 단계 모델이 소아나 청소년기의 발달을 서술할 때는 유용하지만 성인발달에서는 구체적인 기준을 충분히 제공하지 않는다고 주장하였다. 그들은 인생의 전 시기를 포괄할 수 있는 방식으로 발달 과정을 정의하는 대체 개념을 제시하였다. 그들은 발달을 위한 자극은 이전에 적절했던 자기조절 기능과 적응 기능에 장애를 가져온다고 본다. 이런 장애, 혹은 '발달상의 도전(즉 생물학적 성숙, 환경의 요구, 외상적 경험이나 상실, 혹은 더 나은 적응이 가능하다는 지각)'으로 여러 수준의 정신적, 감정적 스트레스를 받으면서 불균형이 생긴다. 그리하여 동기가 되는 긴장이 생겨나고 그 결과는 퇴행, 정신 병리, 혹은 발달이다. 여기서 전진적인 발달을 통해 긴장을 해결하려고 시도하면 갈등이 생기고, 이 갈등을 해결함으로써 자기 조절적이거나 적응적인 구조의 형성 혹은 재조직이 이루어진다. 새로운 기능이 나타날 수 있으며, 이런 새로운 구조나 기능의 통합은 자기 표상, 즉 그 개인의 정체성 변화로 나타난다.

우리는 변화가 생애 주기에 걸쳐서 일어나고, (결혼이나 부모됨 혹은 외상적 상실의 경험과 같은) 어떤 중요한 생활 사건들이 정신적 재조직을 위한 자극으로 작용한다는 데 동의한다. 그러나 발달 과정에 관한 한 성숙으로 끄는 힘(혹은 미는 힘)이 가장 중요하다는 견해를 가지고 있다. 우리가 보기에 성숙에 따른 심리적인 변화는 정신구조의 형성, 분화, 통합으로 구분된다. 성인기에 성숙으로 끄는 힘이 작용하는 방식은 소아기나 청소년기와는 다르며, 청소년기 후에 일어나는 구조적인 변화는 대부분 적응과 관계된 것이다. 즉 이미 존재하는 정신구조의 재조직이 일어나는 것이며, 새 구조가 형성되는 것은 아니다. 그러나 우리는 Settlage 등(1988)이 제시한 대로 발달과정의 개념을 다시 정의하는 것은 훌륭한 통합적인 노력이라고 보는데, 소아와 청소년기의 심리적 변화와 성인의 심리적 변화를 그냥 같다고 보는 것이 아니라 연결해 주기 때문이다.

발달과정에 대한 이론들

'성욕에 대한 세 편의 에세이'(1905b)에서 프로이트는 리비도 욕동의 발달 순서를 제시했는데, 그것은 자아심리학이 출현할 때까지 발달이론의 중요한 초석이었다. 그 후 성욕 이외에도 많은 요소가 발달과정에 기여한다는 것이 점점 분명해졌다. 일부 저자들은 발달의 어떤 한 가지 요소가 가장 중요하다거나 특별히 우월한 지위를 가지고 있다고 단정적으로 주장했는데, 예를 들면 Kohut의 자기애와 자기, Melanie Klein의 공격성 등이다. 그러나 다른 저자들은 다양한 요소를 고려하면서 조직하고 통합하는 과정을 전해 줄 개념상의 도구를 찾으려 애썼다. 후자 중에서 우리는 Piaget, Spitz, Anna Freud가 수행한 작업의 영향을 가장 많이 받았다. 이들 각자는 발달에 대한 포괄적 이론을 고안했는데, 이후의 모든 이론가는 어떻게든 그 포괄적 이론을 고려해야만 했다.

Jean Piaget

Jean Piaget는 정신분석의 영역 밖에서 일하는 심리학자였지만 발달 과정에 관심이 있었으며, Piaget가 가졌던 생각이 자아심리학에 중요하다는 것을 Hartmann이 알게 된 후부터(1953, 1956) Piaget의 생각은 정신분석적 사고에 계속 영향을 끼쳤다. Piaget는 특히 적응이라는 관점에서 행동을 바라보았다. Piaget는 아이가 환경에 적응할 때 이미 만들어져 있는 범주 안에 새로운 정보를 동화시키는 것(assimilating)과 새 범주를 만들어 내적 구조를 변화시켜서 새로운 정보에 맞게 조절하는 것(accommodating) 사이에서 평형(eguilibrium)을 이룬다고 보았다. 그는 새로운 경험은 그 체계 내부에 긴장, 즉 불평형 상태(disequilibration)를 만든다고 생각했다. 반복되는 동화와 조절을 통해 체계는 점차 내부 구조를 변화시키고 평형을 재확립하며, 그 결과 발달이 일어난다. 이 이행은 이전 도식의 구조가 바뀌면서 완전히 새로운 조직이 되는 과정이다. 평형화는 그 속에서 긴장이 생기고 제거되는 자기조절 과정이고 그 과정 중에 개인은 점차 더 높은 단계의 정신조직으로 옮겨 간다.(Piaget, 1936, 1946, 1958, 1967)

Piaget는 정신발달이 일련의 단계를 거쳐서 일어나고 각 단계마다 특별히 우세한 특징들이 있으며 그 자체의 규칙과 논리가 있다고 결론지었다. 그는 이 단계들이 계통발생적인 순서를 따른다고 강조하였다. 어떤 단계로의 진입을 결정하는 시간표는 고정된 것이 아니며 인구집단에 따라서 또 개인차에 따라서 변할 수 있다. 그러나 일련의 순서는 변함이 없으며 보편적이다. 게다가 모든 새 단계는 새로운 인지능력의 갑작스러운 획득과 함께 시작되고, 그 능력은 견고해지는 동시에 통합되며 다음 단계의 획득을 준비하게 된다. 따라서 초기에서 후기 단계로의 통과는, 말하자면 앞으로의 도약과 그 후에 통합이 따른다는 것으로, 정신적 성장은 연속적이면서도 불연속적이라는 개념이다. 새로운 인지 단계로 들어가는 구조적 불평형의 시기는 흔히 감정적 취약성이 고조되는 시기로 받아들여진다.

René Spitz

Piaget처럼 René Spitz도 성격의 구체적인 구성요소를 밝히기보다 구성 요소들의 점진적 통합과 조직에 더 관심이 있었다. 그러나 Piaget와 달리 Spitz는 정신병리의 초기 기원과 전체로서의 정신에 깊은 관심을 보였다. 1936년에 빈 정신분석학회에서 발표했던 논문을 바탕으로 Spitz는 1959년에 '자아 형성의 발생적 영역 이론'을 만들었다. 이것은 발달 과정에 대한 여러 정신분석적 이해의 기초가 되었다.

발생학 이론에 힘입어 Spitz는 발달을 어떤 '영역(field)'이 불안정에서 안정으로 전진하는 것이라고 보았다. 오늘날에는 '영역'을 체계라고 생각한다. 발달 과정 중에 심리 조직과 적응에 중요한 변화가 일어난다는 것을 관찰한 후, Spitz는 이런 예들에서 일부 기능이 서로 새로운 관계를 맺어 하나의 통합된 단위로 연결된다는 결론을 내렸다. Spitz는 생후 첫 2년에 제한하여 기술하면서(우리는 더 널리 적용된다고 본다), 그런 변화에는 새로운 행동과 새로운 정동 표현, 예를 들면 사회적 미소, 낯선 사람에 대한 고통, '싫어!' 하는 몸짓 등이 따른다는 것을 강조했다. Spitz는 새로 나타나는 이들 정동 표현에 대해 정신의 구조적 조직이 새 단계에 도달했다는 지표나 신호로 볼 수 있다는 가설을 세웠다. 그는 이 새로운 정동 표현을 '정신 조직자(psychic organizer)'라고 불렀지만, 정말로 조직해서가 아니라, 초기 행동들이 새 조직 안에 통합된다는 뜻으로, 정신 구조 형성의 근본적인 진전을 반영한다고 생각했다. 이 조직자들은 또한 대인 간의 상호작용에서 극적인 변화를 예고하며 새 조직의 발달상 강화가 뒤따른다.(Spitz, 1959; Emde, 1980a, 1980b, 1980c에 상술) Spitz는, 발달은 누적되고 후성설(epigemesis)을 따른다고 강조했는데, 각 발달 단계는 이전 발달 경로가 정상이든 병적이든 그 위에 세워지며, 연속되는 단계들은 이전 단계에 존재하지 않았던 중요하고도 지속적인 새 정신 형성물을 포함한다는 것이다.

Anna Freud

모든 정신분석적 발달 이론은 순차적인 전진을 표현하고 발달의 연속성과 누적되는 성질을 강조하기 위한 은유로 '발달선(developmental line)'이라는 개념을 사용해 왔다. 프로이트 자신이 첫번째 그런 선(line), 즉 리비도적 욕동의 성숙 순서를 제안했다. 아이의 성격을 평가하기 위한 바탕을 찾으려는 목적으로 Anna Freud(1962, 1963)는 예측할 수 있고, 상호 연결되고, 중첩되고, 전개되는 일련의 선들이 발달을 특징지으며, 그 선들 사이의 일치와 불일치가 정상과 병리의 지표가 된다고 제안하였다.

발달선에 대한 이론을 발전시키면서 Anna Freud는 Piaget와 Spitz가 한 것처럼 발달선들의 상호작용과 상호의존, 즉 성숙하는 순서, 환경적 경험, 발달 단계 사이의 관계를 강조하였다. 그러나 Piaget가 새 인지기술의 획득에 초점을 맞추고, Spitz가 기저의 구조가 더 잘 조직되었다는 신호로서 새 정동 표현을 찾았던 반면에, Anna Freud는 구체적인 행동을 하게 하는 기저의 정신적 결정요인을 이해하는 데 집중했다. 예를 들면, 그녀는 아이가 어머니와 관계 맺는 양식은 적응적, 역동적, 유전적 요소를 포함한 이드, 자아, 초자아의 통합된 기능을 반영한다고 보았다. 그녀는 '의존상태에서 감정적 자립과 성인 대상관계'로 가는 선, 그리고 '빨기에서 적절한 섭취까지', '대소변 지리기에서 가리기까지', '무책임한 몸 관리에서 책임지기까지' 등의 신체적 독립을 이루게 되는 선들에 대해 언급하였다. 이러한 '역사적 사실들'은 기저의 정신 구조 형성에 단계가 있다는 것을 알려주었으며, 그녀는 이를 통해 아이들이 독립하여 적응하는 방향으로 성장한다는 것을 이해할 수 있었다. 그에 따라 그녀는 "유치원 들어가기에 적당한 나이는 몇 살일까요?"처럼 흔히 하는 질문에 대하여 대답할 수 있었다.(1965, p.57)

Anna Freud는, 발달에는 전진과 후퇴가 다 들어 있다고 하면서, 발달선을 은유로 구체화하거나 너무 경직되게 해석하는 것 둘 다를 경계하였다. 그러나 몇 개 발달선을 따라 진행을 비교하는 것은 증상과는 별개로 그 안에서 아이의 성숙이나 미성숙, 정상이나 병리를 평가하는 바탕이 될 수 있다고 생각하였다. 그녀는 다른 사람들도 다양한 발달선을 제안하여 이런 발달선들의 조합이 "성격 발달에서 아이 각자가 개인적으로 성취했거나 …… 혹은 실패한 것에 대한 분명한 모습을 전달할 수 있을 것"이라고 기대했다.(1965, p.64)

토론

Piaget, Spitz, Anna Freud의 이론은, 성격은 성숙과 환경에서 오는 영향이 개인의 경험과 상호작용하여 이루어진다는 것과 발달은 연속성과 불연속성이라는 특징이 있다는 것을 알려 준다. 발달의 진행은 여러 경로를 따라 일어나며, 각 경로마다 순차적이고 중첩된 단계라는 전형적인 양식이 있다는 점에서 발달은 연속적이다. 그러나 각 단계에는 이전 단계에서는 예측할 수 없었던 어떤 우세한 특징을 가진 독특한 조직이 만들어진다는 점에서 발달은 불연속적이다. 발달이 진행한다는 지표는 그 사람의 나이가 아니라 이런 특징들의 출현이다. 이것은 아이마다 고유한 성장 속도가 있으며, 발달의 진행은 큰 모집단에서 구한 표준보다 아이 자신의 과거 양상에 따라 판단해야 한다는 것을 의미한다.

여러 경로를 따라 일어나는 진행은 순조로울 수가 없다. 오히려 큰 변화가 특징이며, 그런 전진 후에는 통합과 강화의 시기가 오고, 그 후 다음 전진을 위한 준비가 시작된다. 일부 연구자들은 이런 발달상의 변화에 주목했는데, 변화의 시기가 서로 간에 일치한다는 것이 흥미롭다. 중요한 변화는 2~3개월, 7~9개월, 15~18개월, 3세경, 7세경, 11~13세경, 15~16세경, 18~20세경에 일어나는 것 같다. 그러나 각 연구자는 자신의 체계와 용어에 따라 이런 단계들에 이름을 붙였다. 예를 들어 프로이트는 욕동 발달의 순차적인 재조직들에 대해 기술하였다. Piaget는 이런 발달상의 변화를 인지적 통합의 지표로 여겼고, 각 단계의 우세한 사고 양식에 따라 이 단계들을 기술하였다. Spitz는 발달상의 변화를 자아 발달에 있어 점진적인 재조직화의 지표로 보았다. Mahler(1972a, 1972b) 또한 정신 구조의 발달에 주목했지만, 유아의 상호작용 경험이 대상관계 발달로 이어지는 부분에 대한 것이었다. 마찬가지로, Stern(1985)도 주관적 자기감의 연속적인 단계라는 틀 속에서 유아의 상호작용 경험을 강조했지만, 그러나 이런 단계를 자아와 이드의 발달과 연결시키지는 않았다. Anna Freud는 이런 모든 구조적 단위를 이용했으며, 이 단위들의 점진적 통합을 시사하는 것으로 외적 행동들의 집합을 이용했다.

지금까지 이론가들은 발달의 이런 다양한 관점을 통합하려는 시도를 거의 하지 않았다. 실제로 Greenberg와 Mitchell(1983)은 욕동 이론과 대상관계 이론을 논의하면서, 정신분석적 사고를 특징짓는 이 서로 다른 모델들은 단순히 체계화하기 위한 도구가 아니라 오히려 현실에 대한 다른 시각을 반영하며, 따라서 의미 있게 결합하거나 통합할 수 없다고 생각하였다. 하지만 우리는 이에 동의하지 않는다. 우리는 비록 각각의 이론이 다른 각도에서 성격에 접근하지만, 성격의 구조 모델은 여러 수준의 추상적 개념에 적용될 수 있으며(Rothstein, 1983, 1988 참고) 충분한 탄력이 있어서 많은 모델의 통합에 응용할 수 있다는 것을 알게 되었다. 성격 형성에 대한 포괄적 관점을 가지기 위해서는 이론과 모델의 통합이 필수적이라고 우리는 확신한다. 또한, 아이를 치료하거나 성인의 소아기를 재구성할 때 효과적으로 개입하기 위해서는 그 개인의 발달에 영향을 미치는 모든 중첩되는 요소를 포괄적으로 이해해야 한다고 믿는다. 따라서 이론적 통합은 대단히 바람직한 것이며 우리의 목적이기도 하다. 발달 과정의 특징을 더 자세히 토의한 후에 우리는 인간의 발달에 대한 포괄적인 정신분석적 관점을 제시함으로써 이 이론들을 통합할 수 있는 방법을 예시할 것이다.

2장

발달 과정에 대한 이론

프로이트의 정신분석 이론과 기법은, 성인 신경증의 바탕에는 소아기의 어떤 경험이 있다는 발생적 관점을 근거로 진화해 왔다. 성인 분석의 재구성은 이런 관점에서 진행되기 때문에, '재구성된 소아'는 실제 아이가 거쳐 온 수많은 단계와 경험을 단축해 놓은 것이다. 발생적 관점은 욕동 발달, 내적 갈등, 외상적 경험, 유아 신경증 등을 강조한다. 그것은 소아기 경험이 발달에 미치는 영향에 대한 이해를 중요시하며, 어떤 사람이 정신분석적 치료에 오게 되는 특별한 어려움의 근원을 찾으려 한다.

반면, 발달적 관점은 내적 갈등과 유아 신경증에 대한 조사에 덧붙여 정신 구조의 기원과 발달을 설명한다. 이 정신 구조는 갈등을 야기하거나 갈등에 영향을 미치며 또한 적응에 기여한다. 재구성된 아이보다 실제의 아이를 찾는(A. Freud, 1970b) 발달적 관점은, 1905년 프로이트가 첫 발달 이론을 제안할 때에는 이용할 수 없었던 자료수집 방법 덕분에 최근 몇 년간 그 내용이 아주 풍부해졌다. 여기에는 소아 분석뿐만 아니라 유치원, 보육원, 주간보호소, 병원 등에서 이루어진 아이의 직접 관찰, 종단 연구들, 연구실에서 이루어진 실험적 조사, 그리고 아동발달, 인지심리학, 중추신경계 발달연구와 같은 관련 분야의 자료들이 포함된다. 발달적 관점은 이런 축적된 지식을 발달하는

아이라는 관점에 통합하려고 시도한다.(Settlage 등, 1977)

발생적 관점과 발달적 관점은 서로 보완적인 관계로, 프로이트의 '증보판 시리즈'(1905b, 1916-1917)를 반영한다. 그들은 코끼리의 같은 부위를 보는 두 가지 방법과 같다고 할 수 있다. 발생적 관점은 현재에서 과거를 보는 것이며 특히 정신병리에 관심을 가진다. 그 전후 사정이 나타나는 것이 정신분석적 치료이며, 그것은 정신생활의 모든 초기 측면이 잠재적인 영향력을 가져 현재 기능에 영향을 미칠 수 있다고 인식하면서 현재를 설명하기 위해 과거에 대해 생각할 것을 요구한다. 발달적 관점은 정신구조 형성의 과정에 초점을 맞추면서 미래를 본다. 즉 타고난 소질, 성숙의 순서, 개인적 경험 등이 어떻게 합쳐져서 정신구조와 기능이 생겨나게 하며, 그렇게 생겨난 구조와 기능은 어떻게 정신 내적 삶의 한층 더 복잡한 미로에 기여하는가 하는 점을 고찰한다.

우리가 현재 이용 가능한 지식과 도구로 이 정신발달의 과정을 조사할 때 변화와 유연성이 특징인 어떤 과정을 보게 되는데, 그 과정은 생물학적 요소, 행동적 요소, 심리적 요소가 통합되고 조직화되는 과정이다.(Sander, 1983) 그것은 단순한 형태에서 더 복잡한 형태의 조직과 기능으로 진화하며, 그 결과로서 나타나는 기능과 구조는 자기 조절 능력과 적응 능력이 향상된 것이다.(Settlage 등, 1988) 생물학적 사고를 하는 사람은 정신발달을 발생학적 발달과 비교해 볼 수 있다. 우리는 잠재적 정신발달 과정의 청사진을 가지고 태어나며, 그 과정의 일부는 성숙의 시간표에 의해 정해진다. 또한, 우리는 다른 사람과 상호작용할 수 있는 능력, 이미 작동하고 있는 다양한 인지기능, 어떤 신체적 욕구와 절박한 충동을 가지고 태어난다. 이런 모든 것들이 우리의 독특한 개인적 경험에 영향을 미치고 발달 경로의 범위와 다양성에 기여한다. 성숙의 영향, 개인적 경험, 그리고 내적인 욕구, 충동,

소원, 느낌 등은 결합하여 다른 사람들과 상호작용한다. 이 상호작용에서 정신구조라는 기저의 안정된 조직이 형성되며, 이 안정된 조직이 독특한 성격을 결정한다.

이 과정을 연구하기 위해 우리는 타고난 소질, 경험적 요소, 그리고 그것이 합쳐져서 조직적인 정신구조가 되는 것을 먼저 기술할 것이다. 다음으로는 발달과정을 토론하고 그 과정에 기여하는 많은 특징을 통합하는 개념적 체계를 기술할 것이다.

타고난 요소

Hartmann(1939)이 어떤 인지, 지각, 운동 기능은 타고나는 것이며, 유아가 '전적응(preadaptiveness)' 상태가 되도록 한다고 주장한 이후로, 연구자들은 유아의 능력에 이바지하며, 발달의 최종 결과에 큰 영향을 미치는 타고난 기능이 아주 많이 정해져 있다는 것을 분명히 했다. 그들은 인지기능과 함께 유아의 기질에 대한 세부 사항(이것은 활동성, 주기성, 적응성, 역치 수준, 반응 강도, 주의산만 혹은 지속성과 주의집중력을 포함한다), 타고난 지적 잠재력(이것은 감각운동성, 시지각 및 시운동 기술, 그리고 언어를 수용, 표현, 처리하는 능력에 의해 영향을 받는다), 항상성 성취에서의 용이성 혹은 어려움, 환경에 대처하는 전적응에 영향을 미치는 통합 기능에서의 여러 가지 특별한 과민성 혹은 어려움 등을 기술하였다.

현대 발달 연구의 주요 발견 중 하나는 유아가 활동성을 타고난다는 것이다. 백지상태는 전혀 아닌 채, 환경의 영향 혹은 유전적으로 정해진 설계를 따라 열리고 꽃피우면서, 유아는 자신의 특별한 체질적 요소를 활용하여 발달에 능동적으로 참여하고 발달의 형태에 영향을 미친다. 이런 관점은 유아가 무력하게 수동적으로 발달상의 힘에 끌려간다는 초기의 생각과 첨예한 대조를 이룬다. 오히려 유아는 능동적으로 상호작용에 개입하고, 자신을 조절하며, 병을 일으킬 수 있는 유해 요인들을 견뎌내고, 유쾌한 것인지 불쾌한 것인지에 따라 경험을 감시하고, 환경에 적응한다. 우리는 이들 각각을 간단하게 기술할 것이며, 그것은 더 포괄적인 다음 장의 토론을 위한 준비가 될 것이다.

유아는 상호작용에 참여할 수 있는 소질을 지니고 세상에 온다. 예를 들어, Bowlby(1969, 1973, 1980)는 유아의 애착에 대한 소질을 강조했다. 유아가 발달에 이바지한다는 것을 더 잘 알게 되면서, 연구자들은 타인과의 상호작용을 시작하고 유지하고 끝내는 데 있어서 유아가 가진 능력의 중요성을 인식하게 되었다. Brazelton과 동료들은 유아가 사회적 상호작용을 예견한다는 것과 기대가 빗나갔을 때 어머니를 끌어들이기 위한 시도로서 다양한 방법을 쓴다는 것을 분명하게 보여주었다.(Brazelton, 1973, 1982; Brazelton 등, 1975; Brazelton & Als, 1979; Tronick 등, 1978)*

자기 조절은 모든 생명체계의 기본이며, 타고난 능력이다. 발달 연구는 신생아가 생리적 항상성을 유지하기 위해 상태와 관련해 내적으로 정해진 조절 행동이라는 기구를 갖추고 태어난다는 것을 증명한다. 환경에 대처할 수 있도록, 학습과 적응을 위한 타고난 능력 그리고 신경생리적 기능과 형태적 기능을 이용하는 타고난 능력으로 신생아는 행동을 조절하는 심리적 체계를 꾸준히 발달시켜 간다. 그 후

---

* 저자 서문에서 밝힌 것처럼, 이 책에서는 어머니 역할을 하는 모든 사람을 총칭하여 어머니(*mother*)라는 용어를 사용한다. 우리는 때때로 아버지가 조부모나 그 외 사람들처럼 일차 양육자로 기능할 수도 있다는 것을 알고 있다. 그러나 우리는 Call(1984)의 의견에 동의하여 양육자(*caregiver*)보다 어머니(*mother*)라는 용어를 선호하는데, 그 이유는 어머니라는 용어가 아이에 대한 어머니의 주관적 경험을 배제하지 않고 포함하기 때문이다.

자기 조절은 중요한 자아 기능으로 간주된다.(Spitz, 1957; Wolff, 1966; Sander, 1969, 1980; Spitz, Emde, & Metcalf, 1970) 정신분석적 발달연구는 정신발생적 요소, 초기의 환경적 영향, 혹은 그 두 개의 조합이 적응적으로 기능할 수도 있고 적응에 실패할 수도 있는 자기 조절 과정의 구조화에 어떻게 이바지하는지 보여 주었다.(Greenacre, 1952a; Spitz, 1959; Weil, 1979) 정동은 이 조절에서 중요한 역할을 한다. 처음에는, 어머니가 유아의 타고난 정동적 표정에 반응하며, 어머니의 반응은 유아의 생리적 항상성을 촉진하고, 나중에는 유아가 어머니의 느낌을 이용하며, 마지막에는 자신의 느낌을 안전한지 위험한지의 신호로 이용한다.(Emde, 1980b; Call, 1984) 정동의 이런 확인은 선천적 요소와 환경적 요소가 조합된 한 예이며, 자기조절에 크게 이바지한다.

유아는 또한 강한 복원력이 있어서 약간의 왜곡 혹은 편향 후에는 발달의 과정으로 되돌아가고자 하는 경향을 강하게 나타낸다. 이런 경향을 관찰하면서 임상가들은 일회성의 외상적 사건들이 갖는 병인적 영향을 재평가하게 되었다. 그들은 심지어 모성 박탈이나 아주 혼란스런 환경과 같은 심각한 환경적 장애물이 항상 그리고 필연적으로 비가역적인 부정적 영향을 미친다는 생각도 재고해야만 했다.(A. Freud, 1955; Emde, 1981; Harmon, Wagonfeld, & Emde, 1982; Anthony & Cohler, 1987)

쾌락과 불쾌를 구별하고 그중에서 전자를 선호하는 능력 또한 타고난 소질이다. 위압적인 욕구가 행동을 강제하는 동안 경험에 대한 기억들이 유아의 연이은 선택을 이끈다. 프로이트는 쾌락과 불쾌를 경험하면서 동기가 생긴다는 것과 쾌락의 신체적 근원이 발달 과정 중에 변한다는 것을 알았다. 그는 정신성 발달의 단계, (쾌락을 추구하는 정신 에너지를 주장한) 욕동 이론, 이중 욕동 이론에 대한 학설을 만들 때, 이런 요소들을 고려하였다. 발달에 대한 새로운 정보와 함께 욕동 이론이 점차 개정되고 수정되었기 때문에, 우리는 이제 유아와 아이를 단순히 에너지에 따라 움직이는, 쾌락을 추구하는 피조물로만 보지는 않는다. 하지만 우리는 자라는 아이의 행동에 역동적 영향을 미치는 것이 성적 그리고 공격적 욕구뿐만 아니라 분명히 쾌락 추구라는 것을 인식하고 있다.

적응은 활동을 위해 아이가 타고난 능력 중에서 중요한 기능이다. Hartmann(1939)은 환경에 대한 개인의 적응성 상태와 그런 상태가 되게 하는 발달 과정을 구별하였다. 적응 과정은 환경 변형적(alloplastic)이거나 자기 변형적(autoplastic)이라고 기술된다.(Freud, 1924c; Ferenczi, 1930) (Piaget의 동화 개념과 유사한) 환경 변형적 적응은 주로 내적인 욕구, 도식, 소원에 따라 환경에서 반응을 이끌어 내거나 혹은 환경과 관계하는 개인의 능력을 말한다. 이런 능력은 자신의 생존에 필요한 것을 얻기 위해 환경에서 반응을 이끌어 내야만 하는 아주 초기 유아에게는 결정적이다. 그러나 더 큰 아이나 성인이 내적인 요구를 만족시키기 위해 계속해서 환경만을 조정하려고 하는 것은 병리의 지표일 수도 있다. 반면, (Piaget의 조절 개념과 유사한) 자기 변형적 적응은 환경을 지각하게 되면서 내적 혹은 정신적 수정을 하는 능력이다. 이것은 현실 검증력을 요구하며 대부분은 타협 형성, 혹은 최소한 만족의 지연을 의미한다.

경험적 요소

타고난 능력은 나중에 발달하는 정신구조가 그 안에서 작용하는 한계가 되며, 생리적 기능은 환경에 적응할 때 전적응의 수단이 된다. Benjamin은 "욕동 조직화, 자아 기능, 성숙의 속도에서의 타고난 차이에 의해서, 객관적으로 동일한 경험에 대해 다른 반응이 일어날 뿐 아니라, 어떤 경험을 하게 될지, 그 경험을 어떻게 지각할지 하는 것이 정해질 수 있다."고 조심스럽게 강조하였다.(1961b, p.34) 그러나 심리적 기능은 타고나는 것이 아니고, 우리가 아는 한, 출생 때는 이용할 수 없다.(Spitz, 1957) 오히려 정신구조는 다른 사람과 상호작용하는 일련의 개인적 경험을 통해 점차 통합된다. 그래서 선천적으로 정해진 발달 잠재력에 더하여 개인적 경험이 발달에 큰 영향을 미친다는 것을 우리는 인정하게 되었다.

유아에게는 인간 상호작용에 참여하기 위한 타고난 소인이 있을 수도 있지만, 수많은 개인적 경험이 그런 상호작용을 통해 생겨나기도 한다. 예를 들면, 유아는 어머니에게 막대한 영향을 미치며, 어머니를 끌어들일 수 있느냐 없느냐 하는 유아의 타고난 능력은 그의 발달 과정에 영향을 미친다.(Fraiberg, 1968, 1974; Bell, 1974; Lewis & Rosenblum, 1974; Bell & Harper, 1977) Benedek(1959)은 아이의 요구를 충족시켜 줄 때 어머니가 느끼는 만족감은 그렇지 못할 때 느끼는 좌절감과 함께, 어머니 자신의 감정 생활에, 또한 유아의 감정 생활에 서로 영향을 미친다고 말하였다.

Spitz(1963) 또한 어머니-유아 간의 상호성이 어머니와 유아 모두에게 영향을 미친다는 것을 강조하였다. 그는 어머니가 기여하는 것과 아기가 기여하는 것이 다르다는 상호보완의 비대칭성을 강조하면서도, "그들 각자는 상대를 보완한다. 어머니가 아기에게 필요한 것을 주는 반면, 차례가 바뀌면 …… 아기가 어머니에게 필요한 것을 준다."고 하였다.(Spitz & Cobliner, 1965, p.96) Kris(1953)는 어머니의 요구와 유아의 요구 사이의 상호 적합성을 조사하여, 시간이 지나면서 그 요구가 어떻게 달라지는지 보았다. 더 최근에는 Chess와 Thomas(1986)도 같은 생각을 말하면서, 유아 발달에서 양육자와 유아 사이 적합성의 질이 유아의 선천적 자질만큼 중요하게 기여한다고 지적하였다.

현대 발달 연구의 중요한 성과는 어머니와 유아가 발전하는 상호작용 체계를 만들고, 그 속에서 각자는 서로 다른 능력을 갖추고 있으며 상대방의 행동에 계속 영향을 미치고 강화한다는 것을 이해하게 된 것이다. 발달의 초기에는 이 상호작용 과정이 너무 복잡하여 나중에 나타나는 정신병리 양상을 상대방의 행동 탓으로 돌릴 수 없는 경우가 자주 있다.(이것은 나중의 병리를 어머니의 실패로 여겨서 비난하고 싶어 하는 일부 임상가의 경향, 즉 어머니가 유아의 행동을 형성하는 방식만을 강조하는 발생적 관점을 단순히 적용하는 것과 대비된다.)

유아가 다른 사람과 상호작용한 각 경험들은 기억의 토대를 이룬다. 유아는 이 기억의 토대 위에 개인적인 현실감을 구축한다. 그러므로 현실 또한 유아의 활동과 개인적 경험의 산물로 봐야 한다.

정신 구조의 형성

발달이 일어나는 동안, 지금까지 기술해 온 타고난 요소와 경험적 요소가 합쳐져, 정신 구조들로 된 기저의 안정된 가설적 조직을 형성하며, 이 과정은 때때로 '정신적 조직' 혹은 '구조화'라고 불린다. 어머니-유아의 상호보완적인 상호작용이 초기의 바탕이 된다. 정동이 개입된 환경과의 상호작용과 이 상호작용의 기억을 통하여 유아는 자신과 타인 그리고 그들의 상호작용에 대한 정신적 표상을 구축한다. 다양한 내재화의 과정(합일화, 내사, 동일시)을 거치면서, 정신 구조들 또한 이런 상호작용들로부터 나타난다.

정신 구조가 어머니-유아 상호작용의 맥락에서 나타나지만, 어머니와 유아 간 정신 기능의 차이도 발달에 영향을 미친다. 그들의 상호작용은 학습의 배경이 되어, 유아의 심리적 기능이 그 속에서 점차 더

상위의 조직과 구조화로 향상되어 간다.(Loewald, 1960; Settlage, 1980)

어머니와의 상호작용은 때때로 갈등을 가져오는데 그 또한 정신 구조 형성에 중요한 역할을 한다. 갈등은 병리하고만 연결된 것이 아니라, 어디에나 있고, 불가피한 것이고, "인간 조건의 일부이다." (Hartmann, 1939, p.12) 도전과 좌절, 모순과 역설, 일관성과 불확실성, 이 모든 것들이 발달 과정을 특징짓는다.(Sander, 1983) 우리는 불화, 대립과 계속 투쟁해야 하며(G. S. Klein, 1976b), 그것들을 해결하려는 시도는 정신기능을 자극한다. 다른 말로, 갈등은 외부에서, 즉 어머니와 유아 두 사람 사이에서 시작한다. 우리는 환경을 조종하거나 내적인 타협 형성을 함으로써, 즉 환경 변형적(alloplastic) 혹은 자기 변형적(autoplastic) 적응을 통하여 이런 갈등을 해결할 수 있는 능력을 가지고 태어난다. 궁극적으로 이런 갈등은 내재화되며, 내재화된 갈등을 해결하는 것은 자아 기능에 의한 내적 타협 형성이다. 이런 식으로 정신 구조는 계속 발달하고 수정된다. Nagera(1966)는 발달상의 갈등, 발달상의 방해, 내재화된 혹은 신경증적 갈등, 유아 신경증 등을 구별함으로써, 이것을 유용하게 명료화하였다.

발달상의 갈등(*developmental conflict*)은 가끔 증상을 동반하지만, 정상적이고, 정해져 있고, 예측 가능하고, 대개 일시적이다. 모든 아이는 각 발달 시기에 다소간 발달상의 갈등을 경험하는데, 예를 들면 아이의 소원과는 상충하지만 어머니가 시기에 맞는 특정 요구(예, 대소변 가리기)를 할 때 아이는 갈등을 경험한다.

때로는 환경에서 오는 영향이 아이의 욕구와 매우 상반되어 그 결과로 생긴 고통이 발달의 진행을 방해한다. 그러한 발달상의 방해(*developmental interference*)는 그것이 일어날 때의 나이와 발달 정도에 따라서 다양한 병리적 왜곡을 가져올 수 있다. 초기에 일어나는 방해는 훨씬 큰 영향을 미치는 경향이 있는데, 이 영향은 가역적일 수도 있고 아닐 수도 있다. 예를 들어, 아주 어린 유아를 방임하면 생존까지 위협하게 되고, 둘째 해에 일어나는 방임은 언어 획득을 늦추며, 추상적 사고의 기초가 되는 인지 구조 형성을 방해할 수 있다.(Weil, 1978) 외과적 수술은 또 다른 잠재적인 발달상의 방해이다. 유아 성기기의 절정 시기에 수술을 받는다면, 아이는 그 수술을 오이디푸스적 소원에 대한 처벌로 해석하여 거세 불안이나 남근 선망이 심해질 수도 있다. 더 이른 시기, 즉 확고한 신체감과 자기감이 확립되고 정신적으로 표상되기 전에 이루어진 수술은 아이를 너무나 압도하여 신체의 온전성에 대한 감각과 자기조절 기능을 해칠 수 있다.(Greenacre, 1952a) 발달상의 방해는 전반적으로 영향을 미치고, 이후에 오는 발달상 갈등의 최종 결과를 결정지을 수도 있다.

대개는 외부의 요구와 내적 소원 사이의 갈등으로 시작된 것이 내적 요구와 내적 소원 사이의 갈등이 된다. 그것을 내재화된(*internalized*), 혹은 신경증적 갈등(*neurotic conflict*)이라고 한다. 갈등 내재화의 첫 단계는 한 살 반부터 뚜렷이 나타난다.(Mahler, 1975b) 그때 걸음마기 아이는 소원 사이의 갈등, 예를 들면 이제 조건이 따르기 시작하는 어머니의 사랑에 대한 소원과 무제한의 만족에 대한 소원 사이에 갈등을 경험한다. 최적의 결과는 내적 수정이 이루어지는 것이다. 예를 들면, 걸음마기 아이는 항문 쾌락을 찾고 즐기는 대신에, 반동형성이 나타나 어머니의 소원을 동일시한 청결을 추구한다.

이러한 초기의 내재화된 갈등 위에 단계-특이적인 오이디푸스 갈등이 덧붙여지며, 한 가지 가능한 결과는 유아신경증(*infantile neurosis*)이 형태를 갖추는 것이다.(현재는 이것이 생기는 시기가 유아기가 아니라 초기 소아기라고 본다.) 유아신경증은 초자아가 기능함을 의미하며 마음의 어떤 구조와 조직을 말하는 것으로, 거기에서는 특별한 소원과 충동(주로 오이디푸스 콤플렉스의 욕동과 관계된 소원이지만 다른 소원일 수도 있음)이 출현하는 초자아가 가진 내재화된 기준과 도덕적 지시와 충돌하며, 그 갈등에 대한 반응으로 (환경을 조종하려는 시도 대신) 내적인 수정과 타협 형성이 이루어진다. 아이에게 유아신경증은 심한 타격이 되어 발달을 방해할 수 있다. 그러나 그 기저의 갈등 자체는 정상적이며, 갈등 해결을 위한 노력은 독립적인 심리적 기능을 촉진한다.

대부분의 내적 갈등이 외부세계와의 상호작용에서 시작하여 차례로 내재화되는 반면, 성격의 반대되는 성향 사이의 갈등은 활동 중이며, 해소되지 않고, 부분적으로는 해소 불가능한 특별한 범주의 갈등으로 알려져 있다. 양가감정, (종종 양성성으로 언급되는) 여성성과 남성성 사이의 균형, 능동성과 수동성이 그러한 내적 갈등의 예이다.

발달의 과정

선천적 그리고 경험적 요소들로부터 정신구조가 형성되는 것은 앞으로 도약하는 것과 뒤로 미끄러지는 것이 특징이다. 그래서 그것은 불연속적 과정이다. 앞으로의 도약은 Abrams(1977)가 발달적 변형이라고 언급한 것 때문에 일어난다. 때때로 다양한 요소, 능력, 기능들(예를 들면 인지기능, 정신성적 발달을 이끄는 새로운 성감대의 출현 등)이 생물학적으로 정해진 양상과 시간표에 따라 성숙한다. 성숙은 체계 내적인 변형으로 이어지고 변형은 보통 환경을 따르지도 않고 환경의 영향을 받지도 않기에, 각 아이는 자신의 속도에 따라 발달해 가야 한다.

앞으로의 발달은 또한 발달상의 통합 때문에 일어난다. 즉 여러 독립적으로 출현하는 요소와 기능들이 서로 연결되고 상호작용하여, 일관되게 기능하는 새 조직을 형성하게 된다. 이 새로운 조직은 그것에 이바지하는 요소 중의 어떤 것보다 더 복합적이다. 다양한 기능이 결합하거나 조직되어 일관된 체계가 되는 것이 자아 구조화의 본질이다. 다양한 기능이 연결되는 교점이 있어서 이것이 자아 형성의 단계를 구분한다. 이 교점의 특징은 아이의 자기 조절 능력과 적응 능력이 현저하게 발전하여 눈에 띄는 행동상의 변화가 나타나는 것이다.

각 교점 후에는 항상 퇴행과 발달상 강화의 시기가 온다. 어떤 정신 체계에서든 앞으로의 이동이 일어나면 체계 간의 불균형을 불러와 이전의 평형상태가 무너지게 된다. 이전의 기능 양상, 즉 이전의 발달상의 문제, 갈등, 방어, 적응의 형태들은 이제 재작업되어야 한다.(Piaget는 인지발달에서 이와 유사한 과정을 개념화했는데, 그것을 격차[décalage]라고 불렀다[1932].) 각각의 재작업이 성공하게 되면, 정신 체계들 사이에 더 높은 수준의 통합이 일어날 뿐 아니라 각 정신 체계는 내부적으로 더 높은 수준에서 기능하게 되고, 동시에 정신 기구가 성숙한다. 이 말은 아이가 불충분하게 해결된 갈등이나 계속 지녀 온 문제에서 '벗어나 자란다'는 뜻은 아니다. 오히려 아이는 그것들을 '중심으로 자라며', 그 때문에 그것들이 이후의 발달과정을 왜곡시킨다.

Kris는 '자아에 봉사하는 퇴행'이라는 개념을 도입하여(1952, p.177), 퇴행을 정상 발달의 일부로 여겨야 한다고 강조하였다. 비록 더 나중의 형태로 대체될지라도 모든 형태의 심리적 현상은 잠재적으로 활동 중이라는 것이 정신분석의 기본 가정이다. 과도한 스트레스가 있을 때는, 초기에 생겼던 더 만족스럽거나 갈등이 더 적은 형태의 기능이 다시 이용된다는 의미에서 (시간적이 아닌) 기능상의 퇴행이 일어날 수 있다. 그러므로 정신 기능에서 반복은 흔히 일어난다. 모든 경험, 모든 발달상의 문제가 일생을 통해 변함없이 남아 있고, 진화하고, 잠재적으로 작용하기 때문이다. Jones가 말했듯이 "개인은 첫 5년 동안 거쳤던 발달을 십대에 되풀이하고 확장한다. …… 이 단계들을 유아기와 청소년기라는 두 시기에 서로 다른 차원에서 거치게 되지만, 같은 사람에서는 아주 유사한 방식으로 거치게 된다."(1922, pp.398-399) 또한 "외부 세계와의 상호작용에서 경험했던 것을 내면 세계에서 반복" 경험하는 것도 진화하는 성격의 특징이다.(Loewald, 1965, p.90) 프로이트는 반복적인 행동이 정신병리적 힘들의 결과인 반복 강박에서 생긴다고 보았지만, 우리가 여기서 말하는 반복은 그것과 다르다. 우리가 사용하는 의미의 반복은 내재화와 구조화라는 정신 과정의 일부이다.

Abrams(1977)는 발달의 진행이 아주 다양한 방식으로 인격에 영향을 미친다고 지적했다. 변형이나 통합 때문에 생긴 중요한 조직상의 변화는 그 과정에 불연속성을 가져오지만, 연속성 또한 발견된다. 예를 들면, 대인관계의 양식(Emde, 1900a)이나 자아가 기능하는 방식들(S. Brody & Axelrad, 1970, 1978)은 발달과정 동안 알아볼 수 있는 어떤 특징들을 계속 간직하는 것 같다.

발달 과정의 불연속성과 연속성을 고려해 볼 때, '정상'을 기술하는 것의 어려움이 더 뚜렷해진다. 어떤 아이는 특정한 영역에서 다른 사람보다 더 빠르거나 더 느리게 발달한다. 발달은, 어떤 영역에서는 성숙에 더 의존하고, 다른 영역에서는 환경과의 상호작용과 개인의 경험에 더 의존하며, 또 다른 영역에서는 이전 단계로부터 온 요소들의 통합과 합성에 더 의존한다. 이 때문에 Neubauer는 "발달 과정의 이런 다양한 양상을 통일하려고 시도할 때 정신분석적 발달 이론에 내재한 문제점이 드러난다. 여러 자아 기능과 이드-자아 기능 사이의 적절한 관계를 알아내는 것이 그렇게 어려운 이유는 바로 그런 복잡성 때문이다."라고 말했다.(1984, p.21) 발달 과정의 복잡성 때문에 대단히 다양한 정상과 정신병리가 생겨난다.

관점의 제시

발달 과정에는 수많은 정신기능이 관여한다는 것이 앞의 토의에서 분명해졌다. 이 책의 목적은 그 과정을 볼 수 있는 통합적인 틀을 그려 보는 것이다. 즉 복잡성의 도전에 반응하면서 또한 수많은 구성요소를 조사할 수 있게 하는 틀을 마련하는 것이다. 프로이트(1923a)의 구조 가설을 이 분야의 현재 발달을 고려하는 진화론적 방식으로 볼 때, 우리는 구조 가설이 이 발달 과정을 설명할 수 있으며 현대 발달 연구의 결과에 부응할 수 있다고 믿는다. 이것은 구조 모델에 대해 여러 수준의 추상적 개념으로 접근할 수 있기 때문이다. 그 한 가지는 경험적인 수준인데, 매일의 느낌이 실린 경험, 환상, 혼자 혹은 다른 사람과 함께한 기억, 이런 것들이 자기 표상과 대상 표상을 형성하고 그것이 모여 표상 세계를 만든다.(Sandler & Rosenblatt, 1962) 추상적 개념의 다른 수준은 비경험적인 것으로, 이드, 자아, 초자아의 가설적 구조가 성격에서 기저의 조직적 구조를 형성한 후 매일의 경험을 조직하기 위해 기능한다.*

또한, 구조는 비교적 안정되고 천천히 진화하는 체계를 말하며, 구조이론은 여러 정신 과정들 사이의 역동적 상호작용을 고려할 수 있도록 만들어진 것이기 때문에, 구조 가설은 우리 시대에 체계 이론이 강조되는 것과 잘 맞아떨어진다. 간단히 말해서, 체계 이론은 Von

---

* 엄격히 말해, 비경험적인 것은 정신 기능의 모든 가설적인 측면을 말하는 것으로, 정신적 체계나 구조뿐만 아니라 방어와 다른 정신 기제 등을 뜻한다. 정신 기능의 비경험적인 요소는 우리 이론의 필수적인 부분이지만 우리 경험의 일부는 아니다. Sandler와 Joffe(1969)는 "비경험적인 영역은 본질상 알 수 없다. 예외적으로 그것이 주관적 경험의 영역에서 어떤 현상을 만들거나 발생시켰을 때만 알 수 있다"(p.82)고 한다.

Bertalanffy가 전개한 것으로, 그는 이 이론을, 당시에 만연했던, 인간에 대한 행동주의적 혹은 '로봇 심리학적' 관점과 대비시켰다. 즉 "중력과 전기와 같은 물리적 힘들과 달리, 생명 현상은 유기체라는 개별적 존재에서만 발견된다."고 하였다. 그는 "유기체는 하나의 체계다. 즉 서로 간의 상호작용에 관계하는 어떤 부분들과 과정들의 역동적 질서다."라고 설명했다.(1968, p.208) 체계에는 개방 체계와 폐쇄 체계가 있다. 전자는 외부의 영향을 받아 수정될 수 있으며, 후자는 그렇지 않다. 마음과 그 구성 요소들은 (바라기는, 마음에 대한 이론도) 개방 체계인데, 왜냐하면 우리는 항상 내부의 힘뿐만 아니라 외부의 힘에도 영향을 받고 수정될 수 있기 때문이다.

일반 체계 이론은 정신분석 이론가들 사이에서 점점 영향력이 커졌고 Bowlby(1969, 1980)로부터 시작하여 Peterfreund(1971), Rosenblatt과 Thickstun(1977), Basch(1977), Sander(1983), Stechler와 Halton(1987), 그리고 Boesky(1988)와 같은 분석가들은 그것이 유용하다는 것을 알게 되었다. 우리 역시 구조 모델을 대체하기 위해서가 아니라 구조 모델을 기능적으로 더 자세히 기술하는 한 방법으로 이것이 유용하다는 것을 알게 되었다. 마음을 그 구성 요소들 사이에 역동적인 질서를 가지고 있는 체계, 또 환경과 지속적인 교환이 일어나며 정교화와 분화의 정도가 증가하는 것이 특징인 열린 체계로 봄으로써, 우리는 프로이트 사고의 정수를 붙잡을 수 있다고 믿는다. 이런 방법으로 구조 가설을 설명하는 것은 인간 경험의 본질을 이루는 동기, 방어, 갈등 해결의 진화에 관계된 많은 추상적 요소와 그 수준을 설명할 수 있게 한다.

체계 관점에서 볼 때, 발달 과정은 여러 기능의 진화라는 개념이 될 수 있으며, 기능들끼리 서로 연결되고 연합하여 한 체계가 만들어진다. 많은 체계가 이런 방법으로 진화하며 각 체계의 발달 궤도는 다른 것과 서로 얽히게 된다. 이런 다양한 체계는 결국 합쳐져서 이드, 자아, 초자아라는 비교적 안정된 조직하는 구조의 단위를 만들고, 그 단위들은 서로 간에 그리고 외부 세계와 역동적 균형을 유지한다.

따라서 발달 과정은 연결망을 가지고, 분지하고, 서로 관련된 다양한 체계가 분화, 조직, 변형, 그리고 재조직되면서 일어난다. 모든 체계에서, 단계별로 취하는 형태는 환경과 상호작용하여 생긴 다른 모든 체계의 발달에 영향을 받는다. 즉, 유아는 타고난 잠재력을 많이 가지고 삶을 시작한다. 유아와 어머니가 안정되게 상호작용하는 체계를 형성함에 따라 그 체계의 조직 능력은 타고난 생리적 기능에 심리적인 의미를 준다. 이것은 어머니로부터 받는 정동적인 피드백 반응과 관련하여 유아가 유쾌한 것과 불쾌한 것을 구별하게 될 때 뚜렷해진다. 이 구별들이 동기 체계로서 이드가 형성되는 최초의 단계들을 나타낸다.(Loewald, 1978; P. Tyson, 1988)

유아와 양육자의 상호작용 체계를 통하여 안정적이고 지속적인 관계 양상이 형성됨에 따라 대상관계가 진행함을 추정할 수 있다. 또한, 상호작용에서 오는 경험은 어머니와의 상호작용에서 어머니에 대한 감각과 자신에 대한 감각이 조금씩 발달하게 해 준다. 곧 유아는 어머니와 조절하는 교환을 시작하는데(Stern, 1974b; Beebe, 1986), 이것은 자아가 조직되고 조직하는 자기-조절적인 정신 구조로서 형태를 갖추기 시작함을 의미하는 행동들이며, 이 정신 구조는 신생아에게 이용되는 내인성의, 상태 한정적인 조절 체계를 넘어서 발전해 나간다.

시간이 지나면서 자신과 타인에 대한 정신적 표상이 누적되기 시작하면, 자신과 타인에 대한 유아의 감각은 더 지속적인 것이 되고, 이것은 결국 개별성에 대한 유아의 감각을 촉진한다. 또한, 다양한 어머니-유아의 상호작용은 출현하는 자기감에 성(gender) 특이성을 부여하게 되며, 유아가 어느 한 쪽 부모를 계속 동일시함에 따라 성 정체성이 확립되어 간다. 시간이 가면서, 어머니-유아 상호작용 체계에서 오는 다양한 내재화와 동일시 과정을 통해 아이가 독립적으로 기능할 수 있는 능력이 향상되는데, 양육하는 어머니를 동일시함으로써 아이의 자아 강도가 강해지기 때문이다. 동시에, 사회적 연결성에 대한 감각의 증가는 규칙과 기대, 이상과 도덕적 규범의 내재화를 촉진하는데, 이는 초자아 체계가 기능하는 초기 단계라는 것이 명백하다. 심리적 기능의 독립성이 커지고 초기 초자아 기능이 작용하면서, 대인관계에서 조화를 이루는 능력이 더 안정되며 대상관계가 확장되고 더 정교해진다.

정신기능들이 이런 발달 과정에서 연결되고 상호의존하게 됨에 따라, 이 체계들 사이에 더 통합된 조직이 출현한다. 아이가 글쓰기를 학습하는 과정이 적절한 비유가 될 것이다. 처음에는 글자들이 서로 연관성이 없지만 모여서 결국 아이의 이름이 되고 다른 단어들이 된다. 그렇게 단어들이 모여서 문장이 되고 문장은 이야기를 만든다.

이런 설명에서 과정(*process*)이라는 단어를 강조해야겠는데, 왜냐하면 한 시점이나 양상은 절대 반복되지 않으며, 어떤 한 체계가 고정되어 최종 모습이 되는 것도 아니기 때문이다. 평생 새로운 것이 추가되고 수정이 일어날 수 있다. 게다가, 만약 발달 과정에서 연이어 일어나는 모든 요소의 무한한 복잡성을 고려한다면, 거의 예측 불가능하다는 것이 특징이지만, 그럼에도 전체적인 패턴에는 예측할 수 있고 안정적인 것이 있다. 또한, 어떤 한 체계가 다른 체계보다 더 상위라고 할 수는 없으며 어떤 체계라도 다른 체계와 떼서 생각할 수 없다. 즉, 어떤 한 체계가 다른 체계의 원인이 되거나 다른 체계에서 왔거나 다른 체계를 설명하지 않는다. 오히려 모든 체계는 상호의존적이다. 그러나 그들 사이의 관계가 엄격히 비례하지는 않는다. 결국, 점점 더 높은 수준의 심리적 기능에 적응하도록 촉진하는 것은 체계들 사이의 통합이다.

이런 틀을 적용할 때, '단계'라는 개념이 주는 오해에 대해 언급해 볼 수 있겠다. 각 체계는 일련의 단계를 가진다. 단계는 어떤 기능을 획득하는 순서나 그런 기능들 사이에서 다양한 수준의 통합을 성취하는 순서에서 예측 가능한 양식을 말한다. 그러므로 각 단계는 발달의 연속선 위에 있는 마디 점이며, 그곳에서 어느 정도의 기능적 통합을 확인할 수 있다. Pine(1985)은 분석가들이 어떤 특정 시기에 일어나는 모든 일을 그 시기에 우세한 성욕 단계와 관련지어 본다고 비판하였다. 그러나 각 체계에는 여러 단계를 가진 그 자체의 발달 궤도가 있으며, 이런 많은 체계가 동시에 진화한다고 생각할 때, 몇 개의 단계가 공존한다는 것이 분명해진다. 그때 한 체계의 단계는 어떤 한 체계가 더 상위라고 할 수는 없는 다른 체계의 단계와 관련지어 고려해야 한다.

발달을 개념화하면서 우리는 Spitz, Piaget, Anna Freud가 했던 생각을 빌려 왔다. 우리는 시간적인 나이보다는, 처음에 Erikson(1959)이 강조하였고 Spitz와 Piaget가 이어 나간 후성설—즉, 새롭고 우세한 특징이 있는 각각의 순차적인 단계—을 고수한다. 우리는 또한 그들이 발달 과정의 불연속성—앞으로의 이동 후에는 통합, 강화, 그리고 다음번 앞으로의 이동을 위한 준비가 뒤따른다는 것—을 강조한 것은 대단히 적절했다는 것을 알게 되었다.

또한, 우리는 발달선이라는 개념이 유용한 은유임을 알게 되었는데, 그것은 발달 과정을 구성하며 동시에 진화하는 정신 체계들의 연결망이 서로 얽혀 있고, 중첩되고, 분화한다는 것을 알려 준다. 이 은유는 발달 과정을 이해할 뿐 아니라 그것의 세부 사항까지 자세히 조사할 수 있는 틀을 제공한다. 그러나 그 은유가 유용하다는 것은 발달선이 많은 성격 체계들 중 어느 하나의 순차적 변화를 언급한다는 점과 사실상 직선이 아니라 순환하는 나선형의 경로를 나타낸다는 점에서만 그러하다.

우리가 사용하는 발달선의 개념은 이드, 자아, 초자아 요소들의 통합을 나타내는 행동군들에 대해서 언급한 Anna Freud의 개념과는 다르다. 우리는 자아나 초자아와 같은, 더 가설적이고 비경험적인 정신 체계와 구조에 대한 순차적 발달 단계들을 공식화할 것이다. 그러기 위해서는 임상 관찰을 통해 의식적 그리고 무의식적 정신 기능에 관한 이론들을 추론해야 한다. 또한, 우리는 대상관계, 자기감(sense of self), 성 정체성의 발달선도 공식화할 것이다. 이것들은 경험적인 것에서 오지만, 우리의 공식화는 경험적인 것으로부터 정신 기능의 이론을 추론하는 것도 포함한다.

"발달 과정 동안의 안정성과 계속적인 변화를 설명할 뿐 아니라 유기적인 체계와 기능 사이에 다양한 상호작용이 있을 수 있음을 설명하는 이론을 세우는 것은 정말로 도전이다."라고 Drucker는 말했다.(1981, pp.44-45) 우리는 구조 모델에 대해 체계 접근법을 써 보고, 발달선이라는 은유를 사용하고, 많은 진화하는 체계에 속한 발달 단계의 세세한 부분을 채우는 것이 그런 도전에 대응하는 데 큰 도움이 된다는 것을 보여 주고 싶다.

물론 어떤 한 체계의 발달 궤도를 그려 보거나 다른 체계들과의 관계 속에서 한 체계를 보는 것은 서술적인 작업이다. 그것은 초심리학적 공식을 만든다기보다, 발달의 이정표를 이용하여 지도를 제작하는 과정과 더 유사하다. 지도 상의 점들이 교차로에서 교통 체증의 가능성을 의미하는 것이 아닌 것과 똑같이, 발달 궤도상의 단계들이 항상 각 발달 단계에서의 잠재적인 갈등을 말해 주는 것은 아니다.

독자의 이해를 돕기 위해 우리는 간략하게 여러 발달선의 가설적인 단계를 표로 제시하였다.(표1 참고) 그러한 도표는 과잉 단순화와 구

〈표1〉 중요한 정신 체계의 발달 단계

정신성 단계	대상관계			갈등	정동
		대상	자기		
		상호성			
			핵심 자기		사회적 미소
구강기		대화			
		리비도 대상	신체 자기		사회적 참조
	이자관계	연습기		발달상의 갈등 (만약 심하면, 발달 정지)	
			정신적으로 표상된 자기		
항문기		화해기			정동과 생각의 연결
		리비도적 대상 항상성	자기 항상성	내재화된 갈등	신호 기능
유아 성기기		자기애기			
		오이디푸스기 양성 음성	정체성의 통합		
				유아 신경증	
잠복기 초기		가족 로맨스	자기 책임감		
후기					
전청소년기	삼자관계	퇴행	신체 자기의 변화		
청소년기 초기				갈등의 외재화	
			신체 자기의 재통합		
중기		탈이상화			
			정체성 위기	갈등의 재내재화	
후기		분리	정체성 안정화		

인지	초자아	성(gender)		자아
		여자	남자	
		성 배정	성 배정	사회적 미소
감각운동기 (0-2세)				
		신체 분화	신체 분화	리비도적 대상
	내사물과 이상의 형성	일차 여성성	일차 남성성	의사소통
표상적 사고	대상에 순응	여성적 역할의 동일시	어머니에 대한 탈동일시	내재화된 갈등
전조작기			거세불안(母)	신호 기능
일차와 이차 과정의 유동성	내사물에 순응	해부학적 몰두	해부학적 몰두	
			남성적 역할의 동일시	
	이상/내사물에 대한 동일시	리비도 대상 변화	거세불안(父)	
	죄책감	대상 선택 갈등	대상 선택 갈등	유아 신경증
구체적 조작기		성 역할 연습	남근 자기애	근면성에서 즐거움
일차와 이차 과정의 분리	자율적 초자아			
		초경	퇴행	
형식적 조작기	퇴행적 의인화		거세 불안	재조직화: 불안정한 정서
일차와 이차 과정의 유동성		여성성의 재통합	자아 이상의 수정	
	자아 이상의 수정	대상 선택 갈등		
일차와 이차 과정의 분리	권위자로서 자기	성적 선호의 결정	성적 선호의 결정	자아 우위: 기분의 안정화

체화의 위험을 안고 있으며, 여러 수준의 추상적 개념을 설명하지는 못한다는 것을 알고 있다. 그렇지만 일부 독자에게는 도표가 동시에 진화하며 서로 얽혀 있는 체계들에서 발달의 진행을 따라가는 유용한 도구일 수도 있다.

이렇게 접근함으로써 우리는 발달에 대한 장난감 블럭 혹은 '레고' 개념을 벗어날 수 있다.(R. L. Tyson, 1986) 그 개념은 발달 경험의 각 조각이 이전 조각의 꼭대기에 단단하게 세워진다고 가정하는 것이다. 즉, 초기의 행동과 나중의 행동이 그냥 단순히 연결된다고 보는 것이다. 우리의 접근법은, 절대 마르지 않는 공작용 점토와 같은 재질로 만들어지는 더 유연한 모델이며, 진화와 발달이 진행하는 동안 그곳에서는 계속 연결되고 서로 얽힌 여러 가닥의 형태와 배열이 변한다. 이런 식으로, 그 양상은 예측할 수 있어도 어떤 한 시점의 모양은 결코 예측할 수 없다. 결국, 전체의 형태는 전혀 정적이지 않으며 계속해서 진화한다.

2부 정신성욕

PSYCHOSEXUALITY

3장

정신성욕 : 이론적 개관

소아기에는 어떠한 성욕의 흔적도 없다는 사회적, 과학적, 심리학적 견해가 지배적이던 시기에 프로이트는 반대 의견을 선포하였고, 그것은 충격과 함께 빗발치는 항의를 불러왔다. 그럼에도 프로이트는 리비도 이론을 계속 주장하였는데, 그 이론은 정신생활에 미치는 성욕의 영향을 강조하는 것이었다. 자기분석, 환자들의 환상, 연상, 그리고 어린 시절에 관한 회상과 같은 임상 경험을 통해서 프로이트는 성적 욕구가 정신 기능의 동기를 제공한다는 결론을 내렸다. 프로이트는 성적 행동 뒤에 있는 어떤 종류의 힘 혹은 정신적 에너지를 가정하면서, 이 에너지를 '리비도(libido)'라고 부르자고 제안하였다. 리비도는 인격발달에서 중요하며, 이전에 믿어 왔던 것보다 훨씬 더 어린 시기에 성적 추구를 시작하게 한다고 프로이트는 생각하였다. 덧붙여 성인 기능의 많은 장애는 초기 소아기 성적 발달의 변화에 의한 것이라고 확신하게 되었다. 초기 성적 경험과 환상이 지닌 고통스럽게 대립하는 성질 때문에, 성적 추구는 대부분 의식적 회상에서 차단되어, 유아기 망각(*infantile amnesia*)으로 잊힌다. 따라서 정신분석가의 주된 임무는 대부분 환자의 무의식에 있는 성적 욕구에 대한 내용을 환자에게 드러내고 해석하는 일이다.

거의 40년 동안, 리비도 이론에 포함된 개념들은 정신분석적 사고와 정신분석적 치료 기법의 발달에 기여해 왔다. 구조 가설(structural hypothesis)과 이중 욕동 이론(dual-drive theory)이 도입될 때, '본능적 욕동(instinctual drives)'은 이드의 영역 안에 있었다. 여기에서 이중 욕동 이론이란, 공격적 욕동에 성적 욕동과 같은 지위를 부여한 것이며, (성적 욕동과 공격적 욕동 둘 다를 뜻하게 된) 본능적 욕동이 있는 이드는 지형학적 모델에서 주로 무의식 체계를 포괄하였다. Anna Freud(1936)와 Heinz Hartmann(1939)은 자아 기능을 강조했는데, 그들의 작업이 정신분석의 이론적 그리고 기술적 토대를 확장하기 시작하면서, 이드와 리비도 이론은 정신분석적 이해를 위한 유일한 수단이라는 지위를 상실하였다. 그렇지만 그 이론은 분석가들이 치료적이고 이론적인 노력을 기울일 때 필수적인 것으로 남아 있다. 리비도 이론에 대한 최근의 설득력 있는 비판에도 불구하고, 정신성 발달이라는 틀과 본능적 욕동 개념은 임상적으로 여전히 유용하다.*

* 초기 작업에서 프로이트는 자신의 공식화에 대한 생물학적 기초를 다지고 당시 다른 과학분야의 발전에 상응하는 용어를 사용하려고 애썼다. 프로이트는 스승 Ernst Brücke의 영향을 많이 받았는데, Brücke는 Helmholtz의 학생이었고, Helmholtz는 19세기의 다른 과학자들처럼 당시의 물리학 원리들이 결국 심리적인 것을 포함한 모든 자연 현상을 설명해 줄 것이라고 믿었다. 따라서 프로이트는 심리적 기능에 대한 은유로서 어떤 것의 보존, 이동, 방출 등의 에너지에 쓰이는 용어를 사용하였다. 정신적 에너지 혹은 리비도는 마음을 움직이게 하는 힘을 가진 정서적 속성이었다. 그래서 정신 기구들의 주된 기능은 이런 정신적 에너지 혹은 '흥분성'을 길들이고, 배치하고, 조절하는 것이다. George Klein(1976b)은, 본질에서 프로이트의 리비도 이론은 두 가지 이론을 포함하고 있다고 지적하였다. 한 가지는 임상 경험에서 나온 이론이고, 더 추상적인 다른 한 가지는 방출되고자 하는 에너지의 힘으로 설명하려는 이론으로, 생리학적인 모델과 유사하다. Klein은, 임상에 기초한 이론은 경험에 근거하여 계속 보완할 수 있고 검증할 수 있기 때문에 여전히 유용하지만, 더 추상적인 이론은 그것의 기초가 되는 모델이 시대에 뒤떨어지고 또한 자료에 근거하기보다 다른 영역들과 이론적 일관성을 가지려는 요구에서 나온 것이기 때문에 덜 유용하다고 주장하였다. Klein의 생각은 점점 더 많은 분석가가 정신 에너지 이론에 의문을 제기함에 따라 그 영향력이 커져 왔다. 우리 역시 어떤 실제적이고 물리적인 형태를 뜻하는 고정된 의미의 정신 에너지 개념은 포기하는 쪽이다. 그러나 마음이 움직이도록

리비도 이론에 대해서는 우수한 요약 논문이 많다.(예, Sterba, 1942; Fenichel, 1945, pp.33-113) 다음의 기술에서, 최근의 연구로부터 영향을 받은 부분과 다른 발달 체계와 밀접하게 관련된 부분을 주로 강조할 것이다.

리비도 이론

프로이트가 쓴 '성욕에 관한 세 편의 에세이'(1905b)에는 리비도 이론과 정신성 발달의 모든 주요 요소가 들어 있으며, 프로이트는 이 논문을 실질적으로 1915년에 완성했다. 이 책에서 프로이트는 성적(*sexual*)이라는 용어와 리비도(*libido*)라는 용어를 사용했는데, 성적이라는 용어는 성기뿐만 아니라 모든 신체 부위나 기관에서 유래하는 감각적인 쾌락을 뜻하고, 리비도라는 용어는 성적 쾌락의 기저에 있는 가설적 에너지를 뜻한다. 흔히 프로이트가 리비도를 전적으로 성욕(특히 성기 성욕)과 동일시한 것으로 잘못 알고 있는데, 그는 나중에 성욕은 리비도를 표현한 것 중 하나일 뿐이며 리비도는 더 넓게 사랑, 혹은 '사랑의 힘(love-force)'으로 생각해야 한다고 분명히 말하였다. 또한, 프로이트는 다음을 강조하였다.

> 우리는 …… 어떤 경우든 사랑이라는 이름을 공유한 것들, 즉 한편으로는 자기 사랑, 그리고 다른 한편으로는 부모나 자녀에 대한 사랑, 일반적인 우정과 인류애, 그리고 구체적인 대상이나 추상적인

동기를 부여하는 힘을 가진 생각, 정동, 충동, 소원으로서의 본능적 욕동에 대한 발상은 임상적으로 여전히 유용하다. 그래서 만약 우리가 리비도적 투자(*libidinal investment*) 같은 용어들을 가끔 사용할 때면, 그 용어는 가설적인 정신 에너지의 양이 아니라, 애정 어린 애착을 뜻하는 것으로 이해했으면 한다.

> 개념에 대한 헌신 등을 구분하지 않는다. …… 그런 경우, 우리는 여러 용도로 쓰이는 '사랑'이라는 단어를 언어 스스로 훌륭하게 일원화했다는 견해를 갖고 있으며, 또한 그것을 우리의 과학적 토론과 설명의 기초로 삼을 수밖에 없다고 생각한다.(1921, pp.90-91)

프로이트의 리비도 개념은 좀 더 광범위하다는 것을 강조하면서, 우리가 이 책을 통틀어 리비도, 성, 성적 욕동 등의 용어를 다소간 혼용하더라도 그것이 광범위한 의미를 포함한다는 것을 알아주었으면 좋겠다.

본능적 욕동은 항상 무의식적이라는 생각을 프로이트는 견지하였다. 무의식에서 유래한 연관된 환상이나 절박한 충동만이 의식에 도달할 수 있다고 생각하였다. 그는 리비도 욕동을 근원, 목표, 대상, 그리고 압력으로 개념화하였다. 근원(source)은 신체적인 것으로, 아마도 계속하여 자극하는 호르몬과도 같은 것으로 생각하였다. 그러나 프로이트는 욕동 그 자체는 순수하게 심리적이며, 그것은 "신체 내부에서 계속해서 흐르는, 자극의 근원에 대한 정신적 표상"이라는 생각을 가졌다.(1905b, p.168)*

프로이트는 본능의 근원에 대해 확신하진 않았지만, 그럼에도 어떤 신체 '성감대(erogenous zones)'를 기술하였는데, 이는 입, 항문, 성기이며, 자극을 받았을 때 쾌락과 만족을 주는 부위들이다. 이 모든 부위가 태어날 때부터 작용해 왔다 하더라도 프로이트는 초기 소아기의

---

* 본능을 순수하게 정신적인 것으로 볼 것인지(이 경우 본능과 그 정신적 표상은 같다), 혹은 (사실상 정신적 표상이 되는) 연관된 생각이나 정동을 통해서만 알 수 있는 비정신적인 것으로 볼 것인지에 대해 프로이트가 항상 일관된 생각을 가졌던 것은 아니다. 그러나 그 심리적 개념이 동기에 대한 정신분석적 이론의 기초가 되었다. Strachey의 토론, S. E.,14:111-113 참고.

여러 시기에 각 부위가 성숙의 순서에 따라 더 뚜렷한 관심의 초점이 되거나 가장 큰 쾌락을 주는 근원이 됨을 관찰했다. 즉, 그 부위가 '단계 우세한(phase dominant)' 부위가 됨을 알았다. 따라서 구강기, 항문기, 유아 성기기(남근기)로 나누는 프로이트의 정신성 발달 이론은 초점이 되는 성감대의 성숙과정을 따른 것이다.

본능적 욕동의 목표는 만족이다. 궁극적인 목표는 변함없어도 그 목표에 도달하는 경로는 서로 다를 수 있다고 프로이트(1915a)는 주장하였다. 따라서 빨기, 배설하기, 혹은 자위행위처럼 성감대를 자극하는 여러 가지 행위를 통하여 만족을 얻을 수 있다. 리비도 이론으로는, 성적 절정감이 생리적으로 가능해지면, 절정감의 성취가 이전 시기의 모든 만족을 통합하는 목표가 된다. 프로이트는 유아 성욕의 특징을 '다양한 형태의 성도착(polymorphous perverse)'이라고 묘사했는데, 성인의 성도착에서처럼, 최대한의 쾌락을 얻기 위해 모든 성감대에서 모든 종류의 흥분이 일어날 수 있기 때문이다.

어떤 사람을 통해 혹은 어떤 사람과 관계하여 욕동이 목표를 성취할 수 있을 때, 그 사람을 대상(object)이라고 부르게 되었다. 아주 초기의 유아는 '전체 대상(whole object)'으로서의 어머니보다는, 어머니가 자신을 만족시켜 주는 기능에 반응하거나 애착을 보인다고 생각된다. 그래서 어머니나 양육자는 학파에 따라, 부분 대상(part object) 혹은 자기대상(selfobject)으로 불린다.

프로이트는 본능적 욕동이 가진 위압적이고 충동적인 속성 때문에 본능적 욕동을 마음의 가장 중요한 동기 요인으로 보았고, 따라서 모든 정신 활동은 욕동과 관련된다고 보았다. 그럴 때 본능적 욕동의 압력은 힘의 양 혹은 '욕동이 나타내는 작업의 요구량'을 말한다.(1915a, p.122) 19세기의 과학적 사고를 따라 프로이트는 다양한 강도의 성적 충동이 다양한 정도의 은유적인 에너지, 즉 리비도에서 온다고 보았다.

프로이트가 모든 동기는 본능적 욕동에서 온다고 보았던 반면, 최근의 이론은 동기가 될 수 있는 것의 기원과 범위를 넓혀서 절대적이던 이 개념적 연결을 느슨하게 하거나 없애고 있다.(Lichtenberg, 1989, 참고) 정동, 대상과 관련된 욕구, 자기애적 욕구도 신체에서 오는 욕구와 같은 정도의 동기 유발력을 가지며, 동등한 대우를 받을 만하다고 본다. 그러나 동기에 대한 정의를 넓혀 그런 요소들을 포함한다고 해서 그것이 성적 욕동을 배제하는 것은 아니다.

본능적 욕동의 부가적인 특징은 '탄력성' 혹은 '유동성'이다. 만족을 얻기 위한 특정 행동은 억압되고 옮겨지고 변형될 수 있으며, 필요하면 위장된 형태로 만족을 취할 수도 있다. 환상이나 현실 세계에서, 만족을 주는 대상이 변하듯이, 그 부위도 역시 발달 중에 변한다. 오이디푸스 콤플렉스의 해소와 청소년기 과정의 완결을 거친 후에, 일단 마지막 대상 선택이 이루어지면, 각 개인은 보통 성기 성교를 통하여 최고조의 리비도 만족을 얻게 된다. 그렇다 하더라도, 어떤 발달 단계에서든 욕동의 압력이 만족을 추구할 때, 그것은 상응하는 환상 생활의 변화와 함께 목표와 대상의 이동이나 변화를 가져올 수 있다.

성적 환상은 대상 지향적일 수 있지만, 성적 만족은 흔히 자기성애적이다. 유아기와 소아기의 성욕은 필연적으로 자기성애적이며, 정상적인 환경에서 만족을 얻을 수 있는 유일한 수단은 아이 자신의 신체다. 아이는 자유롭게 자신의 몸을 이용하고 몸의 모든 부위에서 성적 쾌락을 경험한다.

성인 정서 장애 중 어떤 종류의 특징과 증상은 소아기의 어떤 행동과 유사하다는 것을 프로이트는 관찰하였다. 프로이트와 그의 동료, 특히 Abraham과 Ferenczi는 그들이 관찰한 바를 더 잘 설명하기 위해 리비도 발달 이론을 정교화하였다. 그들은 대개 아이의 환경이 아이의 욕구에 따라 다양하게 반응하지만, 과도한 만족이나 좌절은 순조롭게 진행되던 발달과정에 지장을 줄 수 있다고 결론 내렸다. 그 결과, 상당량의 리비도 에너지와 공격성 에너지가 '뒤에 남겨지고' 그 시기의 특별한 정신적 표상에 부착된다. 발달 과정상의 이런 지점들을 침묵의 '고착점(fixation points)'이라고 부른다. 이 고착점들은 개인이 일상적인 모든 방어 기제로는 다룰 수 없는 어떤 특별한 스트레스나 어려움을 만날 때라야 그 존재를 드러낸다. 그럴 때 사람은 퇴행에 의지하는데, 초기 발달 단계의 특징적 행동을 보이는 변화가 나타난다. 고착점이 '침묵하지' 않았다고 기술한다면, 그 사람은 그 상태에서 성장이 '정지된' 것으로 여겨지며, 더 이상의 발달이 일어나지 않았다는 것을 의미한다.

당시에 이용 가능했던 지식을 고려할 때, 이것은 만족스러운 설명이다. 그러나 이제 이런 설명은 감정적 갈등과 특징적 행동 양상의 변천을 설명하는 틀에 갇힌 기계적 시도처럼 보인다. 더 후에(1965) Anna Freud는 전진과 퇴행이 정상 발달의 관찰 가능한 본질적 부분이라는 것을 분명히 하였다. 퇴행은 이제 욕동에만 적용되는 개념이 아니다. 예를 들어, 그것은 자아와 초자아 기능에서도 나타나는 것을 볼 수 있다. 게다가, 퇴행을 다시 되돌아간다는 의미의 시간적 현상으로 생각해서는 안 된다. 오히려 그것은 쾌락을 주는 더 안전한 근원으로 회귀하는 것, 혹은 더 일찍 배웠던 행동 양상이나 관계 방식을 사용하는 것이다. 이제 고착점을, 에너지가 남겨져 있어 정신이 전에 포기했던 에너지를 모으려고 되돌아가야 하는 연속선상의 한 점으로 이해하기보다, 오히려 쾌락이나 고통과 연결된 어떤 생각, 소원, 행동이 그 개인에게 계속 감정적인 의미가 있다고 보는 것이 더 유용하다. 우리는 특히 스트레스 시기에 가졌던 특정의 생각, 행동, 혹은 만족의 수단이 계속 영향을 미치는 것을 보게 된다.

정신분석적 이론화에서 흔히 하는 실수는, 더 초기에 가졌던 소원, 갈등, 기능 양식들이 나중에 나타나게 되면, 그것은 생의 첫 수개월 동안에 중대한 장애가 있었음을 시사한다고 자동으로 생각하는 것이다. Sandler와 Dare는 그 문제에 대한 고전적인 비판으로 구강기 개념의 예를 들었다. 만 1세 이전의 유아는 구강 의존적이라고 여겨지지만, 의존 갈망이 항상 생의 첫 일 년에만 나타난다고 생각할 수는 없다. Sandler와 Dare(1970)가 지적했듯이, 그런 갈망은 스트레스를 받게 되면 어떤 단계에서도 나타날 수 있는데, 그 시기에는 상상 속에서 옛날에 가졌던 그 어떤 것을 아이는 가지길 원한다.

Erikson(1950)은 특별히 욕동 만족을 위한 행동으로 나타나는 욕동 표현(*drive expression*)과 기능 방식(*mode of functioning*) 사이의 중요한 차이를 처음으로 구별하였다. 후자는 만족을 얻거나 대상과 관계하는 특징적인 태도를 말한다. 원래는 특정 단계나 성감대와 관련해서 만족을 얻던 방법이 그 이후 시기에는 소원이나 갈등을 표현하는 유용한 방법이 된다는 것을 알게 된다. 그것은 원래의 성감대나 단계와의 연결은 사라진 채 지속하며, 그래서 이차 자율성을 얻게 된다.(Hartmann, 1939) 예를 들자면, 유아가 구강기 동안에 깨무는 것은 즐거움을 이끌어 내는 방법이 될 수 있지만, 그 시기에는 인지 기능과 자기-대상 분화가 그 이상으로 진행되지 않았기 때문에, 그 행위가 (아이의 깨물기를 받아야 하는 사람은 다르게 생각하겠지만) 다른 사람에 대해 소원하는 환상이나 적대적인 의도를 동반하지는 않을 것이다. 그렇지만 아이는 이러한 구강기적 양상을, 나중에는 대상을 향한 적대감을 표현하기 위해 이용할 수 있으며, 다양한 파괴적 환상을 가질 수도 있다. 또한, 구강기 양상이 지속한다 하더라도, 이것이 전진적 발달이 일어나지 않았다는 것, 즉 그의 욕동 발달이 구강기 수준에 정지했거나 고착된 것을 의미하는 것은 아니며, 만족을 얻기 위한 수단이 달리 없다고 생각할 이유도 없다. 발달의 복잡성을 생각하면, 후기의 정신병리를 소위 말하는 리비도적 고착점만 가지고 예측하거나 설명할 수는 없다는 것이 현재 일반적인 의견이다.

이중 욕동 이론

많은 임상 정보가 축적되고 더 많은 관찰이 이루어지면서 이론을 수정할 필요가 생김에 따라, 프로이트(1920)는 본능적 욕동 이론을 확장하여 공격적 혹은 파괴적 욕동을 포함시켰다. 임상적 관찰로 프로이트는, 분노나 적대감 같은 느낌은 성적 소원과 같은 방식으로 갈등과 무의식적 죄책감을 불러일으키며, 이런 부정적인 느낌도 성적 소원과 유사하게 방어된다는 결론을 내리게 되었다. 사실, 프로이트는 많은 충동이 그 안에 성적 요소와 공격적 요소를 모두 포함하고 있으며, 가학증, 피학증, 양가감정을 포함한 여러 임상 현상들이 이 요소들 사이의 다양한 갈등이나 융합으로 설명된다는 것을 알게 되었다. 프로이트는 또한, 파괴적 형태가 아닌 공격성은 리비도가 하는 것과 똑같이 활동과 숙달을 위한 동기를 제공한다고 생각하였다. 이런 이유로 그는, 리비도 욕동과 공격 욕동은 근본적인 욕동이라는 가설을 세웠다.

공격성에 대한 프로이트의 개념화는 항상 문제가 되었다. 그는 리비도에 대해 생물학적 기초를 제안하였기 때문에, 공격성에 대해서도 그렇게 해야 할 필요를 느꼈다. 그렇지만 공격적 충동들은 구체적인 신체 부위와 연결성이 없었고, 공격적 충동이 성적인 것과 밀접하게 연관되어 보이는 경우가 아니면 어떤 근원도 뚜렷하지 않았다. 사실 마음에 대한 첫 모델에서 프로이트는 공격성을 성적 욕동의 한 구성요소로 생각해서, "문명화의 역사는 의심할 여지 없이 잔인성과 성적 본능은 서로 밀접하게 연결되어 있음을 보여 준다."라고 기술하였다.(1905b, p.159) 공격적 충동이 리비도 욕구의 표현과 관련이 있다 하더라도, 그것은 흔히 외부 자극에 대한 반응으로 나타난다. 이런 관찰 때문에, 공격성은 자기 보존을 위한 자아의 태도라고 프로이트는 더 후에 기술하였다.(1915a, pp.137-139)

나중에(1920) 프로이트는 임상 관찰과는 완전히 결별한 철학적 태도로, 죽음 본능(타나토스)과 생명 본능(에로스) 사이에 근본적인 평생의 갈등이 존재한다는 가설을 세웠다. 프로이트는 공격적 욕동은 기질적 기반을 가진 죽음 본능에서 유래한다고 믿었는데, 그가 믿었던 죽음 본능의 작동 원칙은, 유기체는 흥분을 제거하여 궁극적인 열반 상태(Nirvana), 즉 흥분의 완전한 소멸 상태에 도달하려고 투쟁한다는 것이다. 리비도가 바로 '생명력'의 에너지라면, '데스트루도(destrudo)'는 죽음 본능의 에너지였다. 이런 개정은 대단히 중요했으며, 수십 년 동안 이론적 공격을 받는 바탕이 되었다.

오늘날 죽음 본능의 주된 지지자는 Melanie Klein의 제자들이며, 다른 사람들은 죽음 본능이라는 것이 문제가 많고 불필요하다고 본다.(Parens, 1979) 그렇지만 리비도 욕동과 공격 욕동의 이중 욕동 이론은 계속 남아 임상에 폭넓게 적용되고 있다. 성욕과 공격성은 유아 성욕의 발달 단계와 불가분의 관계가 있다고 생각된다. 둘 다 갈등의 근원으로 보이며, 그들을 인식하거나 표현하지 못하도록 방어가 동원된다. 공격성의 억압 혹은 억제는 어떤 발달 수준에서든 성적 만족을 방해할 수 있다. 초기 소아기에는, 공격성 표현에 문제가 생기면 식이 장애(예를 들면, 음식은 무의식적으로 어머니와 동등한 것이 되어, 먹는 것이 어머니를 삼키는 것을 의미할 수 있다), 감정적 애착의 허술함, 호기심과 지적 성취 억제 등이 나타날 수도 있다. 이 스펙트럼의 양 극단에서는, 지나친 자기주장에서부터 통제할 수 없는 파괴성에 이르기까지, 과장된 공격적 표현들을 볼 수 있다. 이중 욕동 이론을 따르면, 이들은 공격적 욕구가 어떤 이유 때문에 사랑(더 큰 의미에서는 성욕)과 적절하게 결합하지 못했을 때에 나타날 수 있다. 초기 박탈, 대상 상실, 아동 학대 등이 리비도 애착을 방해해서 이런 일이 일어날 수도 있다.(A. Freud, 1949)

구조 모델과 정신성욕

구조 가설(1923a)은 프로이트가 이중 욕동 이론을 도입한 직후에 나왔다. 여기에서 프로이트는 본능적 욕동들을 '이드(id)'라는 제목 아래에 함께 모았다. 이드에 대한 현재의 정신분석적 이해에는 해결되지 않은 문제가 많다.(Arlow & Brenner, 1964; Schur, 1966; Hayman, 1969) 이러한 문제의 해결은 잠시 접어 두면서, 우리는 이드를 '끓어오르는 가마솥(seething cauldron)'으로 보기보다는, 위압적인 성질을 가지면서 마음이 만족을 찾아 움직이도록 기능하는 과정을 총괄하는 동기 체계로서 보는 것이 유용하다고 생각한다. Loewald도 비슷한 제안을 하였는데(1971, 1978), 이드는 현실과 대상에 관계된 조직이라고 주장하였다. 즉, 본능적 욕동은 대상관계 안에서 조직되며 또한 대상관계와 현실을 조직한다. 유기체적 자극의 정신적 표상인 본능은 동기 중에서 가장 원시적인 요소 혹은 단위로 간단히 기술할 수 있는 정신적 힘 혹은 자극이라고 Leowald는 강조하였다.(1971, p.119) 이런 의미에서, 이드와 본능들은 마음의 조직화에 이바지하며 또 그것에 의해 조직된다.

구조가설을 도입하면서 프로이트(1923b)는, 성적 발달은 자신이 이전에 생각했던 것보다 훨씬 많은 쟁점을 가지고 있다는 것을 인식하였고, 그것 때문에 중대한 개정을 하게 되었다. 프로이트는 성감대와 그것에 관계된 소원과 환상들의 변화를 설명할 필요가 있을 뿐만 아니라, 아이가 대상과의 관계를 발달시키는 것, 욕동 표현을 금지하는 내재화를 발달시키는 것, 성적 그리고 공격적 충동과 타협하기 위한 아이의 지적 노력 등도 고려해야 한다는 것을 알게 되었다. 그리하여 성적 혹은 리비도적 발달은, 이런 모든 요소가 합쳐져서 연속된 발달 단계로 진화하는 조직을 뜻하는 정신성(*psychosexual*) 발달이 되었다.

정신성 발달에 대한 프로이트의 개념은 분석가들이 리비도 발달의 단계를 보는 방식을 점차 변화시켰다. 리비도 이론의 초기 설명이 구분된 단계를 기술하는 것이었던 반면에(Sterba, 1942), 유 · 소아의 관찰은 구강, 항문, 성기의 세 성감대 모두가 출생 첫 수개월부터 어느 정도 활동하면서 상대적인 우세기를 가진다는 사실을 알게 해 주었다.(Greenacre, 1952a) 한 조직에 대한 다른 조직의 우세함은 일부분 성숙하면서 결정되지만, 어느 한 조직이 우세해지기 오래전부터 특징적 기능 몇 가지는 이미 나타날 수 있다. 또한, 각 단계는 점차 서로 섞이고 다음 단계와 엮여서, 나중에 발달하는 쾌락이 중요한 초점이 되는 한편, 쾌락의 초기 근원들도 계속 유용하게 남아 있다.

프로이트의 이중 욕동 이론은 임상적으로 유용하다는 일반적 합의가 있지만, 비판이 없지는 않다. 비판은 특히 에너지의 힘이 방출되려 한다고 설명하는 그 이론의 '유사-생리학적' 측면을 문제 삼는다.(G. S. Klein, 1976b; Rosenblatt & Thickstun, 1977; Compton, 1981a, 1981b) 또 다른 취약점은 이중 욕동 이론이 정상 사건과 병리적 사건에 동시에 적용된다는 언급이었다. Peterfreund(1978)와 Milton Klein(1980)은 개별적인 이론이 필요하다고 믿었다. 또한 프로이트 이론의 진화론적 성질은 그것이 이성애적 성기 성애와 생식의 우위를 주장한다는 것과 다른 모든 형태의 성적 쾌락은 왜곡되거나 정지되거나 비정상적임을

의미한다는 점에서 비판받아 왔다.(Schafer, 1974)

이런 비판에도 불구하고 이중 욕동과 정신성 발달이라는 프로이트의 기본 구조는 임상 작업을 하는 많은 분석가에게 귀중한 것으로 남아 있다. 이 점은 본능적 욕동 체계인 이드를 동시에 출현하는 여러 체계 중의 하나로 볼 때 더욱 그렇다. 본능적 욕동 이론은 여러 종류의 충동과 그 근원을 임상적으로 더 명확히 구별하게 하고, 욕구, 느낌, 다양한 정도의 방어가 가지는 의미를 이해하게 하며, 환자의 갈등과 증상을 일관된 발달이라는 문맥 안에 배치한다. 그래서 분석가가 하는 개입의 정확성과 효율성을 증가시킨다.

분명히, 오늘날의 정신성 발달 이론은 리비도 이론의 첫 판보다 훨씬 더 복잡하다. 초기 소아기 발달에 대한 지식이 증가하고, 자아와 초자아 발달, 성 정체감, 대상관계, 이 책의 뒷장에서 다루어질 다른 영역들에 대한 이해가 커짐에 따라, 이 이론은 대변혁을 거쳤다. 사실, 모든 발달 단계와 이런 다른 영역에 대한 언급 없이 욕동 발달에 대해 말하는 것은 불가능해졌다. 따라서 다음 장은 학습을 돕기 위해 욕동의 발달에 초점을 두지만, 연관된 발달상의 쟁점들이 많다는 것을 우리는 알고 있으며, 이어진 다음 장들에서는 그것을 다루게 될 것이다. 우리는 욕동(*drive*) 혹은 본능적 욕동(*instinctual drive*)이라는 용어를 사용하는데, 그것은 동기가 되는 힘을 가지는 정신적 표상을 뜻한다. 방출되려는 에너지의 힘을 뜻하는 것이 아니라는 말이다.

4장

정신성 발달의 단계

Hartmann(1939, 1950, p.79)은 자아와 이드가 공통의 모체에서 진화한다고 생각했다. 그는 신생아의 행동에서 어떤 것이 나중에 자아 기능에서 왔다고 여겨질지, 어떤 것이 이드의 영역인 본능적 욕동으로 여겨질지 구별하는 것은 어렵다고 생각했다. 사실, Hartmann는 신생아의 행동에 심리적 기능이 있는지조차 확신할 수 없었기 때문에, 가장 초기 생활을 미분화기라고 하였다.

우리는 자아와 이드의 통합과 구조화는 상호연관된 것으로 본다. 즉, 심리적 의미에서 두 체계 모두 출생 때는 작용하지 않으며, 대상관계로부터 진화한다. 본능적 욕동의 생물학적 토대는 출생 때부터 존재하지만, 좋거나 싫은 혹은 사랑하거나 미워하는 정신적 표상을 점차 만들어 내는 것은 유아의 신경생리적이고 상태-연관된 반사 현상들에 의해 생긴 환경의 정동적 반응들이다. 그런 다음, 이 표상들은 결합하여 본능적 욕동과 정신 구조로서의 이드를 형성한다.

유아에 대한 최근의 관찰은 욕동이 점차 분화한다는 견해를 지지하는 것 같다. 첫 수개월 동안에 단순한 욕구 충족보다 더 많은 일이 진행된다는 의견이 일반적이다. 예를 들어, 신생아는 새로운 자극을 바라보느라 먹는 것을 중단하기도 하며, 욕동 만족과는 무관한 그런 자극이 각성 상태를 지속시킬 수 있다. Stern은 1세 이하의 유아 관찰에 욕동 이론을 적용할 때의 한계를 지적한다. 동기는 별개의 상호연관된 많은 동기체계들로 다시 개념화할 수 있고, 이 동기체계는 결국 높거나 낮은 위계 순위를 갖게 된다고 stern은 제안한다.(1985, p.238) Lichtenberg(1988, 1989)도 비슷하게 생각한다. Gaensbauer(1982)는 이중 욕동 이론이 이론적으로 그리고 임상적으로 유용하다는 것이 입증되었지만, 유아기에 본능의 직접적 징후를 찾는 것은 잘못된 것이라고 말한다. 오히려 유아기 동안에 나타나는 본능적 욕동의 수와 형태는 어머니-유아 간의 정동적 상호작용을 통하여 정해진다.(Loewald, 1971, 1978 참고)

구강기

유아가 2~3개월 무렵이 되면 빠는 행동을 중심으로 조직된 쾌락 경험을 시작으로, 쾌감과 불쾌감의 표현에 점차 차이가 나는 것을 관찰할 수 있다.* 프로이트는 빠는 동안 공복을 채우는 것과 구강 점막의 자극에서 오는 쾌락이 뚜렷이 구별되며, 서로 다른 욕구의 만족을 뜻한다는 것을 알았다. 엄지손가락 빨기는 종종 자궁 안에서도 관찰되며, 유아기의 빨기는 포유반사(rooting reflex)와 연결된 타고난 반사로 여겨지지만, 이 행동이 유아에게 심리적인 의미가 있는지를 확인할 수는 없다. 그러나 최초에 어머니-유아가 상호작용하는 많은 부분은 빨기, 먹기 경험과 관계되며, 쾌감에 대한 기억의 흔적이 남아, 그런 경험을 중심으로 기억이 조직된다. 빨기가 쾌락을 주는 동안, 유아의 모든 관심이 이 율동성 활동에 집중되며, 유아는 빠는 동안에도 귀

---

* 어떤 사람들은 쾌감과 불쾌감의 표현을 주로 정동 반응으로 보며(Emde 등, 1976) 어떤 사람들은 욕동 분화의 초기 증거로 본다.(Brenner) 아마 우리가 현재 말할 수 있는 최선의 것은 정동과 욕동이 본질상 연결되어 있다는 것이다.

불이나 성기 등 신체의 다른 부위를 자주 문지른다.

Spitz의 관찰(1945, 1946a, 1946b)은 생후 1년 동안 유아가 충분한 자극을 받지 못했을 때, 그것이 초기 발달에 미치는 극적이고도 파괴적인 영향을 보여 준다. Spitz는 보육원에 있는 유아들을 연구했는데, 배고픔은 채울 수 있었지만 오랜 시간 혼자 남겨졌던 그 아이들은 보모와 정동적인 상호작용 환경에서 경험하게 되는 빨기 및 다른 즐거움이 거의 없었다. 그 아이들은 모든 영역에서 심각한 발달 지체를 보였는데, 바로 Spitz가 시설증후군(*hospitalism*)이라고 명명한 증후군의 일부이다. 다른 보고(Spitz & Wolf, 1949; Spitz, 1962; Provence & Lipton, 1962)에서 Spitz는, 참 좋은 어머니-유아 관계에 있는 모든 유아에게서 관찰되는 초기 성기 자위 혹은 성기 놀이가, 그 관계에 문제가 있을 때는 어떻게 다른 자기성애적 행동으로 대치되며, 보육원에서처럼 어머니가 없을 때는 어떻게 모두 사라지는 경향이 있는지 기술하였다. 수유 상황이 중요하다는 것은 분명하지만 정상적인 발달이 차례로 일어나려면 양육 환경의 정동적 분위기뿐 아니라 이용할 수 있는 자극의 양과 종류 또한 음식만큼이나 중요하다.

Dowling(1977)은 선천성 식도 폐쇄증이 있는 유아 일곱 명을 관찰하고 이를 생생하게 기술하였는데, 이것은 구강 경험이 자아와 욕동 발달에 미치는 중요성을 연구할 흔치 않은 기회가 되었다. 그 아이들은 식도 이상 때문에 위장으로 바로 가는 튜브를 통해 영양을 섭취하였고, 그래서 먹는 것이 빨기 활동이나 포만감과는 아무런 관계가 없었다. 이 유아들에게 식도를 연결하여 구강으로 섭취하게 하는 수술적 교정은 6개월이 지나서야 (혹은 훨씬 나중에) 이루어졌다. 그래서 Dowling은 공복을 채우기 위한 것이 아닌 빨기 그리고 빨기와 연관된 선천적 구강 반사의 영향을 연구할 수 있었다. 그는 특별한 형태의 수동성과, 운동, 정동, 사회성의 지체가 나타나서, 교정 수술 후에도 오랫동안 지속하는 것을 관찰하였다. Dowling은 이 유아들의 발달 과정을 최대 12세까지 추적하였다. 일상적인 튜브 급식을 하는 동안에 일부 어머니로 하여금 유아에게 정상적으로 젖병을 물려 주도록 함으로써, Dowling은 이러한 부정적인 결과를 예방할 수 있었다. 이때 유아가 빨아서 삼킨 우유는 수술로 만들어진 누공을 통해 배출되었지만 유아는 빨도록 자극받았을 뿐 아니라 그것이 허기를 채우는 것과 연결되었고, 아이들은 정상적으로 발달하였다. 이것은 통합된 발달이 일어나려면 어머니의 적절한 양육과 함께, 빨기와 음식 삼키기에서 시작하여 허기와 포만감이 주기적으로 되풀이되는 단계-적절한 감각 경험으로 이루어진 복잡하고도 순차적인 양상이 필요하다는 것을 입증하는 것이라고 Dowling은 결론 내렸다. 또한, 이 정보는 욕동이 출생 시에 구조화되는 것이 아니라, 평균적으로 기대할 수 있는 환경이 될 때 이전의 요소들로부터 합쳐진다는 생각을 분명히 뒷받침한다. 발달 초기 왜곡된 경험들이 아이가 성장하는 동안 여러 발달선에 걸쳐 광범위한 영향을 미친다는 것은 전혀 놀라운 일이 아니다.

생후 첫 해의 후반기에 정상적으로 새로운 형태의 구강 감각적 만족이 나타나는데, 바로 씹기와 깨물기이다. 처음 치아가 돋는 것과 연관된 통증과 불편감은 본질상 대상과 관계없는 깨무는 활동으로 완화된다. 그렇지만 이런 씹는 기능 또한 본능적 만족을 제공하는 것 같다. 유아가 주변 세계를 더 적극적으로 탐색하기 시작하면서, 주된 탐색 기관으로 입을 이용한다. 유아는 손에 닿는 모든 것을 즐겁게 입속에 넣으며, 갖게 되는 모든 것을 씹으려고 한다. 이러한 유아의 시도는 "구강 부위"와 관련된 본능적 즐거움이 있다는 증거로서 충분하다.

같은 시기, 공격적으로 보이면서 더 정교하게 분화된 행동 또한 관찰되는데, 그것으로부터 우리는 리비도 욕동과 공격적 욕동의 점진적인 분화를 추측할 수 있다. 7~9개월 무렵에는 제재와 좌절에 대한 반응으로서 자극과 관련된, 짧게 지속하는, 상황에 따른, 대상을 향한 분노가 나타난다.(Spitz, 1953; Greenacre, 1960; Parens, 1979; McDevitt, 1983) 또한, 목표와 관심을 추구하는 비적대적 강경함과 자기주장을 관찰할 수 있다. 때리기, 깨물기, 할퀴기, 잡아당기기, 차기 등은 아이의 탐색 활동임이 분명하며, 어머니의 머리카락을 당기거나 장난스럽게 어머니를 깨무는 것에서 보는 것처럼, 즐거움과 애정이 섞여 있기도 하고 대상 지향적이다.

Stechler와 Halton(1987)은 자기주장과 공격성이 서로 다른 체계에서 생기며, 자기주장은 구조를 세우는 기능과 긍정적 정동에 관계하고 공격성은 자기 보호에 관계하는 것이라고 보았지만, 우리는 그 상황을 다르게 이해한다. 자기주장과 공격성이 그렇게 분리되어 기원한다 해도, 그것들은 급속히 서로 얽혀서 우리는 그러한 독립된 기원들을 쉽게 식별할 수 없다. 그런 경우 그 균형이나 비율은 유아의 활동에 대한 환경의 반응에 달려 있다.

실제로, Abraham(1924a)은 이 생후 첫해의 후반 6개월을 '구강 가학적(oral sadistic)' 시기라고 불렀으며, 깨무는 활동은 적대적인 것이며, 성적 만족과 공격적 만족이 결합된 것이라고 추정하였다. Abraham은 성인 환자의 가학적 성격 특성이나 경향이 구강 성적 만족의 유아적 형태가 직접 이월된 것이라고 믿었다. 그러나 가학증은 다치게 하려는 의도가 포함되어야 한다고 Burgner와 Kennedy(1980)는 지적한다. 이 시기(6~14개월)의 유아는 상징적인 표상을 형성하여 자신의 몸과 타인의 몸을 정신적으로 구별할 수 있는 능력이 없으므로 그런 의도를 가질 수가 없다. 그러나 양육자인 어머니는 자신에게 가해지는 통증 때문에, 깨물면서 느끼는 유아의 즐거움을 종종 가학적인 적대감의 표현으로 오해하여 적대적으로 반응한다. 이것은 유아의 행동을 성인 중심으로 잘못 해석하는 전형적인 예이며, 그것은 유아가 가지는 원래의 비공격적이면서 대상과 관계된 자기주장에 즉시 악영향을 미친다. 유아는 깨물기와 머리카락 당기기를 어머니의 화난 공격 때문에 야기된 불쾌감과 연결짓게 되고, 그래서 그 행동은 결과적으로 Greenacre(1960)가 기술했던 것처럼 적대적이고 파괴적인 내용을 띠게 된다.

항문기

아마 출생 직후에, 예를 들면 어머니가 기저귀를 갈아 주는 동안, 항문 부위에서 느끼는 경험과 쾌감이 연결되며, 12개월 이후부터는 성숙의 영향으로 항문 성욕이 뚜렷이 증가한다. 이제 걸음마기 아이가 만지고, 냄새 맡고, 보는 데에서 오는 쾌락뿐만 아니라, 항문과 요도 기능과 관련하여 참거나 배출하는 데에서 오는 쾌락을 즐기는 것을 쉽게 관찰할 수 있다. 신경계가 성숙하여 수초화가 이루어지면서 아이가 걷게 되지만, 이 수초화와 함께 괄약근 조절력의 향상으로 대소변의 배설뿐 아니라 참는 것도 자기 성애적 쾌락을 얻는 수단의 하나가 될 수 있다. 상징적인 사고가 나타나면서 소변과 대변은 대상관련 갈등과 연결될 수 있는데, 특히 어머니가 가장 먼저 요구하는 것이 흔히 대소변 가리기에 관한 것이기 때문이다. 또한, 이런 신체적인 산물들은 환상 속에서 의미를 부여받아 선물, 아기, 폭탄, 심지어 성기, 혹은 어머니를 조절하는 수단 등으로 여겨질 수도 있다. 신체적 성숙이 진행되면 보행 능력뿐만 아니라 배설 과정을 더 잘 조절하게 되어, 자기애적인 즐거움의 근원이 된다.

Roiphe와 Galenson은 둘째 해의 걸음마기 아이 70명을 연구하여, 항문기의 시작을 시사하는 많은 징후를 확인했으며, 그들의 명확한 기술 덕분에 임상의들은 중요한 이정표를 세울 수 있었다. 여기에는 (1)대장 운동 양상의 변화 : 주·야간의 변화, 설사나 변비, 대변 참기 (2)배변 동안이나 직전의 행동 변화 : 쪼그려 앉기, 얼굴 붉어짐, 용쓰기, 끙끙거림, 더럽혀진 기저귀 잡아당기기, 다른 활동을 갑자기 멈추기, 내적 감각에 집중하는 '내부 응시(inward gaze)', 구석이나 다른 방에 숨기, 변기에 앉기 (3)배변 직후의 행동 변화 : 기저귀 갈기에 대한 신호나 저항, 대변 가지고 놀기, 바르기, 먹으려 하기 (4)배변에 수반되는 느낌 : 흥분, 기쁨, 수치심, 불안 (5)항문 부위의 '자기 탐색(self-exploration)'이 있다.(1981, p.60) 또한, 이 나이의 걸음마기 아이들은 또래, 형제자매, 부모의 배변 활동에 대해 많은 호기심을 보이며, 항문에서 유래한 여러 가지 놀이를 즐긴다.

프로이트는 초기에 숙달하려는 욕구가 전성기기의 리비도 조직을 지배한다는 가설을 세웠지만, 나중에는 이것이 공격적 욕동 발달의 일부라고 생각하게 되었다.(1905b, p.193) 이제 걸음마기 아이는 자신의 몸을 더 잘 느끼고, 몸의 움직임을 조절한다. 그러나 숙달하려는 노력이 실패할 때, 대상을 향한 분노는 자주 좌절감을 동반한다. 어머니에게 긍정적인 사랑의 느낌을 가지면서도 동시에 적대적 공격성을 억제하는 것, 즉 어느 정도의 양가감정을 견디도록 배우는 것이 항문기 발달의 중요한 발달 과제가 된다. 다양한 발달 경향 때문에 불균형과 부조화가 생기며, 걸음마기 아이의 퇴행하는 경향은 발달 과정이 전진하고 후퇴하는 것을 보여준다. 아이는 쉽게 과도한 자극을 받고 금방 압도당하여, 분노와 좌절감을 자주 터뜨리게 된다. 스트레스가 거의 없을 때조차도, 까다롭게 매달리고 징징거리는 행동이 불행감의 다른 표현들과 함께 나타날 수 있으며, 분노 발작 시에는 흔히 혼란스러운 정동 상태를 보인다.

이 나이 때에는 대상과 관련된 적대적 공격성이 특징적으로 나타나기 때문에, 프로이트는 이 시기를 가학적 항문기라고 명명하였다.(1905b, 1915년에 내용 추가됨) 많은 경우 공격의 대상이 있는데, 특히 원하는 장난감을 가지려고 서로 깨물고 차고 할퀴는 걸음마기 아이들의 놀이에서 그런 것을 볼 수 있으며, 그것은 자주 공격자를 동일시하는 것, 즉, 전에 경험한 적이 있는 상처받았던 행동을 따라 하는 것에서 온다.(Parens, 1979; McDevitt, 1983) 이제 걸음마기 아이의 인지 능력은 깨물기가 처음으로 중요해졌을 때보다 훨씬 발달했지만, 그럼에도 가학증이라는 명명에 대해서 우리는 다시 의문을 갖게 된다. 획득하고 숙달하려는 의도가 분명히 있지만, 걸음마기 아이가 자신이 저지른 공격적 행동의 고통스러운 결과를 인식할 것 같지는 않으며, 따라서 숙달하려는 시도 속에 '가학적' 의도가 들어 있을 것 같지는 않다. 그러나 이전에 양육하는 어머니와 관련해서 언급했듯이, 공격받은 것에 대해 다른 사람이 보복하는 반응은 결국 그 행동이 공격적이라는 의미가 되게 한다. 그런 관찰 때문에 프로이트는 다음과 같이 언급했을 수도 있다. "잔인성의 충동은 숙달 본능에서 온다고 추정할 수 있다. …… 일반적으로 잔인성은 쉽게 어린애의 속성이 되는데, 왜냐하면 다른 사람의 고통 때문에 숙달 본능을 억제하도록 하는 장애물, 즉 동정하는 능력은 비교적 늦게 발달하기 때문이다."(1905b, p.193)

이 시기에 걸음마기 아이가 가질 수 있는 강한 분노와 적대감은 미숙한 자아에게는 힘든 도전이다. 치솟는 공격성과 성적 흥분이 결합하여 아이의 허약한 통제력을 쉽게 압도할 수 있어, 아이의 정동적인 부담에 불안을 보탠다. 보조 자아로 작용하는 대상이 충분히 보호하지 못하거나 분노반응을 보이면, 이 단계의 특징인 양가감정을 악화시킬 수도 있다. 한쪽 혹은 양쪽 부모 모두 자신들의 가학 피학적 갈등을 상호작용의 형태로 강요할 수 있고, 이것은 아이의 자아 기능을 더욱 약화시켜 나중에 정신병리가 생길 수 있다.

성기에 대한 호기심과 관심의 증가, 성기에 대한 자기 자극의 증가, 양성 간의 성기 차이에 대한 인식의 출현이 항문기의 여러 특징과 함께 나타난다고 오랫동안 알려져 왔다.(Ferenczi, 1924; Fenichel, 1945; Greenacre, 1952a; Kleeman, 1976; Roiphe & Galenson, 1981) Roiphe와 Galenson(1981)은 연구했던 아이 70명이 모두 둘째 해 동안 질적으로 새로운 성기 행동을 보였다고 보고한다. 성기에 대한 호기심과 관심이 항문기적 흥미와 함께 나타났으며, 걸음마기 아이들은 일반적으로 양성 간의 해부학적 차이를 '발견하거나' 그것에 대해 더 많이 알고 있음을 보여 주었다. 이 발견에 대해 아이마다 아주 다양하게 반응할 수 있고, 대상관계나 막 출현하는 자기에 대한 느낌이 여러 방식으로 그 반응의 영향을 받을 수도 있다.

유아 성기기

유아 성욕 마지막 시기의 출현을 예고하는 것은 성기에 성적 관심과 흥분이 집중되는 것이다. 구강기와 항문기적 관심들과 함께, 보기(훔쳐보기), 노출하기, 냄새 맡기 등과 같은 구성요소 본능들은 이제 우세해진 성기 자위 속에 포함된다. 항문기 동안의 성기에 관한 관심, 호기심과 비교하면, 이 시기의 절정기에는 "성기와 그 활동에 관한 관심이 성인 못지 않게 지배적인 중요성을 가진다."고 프로이트는 지적하였다.(1923a, p.142) 그래서 처음에 프로이트는 이를 유아 성기 조직(*infantile genital organization*)이라고 불렀다.

유아 성기기에 대한 프로이트의 이해는 남아에 국한되었고, 그래서 그는 이시기를 남근 우세(phallic phase) 시기라고 명명했다.(p.144) 프로이트는 "불행히도 우리는 이 시기가 남아에게 미치는 영향에 대한 것들만 기술할 수 있다. 여아에게서 이것에 상응하는 과정은 알려지지 않았다."고 말하였다.(p.142) 이 시기에는 남녀 아이 모두 무엇보다 남근에 관심을 둔다고 프로이트는 믿었고, 따라서 양성 모두의 유아 성기 조직을 뜻하는 남근기(*phallic phase*)라는 용어를 사용하였다. 그러나 프로이트의 이러한 명명은 비판을 받게 된다.(예, Parens 등, 1976)

현재의 정신분석 이론에는 정신성 발달과 성 정체성에 관해 남성과 여성이 가지는 별개의 발달선에 대한 공식화가 있다. 그래서 자신의 완전한 성기(Bell, 1961; Yasmajian, 1966, 1967)뿐 아니라 여아의 성기에 관해 남아가 가지는 관심과 함께, 어린 여아가 가지는 자신과 남아의 성기에 관한 관심도 담고 있다. 이제는 남녀 아이 모두 대략 새째 해부터 성기에 관한 관심과 해부학적 특징 차이에 몰두한다는 것을 이해하기 때문에, 이 시기를 기술하는 데 있어 프로이트의 원래 용어인 유아 성기 조직화(*infantile genital organization*), 혹은 약간 수정된 유아 성기기(infantile genital phase)라는 말이 남근기(phallic phase)라는 말보다 더 적절할 수 있다. 이 용어를 채택함으로써 우리는 초기 소아기의 성기에 관한 관심과 사춘기에 나타나는 성인 성기기를 구별하며, 또한 남근 중심적인 모델에서 벗어날 수 있다.

여아들은 유아 성기기가 시작되고 성적 민감성의 급증을 경험하면서, 성기 지향적이 된다. 여아들은 성기가 있는 위치를 알고, 내부 성기의 율동적 움직임뿐만 아니라 관능적 흥분, 그리고 음핵과 질이 포함되어 쾌락을 주는 성적 충만감을 불러일으키는 법을 배운다.(Kestenberg, 1968) 그 후 이것은 몸 전체를 통한 즐거운 느낌으로 일반화된다. 성기의 감각이 고조되고, 이 때문에 여아는 자신과 다른 사람의 몸에 매료된다. 어머니의 성기와 젖가슴에 매료되어 여아는 어머니와 그 몸을 이상화하고 자신도 그런 것을 가지고 싶어 한다. 여아가 자신의 미성숙한 성적 상태에 직면할 때, 다양한 젖가슴 선망,

남근 선망, 열등감에서 오는 불안이 생긴다.

욕동의 진행이 유아 성기기에 이르면 남아의 관심 또한 성기로 향한다. 노출증이 절정에 달하며, 남아는 때로 성기의 발기와 수축이 가지는 압도적인 성질 때문에 흥분하고 기뻐하는 동시에, 불안하고 당황할 수 있다. 전형적으로 남아는 아버지와 아버지의 큰 성기를 이상화하며, 자신도 그와 같은 것을 가지고 싶어 하는데, 그런 소원은 종종 보복당할 것이라는 공포와 그에 따른 거세 불안을 불러일으킨다.

거세공포 때문에 남아는 자신의 성기가 손상되지 않았는지 확인하기 위해 자위행위를 할 수 있다. 그러나 흥분의 증가는 근친상간적 환상을 다시 불러일으켜 강박적인 자위행위를 하게 되는 고리를 만들 수도 있다. 일부 자위행위는 남아가 성적 흥분에 숙달하고 긴장을 어느 정도 방출하여 완화할 수 있게 도와주지만, 강박적인 자위행위는 비적응적인 것으로, 긴장을 줄이기보다 오히려 증가시킨다.

유아 성기기는 대상과 관계된 두 시기와 중복되는데, 전오이디푸스기 혹은 자기애 시기, 그리고 오이디푸스기이다. 전오이디푸스기는 성 정체성에 관한 과제가 중요한 시기이다. 아이의 관심은 성적으로 구별된 자기애적 가치가 있는 신체상을 강화하고 성 역할 동일시를 확립하는 것에 집중된다.

오이디푸스기에 중요한 것은 오이디푸스 콤플렉스의 대상과 관련된 과제를 해결해 나가는 성적 변천사이다. 프로이트는 이 시기의 아이들에서 욕동의 진행과 함께 곧바로 오이디푸스 콤플렉스가 발달한다는 증거를 관찰하였다.(1905b, 1915년에 추가) 즉 그들은 부모에 대한 강한 애착을 형성하고, 양쪽 부모를 향한 성적 느낌을 갖기 시작하며, 한 부모의 애정을 얻기 위해 차례로 다른 쪽 부모와 경쟁한다. 그들은 또한 해부학적 차이점과 아기가 어디에서 나오는지 묻기 시작하며, 자신들이 관찰한 것을 설명하는 이론을 구축한다. 프로이트는 이런 이론이 아이의 마음속에 있는 성적 환상과 연결되며 나중의 신경증 질환과 관계있다고 추측하였다. 프로이트는 성적 흥분과 관련된 아이들의 의식적 · 무의식적 무서운 환상들이 부모에 대해 상반되는 태도를 보이도록 자극하며 사랑과 증오의 강렬한 느낌을 동반한다는 것을 알게 되었다. 이러한 소원, 환상, 갈등의 분명한 예들이 소아 분석 작업에서 입증되었다. 이런 갈등의 여러 가지 파생적 형태와 일반화, 그리고 그 갈등을 처리하기 위한 방어들이, 때때로 덜 분명하긴 하지만, 성인 분석 작업에서도 입증되었다.

전통적으로, 오이디푸스 콤플렉스는 정신성 발달의 맥락에서 논의된다. 그러나 아이가 오이디푸스 콤플렉스에 들어간다는 것은 욕동의 성숙뿐 아니라 대상관계와 성 정체성에서 전진하였음을 의미한다. 게다가, 아이가 오이디푸스 콤플렉스 때문에 생긴 갈등을 해결하기 위하여 만드는 내적 타협 형성(보통, 유아 신경증의 형성)은 자아와 초자아 발달에서 전진을 이루었음을 의미한다. 또한, 오이디푸스기 갈등이 해소되는 과정에서 일어나는 동일시는 자기감(sense of self)이 더 정교해지는 것을 의미한다. 실제로, Rangell은 오이디푸스 콤플렉스를 유아 본능 생활의 정점, 신경증의 핵심, '미래 생활을 조직하는 우산'으로 기술하였다.(1972, p.7) 프로이트는 오이디푸스 콤플렉스를 후기의 모든 발달이 그것에서 진행하는 중요한 시기라고 말하였다.(1905b, 1925b) 오이디푸스 콤플렉스를 발달의 이런 모든 영역에서 다루어야 한다는 것은 발달이 어떤 한 체계 내에서 고립되어 일어나는 것이 아니라는 우리의 관점을 잘 나타낸다. 발달 과정에 관해 균형 잡힌 접근을 하려면 모든 체계를 고려해야 한다.

아이는 부모 모두에 대해 성적 느낌을 가지기 때문에, 전통적으로 오이디푸스 콤플렉스는 양성적 형태냐 혹은 (가치판단을 의미하기보다 소위 사진인화에 비유하는) 역전된 음성적 형태냐 하는 면에서 논의된다. 양성 오이디푸스 콤플렉스에서, 아이는 반대 성의 부모에게 리비도적 소원을 집중하고, 동성의 부모를 무서운 경쟁자로 지각한다. 그럴 때 아이는 반대 성의 부모에 대한 환상, 희망, 소원 때문에, 이상화된 동성 부모의 복수뿐 아니라 동성 부모 사랑의 상실을 두려워하게 된다.

성 정체성을 확립하는 과정에서 일어나는 동성 부모에 관한 아이의 이상화와 동일시 때문에, 유아 성기기 동안에 동성 부모에 대한 리비도적 소원이 있는 것도 명백하다. 이 역전된, 혹은 음성의 오이디푸스 콤플렉스에서, 리비도적 소원은 동성 부모에게 향하고, 반대 성의 부모는 경쟁자가 된다. 전형적으로 아이는 동성의 부모를 자아 이상의 대상으로 삼고, 초자아 형성의 일부로서 그 이상을 동일시하여 음성 오이디푸스 갈등을 해결한다.

각 부모에 대한 동일시와 부모한테 사랑받고 싶은 마음으로 증폭된 강렬한 사랑과 미움, 시기심, 적대적 경쟁심 때문에, 아이의 경쟁적인 오이디푸스 소원들은 엄청난 갈등을 불러일으킨다. 따라서 아이는 해결책을 찾거나, 혹은 고통스럽고 상충하는 소원과 느낌을 포기하도록 압박을 받는다. 그 이후 2~3년은 오이디푸스 콤플렉스의 정교화, 통제, 부분적 해소, 그리고 포기에 바쳐지게 된다.

프로이트의 정신성 발달 이론에는 성 정체성이라는 핵심적 개념이 빠져 있는데, 이것은 성욕, 대상관계, 자아와 초자아 발달, 자기감을 함께 묶는 기본적인 생각이다.(Kleeman, 1976) 오이디푸스적 역동의 종합적인 이해는 이 모든 정신 체계를 포함하기 때문에 이 역동의 좀 더 완전한 토의는 성 정체성을 토의할 때 다루어질 것이다.

잠복기

프로이트는 생후 만 5~6세부터 사춘기까지 뚜렷한 성적 표현이 줄어드는 시기를 가리키기 위해, Wilhelm Fliess가 사용한 '성적 잠복기(period of sexual latency)'라는 구절을 빌려 왔다.(1905b, p.178) 프로이트는 이 시기 동안에 성적 충동이 억압되고 미학적 이상이 형성될 뿐 아니라 도덕성, 수치심, 혐오감과 같은 반동형성이 이루어진다고 생각했다.(1905b, p.177, 1925a) 이 시기는 생물학적 과정, 문화와 교육의 영향, 그리고 초자아의 발달에 부분적인 영향을 받은 자아 방어구조의 재조직화 등이 합쳐진 결과라고 보았다. 프로이트는 이 시기 동안에 성적 활동이 감소한다고 믿었지만, 잠복기는 사실상 교육의 이상이라고 지적하였다.(1905b, p.179) 발달은 여러 면에서 이 이상을 상당히 벗어나는 경우가 많다. 단편적인 성욕 표현이 승화되지 않고 돌파구를 찾아, 대부분은 아니지만 많은 아이가 잠복기 내내 어떤 식으로든 성적 활동에 참여한다.

현재 우리가 잠복기에 대해 이해하는 것은 잠복기가 전혀 획일적인 상태가 아니라고 프로이트가 강조한 데서 유래한다. 아이는 이 시기 동안 여러 가지 발달상의 변화를 겪으며, 성적인 잠복 상태는 절대적이기보다 상대적이다. 자아와 초자아의 발달 때문에 아이는 오이디푸스기의 리비도적 소원을 어느 정도 포기하거나, 해결하거나, 억압했었다. 이제 아이는 부모의 기대와 금지를 마음속에 새겨진 요구로 끊임없이 경험하며, 수치심과 죄책감이라는 고통스러운 정동은 리비도의 만족 추구를 제한하고 오이디푸스기 근친상간적 소원의 억압을 강화한다. 게다가, 자아가 더 강해져서 욕동 활동에 휘둘리기보다 욕동 활동을 제어하며, 더 적응적인 만족 수단을 찾는 동시에 욕동 활동의 승화가 가능해진다.

그렇지만 자위 활동과 자위 환상은 잠복기 중기나 후기에서 사춘기까지의 정상 소아에게서 거의 보편적으로 일어나는 현상이다.(Fraiberg, 1972; Clower, 1976) Fraiberg는 자위를 통한 일부 해소가 아이의 정신적 안정에 아주 중요할 수 있다고 지적하였다. 자위 환상과 활동이 강제로 억압될 때, 자아는 제약받고 아이는 지루함을 호소할 뿐 아니라 자유롭게 놀면서 다른 활동을 추구하는 데 한계가 생긴다.

잠복기 동안의 자위행위와 본능적 욕구의 운명은 첫째, 원래 자위 활동과 연관되었던 오이디푸스기 근친상간적 소원을 아이가 어느 정도로 전치하고 위장하고 대치할 수 있는가에 달려 있다. 둘째, 활동 반경이 넓어지면서 아이가 학습과 사회 경험을 즐기게 되어 승화를 발달시킬 기회가 늘어나고, 이는 성기적 급박성(genital urgency)을 완화해 준다.(Greenacre, 1948) 결국, 이것들은 긍정적인 자존심의 원천이 되어 자위행위에 따른 죄책감을 줄여 준다. 셋째, 자아 기능의 향상과 함께 방어 체계가 더 강해지고 더 정교해지면서, 아이는 성적 욕구, 환상, 자위 활동에서 오는 죄책감에 더 잘 대처할 수 있게 된다.

성기 우위와 청소년기

잠복기의 상대적인 균형은 사춘기의 생물학적 변화 때문에 깨지는데, 이 시기에는 성기의 성적 충동이 강해지고 성감대는 더욱 성기 우위에 종속된다.(Freud, 1905b, p.207) 이제는 전사춘기(prepuberty)와 사춘기, 그리고 전청소년기(preadolescence)와 청소년기를 구별해야 한다는 의견이 일반적이다. 전사춘기와 사춘기는 성적 성숙에 관한 생리적, 해부학적, 호르몬상의 구분을 따른다. 전사춘기는 2차 성징의 출현과 함께 시작되며, 눈에 보이지 않는 것도 포함된다. 소녀에게서 사춘기는 초경과 함께 시작되고, 소년에게서는 첫 사정, 혹은 사정된 정액 속에 살아 있는 정자의 존재와 함께 시작된다.(Galenson, 1964) 전청소년기와 청소년기는 대략 11~12세부터 19~20세에 걸친 연령대의 복잡한 심리적 그리고 발달상의 양상을 말한다. 이런 심리적이고도 발달과 관련한 문제들은 성적 성숙에 적응할 때 갖게 되는 심리적 과제를 포함하지만, 그것에 국한되지는 않는다.

전청소년기(*Preadolescece*)

현재 우리의 견해는 호르몬 분비 증가에 대한 최초의 적응이 소년과 소녀에게서 상당히 다르다는 것이다.(예, Erikson, 1956; Blos, 1962, 1970, 1979) 전청소년기에 양쪽 성의 과제는 현저하고 급격한 몸의 변화에 대응하는 것이다. 그러기 위해 신체 표상에 적절히 적응하고, 성기의 민감성 · 반응성 증가와 함께 새로 강화된 성적 욕동을 다루어야 한다. 이것은 소년에게는 발기 횟수의 증가로, 소녀에게서는 유방 발달 그리고 질과 몸 전체의 성적 감각으로 나타나는데, 이것들의 성적 성질을 즉시 알지 못하여 아이들은 혼란스러울 수도 있다. 소년과 소녀 모두 단계 특이적인 다양한 방어를 사용하는데(A. Freud, 1936, 1958), 여기에는 무엇보다 퇴행이 있으며 퇴행의 결과를 다루기 위한 여러 방어가 있다. 이때 퇴행은 호르몬 분비의 증가로 생긴 욕동 강도의 증가에 자극받은 것이다.

특징적으로, 전청소년기 소년의 퇴행은 상당히 광범위한 전성기기 특성(pregenitality)을 가지는데, 항문기, 요도기, 구강기적 관심, 몰입, 쾌락이 다시 나타난다. 소녀의 퇴행은 다른 과정을 따르는데, 주로 전오이디푸스기 어머니와의 관계를 재현하는 태도의 변화를 보인다. 그러나 Blos가 지적했듯이, "소년의 전청소년기 퇴행은 소녀보다 훨씬 더 광범위하다. 그것은 행동-지향적이며 구체적이다. 사춘기가 처음 급격히 발전할 때, 소년은 조롱하고 경멸하면서 반대 성을 외면한다." (1970, p.27) 극적인 이 외면은 우선 무서운 남근 여성(phallic female)에 대한 환상과 함께, 성적 느낌의 증가에 따른 거세 불안이 되살아나기 때문이다.

전청소년기 소녀는 전오이디푸스기 어머니에게로 퇴행하고 싶은 마음에 저항하기 위해 방어적으로 이성애를 주장하는데, 이때 적극적인 '현실로의 전향(turn toward reality)'과 일반적 성에 대한 호기심의 증가 등이 선행하거나 동반되는 것 같다. 퇴행적 경향은 지엽적으로 그리고 비밀스럽게 자신을 드러낸다.(Deutsch, 1944; Blos, 1962, 1970)

청소년기

사춘기적 성숙, 즉 소녀의 초경과 소년의 첫 사정은 전청소년기가 끝나고 청소년기가 시작되는 것을 알려 준다. 욕동의 진행은 이제 성기 우위를 향하는데, 즉 전성기기적 탐닉은 퇴행적 활동에서 주로 나타나고, 성적 쾌락은 점차 성기 활동과 기능에 초점을 맞춘다.

현대 사회에서, 초경과 첫 사정은 이런 발달상 이행의 표식으로 동등하게 인식되지 않고 있다. 보통은 소녀가 소년보다 더 교육받고 준비되어 있다. 또한, 초경이 어린 청소년기 소녀에게 주는 충격과 그 의미에 대해서는 정신분석과 발달 관련 문헌에 많은 참고자료가 있지만, 청소년기 소년의 첫 사정과 그 의미에 대한 자료는 드물다.(예, Fenichel, 1945, p.111; R. A. Furman, 1975) 소년들은 자연 사정을 조절하지 못하고 수동적으로 경험할 수밖에 없어서, 그 감각을 통해 남성성을 확인하기보다, 주로 여성적인 성질의 것으로 해석할 수 있다. 실제로, 한 남성이 목욕 중에 첫 자연 사정을 경험한 것을 기억하였는데, 그는 잘못되고 무서운 일이 자신에게 일어나고 있다고 생각했었다. Furman은 사정이 시작될 때의 경험을 말할 수 있었던 소년을 분석한 자료에서, 그것은 "너무 혼란스럽고 불편해서 실제로 완전한 사정이 시작될 때까지 말할 수도 없고, 완전히 사정하게 된 후에는 그전 시기를 돌아보고 싶은 마음이 거의 사라져 버리기" 때문에, 소년은 이 경적 관계를 맺는 데 필요한 적당한 본능적 그리고 감정적 자유를 보장할 것이다. 이것에는 성적으로 활동적이면서, 청소년 자녀가 성적 활동에 탐닉하는 것을 인정해 주는 부모와의 성숙한 동일시가 포함된다.(Jacobson, 1961) 성적인 성인 성기 조직(adult genital sexual organization)에 성공하려면, 이러한 중요한 동일시가 이루어지는 동안에 근친상간 소원이 계속해서 억압되어야 한다. 그러나 근친상간 금기는 부모를 성을 넘어선 존재로 보기 때문에, 이러한 동일시를 하는 것이 대단히 어려울 수 있다.

전청소년기와 청소년기의 청소년들에게 일관성 없는 행동이 흔한 것은, 이 시기 동안 생물학적 변화가 일어나고 성적 느낌과 충동이 더 강해졌기 때문만은 아니다. 그에 덧붙여, 뚜렷하고 급속한 신체적, 인지적, 사회적 성장이 일어난다. 이것들이 합쳐져 청소년들에게 가해지는 압력은 방어하고 통합하는 자아 기능에는 힘든 도전이며, 자주 그리고 크게 기분의 변화가 오고, 이런 기분 변화에 따른 행동이 나타난다. 이런 변화는 흔히 특별한 사람이나 사건의 경험에 대한 반응으로 나타난다. 청소년들은 각자의 스타일에 따라 반응하며, 그 스타일은 더 어린 시기의 동일시, 가치관, 사회적 학습, 그리고 그 순간의 자아 강도, 방어, 초자아 제약들로 결정된다.

청소년이 인지하는 불안의 정도는 자아나 초자아의 능력이나 기능과 비교했을 때 욕동의 강도가 어느 정도인지에 달려 있다. 기분과 행동의 변화와 일시적인 증상들은 타협 형성을 위한 시도인 동시에, 여러 정신구조 사이 혹은 구조 내부의 중요한 갈등을 반영하는 경우가 많다. 자주 있는 일이지만, 만약 자아와 초자아가 생물학적, 인지적, 사회적 변화를 다룰 힘이 생기기 전에 그런 변화가 일어난다면, 상당한 어려움이 생길 수도 있다. 예를 들어, 소녀에게서 젖가슴 발달과 같은 이차 성징의 조기 출현이나 이른 초경은 잠복기의 충분한 강화

험을 인식하여 말로 표현하는 것에 대해 방어적일 수도 있다
하였다.(1975, p.229) 청소년기 소년과 청년을 분석한 우리의
험은, 첫 사정이 소년에게도 절절한 발달상 표식이라는 것을
준다. 초경이 소녀에게 그런 표식인 것처럼 말이다.(임상 사리
중인 P. Tyson 참고)

생물학적 변화는 정신 발달에 중대한 영향을 미친다. 호
극을 받아 충동이 급증하면서, 그것은 잠복기 동안 이루었
초자아 사이, 욕동과 방어 사이의 균형을 깨뜨리고 발달의
에 있었던 갈등을 불러일으키며, 정신 활동에 새롭고 강한
운을 불어넣는다. 그러한 성적, 공격적 욕동 압력의 강화로
전오이디푸스기와 오이디푸스기의 근친상간적 소원, 그것
갈등이 되살아난다. 청소년은 이성애적 성교의 완성에 필요
을 갖추었기 때문에, 이제 이것은 특히 위협적일 수 있다.

이제 충족 가능성이 있을 뿐 아니라 인지 기능의 성숙으
은 유아기 근친상간적 환상의 전체적인 의미를 알게 된다
청소년은 초기 소원의 내용을 억압하려는 요구가 커짐을
시에, 성적 만족에 대한 더 초기의 금기에서 풀려나려고 노
런 노력은 성기 성욕으로 적응하는 데 필수적이지만 현재
증가시킨다. 신체는 성적 만족의 근원이기 때문에 자위 충
진다. 청소년기의 자위행위는 성기 활동을 시험해 보는 한
청소년이 새롭게 성숙한 성적 신체를 소유하는 한 방법
의 성적 소원을 책임질 수 있는 한 수단이 될 수 있다.(Lauf
1984)

자위에 동반된 환상은 오이디푸스기 근친상간적 소원에
문에, 자위행위를 둘러싼 갈등이 강렬해지는 것은 놀랄 일
청소년은 본능 방출의 통로를 찾아야 한다. 그런 통로는

를 방해하고, 그렇지 않았다면 적절했을 능력들을 잠식한다. 더 어렸을 적에는, 성적 욕동 충동에 따라 행동하는 것을 조절하기 위해 부모가 보조 자아로 기능하는 것에 의지할 수 있었다. 그러나 청소년기에는 욕동이 강화되고 성기 잠재력이 생리적 해부학적으로 발달하기 때문에, 부모와 감정적으로 친밀한 것은 근친상간적 갈등을 불러일으키고, 오이디푸스 콤플렉스의 해결되지 않은 투쟁을 다시 점화한다. 부모는 이전과 같은 역할을 할 수 없다. 즉 그들은 이제 청소년을 위해 보조 자아 기능을 해 줄 수가 없다.

젊은이는 의존 욕구와 성적 욕구를 만족하기 위하여 새로운 대상을 찾아야만 한다.('대상 이동, object removal,' Katan, 1951) 이것은 긴 적응 기간이 필요한 일인데, 그동안 청소년은 성적 대상이자 애정과 의존의 대상이었던 부모와 분리해야 할 뿐 아니라 이상화되고 권위를 가졌던 표상들에서도 개별화해야 한다. 청소년은 권위자로서의 부모에게 의존하는 것을 중단한다.

우리는 이 책의 나머지 부분에서, 이렇게 서로 얽혀 있는 여러 요소에 대해 토의할 것이다. 그러나 여기서는 정신성 발달의 관점에서, 청소년기의 중요한 변화는 성기 부위의 우위라고 말하는 것으로 충분하다. 청소년기의 주된 과업은 성적으로 성숙한 신체를 가지고 성욕과 타협하는 것이며, 욕동, 자아, 초자아, 과거와 현재의 대상들 사이에 새로운 균형을 잡는 것이다.

3부 대상관계

OBJECT RELATIONS

5장

대상관계 이론의 개관

지난 수십 년간 대상관계에 대한 연구가 많았기 때문에, 그 개념이 실제보다도 더 최근에 기원했을 거라는 인상을 받을 수도 있지만 대상이라는 개념은 처음부터 프로이트의 생각 속에 있었다. 프로이트는 그때 대상을 본능의 만족을 위한 매개체로 기술하였고 대상관계를 주로 욕동의 표현과 관련지어 검토하였을 뿐, 욕동과 별도로 진화하는 대상관계가 발달해 나가는 것을 기술하려고 시도하지는 않았다. 게다가 프로이트가 중요하게 공식화한 것은 오이디푸스 콤플렉스에 관한 것이며, 전오이디푸스기 대상관계의 성질에 대해서는 이해하는 바가 거의 없다고 스스로 인정하였다.(1931)

그 이후, 초기 대상관계 발달을 이해할 수 있는 연구에(혹은 이론에) 확실한 진전이 있었다. 현재의 많은 이론에서 오는 혼란을 최소화하기 위해서, 우리는 이 분야에 큰 영향을 미쳤거나 혹은 대상관계 발달에 관해 상당히 체계적인 이론을 제시했던 학자 혹은 연구자들이 발달에 이바지한 내용을 이 장에서 간단히 살펴볼 것이다. 다음의 두 장은 이런 검토를 바탕으로, 대상관계와 주관적인 자기감의 발달상 경로를 기술할 것이다.*

* 이 논의에서 대인관계와 대상관계의 차이를 마음속에 새겨두는 것이 유용할 것이다. 대인

프로이트가 생각한 대상관계의 진화

프로이트는 중요하다고 지각되고 느껴진 다른 사람과의 상호작용은 정신 내적 구조의 기원, 성질, 기능에 영향을 미친다는 것을 인식하였다. 일찍이 1895년에 그는 대상에 대한 만족과 좌절의 경험들이 오래가는 기억을 등록하게 하는 자극제라고 말하였다.(1895b) 욕동이론을 확립하는 것에 관심이 있었기 때문에, 프로이트는 자신의 정동-외상(욕동-방출) 모델과 지형학적 모델에서 만족과 좌절의 문제에 집중했는데, 그 모델에서 대상은 욕동 만족을 추구하고 획득하게 해 주는 매개체이다. 생의 초기에, 대상은 리비도 만족과 관련해서 경험된다. 즉 본능적인 욕동은 쾌락-추구적인데, 상호작용의 기억들이 쌓이면서 급속히 대상-추구적, 혹은 대상-의존적이 된다고 알려졌다. '과학적 심리학을 위한 연구과제'에서 프로이트는 "(배고픈 유아의) 바라는 상태는 바라던 대상, 혹은 더 정확히, 그 대상의 기억된 이미지(정신적 표상)에 긍정적으로 끌린다."라고 적었다.(1895b, p.322) 프로이트는 욕동에 비해 대상은 부차적이라는 관점을 지녔으며, 나중에 대상은 "본능에 따라 매우 변하기 쉽고, 원래 본능과 연결된 것이 아니라, 본능을 특히 잘 만족시킬 때에만 본능에 할당되는 것이다."라고 말하였다. 게다가 그는, 대상은 "꼭 외부의 어떤 것일 필요는 없으며, 당연히 자기 신체의 일부일 수도 있다."고 덧붙였다.(1915a, p.122)

지형학적 모델에서 프로이트는 대상과의 외상적인 경험이 발달에 미치는 병리적 영향을 강조하였는데, 그때 그는 어떻게 무의식적 소

관계는 사람들 사이의 실제적인 상호작용에 관련된 것이다. 대상관계(혹은 '내재화된' 대상관계)는 타인과의 경험의 정신 내적인 차원을 말하는 것으로, 즉 자기에 대한, 다른 사람에 대한, 그리고 그들의 상호작용에서 각자의 역할에 대한 정신적 표상을 말하는 것이다.

원과 환상들이 그렇지 않았으면 무해했을 대상과의 경험을 외상적인 경험으로 변형시켜 고질적이고 해로운 기억을 남길 수 있는지를 강조하였다. 그러나 구조이론을 제시할 때, 그는 대상의 개념과 관련해서 초점을 옮겼다. 대상에 관한 관계의 중요성이 욕동 만족의 중요성에 비해 부차적임을 강조하는 대신에, 그는 대상과의 비외상적 경험들과 이것들이 욕동, 자아, 초자아와 상호작용하는 방법들을 강조하였다. 비록 그는 구조 형성보다 기능에 더 초점을 두었지만, 대상과의 동일시가 자아와 초자아의 형성에 매우 중요하다는 것을 관찰한 것은 확실하다.(Freud, 1923a, 1924c)

프로이트는 불안 이론을 개정하면서, 대상관계 이론의 또 다른 중요한 부분을 추가하였다.(1926) 그는 초기 유아기의 자아는 자극을 받으면 쉽게 압도된다고 언급했다. 그러나 "외부의 지각할 수 있는 대상이 위험한 상황을 끝낼 수 있다는 것을 유아가 경험으로 알게 되었을 때 …… 두려워하는 위험의 내용물은 경제적 상황(압도되는 공포)에서 그 상황을 결정지었던 상태, 즉 대상의 상실로 옮겨진다."고 말하였다.(pp.137-138) 유아기 자아의 무력감 때문에 대상이 불안을 조절하는 과제를 맡게 된다. 프로이트는, 후기에 나타나는 자아 기능의 결핍은 결국 본능적 충동이 강했고 대상이 유아의 상태를 성공적으로 조절하지 못했기 때문이라는 뜻을 비쳤다.(pp.155-156) 프로이트는 대상과 관계된 일련의 불안과 그와 연관된 환상들을 제시하였으며, 그것들이 정신성 발달의 단계(대상 상실에 대한 공포, 대상이 주는 사랑의 상실에 대한 공포, 거세에 대한 공포, 초자아 처벌에 대한 공포)와 관계있다고 추정하였다. 마지막으로, 프로이트는 유아의 무력감과 의존성 때문에 이러한 "가장 어린 시기의 위험 상황들이 생기며 남은 평생 아이는 사랑받으려는 욕구를 지니게 된다"고 덧붙였다.(p.155) 이 마지막 말에서 프로이트는 대상과 관계된 경험들과 리비도적 만족의 경험들이 정신 구조 형성과 최적의 발달을 위해 똑같이 중요함을 분명히 보여 주고 있으며, 이 두 가지가 사랑의 경험 혹은 공포와 불안의 경험을 통해 연결된다고 제시한다.

Melanie Klein

Melanie Klein은 대상관계 이론의 초기 공헌자 중 한 사람이다. Klein의 이론은 많은 부분 자신의 자녀에 대한 관찰과 다른 아이들에 대한 분석에서 얻은 것들이고, 그녀는 그 아이들 중 많은 아이가 정신병이라고 생각했다. 이 작업에서 Klein은 전오이디푸스기의 초기 대상관계가 발달과 정신 병리의 출현에 미치는 중요성을 입증함으로써, 오이디푸스 콤플렉스를 강조하는 프로이트의 관점에 이의를 제기하였다. Klein의 이론은 대부분 프로이트의 정동-외상 이론과 지형학적 모델에 기반을 두고 있다. 즉 그녀는 죽음 본능 이론을 고수하고 확장하였으며 독특하고 복잡한 용어를 발전시켰다. 모든 갈등은 생명 본능과 죽음 본능 사이의 원형적인 투쟁에 근거한다는 것이 Klein의 기본 신조 중 하나다.(1948) 이 갈등은 타고나는 것이며 출생 때부터 작용한다. 사실 출생 그 자체는 압도적인 외상으로 경험되어 외부세계에 대한 박해 불안(persecutory anxiety)을 낳는다. Klein에 따르면, 유아의 마음속에서 처음부터 자신과 분리되어 존재하는 최초의 대상은 어머니의 젖가슴인데, 그것은 박해 불안 때문에 적대적으로 느껴진다. Klein은 자신의 작업 어디에서나 욕동이 가장 중요함을 강조하였는데, 욕동은 근본적으로 대상관계와 같은 것으로 여겨진다.(Greenberg & Mitchell, 1983, p.146)

Klein은 자아, 무의식적 환상, 대상관계를 형성하고 불안을 경험하며 방어기전을 사용하는 능력은 모두 출생 때부터 이용 가능하다고 가정한다. Klein이 보기에, 환상은 본능의 정신적 표상이라서 모든 본능적 충동에는 그에 상응하는 환상이 있다. 이 말은 본능적 충동이 환상을 통해서만 경험된다는 것을 의미하며 환상의 기능은 본능적 충동에 봉사하는 것이다.

유아는 새로운 자리에서 혹은 새로운 방식으로 어머니를 보기 때문에, Klein학파가 아닌 분석가들이 발달의 단계라고 부른 것을 기술하기 위해 Klein은 자리(position)라는 단어를 사용한다.(1935) 생후 3개월 동안의 첫 번째 자리는 편집-분열(*paranoid-schizoid*) 자리로 알려졌다.(1946, 1952a, 1952b) 유아는 외부의 나쁜 대상인 젖가슴으로부터 박해에 대한 공포를 계속 느끼기 때문에 편집이라고 하며, 이 나쁜 대상은 그것을 파괴하기 위한 노력 때문에 내재화되거나 내사된다. 이 외부의 혹은 이제 내부에 있는 나쁜 대상은 죽음 본능에서 나온다. 분열이라는 생각은 '좋은(good)' 것과 '나쁜(bad)' 것을 분리하려는 성향에서 온다. Klein은 이 시기의 유아가 자신과 어머니에 대한 적대적인 느낌을 어떻게 다룰까 하는 것을 그려보고 그것을 기술하는 과정에서 투사적 동일시(*projective identification*)라는 용어를 도입하였다.(1946) 환상 속에서 (초기 대상의 분리에 덧붙여) 자신의 미운 부분들과 위험한 부분들이 분리되어서 대상을 상처 입히고 조종하고 소유하기 위하여 어머니 속으로 투사된다. 자신의 부분들에 대한 미움은 이제 어머니에게로 향한다. "이것은 공격적인 대상관계의 원형이 되는 특별한 형태의 동일시를 낳는다. 나는 이러한 과정에 대해 '투사적 동일시'라는 용어를 제안한다."(p.8)

Spillius는, "Klein은 거의 무심코 두 단락으로 …… 그 용어를 정의하였고, Hanna Segel의 말에 의하면, 즉시 그것을 후회하였다."(1983, p.321)라고 기술한다. 그것은 확장된 의미로 널리 사용되었고 투사와 같은 것으로 여겨지는 경우가 많다.(p.322; Meissner, 1980; Sandler,

1987)

죽음 본능에 덧붙여, 생명 본능 혹은 리비도 또한 첫 외부 대상으로서의 젖가슴에 부착된다. 이 좋은 젖가슴 또한 그것을 보존하기 위한 노력으로 내사를 통해 내재화된다. 그래서 생명 본능과 죽음 본능 사이의 투쟁은 이상적인 젖가슴과 집어삼키는 젖가슴 사이의 투쟁으로 대표된다. 이 두 젖가슴이 "그것의 좋고 나쁜 측면에서 초자아의 핵심을 형성한다."(1948, p.118) 생후 3개월 동안의 특징적인 공포는 박해하는 나쁜 대상이 자아에 들어와서 이상적인 내부 젖가슴을 파괴하고 자기를 전멸시키는 것이다. 이것과 관련된 것이 시기심(envy)의 역할인데, 그것 또한 출생 시부터 존재한다. 이상적인 젖가슴은 사랑과 선함의 근원이 되어 있기 때문에 자아는 그것을 모방하려고 애쓴다. 만약 이것이 불가능해 보이면, 자아는 시기심의 근원에서 벗어나기 위해 좋은 젖가슴을 공격하여 파멸시키고 싶어 한다. 유아는 고통스러운 감정을 분리하려고 시도하고, 만약 이 방어가 성공하면, 이상적인 젖가슴 속에 내사된 감사(gratitude) 때문에 자아는 풍부하고 강해질 것이다.(Klein, 1957)

발달이 순조롭고 특히 이상적인 젖가슴과 동일시가 이루어지면 유아는 죽음 본능을 견뎌내기 시작하고 분리와 투사에 덜 의존하게 되며, 편집적인 느낌이 줄고 자아 통합이 촉진된다. 대상의 좋고 나쁜 측면들이 통합되며 유아는 어머니를 좋고 나쁜 느낌들의 근원이자 수령인으로 본다. 이제 3개월 정도 된 유아는 우울 자리(depressive position)로 옮겨 간다.(Klein, 1935, 1940, 1946, 1952a, 1952b) 이제 유아의 가장 깊은 불안은 자신이 사랑의 대상을 손상했거나 파괴했다는 공포여서, 입을 통하여 어머니를 내사하려고, 즉 자신의 파괴성으로부터 어머니를 보호하기 위해 어머니를 내재화하려고 시도한다. 그러나 구강적인 전능감 때문에 내부와 외부의 좋은 대상이 어쨌든 삼켜지고 파괴될 것이라는 두려움이 생기고, 그리하여 대상을 보호하려는 노력조차도 파괴적인 것으로 경험된다. 환상 속에서, 죽어서 삼켜진 어머니는 유아 내부에서 산산조각 나 있다. 상실감과 무력감, 그에 따른 우울감이 이 시기를 특징짓는다. 그러나 이 우울은 초자아 발달과 오이디푸스 콤플렉스를 가동함으로써 발달을 촉진한다. 박해 불안과 우울 불안의 영향 아래에서, 남아와 여아는 구강-가학 시기의 정점(8~9개월경)에 어머니와 어머니의 젖가슴을 버리고 구강 욕구의 새로운 대상으로서 아버지의 성기를 향한다.(Klein, 1928) 오이디푸스적 소원은 처음에는 어머니에게서 남자 성기, 신체 구성물, 아기들을 빼앗는 환상에 주력한다. 초자아가 강해지면서, 결국 이것들은 우울 자리에서 중요한, 보상하려는 경향 아래 있게 되며, 환상 속에서 이것들은 어머니에게 되돌려진다.(Klein, 1940)

Klein의 개념에 대하여 이렇게 간략하게 요약한 것으로 그 개념을 충분히 평가할 수는 없지만, 이것은 Klein학파의 이론과 우리 관점 사이의 중요한 차이를 보여준다. Klein학파의 이론은 프로이트가 후기에 세운 구조이론보다 주로 지형학적 이론에 근거하기 때문에, Klein의 개념은 우리가 이해하고 있는 자아 기능과는 관계가 없다. 예를 들어, Klein학파의 자아는 자기와 더 유사하며, 구조 모델에서 프로이트가 제시한 자기-조절 기능의 어떤 것도 가지고 있지 않다. 그녀에게 환상은 욕동의 구체적인 표현이며, 충동과 방어(충동에 대해 현실을 고려하여 자아 기능이 만들어 낸 방어) 사이의 타협이 아니다. 출생 시부터 환상하는 능력이 있다고 Klein은 주장하는데 그 주장을 지지하는 인지심리학이나 신경과학상의 증거는 없다. 불안은 자아를 압도하여 항상 위협적인 외상적 영향을 미치며, 프로이트가 불안에 관한 구조이론에서 제시한 것 같은 신호 기능을 하지는 않는다.(1926) Klein이 광범위한 방어를 기술했다 하더라도, 내적 조화를 이루는 데 있어 구조이론에서 개념화된 방어기제를 성공적으로 사용하는 것보다 더 중요한 것은, '나쁜(bad)' 경험에 비해 '좋은(good)' 경험을 더 많이 하는 것이다.

Klein학파의 관점에 따르면, 출생 시부터 존재하는 근본적인 갈등은 진화하는 정신 구조들 사이에서 생기기보다 타고난 두 욕동 사이에서 생기며, 자아 기능에 의해서 중재되지 않는다. 따라서 대상에 대한 무의식적인 성적 · 공격적 충동을 해석하는 것이 Klein학파의 기법에서 중요하다. 게다가, Klein의 관점에 따르면, 갈등은 선천적으로 결정된 두 가지 욕동 사이에서 생기기 때문에, 그것의 형태를 제외하고는 이어지는 발달의 영향을 별로 받지 않으며, 따라서 환경의 영향과 개인적인 경험은 발달에 거의 영향을 미치지 않는다. 이 점이 발달에 관하여 우리가 제시하는 관점과 상당히 다르다. Sutherland가 표현한 바로는, "대부분의 분석가가 보기에, 그녀는 외부 대상의 역할을 최소화하여, 본능의 활동으로 내부에서 생긴 (소위 말하는) 환상을 확인하는 역할 정도로 여기는 것 같다. 그래서 대상과의 경험에 근거하여 가장 초기부터 구조들이 진화하는 개념적 체계를 세우기보다, 일종의 생물학적 유아론(solipsism)을 창조한 것처럼 보인다."(1980, p.831) 마지막으로, Klein의 이론이 흔히 대상관계 이론으로 불리지만, 그녀에게 있어서 대상의 중요성은 욕동의 중요성에 비해 부차적이다. Klein의 이론에는 대상의 실제 특징이 미치는 영향이나, 혹은 유아의 발달에서 대상과의 대화나 상호성의 역할에 대한 설명이 거의 없다.

이런 언급들을 보면, 비슷한 언어를 사용하는 듯하지만 Klein학파와 구조이론에 기초한 현대 프로이트학파의 정신분석적 관점 사이에는 유사성이 거의 없는 것이 명확하다.(Klein학파 이론의 요약과 비판은 Waelder, 1936; Glover, 1945; Bibring, 1947; Joffe, 1969; Kernberg, 1969; Yorke, 1971; Segal, 1979; Greenberg & Mitchell, 1983; Hayman, 1989 참고)

한편, Scharfman(1988)은 Klein의 노력으로 정신분석적 관심이 전오이디푸스기 아이와, 특히 전오이디푸스기 대상관계에 쏠리게 되었다고 지적했다. 투사와 내사를 통해 형성되는 대상 표상에 관한 개념들은 정신분석적 어휘 목록의 일부가 되었다. 더 전통적으로 보면, 프로이트학파의 분석가들은 이런 개념들의 이해에서 Klein과 다를 수도 있다. 그러나 대상관계 이론의 현재 핵심 개념 중 일부를 처음 사용한 사람은 Klein이었다.

Anna Freud

Anna Freud는 특히 아이들에 대한 Klein의 생각과 아이들에 대한 Klein의 치료적 접근에 비판적이었다. 그들은 몇 번 대화와 토론을 시도하였지만, 관계가 회복되기보다 둘 사이에 강렬한 감정만 자극하였던 것 같다.

Anna Freud는 Hampstead 전시 보육원에서 부모와 장기간 떨어져 지내는 유아와 어린아이들을 관찰했는데, 이것이 대상관계 발달에 관한 그녀의 관점을 세우는 데 기초가 되었다.(1942) 첫 몇 개월 동안 유아는 욕구 감각에 의해 지배받는 존재이고 어머니는 주로 욕구 충족자의 역할을 한다고 Anna Freud는 기술하였다. 그러나 그녀는 이렇게 어린 경우에도 어머니와 떨어진 유아가 불편해하는 신호를 보이는 것에 주목하였고, 이 불편감이 일부는 일상생활의 혼란 때문이고 일부는 어머니와의 특별한 친밀감에 변화가 생겼기 때문이라고 언급하였다.(p.180)

첫 일 년의 후반에는, 어머니와의 관계가 신체적 욕구의 순간들을 지나서도 지속한다. 훨씬 나중에 Anna Freud는 이 시기를 대상 항상성의 단계라고 기술하였는데, 즉 어머니가 일정한 리비도적 대상이

되고 어머니에 대한 아이의 리비도적 투자는 아이의 만족 정도에 상관없이 지속한다는 것이다.(1965)

둘째 해에는, 애착이 완전히 발달하고 아이의 모든 본능적 소원이 어머니에게 집중함에 따라, 어머니-유아의 애착 관계는 성인의 사랑과 같은 강렬함과 다양성을 지니게 된다고 Anna Freud는 생각하였다.(1942, pp.181-182) 또한 이러한 '행복한 관계(happy relationship)'가 뒤따르는 양가감정과 그 후의 경쟁심에 의해 약화되는 것도 관찰하였다. 이렇게 갈등을 일으키는 느낌의 출현과 함께, 아이는 "인간의 감정 생활을 특징짓는 전체적이고 복잡하게 얽힌 감정들 속으로 들어간다."(p.182)

다음 단계인 3~5세에, 부모는 점차 아이를 훈육하려 애쓰게 되고, 이때 생기는 불가피한 오이디푸스적 실망과 사랑의 철수 때문에 아이는 쉽게 화가 난다. 아이는 순간적으로 부모에 대해 난폭한 죽음의 소원을 나타내는데, 이것은 분리할 때에 확인되며, 이때 심한 죄책감과 강한 고통이 생긴다. Hampstead 전시 보육원에서 Anna Freud는 부모의 방문이 가능했던 몇몇 경우에, 이런 고통이 아이가 부모를 만나는 즐거움을 방해한다는 것을 관찰하였다. 실제로, 그녀는 헤어진 뒤에 오는 비탄의 강도가 후기 적응에 심각한 결과를 초래할 가능성이 있음을 시사한다는 것을 깨닫고는, 각 발달 단계에서 일어나는 분리의 가능한 결과들에 대한 이론을 공식화하였다.

Anna Freud의 관찰 중 많은 부분이 아주 예리하였으며 현대 발달 연구와 유사했다. 그러나 불행히도 그녀가 공식화한 것들은 전시 보육원의 첫 연례 보고서에 묻혀 버렸고 많은 관심을 받지 못했다. 더구나, Anna Freud는 초기에 관찰한 것들을 정교화하거나 확실히 하기 위한 작업을 거의 하지 않았으며, 나중에 그녀가 공식화한 대상관계의 발달선은(1965) 풍부하고 세심한 초기 관찰들을 거의 이용하거나 참조하지 않았고, 정당하게 평가하지도 않았다.

John Bowlby

John Bowlby는 Anna Freud의 전시 보육원에서 작업을 시작하였고 Klein의 생각과 특히 동물행동학 연구에서 영향을 받았다. Bowlby가 유아의 애착에 대해 강조한 것은 유아 발달 연구에 건설적인 영향을 미쳤으며, Bowlby의 접근법은 발달 체계에 대한 현재의 관점에 공헌하였다.(비평을 위해, Hanly, 1978; Brody, 1981 참고) Bowlby의 이론은 애착 행동을 연구했던 발달심리학자(Ainsworth, 1962, 1964; Ainsworth 등, 1978)와 더 최근에는 유아의 능력과 지능 발달에 관한 연구에 Bowlby의 생각을 적용했던 발달심리학자(Papousek & Papousek, 1984) 사이에서 특히 호감을 받았다. Bowlby는 어머니-유아 관계에 관한 이론에 크게 공헌했다.(1958, 1960a, 1960b, 1969, 1973, 1980)

Bowlby는, 유아의 주된 욕구를 음식에 두면서 어머니에 대한 애착은 부차적인 것으로만 강조하는 정신분석 이론에 비판적이었다. 유아에게 중요한 문제는 어머니와의 깨지지 않는 애착 욕구라고 Bowlby는 믿었다. 애착하려는 경향은 생물학적 기반이 있는 타고난 본능적 반응 체계이며, 유아 행동의 동기요인으로서 구강 욕구 만족보다 더 중요하지는 않지만, 최소한 그것만큼 중요하다고 제시하였다. Bowlby의 기본 가정은, 인간 유아는 최소한 다섯 가지의 고도로 구조화된 반응 체계를 가지고서 인생을 시작한다는 것이다. 즉 빨기, 울기, 미소 짓기, 매달리기, 그리고 따르거나 향하기인데, 이것 중 일부는 출생 시에 이미 작용하며 일부는 나중에 발달한다. 이 반응 체계가 어머니의 반응 행동을 활성화하고, 그것이 유아 체계에 피드백을 주어서, 애착을 중재하는 어떤 행동들을 활성화한다. 유아의 본능적 반응 체계가 활성화되었으나 이용할 수 있는 어머니와 같은 인물이 없을 때에, 분리 불안, 저항 행동, 비탄과 애도가 생겨난다.

분석가 대부분이 유아의 애착 경향에 대한 Bowlby의 관찰에 동의하지만, 이중에서 욕동 이론에 대한 도전적 입장, 어머니와의 유대에 대한 개념, 유아의 비탄과 애도 반응이 성인의 반응에 비견할 만하다는 Bowlby의 주장에 대해서는 상당한 비판이 있었다. Schur(1960; 또한 A. Freud, 1960 참고)는 일차적으로 생물학적인 본능적 반응 체계를 리비도적 욕동이라는 정신분석적 개념과 비교해서는 안 된다고 주장했는데, 왜냐하면 본능적인 욕동은 〔하지만 프로이트가 항상 일관되게 이 용어를 사용한 것은 아니다(Strachey, S.E., 14: 111-113 참고)〕 심리적인 경험과 정신적 표상에 관련하여 이해되는 것이기 때문이다. Spitz(1960)는 타고난 반응 양상이 첫 심리적 과정을 촉발할 수 있고 따라서 본능적 욕동과 대상관계의 기저를 이룰 수도 있지만, 생물학적이고 기계적인 반응 양상만으로는 충분하지 않다고 덧붙였다. 오히려 타고난 반응이 심리적인 의미를 띠게 되는 것은 발달 과정을 거쳐 점차 이루어지며, 발달 과정에는 자아 발달과 환경적인 반응을 통한 학습이 포함된다고 하였다. 또한, Spitz는 유아가 비탄을 경험한다는 Bowlby의 생각에 의문을 표했는데, 왜냐하면 상실과 비탄을 경험하려면 대상관계가 있어야 하고, 대상관계를 유지하려면 어느 정도 지각과 감정적 성숙, 그리고 자기-대상 분화가 요구되기 때문이다.

현재까지도 논쟁은 계속되고 있다. Bowlby는 정보-처리 이론과 일치하도록 자신의 작업을 정교화했다. Bowlby는, 애착 행동을 중재하는 것은 조직화된 행동 체계이며, 그 체계는 내부나 외부에서 기원한 어떤 신호에 따라 활성화되고, 그 활성화는 다른 신호를 받음으로써 중단된다고 본다. 또한 정신적 에너지의 증강, 그리고 방출이라는 것으로는 애착 행동을 설명할 길이 없다고 주장하였다(1981). Bowlby

는 리비도 개념의 대안으로 자신의 가설을 제시하며, 그 가설은 현재 그대로의 정신분석 이론 속에 통합될 수는 없다고 생각한다. 이 말은 Bowlby가 정신분석을 욕동-방출 모델에 고정된 것으로 본다는 것을 시사한다.

영국학파(British School)

자아 심리학자들이 그들의 이론을 발전시켜 나가는 동안, 영국에서는 대상관계에 관한 혁신적인 발상—예를 들면, 대상관계, 그러므로 자아와 일종의 자기 개념도 출생 때부터 존재한다는—과 함께 유사한 발전이 시작되었다. 〔Melanie Klein과 그 제자들을 언급하는 용어인 '영국학파(English School)'와는 다른〕 '영국학파(British School)'는 자신들의 전통과 자기에 대한 개념을 발전시켰다. 이 학파의 구성원들은 결국 영국정신분석학회에서, Klein학파와 (지금은 현대 프로이트학파로 불리는) 프로이트학파 분석가 중 'B' 그룹과 나란히, 독립 학파를 형성했다. 독립 학파에 크게 공헌한 사람은 Balint, Fairbairn, Guntrip, Winnicott 등이다.(Sutherland, 1980; Kohon, 1986)

Fairbairn(1954, 1963)과 Guntrip(1961, 1969, 1975, 1978)은 영국학파 분석가 중에서 가장 이론적 일관성을 보이는 사람들이다. 그들은 분열성으로 진단되며, 치료가 몹시 어려운 성인 환자 집단을 대상으로 대부분의 임상 작업을 하였다. 그들은 초기 대상관계의 중요성을 강조하였는데, 이 때문에 Klein학파나 프로이트학파와는 달리, 욕동을 정신구조 형성에서 중요하지 않은 것으로 보게 되었다. 그들은 본능 활동이 자기의 활동을 포함하여 구조(structures)가 하는 활동의 한 예일 뿐이라고 믿었다. Balint(1959, 1968)는 전오이디푸스기 양자 관계(dyadic relationship)의 중요성을 강조하면서, 이후의 특징과 정신 병리는 초기 어머니-아이 관계의 붕괴에서 온다고 주장하였다.

아마도 이 그룹에서 가장 잘 알려진 사람은 Winnicott인데, 그는 소아과 의사이고, 성인 및 소아 분석가이며, 다작을 한 작가였다. 체계적인 이론을 세운 사람은 아니지만, 발달과정의 초기 측면을 이해하는 데 있어 분석가들에게 매우 도움이 되며 임상적으로 적절한 논평을 많이 하였다. "한 아기와 같은 것은 없다."라는 유명한 경구(1952)를 남긴 것도 바로 Winnicott이다. 이것은 유아에 관한 어떤 이론적 공식화도 어머니에 대한 공식화를 포함해야 함을 의미하는데, Winnicott는 어머니와 아이가 각자 이바지한 것보다 양자 관계가 더 중요하다고 생각했다. 이 경구는, 유아의 애착을 고려할 때는 아기에 대한 '참 좋은(good enough)' 어머니의 감정적 투자를 고려함으로써 균형을 이루어야 한다는 것을 강조한 것이다. Winnicott의 '참 자기(true self)'와 '거짓 자기(false self)' 개념(1960)은, 유아는 출생 시부터 아주 밀접하게 대상과 관계를 맺으려 하고, 보통의 헌신적인 참 좋은 어머니는 불가피하게 유아를 실망시키게 된다는 신념을 반영한 것이었다. 그 결과 유아는 어머니의 소원에 순응하려고, 참 자기의 잠재력을 희생시킨다. Winnicott는 자존심의 적절한 발달이 감정적 '거울 반응(mirroring)'(1967)을 해 주는 어머니의 능력에 달려 있다고 생각했다. 즉, 어머니가 우울하거나 혹은 다른 일로 아이에게서 느끼는 기쁨과 즐거움을 다시 아이에게 돌려주지 못할 때, 아이의 발달은 여러 병리적 형태로 영향을 받을 수 있다.

Winnicott(1953)는 또한 유아가 독립적 기능을 획득하기 위해 어머니를 어떻게 이용하는지 연구하여, 이행기 현상(transitional phenomena)이라는 개념을 도입하였다. 그는 예를 들어, 좋아하는 담요는 어머니와의 즐거운 상호작용을 연상시키기 때문에 유아를 달래 준다는 것을 알았다. 그는, 유아가 분리됨을 알게 될 때 이행기 대상(transitional object)은 '나(me)와 나 아닌(not-me)' 세계를 연결해 주는 상징이라고 추정하였다. 이행기 현상에 관한 많은 무비판적 문헌들이(Brody, 1980 제외) 이 발상에서 발전했으며, 이 발상은 유아의 영역을 훨씬 넘어서까지 확대되고 특히 창조성의 영역에서 대단히 중요하게 여겨졌다.(예, Grolnick & Barkin, 1978)

Winnicott의 개념은 미국 정신분석학계에서 특별히 호감을 받았다. 그는 어머니-유아 간 상호작용의 역동을 강조하여, 분석 상황에서 분석가의 기능을 더 잘 알게 해 주었다. 예를 들면, Modell(1969, 1975, 1984)은 정신분석적인 이해에서 일인 관점(one-person perspective)을 강조하던 것이 이인 체계(two-person system)의 관점을 강조하는 것으로 변해야 한다고 주장하였는데, 이인 체계적 이해는 분석 과정에 대한 분석가의 역할과 참여를 더 강조하는 것이다. Modell은 또한 유아기 경험과 후기 정서적 질병 사이의 관계를 설명하기 위하여 Winnicott의 개념과 영국학파(British school) 다른 사람들의 개념을 가져왔다. Kohut과 그의 동료(1971, 1977)도 Winnicott의 개념, 특히 그의 거울 반응(mirroring) 개념을 광범위하게 사용하였고, 또 공감의 실패와 성인의 정신 병리를 낳는 것으로 여겨지는 초기 모자관계 상호작용의 역동을 기술하였다.

René Spitz

René Spitz는 유아 관찰 연구의 선구자이다, Spitz의 연구로 우리는 초기 대상관계 그리고 다른 사람들과의 상호작용이 정신구조의 기원과 기능에 영향을 미치는 방식을 더 잘 이해하게 되었다.

앞장에서 언급한 것처럼, 2차 세계대전 직후에 Spitz는 시설과 보육원에서 유아들에 대한 일련의 관찰 연구를 수행하였는데, 그곳에서 유아들은 신체적인 보살핌은 받았지만, 일정한 보모로부터의 자극이나 애정은 거의 받지 못했다. 감정적으로 굶주리고 발달이 지체된 아기들이 공허하게 카메라를 응시하는 모습을 담은 Spitz의 영상(1947)은 유아에 대한 모성 박탈의 파괴적인 효과를 극적으로 보여 주었다. 그는 손상된 대상관계를 기록했을 뿐만 아니라, 욕동, 자아, 인지, 운동 발달에서의 결손을 증명하였고, 극단적인 경우, 모성 박탈은 유아의 죽음까지 가져온다는 것을 보여 주었다.(1946a, 1946b, 1962; Spitz & Wolf, 1949)

Spitz는 정동의 역할과 대화를 강조한 실험실적 조사로 생각을 더 확장하였다.(1952, 1957, 1963, 1965; Spitz & Cobliner, 1965) 그는 어머니-유아 간의 상호성(reciprocity, 1962)이라는 개념을 소개하였는데, 이것은 무생물인 대리모—철사로 만들어져 있으며 내부에 우유병이 있고, 일부는 테리 천으로 덮여 있음—에 의해 양육된 새끼 원숭이를 관찰한 Harlow의 유명한 연구(1960a, 1960b)와 같은 맥락이다. Spitz는 어머니와 유아 간의 정동적인 상호성이 유아가 환경을 탐색하도록 자극하고 허용하여 활동 영역의 확대, 인지 과정과 사고, 통합, 숙달을 촉진한다고 인식하였다. 그는 어머니-유아 간 상호성은 어머니와 유아 양쪽에 영향을 미치는 복잡하고 의미 있는 비언어적 과정이며, 어머니에 대한 유아의 애착과 유아에 대한 어머니의 결속을 넘어서 진행되는 양방향의 정동적 대화를 포함한다고 믿었다.

또한, Spitz는 대상관계가 전개되는 초기 단계에 특히 관심이 있었고 유아가 다른 모든 대상보다 어머니를 더 선호한다는 것이 분명해졌을 때 성취되는 리비도적 대상의 확립과 그것에 필요한 구성요소에 특히 관심이 있었다. 그는 리비도적 대상의 발달에서 세 단계를 공식화하였다. 즉, ① 전대상 혹은 무대상(preobjectal or objectless) 단계로, 이것은 심리적 관계 이전의 시기다. ② 대상의 전구체(precursor of the object) 단계로 이것은 2~3개월 때의 사회성 미소와 함께 시작되며 심리적 관계의 시작을 나타낸다. ③ 진정한 리비도적 대상(libidinal object proper) 단계이다. Spitz는 이런 연속적인 성취가 건강한 자아 발달에 대해 가지는 의미에 특히 관심이 있었다.

자아 심리학자들의 업적

프로이트가 구조이론을 발표함에 따라, 정신구조 형성에서 대상이 하는 역할에 대한 관심이 높아졌고, 점차 유아와 어린아이를 직접 연구하는 것에 초점이 맞추어졌다. 역사적으로 약간 흥미로운 것은, 30~40년 전의 이런 공로자들은 소아와 성인 분석 작업을 통해 재구성한 것과 함께 Hampstead 보고서와 당시에 통용되던 Spitz의 업적에서 온 지식에 의지해야만 했다는 점인데, 이것은 아직 분석적 틀을 갖춘 체계적인 소아 관찰 자료를 이용할 수 없었기 때문이다. 그럼에도 Hartmann의 '평균적으로 기대되는 환경(average expectable environment)'(1939), Winnicott의 '참 좋은 어머니(good enough mother)'(1949, 1960)와 같은 개념은 초기 발달에 대한 관심과 적절한 발달을 위한 어머니의 중요성에 대한 인식을 반영한다.

Hartmann은 자아가 발달하는 방식에 특히 관심이 있었다.(1939, 1953, 1956) 프로이트는, 자아는 이드의 일부가 외부 세계의 영향으로 수정된 것이며, 자아 발달을 위해서는 어머니와의 갈등이 필수적이라고 주장하였는데(1923a), Hartmann은 그에 동의하지 않았다. 어떤 자아 기능들은 출생 시부터 이용 가능해, '일차 자율성(primary autonomy)'을 가지며, '갈등과 무관한 영역(conflict-free sphere)'의 일부라고 Hartmann은 주장하였다. 또한 모든 정신 구조가 처음에는 미분화된 상태라는 의견을 제시했으며, 나중에 작동하는 자아와 같은 의미의 자아는 관찰되지 않고 이드의 상태 또한 알 수 없다고 지적하였다. 그러므로 이드의 속성으로 보이는 기능에서 나중에 자아로서 작용하는 기능을 구분해 내는 것은 불가능하다.

그 시대의 초심리학적 흐름에 따라, Hartmann은 또한 자아의 개념을 분명히 하려고 애썼다.(1950, 1952) 프로이트가 사용한 〔Strachey는 '자아(ego)'라고 번역한〕 das Ich라는 용어는 원래 독일어에서 두 가지 의미—경험적인 자기(연속된 정체성을 지닌 독립된 사람으로서의 자신에 대해 경험하는 감각)와 특히 구조이론을 내놓은 후의 가설적인 정신 구조—를 가진다. Hartmann은 인격이나 체계의 하부구조로서 특정 기능을 가진 자아(ego)(1950, p.114), 자기 자신 즉 전체적인 인간으로서의 자기(self)(p.127), 대상 표상의 상대 개념이며 자아 체계의 일부로서의 자기 표상(self-representation)(p.127)에 대한 개념을 구별하였다. 자아(ego)라는 용어를 명료화하려는 Hartmann의 시도는 자기애 개념을 다시 정의하게 하였다. 자기애는 〔프로이트가 그 개념을 발표할 당시에는 자기(self)를 의미했지만, 구조이론의 자아와 쉽게 혼동되는〕 자아의 리비도적 투자가 아니라, 구조이론을 따르자면, 자기(self)의, 더 정확히는 자기 표상의 리비도적 투자로 보아야 한다고 Hartmann은 주장하였다.

Brenner에 의하면, Hartmann은 뉴욕정신분석학회 모임에서 약간 즉흥적으로 이렇게 구별했으며, 자기와 자아를 구별하는 것이 Hartmann의 주된 관심사는 아니었지만, 그 발표 후의 토론이 아주 큰 영향을 미쳤다. Brenner는 "청중 속에 있었던 Edith Jacobson은 Hartmann이 말한 것이 아주 흥미롭다고 여겼고 그들은 활기 넘치는 토론을 하였다. …… '자기(self)'라는 용어를 사용한다는 생각은 그녀에게 분명히 매력적이었으며 …… 그 이후로 그것은 친숙한 정신분석 용어가 되었다."고 회상하였다.(1987, p.551)

Jacobson은 정신 구조로서의 자아, 전체 인간으로서의 자기, 그리고 자기 혹은 대상 표상에 대한 Hartmann의 구별에 매료되었다. 그녀는 이러한 개념들이 초기 정신적 발달 동안의 내재화 과정과 초기 기원을 가졌다고 생각되는 특별한 형태의 정신병리의 형성을 이해하는 데에 특히 유용하다는 것을 알았다. 그녀는 경험적인 자기감의 출현에 대한 발달상의 틀을 세웠는데, 즐거운 경험과 싫은 경험들을 중심으로 자기와 대상에 대한 초기 표상들이 모이기 때문에, 통합된 표상들이 나타나기 전에 '좋은(good)' 그리고 '나쁜(bad)' 표상들이 출현한다고 제시하였다. 불행히도, 그때에는 더 자세히 구별하려는 마음이 거의 없어서, 그녀는 용어를 정확하게 사용하지 않았으며, 자기감(*sense of self*), 정체감(*sense of identity*), 자기 인식(*self-awareness*), 자기 느낌(*self feeling*) 등의 용어를 구별하지 않고 사용하였다.(1964, pp.24-32)

자기감에 대한 생각의 도입과 함께, 소아에서 정체감의 출현과 그 혼란에 대한 주제들이 전면에 부상하였다. Erikson(1946, 1956)은, 정체성 형성은 평생에 걸쳐 진행하는 과정으로, 정신성 발달과 구별되는 정신사회적 발달의 일부이며, 주변의 문화 그리고 사회에서 그 개인이 맡은 궁극적인 역할과 밀접한 관계가 있다고 제안하였다. 그에게 있어 정체감은 '자아의 합성하는 방식에 대한 연속성'(1956, p.23)을 인식하고 자신이 속한 문화적 집단과 공통성이 있는 요소들을 인식하는 것을 포함한다.

정체감은 다른 사람과 관계하고 비교하면서 출현한다는 것을 강조하는(1953a, 1958) 더 정확한 공식화를 Greenacre는 내놓았다. Greenacre의 정의를 따르면, 자기 인식은 자기와 대상에 관한 독립적인 정신적 표상을 형성하는 능력에 달렸으며, 이런 표상들을 비교하는 능력을 동반한다. 정체성의 '안정적인 핵심(stable core)'은 이런 자기 인식의 감각을 동반한다. Greenacre는 이것을 인지 기능 덕분에 초기 유아기부터 가능한 지각적 이미지들의 단순한 비교와 구별하였다. Greenacre는 초기 정체성의 '안정적인 핵심'에도 불구하고, 정체감은 환경에 대한 개인의 관계가 변하면 항상 쉽게 영향을 받는다고 하였다.

정체성과 자기애에 관한 이론에 자기 표상과 대상 표상의 개념들이 적용되면서, 다른 사람들도 자기(self)의 정동적 측면, 자존심의 조절, 초자아의 역할, 그리고 이것들이 자기애적 장애를 일으키는 방식을 설명하게 되었다.(예, Reich, 1953, 1960 참고) Sandler(1960b)는, 자기 표상과 대상 표상 형성의 초기 단계는 대상에 관한 능동적인 지각이라고 제안하였다. 즉, 이런 지각은 조직되지 않은 자극들에 압도되는 것을 막아 줌으로써 확고한 안정감을 갖게 하며, 자아는 이 안정감을 보존하려고 한다. 일단 자기 표상과 대상 표상이 형성되고 나면, 그것들은 Sandler와 Rosenblatt(1962)이 '표상 세계(representational world)'라고 언급한 것을 형성하는데, 이것은 정신생활에서 능동적인 역할을 하는 자아의 하부구조로 볼 수 있다고 Rothstein(1981,1988)은 말하였다.

Hartmann, Jacobson, Sandler는 모두 자기 표상과 대상 표상의 발달과 유지를 자아와 초자아의 가장 기본적인 기능 중 하나라고 보았다. 그러나 이러한 표상에 관한 개념의 진화는 점차 자기와 대상관계에 관한 많은 이론의 기초가 되었는데, 이 대상관계 이론들은 구조 개념과 통합되기보다 그것으로부터 분리되었다.(검토와 토의를 위해, J. G. Jacobson, 1983a, 1983b 참고)

정신 구조의 형성에 대한 더 많은 개념상의 모호함과 다양한 견해가 뒤따랐고 지금도 존재하고 있다. 자아와 자기가 구별되고 갈등과 무관한 영역이 제시됨에 따라 일부 이론가들은 구조 형성에 관한 생각을 오이디푸스 콤플렉스와 유아 신경증에 국한하게 되었다. 예를 들면, Kohut(1977)과 그의 제자들(Tolpin, 1978; Stechler & Kaplan, 1980)은 갈등에 대한 고려와 삼요소 모델의 구조는 초기 아동기의 후기, 즉 오이디푸스 콤플렉스 갈등의 해소와 더 관련된다고 주장하였다. (이 말은 초자아가 그제야 시작된다는 것과 같고, 그제야 내재화된 구조로서 이드, 자아, 초자아를 말할 수 있는 것과 같은 말이다.) 이런 관점은 유아 신경증이 별 역할을 하지 않는 것으로 보이는 병리적 증후군들의 공식화까지 확대되어, 주로 전오이디푸스적 요소들을 반영하는 정신병리는 대상관계의 틀 내에서 가장 잘 개념화할 수 있다는 일반적인 인상을 주게 되었다. 이러한 바탕에서, 결핍에서 오는 정신병리와 갈등에서 오는 정신병리 사이의 인위적인 이분법이 만들어졌다. 그리하여 대상관계나 자기심리학에 기반한 이론들은 때때로 환경적 결핍이 원인을 제공한다는 근거 없는 결론을 내리면서, 갈등에 대한 고려, 신경증, 구조모델의 유용성 등은 원인이 더 후기에 있다고 여겨지는 신경증적 증상에만 국한시켜 버린다.

이러한 이론들은 두 가지의 잘못된 개념에 기초한 것으로 보인다. 첫째, 전체적인 인간으로서의 자기와 구조로서의 자아에 대한 Hartmann의 구별이 이 두 개가 서로 배타적임을 의미한다는 것과 둘째, 프로이트가 구조이론을 세울 때 *das Ich*라는 용어의 경험적 의미를 포기했다는 것이다. 따라서 영어판 번역, 그리고 Hartmann과 Jacobson의 구별에서는 프로이트 원래 개념의 풍부함이 사라져 버렸다. 애초의 목적은 명료화하기 위한 것이었지만, Hartmann과 Jacobson의 구분과 분류는 상당한 이론적 혼동과 모호성을 가져왔다. 예를 들어, 이제 많은 분석가들이 자아(*ego*)라는 용어를 추상적인 체계로서의 의미에 국한하고, 기계적이며 시대에 뒤진 구조적 초심리학의 유물로 보며, 그 개념의 경험적 부분을 언급할 때는 자기 표상과 대상 표상의 변화에 관한 개념을 이용한다.

그러나 오래도록 정신 구조의 비경험적, 개념적, 내적 세계를 언급하지 않으면서 정신분석적 심리학에 관해 생각한다는 것은 불가능해 보인다. 결과적으로 우리는 자기의 원래 경험적 개념이, 그 폐기된 자아에 속해 있었던 여러 기능을 지닌 채, 구조로 기술되는 것을 본다. Spruiell(1981)이 지적했듯이, 이런 식으로 자기는 *das Ich*의 영역이었던 많은 모호한 의미를 지니게 되었다. 이것은 Kohut의 '상위 자기(superordinate self)'라는 개념, Stern(1985)의 자기감은 발달의 조직자라는 생각, Sander(1962, 1964, 1983)와 Emde(1983, 1988a)의 자기의 자기-조절적이며 조직하는 과정들에 대한 언급에서 알 수 있다. 사실, 그들이 기술한 내용들은 조직하고 조절하는 자아의 기능에 관해 프로이트(1923a, 1926)나 Hartmann(1950)이 기술한 것과 놀라울 정도로 유사하다. 정신분석적 개념을 명료화하기 위한 Hartmann의 헌신적 노력에 대해 심사숙고하면서, Brenner는 현재의 이런 미국 정신분석학의 소동은 "누구보다도 Heinz Hartmann으로부터 시작된 것"이라고 하였다.(1987, p.551)

구조 개념과 대상관계 이론이 분리된 결과로 동기 유발에 대한 두 종류의 이론이 나타나게 되었다. 첫째 이론은, 동기는 일차적으로 욕동 만족의 추구와 관련된 것이며 대상은 본능적 쾌락에 부차적인 것으로 본다. 두 번째 이론은, 대상과의 즐거운 초기 상호작용을 반복하고자 하는 소원을 일차적인 것으로 본다. 그것은 애착에 대한 타고난 성향(Bowlby, 1958, 1969) 혹은 안전을 유지하고 싶은 소원(Sandler, 1960b, 1985)이 동기 유발에서 욕동 만족과 동등하게 중요하다고 본다. 불행히도 두 이론은 분리된 상태로 있는 바람에 양극화되었다. 첫째 이론은 욕동 요구 이외에 다른 동기의 중요성이나 존재조차 저평가하는 경향이 있으며, 반면 두 번째 이론은 욕동 요구를 저평가하면서 대상관계와 자아 기능을 강조하는 경향이 있다.

Hartmann은 발달의 과정에 관심이 있었고, 다른 사람과의 관계가 어떻게 독립적으로 기능하는 안정적 정신구조를 갖게 하는가에 관심이 있었다. 그는 '나쁜' 혹은 '좋은' 어머니로 지나치게 단순화시킨 관점을 비판하였는데, 그것은 발달 과정의 한 측면만을 설명한다고 보았다. 그는 때때로 후기에 일어나는 자아 발달이 '나쁜' 초기 대상관계를 보상하며 역으로, 소위 말하는 좋은 대상관계라도 아이가 자아를 강화시키는 것에 그것을 이용하지 못하고 대상에 의존적으로 남아 있으면 발달상의 결함이 될 수 있다고 지적하였다.(1952, p.163) Hartmann은 아이의 회복력과 후기 발달 단계에서의 경험이 최종적인 결과를 말해 준다고 믿었고, 자아 발달과 대상관계는 여러 가지 방식으로—예를 들어, 대상 항상성이 확립되는 정도에 따른—상관관계가 있다고 제시하였다. 그는 "욕구를 만족시켜 주는 동안만 존재하는 대상에서 대상 항상성을 포함하는 만족스러운 대상관계에 이르기까지는 먼 길이다"라고 말하였다.(p.163) 그는 〔18~20개월경에, 통합된 인지적 정신 표상이 유지될 때 생기는(Fraiberg, 1969)〕 대상의 '객체화(objectivation)'라는 Piaget(1937)의 개념도 관련성이 있지만, 대상 항상성의 정신분석적 개념에는 더 많은 것이 포함되어 있다고 생각하였다.

Hartmann에 이어서 다른 사람들도 대상 항상성에 대한 다양한 개념을 사용하였으나 일관성의 결여로 그 개념은 혼란스러웠다. 어떤 이론가들은 어머니에 대한 유아의 애착을 강조했는데 이것은 아동학대와 같이 생명을 위협하는 병리적 상황에서도 온전히 남아 있는 애착이다.(Solnit & Neubauer, 1986) 그러나 이런 애착은 독립적인 심리적 기능을 촉진하지 않는다. 다른 이론가들은 어머니에 대한 정신 내적 표상의 기능을 더 중요시한다. 이러한 구별은 우리가 방치되었거나 학대받은 아동을 이해하고 치료하려 할 때, 혹은 특히 해로운 어린 시절의 경험을 기억하고 있음에도 심리적 기능이 거의 온전한 것으로 보이는 성인을 이해하려 할 때 중요하다. 유사한 용어를 사용하면서도 그 의미가 어느 정도 다른지를 설명하기 위해 Spitz, Anna Freud, Mahler의 공식화를 고찰해 보자.

Spitz와 Cobliner(1965)는 8개월경에 어머니가 일정하게 유아의 리비도적 욕동의 선호하는 대상이 되는 방식을 기술하면서, 리비도적 대상의 항상성(*constancy of the libidinal object*)이라고 언급한다. 일단 어머니가 리비도적 대상이 되면, 이제 양육자를 대체하는 것은 쉽지 않다.

Anna Freud의 대상 항상성(*object constancy*) 개념은 리비도적 투자를 중시한다는 점에서, 일정한 리비도적 대상에 대한 Spitz의 개념과 그 강조점과 시기가 유사하다. 그녀는 "우리가 대상 항상성이라고 할 때의 의미는 좌절이나 만족에 상관없이 대상에 대한 리비도 부착(object cathexis)을 유지할 수 있는 아이의 능력을 말한다. 대상 항상성이 생기기 전에는 아이는 불만스럽거나 만족을 주지 않는 대상으로부터 리비도 부착을 철수한다. ⋯⋯ 소원이나 욕구가 생길 때 다시 대상을 향한 전환이 일어난다. 대상 항상성이 확립된 이후에는, 대상으로 표상된 사람은 아이가 만족하든지 좌절하든지 간에 그에 있어서 이 지위를 갖게 된다."라고 말하였다.(1968, p.506)

Anna Freud와 Spitz가 대략 8개월 된 유아가 어머니에게 가지는 애착의 여러 측면을 강조하는 반면, Mahler는 정신 내적인 차원, 즉 어머니에 대한 정신적 표상과 그것이 기능하는 방식에 집중한다. Mahler는 리비도적 대상 항상성(*libidinal object constancy*)이라는 용어를 사용하는데, 어머니에 대한 정신 내적 표상이 이전에 어머니가 '생명 유지, 편안함, 사랑'을 주기 위해 기능했던 것과 같은 방식으로 기능할 때에 이것이 성취된다고 적고 있다.(1968, p.222) Mahler의 관점에 따르면, 이 과정의 첫 번째 단계에서는 (Spitz와 Anna Freud가 제시했던 것처럼) 일정한 리비도적 대상으로서의 어머니에게 확고하게 애착할 수 있어야 한다. 두 번째 단계는 안정적인 정신적 표상을 통합하는 것이다. 이것은 인지적 통합뿐만 아니라 항문기의 양가감정이 어느 정도 해결되어 긍정적 · 부정적 정동들이 하나의 표상 속에 통합되는 것이다.(McDevitt, 1975, 1979) 좌절하거나 화났을 때 아이가 매달릴 수 있는 통합된 변치 않는 내적 표상이 있을 때, 아이는 내적 이미지에서 점차 더 많은 편안함을 얻을 수 있게 된다. Mahler는, 리비도적 대상 항상성은 결코 완전히 성취될 수 없고, 평생 진행되는 과정이라는 생각을 견지하였다. 그러나 일단 어느 정도 그것이 갖추어지면 대인관계가 더 발전된 형태로 진행할 수 있어서 이제 그 개인은 상호성과 독립성 모두를 성취할 수도 있다. 이 발달상의 목표를 이루지 못하면 그 개인의 대인관계는 유아적이고, 의존적이고, 자기애적인 성질을 띠게 된다. Mahler가 대상 항상성의 개념을 사용한 것은 자아 발달에서 대상관계가 무엇을 의미하는지를 고려할 때에만 대상관계가 '만족스럽다'고 판단할 수 있다는 Hartmann의 생각을 확인해 준다.(1952, p.163)

Heinz Kohut

Kohut(1971, 1977)은 생리적 생존이 산소, 음식, 최저 온도가 포함된 특정 물리적 환경에 달린 것과 마찬가지로, 심리적 생존은 반응해 주고 공감해 주는 자기대상(selfobject)*을 포함하는 심리적 환경의 특별한 구성요소에 달려 있다고 말한다. "변형 내재화(*transmuting internalization*)라고 불리는 심리 구조 형성의 특별한 과정을 통하여 아

* Kohut의 자기심리학은 새로운 용어를 만들어 내었다. 자기대상(*selfobject*)의 정의는 자기를 위해 특별한 기능을 수행하는 환경 속 인물이며, 그 특별한 기능은 자기됨(selfhood)의 경험을 불러일으키는—즉, 응집적 자기 구조가 되는—효과가 있다.(Wolf, 1988, p.547)

이의 핵심 자기(*nuclear self*)가 응결되는 것은 각자의 자기대상 환경의 모체 안에서이다."(Kohut & Wolf, 1978, p.416) Kohut의 자기심리학에서는, 발달과정 최적의 산물인 응집적 상위 자기(cohesive superordinate self)는 아이와 그의 자기대상 간 유익한 상호작용에서 생겨나며, 이것은 세 가지 주요 구성 요소로 이루어지는데, 그 세 가지는 힘과 성공을 향한 기본적 투쟁, 이상화된 목표, 재능과 기술이라는 견해를 갖고 있다.(p.414) 이 구조는, 유아가 과대성, 과시 행위, 완벽감을 펼치도록 촉진하고, 또한 융합하고 싶은 이상화된 부모 이마고를 만들 수 있게 해 주는 거울 자기대상(mirroring selfobjct)의 공감 위에 세워진다. 거울 자기대상과 이상화된 자기대상의 사소한 비외상적 공감의 실패를 통해 자기와 자기의 기능이 점차 자기대상과 그녀의 기능을 대신하게 된다.

그러나 어머니 혹은 자기대상이 거울 기능을 수행하지 못할 때처럼 공감이 확실히 부족한 경우, 자기대상의 외상적 실패는 다양한 자기 결함을 낳을 것이다. 예를 들어, 거울 기능의 공감적 실패는 유아의 고태적 자기에 대한 만족감을 방해하여 결함이 있는 부모상을 내사하고 파편화된 자기가 발달하게 한다. 유아의 손상된 자기애는 자기애적 분노를 불러일으키고 자신의 과대성에 대한 환상을 가지게 하여, 이 자기대상이 실패한 결과로 정상적인 유아기 자기애가 점차 감소하기보다는 오히려 더 증가한다. Kohut은 자기의 결함이 치유되기 전에는 오이디푸스기의 전형적인 구조적 갈등이 생길 수 없다는 견해를 가졌다.

Kohut의 이론에 대하여 설득력 있는 비판적 논문을 많이 찾아볼 수 있다.(Loewald, 1973; Slap, 1977; Slap & Levine, 1978; Schwartz, 1978; Calef & Weinshel, 1979; Stein, 1979; Friedman, 1980; Wallerstein, 1981; Blum, 1982; Rangell, 1982 참고) 우리는 Kohut이 부모에게 부여한 병인적 역

할, 욕동에 관한 관점, 발달 과정에 관한 관점, 이론을 구축한 방법에 국한하여 언급하려고 한다.

우리는, Kohut이 부모의 병인적 성격과 환경의 병인적 특징이 자기의 병리를 설명한다고 시사하면서, 부모의 병인적 역할을 지나치게 강조한다고 생각한다. 이런 관점은 프로이트의 초기 정동-외상 모델을 연상시키는데, 그 모델에서 그는 성인의 정신병리가 소아기 유혹의 결과라고 생각했다. 프로이트는 곧 아이의 마음속에서 생기는 성적 · 공격적 충동 또한 갈등에 이바지한다는 것을 깨달았다. 그러나 Kohut은 "욕동 경험은 자기가 지지받지 못할 때 해체 산물로서 생겨난다."(1977, p.171)고 생각했는데, 이것은 마치 아이는 무력하게 수동적으로 외부의 힘을 받기만 한다는 것과 같다. 발달에 대한 그런 관점은 확실히 발달의 과정에 반대되는 것으로, 발달 과정 동안에는 타고난 잠재력과 유아의 활동성이 환경에서 오는 경험과 합쳐져 최종적인 결과를 낳는다.

게다가 Kohut의 이론을 따르면, 자기 병리에 의해 오이디푸스적 소원과 갈등의 진행이 막혀 버린다. 이것은 한 발달 체계에서의 발달상의 병리가 다른 체계에서의 발달을 정지시킨다는 말인데, 임상적 경험으로는 증명되지 않은 생각이다. 자기애, 자존심, 혹은 자아 기능에 문제가 있을 때, 전오이디푸스기 투쟁, 오이디푸스 콤플렉스가 특별한 형태를 보일 수도 있고, 그것의 해결에서 특별한 형태를 보일 수도 있지만, 그것으로 발달 과정이 중단되지는 않는다. 끝으로, 앞에서 언급했듯이, 성인 정신병리에 대해 유아기적 원인을 추측하여 그것을 일반화하여 구성한 후향적 발달 이론이 지니는 문제점들이 있다.(Brody, 1982 참고)

그럼에도, 어머니-아이 관계와 분석적 관계 속에서 다른 사람을 알아가는 방법으로서 공감(empathy)의 필요성을 다시 강조하게 된 것은

Kohut의 덕분이다. 또한, Kohut가 "경험에 근접한(experience-near)" 개념(이해하기 어려운 초심리학적 공식의 부담을 지기보다는 임상 상황에 더 밀접한 생각)을 강조한 것은 이론에서 임상적 상관관계를 유지하는 것이 중요하다는 것을 상기시켜 준다.

Otto Kernberg

Kernberg는 정신분석 이론의 통합에 초점을 맞춘다. 여러 해에 걸쳐서 그는 Klein, 영국학파, Mahler, 그 외 여러 사람이 제안한 정신 발달 관련 수많은 생각과 가정을 정리하고, 그것을 Jacobson(1964)의 이론과 결합하여, 그 결합한 것을 자아심리학-대상관계 이론이라고 불렀으며, 질병분류, 평가, 진단, 치료 기법에 널리 적용하였다.(1975, 1976, 1980a, 1984, 1987) 이런 큰 작업의 많은 문제와 모순들은 잘 분류되었고 비판받았다.(예, Heimann, 1966; Calef & Weinshel, 1979; Milton Klein & Tribich, 1981; Brody, 1982; Greenberg & Mitchell, 1983)

요약하면, Kernberg는 정동이 유아의 일차적인 동기 체계라는 발달 이론을 제시한다. 이 정동은 항상 (욕동 만족의 매개체 이상의 의미인) 인간 대상과의 상호작용에 관계하여, 리비도적 그리고 공격적 욕동으로 조직된다. 이드, 자아, 초자아는 여러 정동 상태의 영향을 받아서 내면화된 자기 표상과 대상 표상에서 온다. 이런 정동 상태들은 내면화된 것들의 특징을 결정하거나 영향을 미치는데, 예를 들어 초자아가 엄격한지 아닌지 혹은 자아가 그것을 직면하는 과제를 잘해 낼 수 있는지 아닌지 등이다.

우리의 관점으로 볼 때, 초기 발달에 대한 Kernberg의 가설은 후향적인 성인 위주의 편견을 반영한다. 즉, 그것들은 심한 장애가 있는 성인들을 치료하는 과정에서 만들어진 재구성에 기초한 것으로, 가능한 여러 발달상의 경험과 결과를 충분히 설명하지 않고 있다. 예를 들어, 내사물과 환상의 힘에 대조되는 것으로, 실제 경험의 성질이 아이의 발달에 미치는 영향에 대하여 거의 설명하지 않는다. 또한, 성장기 아이의 욕구에 대한 어머니의 반응에 따라 다른 결과가 생기거나 혹은 유사하게 해로운 경험들이 아이마다 다른 발달상 결과를 가져오는 것에 대한 명료한 설명이 거의 없다. 그러나 Kernberg는 청소년이 사랑에 빠지는 과정의 발달상 측면을 잘 해명했고, 여러 권위 있는 자료들로부터 발달 이론의 중요한 측면들을 통합하고 체계화하는, 훌륭하고도 흥미로운 노력을 하였다.(1974a, 1974b, 1977, 1980b) 그렇게 함으로써 Kernberg는 모호한 점들을 많이 제거하여, 심한 장애가 있는 일련의 성인 환자들을 진료할 때 임상가가 사용할 수 있는 유용한 구조를 만들었다.

Hans Loewald

엄격히 말해서 Loewald가 대상관계 이론가는 아니지만, 그는 대상관계 맥락에서 욕동의 중요성과 자아의 핵심적인, 합성 역할을 강조한다.(1951, 1960, 1971) Loewald는 욕동과 대상이 서로 떨어져서 존재하는 것이 아니라고 강조한다. 욕동은 대상관계를 조직하고, 따라서 현실을 조직하며, 동시에 대상관계와 현실은 욕동을 조직한다. Loewald는 생물학적인 자극이 정신 기구에 영향을 미쳐 욕동이 생긴다는 생각을 거부하며, 대신에 정신 기구가 욕동을 만들어 낸다고 본다.(1971, 1978) 즉, 정신 기구의 근본 기능은 정신적 표상을 만드는 것이며, 그 정신적 표상의 가장 원시적인 형태는 쾌락과 불쾌의 표상이라고 생각한다. 따라서 욕동, 자아, 대상은 어머니-유아 간 상호작용의 원래 단일체 속에 있는 마음에 의해 만들어진다. "정신 현상이나 표상으로 이해될 때, 본능은 초기의 조직하는 어머니-유아 간 상호작용에서 생겨난다. 그것은 가장 원시적인 수준의 인간 정신작용과 동기를 형성한다."(1978, p.495) 그러므로, 정신구조로서 이드는 어린 유기체와 그 주위 인간 환경의 상호작용으로부터 기원한다.

Loewald는 잘 짜인 이론을 세우지 않았으며 그렇게 하려는 의도도 없었다. 대신에 그는 새로운 자료와 새로운 이해의 바탕 위에 정신분석적 개념을 재해석하고 재정의한다. Loewald는 프로이트의 어떤 기본적인 신념—예를 들어, 생물학이 심리학의 기초라는—은 거부하였지만, 한편 프로이트의 다른 개념과 전통적인 이론으로 되돌아갈 길을 보존하고 준비하기도 하였다.(Fogel, 1989) 그의 목표는 '정신 기구의 형성과 발달에 대한 대상관계의 중요성을 이해하고, 이것을 치료과정의 역동과 연결하는 것'이었다.(1960, p.221)

Loewald는 치료 과정과 모자간의 상호작용이 유사하다고 보았지만, 유아기로의 순진한 재구성을 하지는 않았다. 오히려 그는 상호작용의 양상들이 전이에서 어떤 방식으로 다시 반복하는지, 발달 과정과 치료 과정에서 해체와 재조직화가 더 높은 수준의 통합을 이룰 때 어떤 방식으로 그렇게 되는지, 그리고 더 상위 조직과 하위 조직이라는 은유가 어떤 방식으로 그런 특징을 가지는지에 대해 생각하였다. 즉, 어머니의 정신구조가 더 상위의 조직을 이루고 있을 때 그것이 연속해서 더 상위 수준의 조직화와 구조화로 유아의 정신기능을 끌어올리는 것처럼, 분석이 진행되면서 분석가의 정신 기능과 환자의 정신 기능 사이의 '긴장(tension)'이 환자의 정신적인 재조직화에 필요한 잠재력을 만들어 낸다는 것이다.

마지막으로, Loewald는 체계 이론에 대한 현시대의 강조를 여러 면에서 예측하면서, 개인의 복잡성을 숙고하였다. 초기 작업에서 그는 오이디푸스 콤플렉스에 편협하게 집중하는 것을 거부하고 전오이디푸스기의 영향 또한 고려할 필요가 있다고 강조했지만, 더 최근의 논문(1979, 1985)에서는 분석 작업에서 오이디푸스 콤플렉스의 중요성을 다시 확인하고 있다.

우리는 Loewald의 생각들이 그의 균형 잡힌 접근 때문에 특히 유용하다는 것을 알게 되었다. 복잡성에 대한 고려, 발달의 모든 단계가 이바지한다는 인식, 그리고 욕동, 대상, 현실, 합성하는 자아 기능 사이의 조작적 합성에 대한 강조 등은 모두 이 책 전체를 통하여 우리가 이용하고 기본으로 삼고 있는 생각들이다.

Margaret Mahler

Mahler와 그 동료는 자연스러운 놀이방 환경에서 정상 아기와 정상 엄마를 종단적으로 연구하면서, 생후 첫 3년에 걸쳐 대상관계의 출현을 관찰하였다. Spitz처럼 Mahler도 정상적인 어머니-유아 관계에서 정신 내적 구조가 어떻게 만들어지는가에 특히 관심이 있었다. 그녀는 장애가 심한 유아와 어린아이와 작업했던 배경을 가지고서 이 연구를 하게 되었고, 따라서 정상 아동들을 대상으로 연구하면서, 결국 아이가 대상으로부터 독립적으로 기능할 수 있게 하는 정신 내적 구조의 출현에 이바지하는 것이 무엇인지를, 그리고 무엇이 그런 구조의 병리에 이바지하는지를 알아내기 위하여 노력했다.(Mahler & Gosliner, 1955)

Hartmann과 Jacobson의 작업에 영향을 받아 Mahler는 형성되기 시작하는 자기와 대상의 정신적 표상이 자아와 초자아의 형성과 기능에 기초가 될 것으로 추정하였다. 그녀는 아주 어린 유아도 외부 세계의 여러 측면을 지각해서 구별할 수는 있지만, 어머니에 대한 통합된 정신적 표상을 형성하는 것은 점진적으로만 가능하고, 또한 일차적 사랑의 대상과는 별개의 존재로서 자신에 대해 독특하고 안정되고 정신적으로 표상되는 자기감을 구축하는 것도 점진적으로만 가능할 것으로 추정하였다. 대상과 자기에 관한 이러한 정신적 표상들은 대상과 관계가 발달할 때 그 단계가 진행되면서 점진적으로 구축된다는 가설을 세웠고, 따라서 그런 진행 단계들의 특징을 밝히려는 작업에 열중하였다.

이 연구에서 얻은 자료를 가지고, Mahler와 그 동료는 그녀가 분리-개별화(*separation-individuation*) 과정이라고 불렀던 것에 관한 발달상 진행을 개념화할 수 있었다. Mahler의 대상관계 발달 이론(1963, 1972a, 1972b)에서 기초가 된 이 과정에는 구별되면서 서로 얽혀 있는 두 가지 측면이 있다. 분리(*separation*)는 유아가 그 어머니의 표상과는 별개이며 분리된 정신 내적 자기 표상을 점차 형성해 가는 과정을 말한다.(Mahler, 1952; Mahler 등, 1975) 이것은 부모와 신체적, 공간적으로 거리를 두는 것이나 대인관계의 해소를 뜻하는 것이 아니라, 오히려 어머니로부터 독립해서 기능할 수 있는 정신 내적 감각의 발달을 의미한다. 개별화(*individuation*)는 독특한 개인적 정체성을 형성하고자 하는 유아의 시도를 말하는 것으로, 그 자신의 개인적인 특징을 띠게 되는 것을 의미한다.(Mahler 등, 1975, p.4) 분리와 개별화가 동시에 진행되는 것이 최선이지만, 한 가지 혹은 다른 것에서 지체 혹은 조숙을 보이면서 다르게 진행할 수도 있다.

Mahler는 분리-개별화 과정이 생후 4~5개월에 시작되는데, 이것은 예측할 수 있고, 관찰할 수 있으며, 겹쳐지는 네 가지의 하위단계, 즉, 분화기(*differentiation*), 연습기(*practicing*), 화해기(*rapprochement*), 대상항상성(*object constancy*)의 시기로 구성된다고 기술했다. 덧붙여 Mahler는 분리-개별화 과정이 시작되기 전에 나타나는 두 시기를 구별하였는데, 하나는 첫 4주 동안의 정상 자폐기(*normal autistic phase*)이고 다른 하나는 2개월에서 4~5개월까지의 정상 공생기(*normal symbiotic phase*)이다.

분리-개별화 과정을 기술하면서 Mahler는 후기의 어떤 정신 병리뿐 아니라 정상적인 자존심 발달의 바탕이 되는 유아적 전능감과 그에 동반되는 과대감의 진화에 관해 기술하였다. 특히, 대인관계가 진화하면서 정신체계가 확장되는 것을 강조하였는데, 이때 처음에는 대인관계에서 오지만 결국은 정신 내적인 것이 되는 갈등의 중요한 역할을 지적하였다. 결국 어머니-유아 관계에서, 원래는 어머니가 하던 위안을 주는 기능을 정신 내적으로 이용하게 하는, 리비도적 대상 항상성에 이바지하는 그런 측면들을 기술하였다. Mahler는 리비도적 대상 항상성을 확립하는 것이 독립적인 자아 기능을 촉진한다고 생각했다. Mahler(1971)는 또한 어머니-유아 관계에 장애가 있으면 자아가 병리적으로 기능할 수 있음을 기술하였다.

정신분석적 이론을 만들 때 늘 마주치는 문제는, 추론하는 것 외에는 정량화하거나 객관화할 수 없는 과정들에 대해서 그 의미를 전할 수 있는 적절한 개념이나 언어를 찾는 것이다. 이런 개념들을 표현하기 위해 흔히 은유를 사용하는데, 종종 은유를 문자 그대로 받아들이는 불행한 결과가 생기기도 한다. 새로운 지식이 축적되었을 때, 오래된 은유는 덜 유익해지며, 은유뿐 아니라 개념도 올바르지 않은 것으로 여겨질 수 있다. 예를 들어, 정신 에너지라는 프로이트의 개념을 생각해 보자. 방출되려는 물리적 에너지라는 생각은 더는 적절하지 않지만, 우리는 임상에서 느낌의 강도가 변하거나 만족을 구하는 충동 혹은 갈망의 강도가 변하는 것을 항상 보게 된다. Mahler의 용어, 특히 생후 몇 개월을 기술한 문구들도 또 다른 예가 된다. '자폐(autism)', '공생(symbiosis)', '자극 장벽(stimulus barrier)', '망상적인 공동의 경계(delusional common boundaries)', '환각적인 신체정신의 전능한 융합

(hallucinatory somatopsychic omnipotent fusion)' 등과 같이 병리에 기반한 후향성의 은유들에 문제가 있다는 것은 의심할 여지가 없다.(Peterfreund, 1978; Milton Klein, 1980) 명칭 그 자체는 이제 유지되지 않지만, 그럼에도 이런 생후 몇 개월 동안의 행동에 관해 Mahler가 관찰하고 공식화한 것 중 많은 부분이 통찰력 있고 적절한 것으로 남아 있다.

Mahler의 업적은 타당성 면에서 비판을 받아 왔다. Brody(1982)는 Mahler의 연구 방법에서 결함을 보았고, Mahler가 발견한 것에 어느 정도 주관적 편견이 있음을 알았으며, 가설을 결론인 것처럼 말하는 경향이 있다고 생각했다. 유아는 자폐적 상태로 삶을 시작하며, 이 상태는 달걀껍데기 속의 병아리 배아처럼(프로이트에서 따온 은유, 1911) 자극 장벽에 의해 세상과 차단된 상태, 즉 사회적 자극에 개입되거나 관계하지 않는 상태라는 Mahler의 개념에는 당연히 의문이 제기되었다.(Peterfreund, 1978; Lichtenberg, 1981, 1987; Stern, 1985 참고) Mahler 자신도 이 문제를 바로잡고자 '깨어나는(awakening)'(Stern, 1985) 혹은 '반자폐적(semi-autistic)'(Harley & Weil, 1979)이라는 문구가 더 나을 수도 있다고 제안하였다. 또한 Stern(1985)은, 출생 시에는 자기와 대상이 미분화 상태라는 Mahler 생각의 타당성에 의문을 제기하면서, 유아 연구 자료에서 유아가 출생 시부터 내부와 외부, 자기와 타인을 지각한다는 충분한 증거를 볼 수 있다고 말한다. 이 비판은 많은 유아 연구자들과 정신분석가들 사이의 근본적인 오해를 보여 준다. 정신분석가들은 정신 내적 구조 구축에 관심이 있다. 생리적인 전적응성(preadaptedness)은 출생 시부터 작용할 수 있지만, 자신과 타인에 대해 정신 내적인 정신적 표상을 형성하고 유지할 수 있는 심리적 구조가 출생 시부터 작용함을 시사하는 증거는 없다.

Stern은 또한 Mahler의 분리-개별화 이론의 기본 전제에 대해서도 비판한다. Stern는 아이의 독립성과 자율성이 성장한다는 Mahler

의 기술을 대인관계에서 대상과의 유대가 해체된다는 의미로 이해한다.(p.243) 우리는, Mahler가 실제로 기술하고 있는 것은, 아이가 결국 자기 스스로 기능하게 되고 어머니에게 무력하게 의지하지 않으면서도 어머니에 대한 대인 관계상의 결속을 유지하는, 그런 정신 내적(*intrapsychic*) 과정이라고 생각한다. 내부 구조의 안정성이 증가함에 따라 아이는 대인 관계상의 결속을 유지하고 심화하면서 점차 더 높은 수준의 대상관계로 나아갈 수 있다.

일부 비판이 타당하기는 하지만, 우리는 Mahler가 대상관계의 발달에 대한 정신분석적 이해에 중대한 공헌을 했다고 믿는다. 특히 중요한 것은, 양육자에 대한 적절한 감정적 이용 가능성과 어머니와 유아 사이의 정동적 상호교환이 결국에는 독립적인 감정적 기능을 하도록 돕는 정신 구조의 형성을 촉진하는 데 정말로 중요하다는 것을 그녀가 명백히 밝혔다는 것이다. Mahler가 어머니-유아의 정동적 상호교환의 세부 사항에 주의를 기울임으로써 어머니-유아 관계와 아버지-유아 관계 모두에 대한 상당한 연구가 이루어졌다.(후자를 위해 Abelin, 1971, 1975; Cath 등, 1982; Pruett, 1983, 1985 참고) 그 결과, 정신 병리의 출현과 예방에 대한 우리의 인식뿐 아니라 정상 발달에 대한 우리의 지식도 향상되었다. 또한 Mahler는 자연 상태에서의 소아 발달에 관한 종단적인 관찰을 수행하였는데, 이는 분석가가 수행한 드문 연구 중의 하나이다. 이러한 선구자적 업적은 그 다음 유아 연구의 모델이 되었으며, 계속적인 연구를 자극하였다. 유아 발달의 세부 사항에 관해 점차 더 많이 알게 되면서 Mahler가 이론에서 강조한 것, 특히 가장 어린 시기에 관한 개념을 일부 수정하거나 변경해야만 하더라도, 그녀가 관찰한 것은 여전히 타당하다. 분리-개별화 과정에 관한 개념을 세움으로써 Mahler는 전오이디푸스기 대상관계에 관한 통합된 이론을 제공하였다. 이 이론은 오이디푸스 콤플렉스에 관한 이론을 보완하며, 또한 욕동 이론과 진화하는 정신구조에 관한 이론과 병행하고 통합될 수 있는 대상관계의 발달 경로를 구축할 수 있게 한다.

Daniel Stern

Stern은 생후 3년 동안의 대상관계를 연구하는 많은 현대 유아 연구자 중 한 사람이다. 그러나 선택된 분야만을 연구하는 사람들과는 달리, Stern은 대상관계 발달의 가장 초기 단계에 대한 통합된 이론을 세웠다. 프로이트의 구조이론에서 유래한 발상 그리고 정신 내적 구조가 대인관계의 상호작용에서 출현한다는 개념과 달리, Stern이 중요시한 것은 유아의 내적이고 주관적인 경험과 그것의 대인관계 맥락이다. 출생 시부터 어느 정도 존재하는 자기감(sense of self)에 대한 이런 초점은 "자아나 이드의 발달에 관한 주제로 방해를 받거나 그것과 혼동되지는 않았는데"(1985, p.19), 왜냐하면 Stern은 자기(self)가 일차적으로 조직하는 원리라는 견해를 가지기 때문이다. Stern은 자신의 연구에 풍부한 자료를 인용했는데, 그 자료들은 자신을 포함한 여러 사람이 유아와 어머니에 대하여 신중하고 때로는 정교하게 고안한 실험실적 실험을 통해 얻은 것이었다.

관찰 자료로부터 추론한 유아의 주관적인 생활에 근거하여 Stern은 유아에서 새로운 행동과 능력이 출현하면, 그것은 조직되고 변형되어 자기감(sense of the self)과 타인감(sense of the other)을 조직하는 주관적 관점이 된다고 말한다. Stern은 이렇게 출현하는 감각들의 대인 관계적 맥락에 특히 관심이 있었기 때문에 이런 연결성의 중요성을 강조하려고 새로 출현하는 각각의 자기감은 사회적 관계성의 새 형태나 영역(영향력이나 활동 영역)을 정의한다고 제안하였다. 즉, '타인과 함께하는 자기감(sense of self with other)'은 자기감과 타인감과 함께 자란다는 것이다.

민감한 발달시기 동안, 각각의 자기감과 각각의 사회적 관계성의 영역이 출현하지만, Stern은 그것들을 단계로 생각하면 안 된다고 강조하는데, 그것들은 출현하게 되면, 단계라기보다 평생 조직하는 원리로 변함없이 남아 있는 자기 경험의 형태이며 사회적 상호작용의 형태라는 것이다.

Stern은 네 가지의 자기감을 제안했다. 즉, 출현하는 자기감(출생~2개월), 핵심 자기감(2~6개월), 주관적 자기감(7~9개월에 시작), 언어적 자기감(15~18개월경에 시작)이다. 출현하는 자기감과 나란히 출현하는 관계성의 영역이 있고, 핵심 자기감과 나란히 핵심 관계성의 영역이 있으며, 상호주관적 관계성의 영역은 주관적 자기감과 병행하고, 언어적 관계성의 영역은 언어적 자기감과 병행한다.

여러 면에서 Stern의 작업은 Spitz, Bowlby, Anna Freud, Mahler 등의 작업에 영향을 받았으며, 그 위에 세워졌다. Stern는 발달 과정에 대한 그들의 관점—연속되는 단계들이 발달상 전환기의 비슷한 교점에서 시작한다는 관점—을 근거로 하면서, 어머니에 대한 유아의 상호작용에 많은 관심을 가진다. 그렇지만 Stern은 기존의 정신분석적 발달 이론은 이제 쓸모없으며 전적으로 재구성할 필요가 있다고 생각하여, 자신이 새로 만들어 낸, 그래서 때로는 혼동을 일으키는 은유를 사용한다. 그럼으로써 Stern은 한 세트의 전문 용어를 다른 세트로 대체한다.

때로는 정신분석적 발달 이론에 대한 Stern의 비판이 타당하지만, Solnit이 말했듯이, Stern은 발달심리학과 정신분석 사이의 논쟁을 불러일으키기 위해 인위적으로 이러한 비판들을 이용한다.(1987b) 더구나, 역사적 관점이 결여되어 있어서, 그의 비판과 유사한 비판에 반응하여 1900년 이후로 정신분석적 발달 이론이 여러 중요한 점에서 수정되고 변화해 왔다는 것을 고려하지 못하고 있다. 따라서 정신분석 이론에 대한 그의 평가는 매우 편협하게 들린다. 또한, 그는 정신 내적인 면을 희생시키는 대신 주관성과 대인관계적인 면을 강조하는데, 우리가 보기에 이 강조는 발달과정에서 내적인 힘, 특히 내재화 과정이 이바지하는 바를 충분히 설명하지 못한다.

한편으로, 유아와 그 어머니에 대한 Stern의 실험실적 연구로 우리는 초기 발달의 상세한 부분들을 훨씬 많이 알게 되었다. 그가 어머니-유아 간의 상호작용과 이 상호작용에서 보이는 유아의 자기조절 능력에 대해 민감했기 때문에, 우리는 자기감의 출현과 자아 발달에 대하여 더 많이 이해하게 되었다.

요약

대상관계 이론의 발달은 정신분석의 역사와 함께 시작한다. 그것은 "과학적 심리학을 위한 연구과제"(1895b)에 표현된 프로이트의 최초 개념과 함께 시작하여, 길고 어려운 과정을 거쳐 왔다. 대상관계, 욕동, 정동, 정신구조 형성, 자기감 사이의 관련성, 그리고 대상관계와 연결된 정신 내적 과정과 대인관계 사이의 관련성은 모두 논란이 많은 주제들이다.

이 장에서 우리는 현대의 다양한 대상관계 학파들의 생각을 소개했다. 다음 장에서는 유아와 소아 관찰에서 발전해 온 그들의 이론을 바탕으로 대상관계의 발달적 진화를 토의할 것이며, 그 후 자기감의 발달을 토의할 것이다.

6장

대상관계 발달

대상관계가 진화하는 단계에 대한 발달상의 틀을 기술하면서, 우리가 특히 초점을 맞춘 것은 타인과 상호작용할 때 중요하다고 지각되었던 것들이 어떻게 정신 내적 구조의 기원, 성질, 기능에 영향을 미치게 되는가 하는 것이었다. 우리는 아주 초기 단계에 대한 Spitz와 Mahler의 생각이 특히 유용하다는 것을 알게 되었는데, 왜냐하면 그들의 공식화는 재구성보다 직접적인 관찰 자료에서 온 것이며 또 그들의 관심사가 항상 정신 내적인 것이었기 때문이다.

출생 직후의 시기에 관한 적절하고 그럴듯한 용어를 찾는 것은 항상 어렵다. 4장에서 보았듯이, Hartmann(1939)은 이 시기를 미분화기(*undifferentiated phase*)라고 이름 붙였는데(Hartmann, Kris, & Loewenstein, 1946), 그것은 자아와 이드 어느 것도 구조화되지 않았으며, 대상과 자기에 대한 정신적 표상이 아직 형성되지 않았다는 의미였다. 그러나 학생과 분석가 모두 유아가 자기와 대상을 지각하여(*perceptual*) 구별할 능력이 없다는 뜻으로 그 용어를 흔히 잘못 해석한다.

Spitz는 심리적 기능이 아직 확립되지 않아서 심리적 대상 역시 있을 수 없다는 것을 강조하기 위해 이 첫 단계를 무대상(*objectless*), 혹은 전대상(*preobject*) 단계라고 부르는 것을 선호했다.(1957) Mahler 등은 이 시기를 정상 자폐기(*normal autism*)로 이름 붙였고, 후기 단계와 비교할 때, 신생아는 외부 자극에 최소한으로만 관계한다고 설명하였다.(1975) Anna Freud도 '어머니-유아의 생물학적 단일체(biological unity between mother-infant couple)'라고 언급함으로써, 비슷하게 유아의 심리적 기능 결여와 어머니에 대한 전적인 의존을 강조하였다.(1965) 이런 이름들의 문제점은 어머니와 유아 사이에 상호작용이 거의 없어서 어머니가 쉽게 교체될 수 있는 것처럼 보인다는 것이다. 그러나 유아 연구를 통해, 생후 첫 주에서조차 사실은 그렇지 않다는 것을 우리는 알고 있다.(Burns 등, 1972) 그 증거는 유아가 감각운동성 상호작용의 협응하는 상호 패턴을 확립하는 일에 어머니와 함께 참여하도록 전적응되어 있고, 그 상호작용 속에서 정동적인 피드백 체계가 빠르게 형성된다는 것이다. 이 때문에 우리는 대상관계 발달의 첫 시기를 가장 적절하게 기술하는 용어는 일차적 상호성(*primary reciprocity*)이라고 믿는다.

병리적 발달에 대한 관찰에서 유래하긴 했지만, Mahler의 정상 공생기(*normal symbiotic phase*)라는 용어는 안전하고 친밀한 애착의 형성을 알린다는 뜻이 있었다. Spitz 역시 애착에 관심이 있었지만, 특히 애착이 생겨나는 대화의 중요성을 강조했다.(1963, 1964, 1965; Spitz & Cobliner, 1965) 대화라는 개념이 유아의 활동성과 자기 조절 능력을 특히 중요시한다는 것을 고려할 때, 대상관계의 두 번째 시기를 가장 잘 기술하는 것은 대화의 시작(*beginnings of dialogue*)이라고 우리는 생각하며, 이것은 애착에 필요한 상호 간의 정동적 분위기를 강조하는 것이다.

다음에, 우리는 Mahler의 분리-개별화 과정이라는 틀을 이용하여, 이렇게 가장 초기부터 시작하여 전오이디푸스기를 통과하기까지의 대상관계 진화를 추적해 볼 것이다. 그 다음으로 유아 성기기와 오이디푸스 콤플렉스에서의 대상관계 발달의 변천을 기술하고, 그 후에 잠복기와 마지막으로 청소년기 동안의 진화를 토의할 것이다. 우리는 생의 초기 몇 년을 더 강조할 텐데, 최근의 많은 연구가 이 시기에 초점을 맞추고 있으며, 아마도 대상관계에서 가장 극적인 변화가 일어나고, 따라서 정신구조 형성에서 가장 중요한 움직임들이 일어나는 시기이기 때문이다.

일차적 상호성(Reciprocity) : 대상관계의 생리적 서막

대부분 연구자들은 우리가 서로 주고받는 상호작용에 참여할 준비가 된 채로 태어난다는 것에 동의한다. Sander(1975)는 이 상호성(reciprocity)이 적응 과정에 참여하도록 생물학적으로 정해진 유아의 전적응적 행동의 일부라고 개념화한다. 출생 후 얼마간 유아의 행동을 지배하는 것은 주로 내적으로 정해진 조절 과정인데(Sander, 1962, 1964), 어머니와 유아의 주된 과제는 수면과 각성, 낮과 밤, 배고픔과 포만감의 주기를 조절하고 안정시키는 것이며, 그렇게 하여 항상성의 균형을 유지한다.(Anders, 1982) 이것 역시 어머니와 유아 상호성의 일부이다. Call(1984)이 강조했듯이, 실제로 출생 시에는 어머니와 유아 양쪽의 시각, 청각, 운동감각 체계를 포함한 여러 생리적 체계와 심지어 정신 생리적 자극 상태에서 상호성이 나타난다. Call은 유아의 빨기 율동이 모유를 수유하는 어머니의 사출 반사 정신생리와 상호작용한다는 것을 발견했다. 수유 시에 신생아가 예상하여 접근하는 행동에서 상호작용하는 체계들 사이의 협조를 볼 수 있다고 Call은 말한다.

Anders와 Zeanah(1984)는 유아의 정교한 생물학적 자질 덕분에 유아가 적절한 감각적 · 정동적 피드백을 능동적으로 찾고 반응할 수 있게 된다고 결론 내렸다. 성장이 적절한 경우에 정동적 피드백 체계가 곧 형성되고, 그것을 통해 부모와 유아는 서로 간의 상호 교환에서 여러 행동이 맞물리도록 하는데, 예를 들어, 보기와 알아채기, 음성과 움직임, 음성과 그쪽으로 보기 등이다.(Sander, 1975; Als 등, 1979; Brazelton & Als, 1979; Meltzoff, 1985) 이런 방법으로 어머니와 유아 사이에 사적이고 배타적인 형태의 의사소통이 발달하고, 이것을 기초로 심리적 기능이 능력을 갖추어 간다.

대화의 시작

생후 2개월 무렵, 유아의 행동에 주목할 만한 변화가 일어난다. 유아는 상호 교환에 능동적으로 참가하고, 사회적 상호작용을 활발하게 추구하며, 자기조절 능력이 출현한다는 것을 보여 준다. Mahler는 2개월에서 4~5개월까지의 유아에게서 중요한 심리적 성취는 어머니를 기본적인 사랑의 대상으로 확립하는 것, 그리고 어머니와 확고한 애착을 형성하는 것이라고 강조하였다. 비특이적인 미소 반응은 곧 어머니에게 특이적인 반응이 되는데(Spitz & Wolf, 1946), 이 미소 반응이 이런 애착의 중요한 표식이며 애착을 조직하고 견고하게 한다. 이제 두 사람이 활발히 대화에 참여함에 따라, 유아의 모든 활동, 정동, 지각은 어머니와의 상호작용에 점점 더 초점을 맞추는 것으로 보인다.

Spitz는 관찰을 통해 어머니와 유아의 관계에서 가장 중요한 측면은 정동적 분위기라고 확신하였다.(1965; Spitz & Cobliner, 1965) Spitz는 행동과 그에 대한 반응이라는 대화가 정동적 동기를 가지면서 계속되고 서로 자극하게 되면, 그것이 대상관계와 정신 내적 구조가 출현하는 환경이 된다고 믿었다. 또한 Spitz는 대화는 수유 상황에서 시작되지만, 곧 그 너머로 확장된다고 기술하였다. Call은 이런 수유 경험을 초기 어머니와의 상호작용 중에서 가장 핵심적인 조직자로 보아야 한다고 제안한다.(1964) Loewald는 이런 상호작용이 쾌락과 불쾌에 대한 초기 구조화의 바탕이 된다고 생각한다.(1971, 1978) 그러나 Wolff가 지적했듯이, 어머니와 유아의 대화 속에서 욕구 만족 이상의 많은 것들이 곧 작용하기 시작한다.(1959, 1966)

여러 저자들은 유아가 눈을 동그랗게 뜨고, 좋아서 어쩔 줄 모르는 어머니의 표정과 마주치는 이 초기의 대화가 유능감과 현실에 근거한 자존심의 뿌리가 된다고 지적하였다. 유아가 어머니로부터 적절한 반응을 불러일으킬 수 있을 때, 그리고 어머니-유아가 공감적 결속의 불가피한 단절을 복구할 수 있을 때, 만족에서 기쁨까지 다양한 긍정적 느낌들이 만족할 만한 상호작용과 연결된다.(Tronick & Gianino, 1986)

Call은 비언어적 표정, 신체 움직임, 소리내기, 반응, 장난스러운 상호작용과 놀이의 측면에서 대화의 세부 사항을 기술했는데, 이것들은 어머니와 사적이고 배타적인 형태의 의사소통 발달을 위한 기초를 제공한다.(1980, 1984) 이 초기 의사소통 체계의 주된 목적은 짝(duality)이라는 것을 서로 지지하고 유지하며 풍부하게 하는 것으로, Call에 따르면 그것은 정동, 몸짓, 언어의 습득을 포함한 후기 의사소통 형태를 조직하는 원리가 된다.

유아는 놀이와 상호작용에서 점점 더 큰 힘을 갖게 되며, 3~4개월경에는 그것들의 개시자, 종결자, 조절자가 되기도 한다. 일련의 연구에서 Sander(1962, 1964, 1983), Stern(1974b)과 그의 동료(Beebe & Stern, 1977; Beebe, 1986)는 어머니가 계속해서 조직하고 조절하는 주된 책임을 지긴 하지만, 생후 3~4개월이 되면 어머니-유아의 놀이는 상호교환 속에서 자기조절을 촉진하는 정해진 양식을 갖게 된다고 기록하였다. 이렇게 주고받는 상호작용의 양식은 대단히 오래 간다. 정형화된 관계 양식은 유아기에 초기의 상호작용 양식이 만들어져서, 걸음마기와 학령전기를 거쳐 인생 후기까지 연속되는 것을 볼 수 있으며, 심지어 세대를 거쳐 전수되기도 한다.(Emde, 1988a, 1988b)

또한, 상호 교환을 통해 형성된 자기와 타인에 대한 초기의 조절은 자기-조절적인 자아 기능의 발달에 크게 기여한다. 추적 연구들을 통해, 초기 유아기에 형성된 자기-조절 양식이 청소년기에도 지속된다는 것을 알게 되었다.(Brody, 1982) 어머니가 자극을 충분히 주지 않을 때, 혹은 지나친 자극이나 예측할 수 없는 자극을 줄 때, 유아의 리듬 혹은 반응을 불러일으키려는 유아의 시도와 계속 조화를 이루지 못할 때, 유아의 유능한 자기-조절 기능은 손상을 입을 수 있다. 게다가, 이렇게 초기에 받은 해로운 영향은, Greenacre(1941)와 Weil(1978)이 기술한 것처럼, 나중에 개인이 불안에 대처하는 방식에서 분명히 나타난다.

Sandler와 Sandler(1978)는 우리가 언급한 것에 덧붙여, 어머니-유아 상호작용은 자기 표상과 대상 표상이 최초로 형성되는 바탕이 된다고 제시한다. 유아의 마음속에 자기와 타인에 대한 표상들이 서서히 형성될 때, 그것들은 이런 주관적이고 상호작용하는 경험들, 즉 '역할 관계(role relationship)'에 대한 표상을 포함한다. Stern(1985)은 언어 이전에 형성되는 이런 경험에 대한 표상을 'RIGS', 즉 '상호작용의 일반화된 표상(Representations of Interactions that have been Generalized)'이라고 불렀다. 그는 RIGS가 기억의 기초를 이루며 자기 표상의 기본 단위가 될 거라고 추측한다. 이 개념에는 장점이 있는데, 왜냐하면 언어 이전 사건에 대한 기억은 나중에 쉽게 회상하지 못할 수도 있지만, 행동 양식과 절차 기억은 지속되어 유아가 유능함을 느끼는 영역을 넓히는 데 이바지한다고 알려졌기 때문이다.(Papousek & Papousek, 1979,

1984; Lichtenberg, 1987) 관계 양식이 한 예가 된다. 발달 연구는 초기 경험들을 이용하여 후기 기능을 예측할 수는 없다는 것을 보여 주지만, 시간이 지나도 관계 양식이 변함없이 지속된다는 것은 전이라는 정신분석적 개념이 명백함을 입증한다.(Freud, 1905b) 우리는 이런 양식들이 최초에 형성될 때부터 자기 표상과 대상 표상의 일부였기 때문에 오래 남는다고 추정한다.

분리-개별화

분화와 리비도적 대상

빠르면 4개월부터, 확실하게는 5~6개월부터 유아는 어머니-유아 간의 대화를 넘어 세상에 관한 관심과 호기심을 보이기 시작한다. 움직일 수 있게 되자마자 유아는 어머니와 신체적으로 가까운 상태에서 떨어져 나가려는 잠정적인 동작을 보인다. '공생적 궤도(symbiotic orbit)'라는 은유에 맞추어, Mahler는 이 외부로 향하는 새로운 모습을 '부화(hatching)'*라고 명명하는 것이 적절하다고 생각했다.

Mahler의 부화는 Piaget의 감각운동성 지능 3단계와 일치하는데, 이때 유아는 자신의 행동이 외부 대상에게 영향을 미친다는 것을 알게 되어, 유아의 관심은 행동에서 행동의 효과로 옮아간다.(1952) 처음

---

* Mahler는 이 시기에 유아 기능의 뚜렷한 변화는 중추신경계의 지각-의식 체계가 성숙한 데서 온다고 보았다. Mahler는 이 시기 이전에는 '자극 장벽(stimulus barrier)'이 쏟아져 들어오는 압도적인 외부 자극에서 유아를 보호한다고 생각하였다. 최근 연구들이 신생아가 여러 감각 형태의 자극을 인식하고 구별할 수 있는 놀라운 능력이 있음을 자세히 기록한 것을 보면, 자극 장벽이라는 개념은 더는 합리적이지도 않고 필요하지도 않다.(Esman, 1983) 여러 성숙 과정의 요소와 경험적인 요소들이 이 변화를 일으키는 것으로 보이는데, 이 변화는 유아가 자극을 통합하여 새로운 행동 양식을 갖도록 촉진하는 자아 기능의 발달은 전혀 아닌 것 같다.(Lester, 1983)

으로 의도적인 행동이 뚜렷이 나타나며, 목적과 수단을 구별하기 시작한다.

유아가 관심과 호기심을 보이며 주변 세상을 탐색한다 하더라도, 유아의 즐거움과 안정감과 행복감은 어머니로부터 적절한 반응을 얼마나 잘 이끌어 내는가에 달렸다. Mahler는 유아가 어머니에게서 떨어져 탐색할 때에도 어머니 근처에 가까이 있으려 하고 '본거지(home base)'로서 어머니를 계속 필요로 한다는 것을 알았다. 이제 유아는 어머니를 눈으로 '다시 확인하는(checking back to mother)' 모습을 보이는데, 이때 어머니는 때로는 신체적 접촉으로 또 가끔은 단순한 눈짓이나 말로써 유아를 정서적으로 '안심시켜 준다(refuel)'. 그리하여 유아의 호기심과 놀라움은 관계에서 '기본적 신뢰(basic trust)'와 자신감이라는 바탕 위에 있게 되고, 이제 어머니가 리비도적 대상(*libidinal object*)(Spitz, 1959)이라는 증거들이 쌓여 간다. 어머니에 대한 정동적인 투자는 좌절이나 만족에 상관없이 유지되는 것으로 보인다.(A. Freud, 1968)

이 기본적 신뢰는 낯선 사람에 대한 유아의 반응에서 특히 뚜렷하다. 낯선 사람이나 상황을 만났을 때, 유아는 보통 어느 정도 불편감으로 반응한다. 그러나 어머니에 대한 애착이 안정적이면, 불편감보다는 호기심을 더 많이 보일 것이다.(Mahler & McDevitt, 1968; Bowlby, 1969; Rheingold, 1969; Brody & Axelrad, 1970; Ainsworth 등, 1978) 종종 미묘하고 순간적인 상호작용이 있을 때, 유아는 안전한지 위험한지 정동적 단서를 찾기 위해 어머니를 쳐다본다. 어머니가 안심시키는 미소를 보이면, 그에 대한 반응으로 유아는 신이 나서 탐색한다. 만약 어머니가 불편하고 불안해서 얼굴을 찡그리면, 유아는 울음을 터뜨리고 낯선 상황에서 물러나 어머니에게 되돌아간다. Emde(1983)는 이 '사회적 참조(social referencing)' 체계가 보조 자아로 기능하는 방식들, 그리고 앞으로의 행동—탐색할지, 혹은 물러나 안전한 어머니로 돌아갈지를 정할 때—에서, 유아를 이끌어 주는 방식들을 기록하였다.

유아는 어머니와 상호 교환을 통해 자기와 타인에 대한 감각을 형성하는 동안 관계성에 관한 감각 또한 형성하는데, Stern(1985)은 이것을 '상호주관성(intersubjectivity)'의 감각이라고 부르고, Emde(1988a, 1988b)는 '우리(we)'라는 감각이 시작되는 것으로 이해한다. 이제 유아는 사건과 사물에 대한 경험을 나누고 싶어 한다. 감정 상태가 점점 사랑과 미움, 그 외 다양한 긍정적 혹은 부정적인 정동으로 채워지면서, 유아는 점차 이러한 정동들을 다른 누군가와 나눌 수 있다는 것을 배운다.

Winnicott의 이행기 대상이라는 개념은 유아의 대상관계가 발달하는 것과 관계 있다.(1953, 1959) 좋아하는 담요나 부드러운 장난감은 대개 어머니와 함께한 초기의 즐거운 경험을 연상시키며, 그것에 대한 유아의 애착은 흔히 잠잘 때처럼 어머니와 떨어지는 시간이나 괴로운 순간에 가장 강하게 나타난다. 이 말은 어머니와 떨어져 있는 동안 담요나 장난감이 어머니가 함께 있다는 혹은 적어도 어머니처럼 위로하고 안전을 지켜 준다는 약간의 환상을 유지하는 기능이 있음을 시사한다. 보통의 경과로 본다면 그것은 대략 리비도적 대상 항상성이 확립되는 시기에 사라지는데, 이것은 "이행기 대상은 그것이 양쪽 세계, 즉 한편으로는 조건반사를 따르는 고태적 세계와 다른 한편으로는 자아가 조절하는 대상관계의 정신세계를 함께 가지고 있다는 의미에서 정말로 이행기적이다."(1965, p.179)라고 말한 Spitz의 관찰을 확인해 준다. 리비도적 대상 항상성의 확립과 함께 어머니의 내재화된 이미지, 즉 자아가 이행기 대상의 기능, 즉 위로하고 조절해 주던 기능을 넘겨받는다.

연습기

직립 보행에 숙달하게 되면, 유아는 Mahler가 연습기라고 특징지은 시기로 돌진한다. 어린 걸음마기 아이가 자신의 능력에 고무되고, 매일 발견하는 것들과 세상에 매혹되는 이 시기에는 감정적인 고양감과 충만감이 전형적으로 나타난다. 걸음마기 아이는 어머니와 떨어질 수도 있고 돌아올 수도 있게 되어, 점차 넓어지는 세계를 탐험하며 신체적인 분리의 경험과 분리가 가져오는 심리 상태에 익숙해진다. 이제 어머니와 아이의 관계에서 느낌과 행동은 점점 더 다양해지고 상호교환도 계속 늘어난다.

15~18개월 사이에 연습기가 끝나 가면, 걸음마기 아이는 어머니의 이미지를 자신과 자신의 즉각적인 행동과는 분리된 것으로 보며 그런 이미지를 꽤 잘 유지하는 것 같은데, 이것은 자기 표상과 대상 표상의 진화가 상당히 안정적임을 나타낸다. Mahler와 McDevitt(1968)이 이런 결론을 내리게 된 증거로 드는 것은 어머니와의 짧은 이별 동안에 보이는 걸음마기 아이의 행동이다. 어머니가 없는 동안에 걸음마기 아이는 Mahler와 McDevitt이 '기분의 저하(low keyedness)'(1968)라고 불렀던 상태, 즉 주변 환경에 관한 관심이 줄고, 사소한 잘못에도 매우 예민해지며 '집착하는 분위기'라고 표현하는 것이 좋을 만한 상태를 보여준다. Mahler는 이런 행동에서 이제 걸음마기 아이는 얼마간 어머니의 정신 내적 표상을 유지하고 불러일으키며 이용하기 시작한다고 추론하였다. 이때 이 정신 내적 표상은 어머니가 없을 때에 어느 정도의 안정감을 유지하기에 충분하여, 이제는 어머니가 계속 함께 있지 않아도 된다.(McDevitt) 그러나 Burlingham과 Freud(1944)는 더 오랜 시간 동안 어머니와 떨어지는 것이 해로운 방식으로 관계를 파괴할 수 있으며, 지속적인 영향을 미칠 수도 있다는 데 주목하였다.

어머니가 돌아왔을 때, 유아는 마치 어머니가 아주 낯선 사람인 것처럼 차갑게 무관심한 표정으로 어머니의 얼굴을 쳐다볼 수도 있는데, 이것은 내면의 표상이 사라졌다는 것은 아니지만, 어머니에 대한 내적 관계가 변했다는 것을 보여 준다.

두 번째 해에는 개별화가 급속히 진행되며, Mahler는 연습기의 흥분 후에 아이가 어떻게 '심리적인 탄생(psychological birth)'(Mahler 등, 1975)의 마지막 과정을 타협하는지를 기술한다. 새로운 행동이 나타나는데, 걸음마기 아이가 어머니에게 물건을 가지고 와서 함께 탐색하고 발견하기를 원하거나, 어머니 외의 사람들 즉, 아버지, 형제자매, 다른 아이들에 관한 관심이 더 뚜렷해지거나, 어머니와 아버지를 모방하려는 시도 등이 나타난다. 이러한 행동들은 자기와 타인에 대해 더 견고하고 비교적 안정된 표상이 누적된다는 것을 보여 준다. Piaget(1952)는 이제 걸음마기 아이가 그저 행동이 아니라 생각으로 현실을 다룬다는 것을 알았으며, 그것 또한 자기와 타인에 대한 정신적 표상이 통합되었다는 결론을 지지한다.

화해기(재접근기, *Rapprochment*)

아이가 16~18개월 무렵이 되면 화해기*가 나타나는데, 이 시기의 특징은 딜레마, 역설, 사랑에서 미움에 이르는 큰 폭의 기분변화 등이다. 어머니와 쉽게 떨어져 돌아다니는, 고양된 기분의 연습기 유아와 비교하면, 화해기의 유아는 어머니가 있을 때조차도 불편을 느낄 수 있다. 거절하는 행동과 매달리는 행동이 교대로 나타나고, 그것과 함께 기분의 변화와 분노발작이 동반된다. Mahler는 인지발달이 진행되

* 이 용어는 프랑스어에서 왔는데, '조화와 우호적인 관계를 확립하거나, 특히 복구하는 것'을 의미한다.(*Webster's 1980 New World Dictionary,* 2nd college ed., p.1177)

면서 유아가 새로운 기술뿐만 아니라, 유아 스스로 작고 심리적으로 분리되어 있다는 것을 절실히 깨닫게 되고, 그것이 외로움과 무력감을 불러온다고 추측하였다. 인지 기능의 발전은 언어 표현과 상징적 놀이를 촉진한다. 이제 걸음마기 아이는 상황에 관해 생각할 수 있고 환상 생활이 가능해진다. 이와 함께, 아이는 상황이 어떤가에 대해 좀 더 분명한 생각을 할 뿐 아니라, 그것들이 어떠해야 하는가에 관한 소원을 가진다는 것이 명백해진다.

그래서 걸음마기 아이는 자신의 소원과 어머니의 소원이 항상 일치하지는 않는다는 것을 알게 된다. 즉 어머니에게 자신을 만족시켜 달라고 항상 강요할 수는 없다. 자신은 그의 상상처럼 그렇게 전능한 제왕이 아니다. 연습기에는 행복감을 느끼다가 화해기가 되면 우울감, 불편감, 분노 발작, 어머니의 소재에 대한 지속적인 걱정 등으로 극적인 변화가 일어난다.

항문기의 특징적인 욕심, 부러움, 우유부단, 양가감정, 거부증이 나타나면서, 걸음마기 아이는 심한 양가감정과 양립할 수 없는 목표라는 딜레마에 직면하게 된다. 유아는 독립적으로, 혼자 힘으로 기능하고 싶어한다. 이제 기술과 통제력을 발달시키고 연습할 기회를 넓혀야 할 때가 된 것이다. 어머니가 유아 스스로 자신의 몸을 관리하도록 허용하고 어머니 자신이 꽤 능숙하게 자녀의 충동적인 자기주장을 받아주고 '공격성을 흡수하게(absorbing aggression)'(Furman, 1985) 되면, 걸음마기 아이는 긴장상태를 더 잘 조절하고, 먹고, 입고, 스스로 방어하고, 대소변을 확실히 가리고, 이것을 통해 더욱 큰 자신감과 기쁨을 얻게 된다. 이제 걸음마기 아이는 뭐든 자기 식으로 되기를 바라며 주변이 자신에게 맞춰 주기를 고집한다. 하지만 유아는 어머니로부터 사랑받고 위로받는 느낌을 좋아하고 원하며, 유아의 행복감은 이 사랑에 달려 있다. 미움과 분노가 우세할 때는 사랑하고 사랑받는다는 느낌이 모두 사라질 수도 있다. 사랑받지 못하고 혼자라는 느낌은 극심한 불안을 불러일으키고 변덕스러운 기분이 되게 한다. 이렇게 양가감정이 심해지는 것은 동반하는 분노발작, 퇴행적 행동과 함께 정신 내적 갈등이 출현한다는 외적 표시로 이해할 수 있으며, 이때 걸음마기 아이는 개별화, 독립, 자기주장, 통제에 대한 소원과 어머니를 기쁘게 하여 계속 어머니의 사랑을 얻고 싶은 소원 사이에서 갈등한다. 그리하여 Sander가 지적했듯이, 걸음마기 아이는 어머니의 소원에 맞서 완고하게 자신을 주장하다가 다음 순간에는 '함께 맞추는(fitting together)' (1983, p.343) 익숙한 즐거움 사이를 계속 오간다.

화해기는 일반적으로 어떤 방식으로든 성격 양상에 흔적을 남기는데, 이는 우리가 모두 어느 정도 분리, 접근, 자율성, 의존성에 대한 욕구를 지니고 있기 때문이다.(Kramer & Akhtar, 1988) 불안에 직면했을 때 자아가 기능하는 방식뿐만 아니라 후에 이런 딜레마를 처리하는 개인의 태도는 화해기 갈등이 해결되는 방식을 반영한다. McDevitt이 기술했듯이(1975), 적대적인 느낌이 애정 어린 느낌을 능가할 때는, 위기 동안의 난폭하고 화난 느낌의 투사로 어머니의 표상이 너무 왜곡되어서, 아이는 어머니나 자신에 대해 긍정적으로 느낄 수가 없다. 그럴 때 어머니는 보조 자아로서 기능할 수 없고 갈등을 성공적으로 해결하도록 도와줄 수도 없다.

그러나 만약 걸음마기 아이가 분노에 압도되는 대신에, 자신을 좌절시키는 어머니가 다른 때에는 자신을 사랑하던 같은 사람이라는 것을 인식하고, 어머니에 대한 분노를 받아들이고 견딜 수 있다면, 그는 '좋은(good)' 그리고 '나쁜(bad)' 자기상과 대상상을 안정적인 표상 속에 통합할 수 있게 된다. 걸음마기 아이가 어머니를 '대체로 좋은(mostly good)' 사람으로 보게 될 때, 어머니의 사랑을 더 많이 받기 위해 일시적으로 욕구 만족을 포기하며, 더 자주 어머니를 기쁘게 해 주고 싶어 한다. 내재화와 동일시는 순조롭게 진행되어, 자아 기능의 독립성을 촉진한다.

리비도적 대상 항상성의 시작

어머니가 없을 때 편안함과 지지 기능을 가진 통합된 어머니의 표상을 형성하여, 어머니에게 덜 의지하고 따라서 더 독립적으로 기능할 수 있으면, 우리는 아이가 상당한 정도로 리비도적 대상 항상성을 획득했다고 말할 수 있다. 이런 정도의 내적 안정감을 획득하려면, 걸음마기 아이는 자신의 소원과 어머니의 금지 사이의 갈등을 해결하고 양가감정을 견뎌 낼 수 있어야 한다. 그때 어머니에 대한 사랑하는 느낌과 화난 느낌은 어머니의 단일한 표상 속에 더 확실히 포함되게 된다.(McDevitt, 1975) 아이는 실망과 분노를 잘 누그러뜨려 견뎌 낼 수 있는데, 이는 어머니가 만족감을 주고, 사랑해 주고, 안심시켜 주던 행동에 대한 기억이 어머니에게서 좌절했던 경험을 상쇄시키기 때문이다.

이런 표상이 아이가 화나거나 좌절했을 때에도 유지된다면, 그것은 새로운 기능을 가지기 시작한다. 즉, 어머니의 정신적 표상에서 나온 긍정적 성질의 이미지가 안심시키는 기능을 가지며, 이런 안심시키는 어머니와 동일시하여 아이가 자신을 더 잘 안심시킬 수 있게 된다.(Furer, 1967) 자아 기능이 발전하는데, 이제 어머니가 있건 없건 아이가 강한 정동에 압도되지 않고 자신을 더 잘 조절할 수 있기 때문이다. 이것은 어머니에 대한 통합된 표상의 한 부분이 어머니의 행동, 즉 불편할 때 조절하고 안심시켜 줄 것이라고 예상하기 때문이다. 내적으로 이런 것들을 이용하게 되면, 아이는 자신의 기능을 안정시키기 위하여 어머니의 실제 존재에 그렇게 의지하지 않는다.(Pine, 1971) Mahler는 이것이 성취되기 시작하는 시기를 생후 만 2세라고 보았지만, 그 나이를 지나서도 계속된다는 것을 강조하였다. 즉 그것은 비교적 나이 제한이 없으며, 완전히 성취되지 않을 수도 있다.

바로 이 부분에 Kohut의 자기대상(selfobject) 개념, 즉, 위로하고 사랑해주어 내적 행복감을 유지하게 해 주는 다른 사람을 평생 의지한다는 개념이 적용된다. 우리는 Mahler가 리비도적 대상 항상성의 성취라고 말할 때 그것은 어떤 사람이 다른 사람들로부터 자율적인 고립 상태로 편안하게 살아갈 수 있다는 의미를 전하고자 했던 것은 아니라고 생각한다. 오히려, 중요한 사람과의 관계는 계속되며 깊어진다. 실제로 Pine(1974)은 편안함과 쾌락을 얻기 위해 실제 대상을 만날 필요가 있는 것과 대조적으로, 사랑의 대상에 관한 내적 기억과 이미지로부터 편안함을 얻는 우리의 능력은 평생 동안 달라진다고 지적한다. 그러나 표상은 현재의 내면이기 때문에, 그 모습이 소원과 현실 모두를 나타내도록 바뀔 수 있다고 Pine은 덧붙였다. 그런 방식으로 내적 대상이 현실의 대상보다 더 나을 수도 있고, 따라서 그것은 자존심뿐 아니라, 갈망과 분노에 대한 중요한 내적 조절자로 기능할 수 있다.

리비도적 대상 항상성이 가지는 발달상의 중요성은 아이가 어머니를 사랑하는 애정 어린 마음과 화나는 적대적인 마음을 통합할 수 있다는 것만이 아니라, 아이가 짧은 이별이나 일시적인 분노와 적개심에 불구하고, 그들 사이에 근본적으로 사랑하는 관계가 지속될 것이라고 안심하게 된다는 것이다. 다른 말로, 아이는 발달 중에 좌절과 만족을 반복하지만, 어머니와 변함없는 관계를 유지할 수 있다.(Burgner & Edgcumbe, 1972) 이제 아이는 자기중심적으로 요구하고 매달리는 행동에서 더 성숙해져, 자아가 주도하는 관계—즉, 애정, 신뢰, (미숙한 인지 때문에 한계가 있지만) 다른 사람의 흥미와 느낌에 대해 약간의 고려가 가능한 관계—에 참여할 수 있게 된다.

리비도적 대상 항상성의 발달은 보통 어느 정도 리비도적 자기 항상성의 획득을 동반한다. 즉 자기 자신에 대해 서로 다른, 정동적 색채를 띤 모든 생각을 포괄하는 통일된 자기 표상을 지속할 수 있는 능력을 지니게 된다. 이 단계는 충동 조절과 자기반성을 위한 자아 능력이 향상하면서 강화되고 안정되며, 그렇게 되면 아이는 자기 통제를 더 잘하게 되고 숙달에서 오는 즐거움을 느낀다. 이 단계의 아이는 보통 어머니의 마음에 강한 자부심을 불러 일으키고, 그로 인해 아이도 자신이 사랑스럽다고 느낀다.

초기의 아버지 역할

지금까지 우리의 토론은 모자관계에 집중되었지만, 그것이 아버지와 다른 가족 구성원의 역할이 중요하지 않다는 의미는 아니다. 여러 연구자가 생후 첫해의 자기-대상 분화의 과정에 아버지가 이바지하는 다양한 방식을 기술했다.(Loewald, 1951; Mahler & Gosliner, 1955; Abelin, 1971, 1975) Pederson과 Robson(1969)은 초기에 유아가 부모의 차이를 지각상 구별하며, 최소한 8개월에는 아버지에 대한 애착이라고 볼 수 있는 것이 뚜렷이 나타난다는 것을 알았다. Burlingham(1973)과 Yogman(1982)은 아버지와 어머니가 남아와 여아를 다루는 방법에서뿐 아니라 노는 방법에서도 분명한 차이가 있다는 것을 관찰하였다. 일반적으로 아버지들은 유아와 더 활발하게 또 몸으로 놀려는 경향이 있다. Kramer와 Aktar(1988)는 연습기의 아이에서 이것이 가지는 이점을 강조한다. 즉, 지나치지 않으면, 아버지가 신체적 기량을 자극할 때 그 효과로 걸음마기 아이는 신체 부위와 신체 자기를 더 잘 알 수 있다. Herzog(1980, 1982)은, 아버지의 또 다른 중요한 역할은 유아가 공격성을 조절하는 능력을 발달시키도록 돕는 것이라고 한다. 첫 18개월 동안 아버지의 부재나 상실은 행동이나 감정상의 장애를 가져올 수 있으며, 이것을 나중에야 알게 될 수도 있다.

또한, 아버지는 걸음마기 아이가 화해기 갈등을 해결하도록 도와주는 중요한 역할을 한다. 덜 '오염된(contaminated)' 대상인 아버지는 어머니와 아이 사이를 중재하고, 불편을 느낄 때 여분의 '재충전(refueling)'을 제공하며, 동일시할 수 있는 다른 대상이 되어 줄 수 있다. 사실, 아버지의 태도를 동일시하는 초기의 신호들은 대략 18개월에 뚜렷이 나타난다.(Mahler 등, 1975) 발달이 진행하는 동안, 아이는 어머니와 아버지 모두를 선택적으로 동일시한다.

아버지-아이의 직접 관찰연구(예, Gunsberg, 1982)와 아버지의 부재가 미치는 영향에 관한 연구(예, Neubauer, 1960; Herzog & Sudia, 1973; Herzog, 1980; Wallerstein & Kelly, 1980; Burgner, 1985; Wallerstein & Blakeslee, 1989)는 비교적 최근에야 이루어졌다. Pruett(1984, 1985, 1987)은 일차 양육자가 아버지이고 어머니는 일하면서, 별문제가 없는 가정에 초점을 맞추었는데, 스트레스 상황에서는 아이들이 아버지를 먼저 찾는 경향이 있다는 것을 알았다. 이것은 이런 가정에서 '가장 중요한 대상 표상(cardinal object representation)'(Mahler, 1961, p.334)이 어머니가 아니고 아버지임을 시사한다. 일차 양육자가 남자라고 하더라도, 이런 아이들에게서 성 정체성이나 성 역할의 문제점은 없어 보였다. 이런 아이들도 충분히 그런 시기가 되면 전형적인 오이디푸스기 개입의 신호를 보였고, 발달상의 장애나 정신 병리는 약간만 나타나거나 아예 없었다. Lamb(1981, 1984)은 가족 형태의 사회적 변화와 또 그런 변화로 말미암아 양육과정 동안 아이들이 부모를 접하는 전통적인 방식도 변하는 여러 상황을 보고하였다. 우리는 이제 막 그런 것에서 오는 정신 내적 결과들에 관해 알아 가고 있는 중이다.

삼자 간의 대상관계

지금까지 우리는 양자 간의 대상관계를 기술해 왔다. 연구자들이 유아와 아버지의 초기 관계에 더 많은 관심을 두게 되면서, 유아가 동시에 여러 사람과 다른 방법으로 관계할 수 있다는 것을 더 분명히 이해하게 되었다. 그러나 일단 어린 아이가 유아 성기기에 이르러 성기 충동에 몰두하게 되면, 대상관계는 더 복잡해진다.

유아 성기기의 초기에도 대상관계는 여전히 양자 관계이며, 대상과 관계된 상호작용에서 아이에게 흥미의 초점은 자기애적이면서 성(gender)과 관련된 주제들이다. 아이는 동성 부모를 이상화하며, 동성 부모와 친밀하고 애정 어린 애착을 추구한다. 이 애착은, 이상적으로는 아이가 남성성이나 여성성에 대한 감각을 강화하는 그런 동일시를 형성하도록 촉진한다. 이제 아이는 각각의 부모와 독점적인 관계를 추구하게 된다. 즉, 관심의 중심이 되어 남성적 혹은 여성적 특징이 출현하는 것에 대한 칭찬과 찬사를 받고 싶어 한다. 그리고 아이는 이런 지위와 찬사를 얻으려고 어느 한쪽 부모나 가족 구성원과 겨루고 경쟁한다.

성 정체성이 발전하려면 성 역할 정체성의 확립이 필요한데, 보통 아이들은 반대 성의 부모에 대한 관계에서 이 성 역할 정체성에 따라 다른 역할을 하고 싶어 한다. 즉, 유아 성기기의 욕동에서 오는 압력과 더불어, 이 단계는 대상관계의 성질에 변화를 가져온다. 아이는 양자 관계에서 삼자 간 대상관계로 옮아 가고, 그러면서 오이디푸스 콤플렉스로 들어가게 된다.(오이디푸스기의 역동은 7부에 더 자세히 기술되어 있다.) 대상관계를 고려할 때, 오이디푸스기의 세 가지 측면을 주목해야 하는데, 그 세 가지는 대상관계의 삼각 관계적 성질, 정신 구조화에 미치는 영향, 자기애적 균형에 미치는 영향이다.

오이디푸스 콤플렉스의 삼자 간 대상관계를 성취했다는 것은 아이가 가지는 환상의 성질이 변했다는 것을 의미한다. 즉, 단순히 관심의 중심이 되려고 애쓰면서 어느 한쪽 부모와 독점적인 관계를 바라던 것에서, 한쪽 부모에 대해 다른 쪽 부모의 자리를 차지하여 그 역할을 하는 환상을 갖게 된다. 환상 생활이 점점 오이디푸스적 소원으로 채워지면, 아이의 충성심 갈등, 리비도적 소원, 처벌에 대한 공포의 성질이 변한다. 경쟁심과 동일시, 리비도적 소원과 금지 사이에서 생기는 초기의 갈등이 더 강해지면서 아이는 더 불편해진다. 아이가 소원으로 가득한 환상을 가짐으로써 거세 공포, 신체 손상에 대한 공포, 부모 사랑의 상실에 대한 공포가 강화되고, 아이는 생활 속에서 이런 여러 갈등을 해결하기 위해 투쟁한다.

도움이 될 만한 예들이 있다. 다섯 살짜리 여자아이가 어머니에 대한 경쟁심에 사로잡혀 있었다. 아이는 바비 인형 놀이를 통해 갈등을 극적으로 표현하였다. 그 놀이에서 아이는 바비와 청소년 인형인 스키퍼 사이의 미인 대회를 개최하였다. 바비의 짝인 켄에게는 보통 심사위원 역할을 주었다. 스키퍼는 상대를 생각하여 바비의 기분을 다치게 할까 봐 염려하였지만, 대회의 상이 켄과의 데이트였기 때문에 그 대회에서 이기고 싶어 했다. 그 여자아이는 자신이 '아빠의 딸'이라고 자랑하며 말했고, 자기도 바비 인형이나 엄마처럼 큰 젖가슴을 갖고 싶다고 말했다. 비록 아이가 자신이 아빠의 공주라고 느꼈지만, 어머니는 여전히 왕비였고, 그래서 아이는 어머니에 대해 부족함과 부러움과 질투심을 느꼈다. 그 후 아이가 바랐던 멋진 옷을 어머니가 사 주었을 때 아이는 죄책감을 느꼈고, 이 죄책감 때문에 아이는 자신감, 여성성이 주는 기쁨, 어머니와 함께하는 활동이 주는 기쁨을 느낄 수 없었다.

다섯 살 반의 남자아이가 뽀빠이와 올리브의 집을 만드는 놀이를 했다. 뽀빠이는 강하고 올리브를 좋아했지만, 강도들도 역시 올리브와 결혼하고 싶어 했다. 뽀빠이는 올리브를 뺏어가려는 강도들을 잡아서 감옥에 가두었고 그들은 교수형을 당했다. 또 다른 날에 아이는 슈퍼맨과 원더우먼이 결혼하여 슈퍼보이를 낳는 놀이를 했다. 슈퍼보이는 자라서 슈퍼우먼과 결혼했고 스파이디가 그들의 아들이었다. 그 남자아이는 증가하는 흥분과 오이디푸스 갈등을 방어하려고 애쓰면서 갑자기 "안 돼! 여자아이는 안 돼!"라고 요구하였고, "내가 슈퍼우먼의 젖가슴을 볼 수 있기 때문이야! 아버지들은 아들과 같이 있길 원해."라고 하였다. 그 후 슈퍼맨과 슈퍼보이가 탈출하는 것으로 남자아이의 놀이가 바뀌었다.

이런 예들이 보여 주듯이, 삼자 간 대상관계라는 개념은 오이디푸스기의 경쟁 관계가 대립하면서 변화하는 과정을 기술한 것이다. 오이디푸스 콤플렉스—그것은 한쪽 부모에 대한 사랑과 성기적 흥분, 다른 부모에 대한 미움, 죽음 소망, 복수에 대한 공포, 경쟁심을 불러일으키면서 또한 경쟁자에 대한 사랑과 감탄의 마음을 가지는 것이 특징인—에 개입되어 있다는 것은 완전한 삼자 간 대상관계의 확립을 시사한다. 또한, 그것은 어린아이의 리비도적 조직화와 이용 가능한 대상관계에서 가장 최고 수준에 도달했음을 뜻한다.(예, Levovici, 1982 참고) 오이디푸스적 대상관계와 오이디푸스적 대상 관련 갈등의 삼각관계적 성질은 정신 구조화를 촉진하고 아이의 자기애적 균형을 흔든다.

전오이디푸스기에 부모의 금지와 지시가 내면화되면서 발달상 갈등이 신경증적 갈등으로 될 가능성도 있긴 하지만, 오이디푸스적 관계에 내재한 경쟁심이 유아 신경증의 가능성을 만들어 낸다. 유아 신경증의 과정 동안 아이는 부모의 지시와 도덕 기준을 동일시하고, 따라서 초자아 발달이 진행한다. 아이의 투사 때문에 왜곡될 수도 있지만, 이제 점차 아이의 마음 안에서 관찰하고, 판단하고, 벌 주고, 보상해 주는 기능을 가진 부모의 표상들뿐만 아니라, 이런 표상들에 대한 동일시 때문에 오이디푸스기의 경쟁적 소원들이 점점 더 갈등을 일으키는 것을 볼 수 있다. 그리하여 유아 신경증 때문에 생긴 고통이 오이디푸스기 갈등을 해결하는 동력이 된다. 그러나 동성 부모의 여러 면을 이상화하고 동일시하는 데서 자아 기능의 강화뿐 아니라 위로도 받게 된다. 그때, 초자아가 강화된 결과로 자아 기능이 더 강해지고 이것이 오이디푸스기 해소를 촉진한다. 오이디푸스기 해소는 성적 목표를 즉각적으로 만족하려는 욕구와 한 부모에 대해 다른 부모의 역할을 대신하려는 욕구의 포기를 요구한다. 오이디푸스기가 해결되면서 아이는 점점 더 자신을 지도하고, 보호하고, 고쳐 주고, 벌 줄 수 있게 된다. 부모들의 이상과 기준, 혹은 아이가 내면화한 모습들이 이제 자신의 것이 된다.

오이디푸스기 사랑의 선언과 징후가 어른 관찰자에게는 항상 뚜렷이 보이지 않을 수도 있지만, 오이디푸스기의 아이는 자기애적 상처를 받기 쉬운 상태에 있다. 자기애적 수치심과 발달상 적절한 자기애적 만족 사이의 최적의 균형은 완전한 오이디푸스적 좌절과 승리 사이의 어딘가에서 이루어진다. 아이의 소원들은 현실의 가능성을 훨씬 벗어나기 때문에, 가장 자애로운 부모조차도 아이를 실망시킬 수밖에 없다. 조만간 아이는 자존심을 유지하기 위해 부모와의 관계의 현실성과 자신의 성적 미성숙을 받아들여야 한다.

부모와 정동적인 상호작용에서 온 자신감과 긍정적인 자기 존중감을 가지고 오이디푸스기에 진입하는 아이들은, 오이디푸스기의 실망 때문에 극심한 충격을 받지는 않는다. 근친상간적 소원을 방어하고 포기할 수 있는 능력 덕분에 아이들은 전치된 오이디푸스적 소원이 미래에 충족될 수 있다는 생각을 미루고 미루다가 받아들이기 시작한다. 게다가, 이상화된 동성 부모에 대한 동일시의 진행은 자존심을 높이는 근원이 된다.

그래서 능력과 환경이 허용하는 범위 안에서 아이는 부모의 대체물을 찾고 욕동을 승화시킴으로써 자기애적 균형을 유지할 수 있다. 이런 과정에서, 내적 금지의 증가, 이용 가능한 방어의 종류가 늘어나는 데서 오는 내적 통제력의 증가, 그에 따른 오이디푸스기 성욕의 억압 등이 도움이 된다. 지적 능력의 향상도 아이가 승화를 통해 만족을 얻도록 해 주어서 아이는 신체 활동뿐만 아니라 인지 활동을 즐기고 자부심을 느끼게 된다. 사회적 관계의 확대는 전치와 대리 만족의 영역을 넓힐 뿐 아니라 즐거운 관계를 맺는 다른 방법을 알게 한다. 따라서 성장에 이바지하는 요소들이 아이를 잠복기로 몰아가는 동안, 고통스럽긴 하지만, 오이디푸스기 패배는 대개 상처가 되기보다 발달과정을 촉진할 것이다.

잠복기의 대상관계

어느 한쪽 부모와 근친상간적 관계를 이루려는 의식적인 노력을 포기함으로써, 아이는 그들의 관계에 변화를 가져온다. 이제 양쪽 부모와의 관계는 다정해질 수 있다. 물론, 그 관계는 억압된 소원과 갈등의 성질, 대상관계 발달의 초기 단계에 형성된 부모 표상의 성질, 새로 생긴 강력한 초자아 등에 의해 아이 쪽으로부터 끊임없이 영향을 받을 수 있다. 실제로, 잠복기가 진행함에 따라 아이는 눈에 띄게 부모에게서 독립한다. 이것은 특히 옳고 그름의 문제에서 또렷해지는데 아이의 초자아가 점점 더 내적인 존재로 경험되기 때문이다. 이런 정신 내적 힘들은 아이의 대상관계에서 중요하고 변치 않는 무의식적 구성요소가 되며, 아이의 행동과 다른 사람과의 관계에 깊은 영향을 미친다.

'가족 로맨스(family romance)' 환상(Freud, 1908)은 잠복기 초기에 전형적으로 나타난다. 이런 환상은 오이디푸스기 사랑에 대한 실망에서 오며 또한 근친상간적 환상에 대한 방어로 기능한다. 그래서 그것은 자신의 부모와 정신 내적으로 거리를 두려는 아이의 노력을 촉진한다. 때로 자신보다 서로 더 좋아한다고 생각되는 부모로부터 무시당하는 느낌이 들 때, 아이는 자기애적 손상과 실망을 환상 속에서 보상한다. 따라서 아이는 자신이 입양되었거나 의붓자식이라고 상상한다. 즉, 자신은 고귀하거나 초자연적인 신분으로 태어났지만, 더 나은 기회가 올 때까지만 이 가족 속에서 지낸다고 믿는다. 가족 로맨스 환상은 아이가 생각했던 것처럼 부모가 완전하고 전능하지 않다는 것을 알게 되면서 나타나는 오이디푸스적 실망과 환멸(disillusionment)을 드러내는 것이다. 중요한 대상에 대한 아이의 이 시기적절한 환멸은 지속적인 발달 과제인데(Winnicott, 1953), 이것은 아이 환상 속의 '진짜(true)' 부모가 가진 상대적 거대성과 균형을 이룬다. 이것과 유사한 기능과 기원을 가진 것으로는 쌍둥이가 있다는 환상(Burlingham, 1952), 상상 속의 동물 혹은 친구(Nagera, 1969; Myers, 1976, 1979), 만화나 텔레비전에 나오는 영웅에 대한 관심(Widzer, 1977) 등이 있다. 이런 많은 환상은 잠복기가 진행되면서 더 정교해진다.

더 나이 든 잠복기 아이는 환상에 대한 몰입에서 점점 빠져나와 실제 세계의 대상을 향한다. 이 변화의 중요한 측면이 잠복기 동안에 사회적 관계가 훨씬 중요해지는 것으로 나타난다. Peller는 "흥미 있는 놀이의 세계는 새로운 희망, 새로운 실망, 그리고 만족으로 아이를 사로잡는다."라고 말하며, 이러한 환경에서 아이는 부모와 교사뿐 아니라 비슷한 또래들을 동일시하기 시작한다고 지적한다.(1954, p.191)

동성 간의 또래 집단은 성 정체성을 강화하고, 오이디푸스기 대상과 관련된 갈등을 대신하며, 오이디푸스기 대상과 멀어지는 기회를 제공한다. Buxbaum은 소아기에 집단을 형성하는 뚜렷한 두 시기—즉, 잠복기의 시작과 청소년기—를 위한 정신 내적 설명을 구하면서, "어린아이는 어머니로부터 신체적으로 독립할 때 집단에서 지지를 구하는 반면, 청소년은 가정으로부터 도덕적으로 독립하기 위해 집단의 확인을 받고 싶어 한다"고 결론 내렸다.(1945, p.363) Buxbaum은, 잠복기에 들어가는 아이는 쉽게 새 관계를 형성하게 되는데, 특히 리비도적 만족의 새 근원을 찾아야 하기에 더욱 그렇다고 지적한다. 학교(Peller, 1956)와 집단 활동은 전치된 혹은 승화된 방식으로 새 근원을 찾게 한다. 또한, 집단은 흔히 구성원이 초자아 기준에 못 미쳐도 견뎌 줄 수 있다. Golding은 소설 『파리 대왕』(1955)에서 가학적 충동의 노골적인 표현과 같은, 다른 경우에서는 금지되었을 활동을 집단이 수용하는 것을 극적으로 보여 주었다. 잠복기 집단 형성에서 사회적으로 수용되는 형태는 팀 경기이며, 어느 리그에서 누가 뛰는지에 대해 세세한 관심이 나타난다.

청소년기의 대상관계

Blos(1967)는 청소년기의 중요한 대상관계 과업을 '이차 개별화(second individuation)' 과정으로 기술하였다. 그것은 서로 얽혀 있는 두 가지 과정을 포함하는데, 하나는 일차적인 사랑의 대상이었던 부모로부터 떨어져서 포기하는 것, 그리고 또 하나는 가족 밖에서 대체물을 찾는 것이다. 〔Katan(1951)은 이것을 분리(disengagement)와 '대상 이동(object removal)'이라고 부른다.〕 '포기하는 것(giving up)'은 또한 청소년으로 하여금 권위자로서의 (과거와 현재의) 부모를 포기하도록 요구한다. 이러한 두 과정이 서로 얽혀 있는 것은 분명하지만, 논의를 명확히 하기 위해, 첫 번째 과정은 여기에서 논하고 두 번째 과정의 전체적인 논의는 초자아 발달을 다룰 때까지 미루고자 한다.

이차 개별화 과정의 중요한 측면은 대략 10여 년 전의 초기 유아기에 형성되었던 부모 대상 표상에 대한 탈이상화(deidealization)이다. 그때 아이의 사고 과정은 자기중심적이었고, 부모는 아이의 삶의 중심이었기 때문에 아이는 부모를 경이롭고 이상적인 존재로 보았다. 이렇게 온통 사랑해 주고, 모든 것을 채워 주는 유아기의 이상적인 대상 표상이라는 이미지에 매달리는 바로 그 순간에도, 청소년은 부모를 엄격하게 비판한다. 청소년은 부모가 부적절하고, 실망스럽고, 공평하지 못하다고 보는 경향이 있다. 그런 대인 관계상의 불화 때문에 청소년은 내적 지지를 잃은 느낌과 공허감을 느끼며, 고통스러운 소외감과 대상 갈망이 뒤따른다.

청소년이 발달상의 과제인 정신적 독립을 위해 계속 나아갈 때, 욕동 파생물을 만족시키고, 공허감을 없애고, 자존심을 유지하기 위해 관계를 맺을 필요가 생기며, 이 필요성 때문에 청소년은 또래와 어울리게 된다. 또래 집단은 청소년이 초기 유아기적 대상 결속과 관련된 내적 갈등을 해결하려고 할 때 판단하기보다는 지지해 준다. 또래와 집단 관계라는 말의 뉘앙스는 '연습해 본다(practicing)'는 성격이 있다. 왜냐하면 이 시기에 맺어진 친밀한 관계는 영구적인 헌신을 요구하지는 않기 때문이다. 그래서 청소년은 점점 독립한다고 느끼면서 새로운 상황에서 타인이나 자신을 시험해 볼 수 있다. 이 독립성은 청소년이 부모에 대한 이상화를 타협할 수 있을 때까지는 '마치 그런 것 같은(as if)' 성질을 지닌다. 또한 관계를 유지하려면 그들의 공격성 일부를 집단에 옮겨 놓아야 하는 커플이 있어서 그 커플이 연애 감정으로 서로를 묶으면, 또래 집단에 대한 관계가 변할 수도 있다.(Kernberg,

1980b, p.33)

일종의 이차 화해기 안에서 청소년은 초기의 유아기 결속을 해결하려고 노력한다. 발달의 진행에 이바지하지만, 유아기 대상관계의 퇴행적 부활은 원래의 화해기 잔여물이었던 강력한 양가감정을 불러일으킬 수도 있다. Blos(1967)는 되살아난 양가감정 때문에 청소년의 정동, 충동, 사고, 행동에 수많은 불안정한 모순들이 특징적으로 나타난다고 지적한다. 그러므로 사랑과 미움, 능동성과 수동성, 남성성과 여성성, 열망과 무관심, 독립을 위한 투쟁과 의존하고 싶은 퇴행적 갈망 사이를 극단적으로 동요하는 것은 모두 이 나이에 적절한 것이다. 따라서 청소년기에 특징적인 반항적 태도는 적대감의 표현일 뿐만 아니라 개인이 '수동적인 항복(passive surrender)'(A. Freud, 1958)에서 자아를 보호하기 위해 필요한 수단이며, 청소년으로 하여금 개별화 과정에 필요한 발걸음을 내딛게 해 준다고 이해할 수 있다.

15세인 진(Gene)이 마약에 관심을 보이고, 부모의 권위에 반항하며, 지능은 높지만 학업 성적이 점점 낮아지자, 부모는 아들이 걱정되기 시작했다. 검사를 받아 보려고 부모가 정신과 의사와 예약하자 진은 집을 나갔으며 며칠 동안 찾을 수가 없었다. 마침내 진의 아버지는 뒤뜰에 있는 나무에서 자고 있는 아들을 발견했다. 놀랍게도 진은 다시 예약한 시간에 순순히 부모를 따라왔다. 그 다음부터는 스스로 찾아왔고, 분석이 진행되면서 언제 올지 무엇 때문에 올지 자신이 정하고 싶다고 분명히 말했다. 진은 악몽과 불안 발작이 점점 심해지는 것을 부모에게 말하지 않았는데, 이는 도움을 원하면서도 한편으로는 혼자서 그것을 다룰 수 있어야 한다고 느꼈기 때문이다.

청소년은 또한 자신이 완전하지 않음을 경험하기 때문에 이상적인 자기상을 재평가한다. 탈이상화 과정 동안, 흔히 이상화된 부모상에 대한 경쟁심과 그다지 완전하지 않은 자기상 사이에서 고통스러운 정신 내적인 투쟁을 하게 된다. 17세 청소년 한 명이 학교 작문 숙제에 다음과 같이 적었다. "처음에는 쉽게 문구가 떠올랐다. 그러나 그때 대학교수인 아버지가 들어왔다. 아버지는 너무나 잘 쓸 수 있다! 나는 점점 화가 났다. 나는 아버지가 밉다! 작문은 형편없었고 나는 숙제를 끝낼 수가 없었다!" 이 과정에 대해서 Blos는 "사실 나는 대상과 자기에 대한 탈이상화 과정이 성장기의 가장 힘들고 괴로운 한 측면이라고 말하고 싶다."라고 적었다.(1979, p.486)

청소년이 유아기 동안의 전능하고 이상화된 대상 표상과 현재의 부모를 구별할 수 있으면, 자신의 부모와 '우호적이고(friendly)' 존중하는 관계를 맺을 수 있고, 그러면서 스스로 부모에게서 독립해 있다고 느낄 것이다. 그러면 초자아의 기초가 되었던, 부모에 대한 초기 동일시는, 그 중요성과 지배력의 일부를 잃게 된다. 이제 청소년은 더 자유롭게 부모의 어떤 측면을 선택적으로 동일시하고, 그렇게 함으로써 이상적인 자기상을 더 현실적인 모습으로 수정한다. 그러나 이런 동일시는 초자아보다 자아와 더 관계있다. 실제로 프로이트는 "오이디푸스 콤플렉스가 초자아에게 자리를 내주는 시기에 부모는 정말 대단한 존재지만, 나중에는 이것의 많은 부분을 잃게 된다. 그때는 또한 이런 후기 부모와 동일시가 생기며, 그것들은 성격 형성에 크게 이바지한다. 그러나 그런 경우, 그것들은 자아에만 영향을 미치고 더는 초자아에 영향을 미치지 않는다. 초자아는 가장 초기의 부모 이마고(parental imagos)에 의해 결정된다."고 지적하였다.(1933, p.64)

우리는 청소년기 이차 개별화 과정의 중요성이 흔히 저평가받고 있다고 생각한다. 어떤 사람이 어렸을 때 자신의 부모가 부족했고 공감해 주지 않았다고 불평할 수 있는데, 이런 불평은 종종 그 사람이 유아기 대상을 탈이상화하지 못해 청소년기 개별화를 완성하지 못했다는 것을 알려 준다. 일단 이 과정이 정상적으로 혹은 정신치료의 도움을 받아 완성되면, 그 사람은 부모를 '참 좋은(good enough)' 부모로 보거나, 최소한 부모의 단점에 대해 어느 정도의 동정심을 갖게 된다.

유아기 대상에서 개별화하고 분리되는 과정은 후기 청소년기와 초기 성인기까지 지속될 수도 있다. 만약 그 과정이 성공적이면, 이런 내적 과정은 전오이디푸스기와 오이디푸스기 대상 결속의 고통스러운 양가감정을 점점 줄여 주며, 점차 성숙하고 상호 만족스러운 부모와의 관계가 출현한다. 동시에 개인은 더 만족스럽고 안정적인 가족 이외의 애정 관계를 새롭게 형성하며, 성숙한 사랑과 친밀감에 대한 능력이 발달함에 따라 연인이나 친구와 깊은 느낌을 나눌 수 있게 된다. 적절한 경우에, 애정 관계는 궁극적으로 한 개인이 완전한 성적 쾌락뿐만 아니라 독립과 상호성(mutuality)을 경험할 수 있는 맥락을 제공한다.(Erikson, 1959; Kernberg, 1974a, 1974b, 1977, 1980b, 1980c; Person, 1988) 다른 요소들이 작용하긴 하지만, 청소년기의 끝은 상당한 정도로 개인의 대상관계 갈등, 부조화, 애착 등이 현실의 요구와 조화를 이루고 통합될 수 있는 정도에 달려 있으며, Blos는 이것을 '청소년기 종결(adolescent closure)'이라고 명명하였다.(1976)

요약

대상관계 발달의 과정은 때때로 힘들지만 보상이 따르고 아이를 풍요롭게 해 준다. 이 과정의 가장 초기 단계는 여전히 우리의 시야에서 가려져 있는데, 광범위한 연구와 노력에도, 유아의 마음속에 어떤 일이 일어나고 있는지는 여전히 추측만 할 수 있을 뿐이다. 그러나 발달 연구의 결과를 고려하여 우리는 첫 시기를 '일차적 상호성(primary reciprocity)'으로, 두 번째 시기를 '대화의 시작(beginnings of dialogue)'으로 명명하였다. 그 다음에 우리는 분리-개별화 과정의 하위단계, 오이디푸스기의 삼자 간 대상관계를 포함하여 그 시기로 진행하게 하는 역동, 자아와 초자아의 발달에 미치는 영향을 기술하였다. 잠복기와 청소년기 동안의 대상관계 변화를 논의할 때, 우리는 청소년기 발달에서 필요하다고 예상되는 부분인 대상관계의 필수적인 변화, 수정, 그리고 개정을 기술하였다.

7장

자기감(sense of self)의 발달

앞서 논의했듯이, 정신 내적 구조는 태어날 때부터 시작되는 다른 사람들과의 상호 교환으로부터 형성되고 수정된다. 주관적인 자기감도 그런 상호작용으로부터, 그런 상호작용과 관련하여 생겨난다. 이 장에서는 이런 주관적 자기감이 진화하는 단계를 순서대로 다룰 것이다.

역사적 배경

자기감, 자기 표상, 구조로서의 자기에 대한 개념들, 그리고 이것들이 마음의 삼요소 모델의 구조들(이드, 자아, 초자아)과 어떤 관계에 있는가 하는 주제는 많은 정신분석적 관심과 논쟁을 불러왔다. Kohut(1971, 1977)은 자기 구조(self structure)의 관점에서 발달을 개념화했다. 그는 이 자기가 삼요소 모델의 구조들을 포함하며, 그것들보다 상위라는 견해를 가졌다. 비슷하게 Stern(1985)은 자아에 관한 연구와는 별도로, 여러 주관적인 자기감의 발달에 관한 연구가 정신분석적 관심의 초점이 되어야 한다고 주장한다. 그는 발달을 조직하는 일차적 원리는 자기감이라고 생각한다.

Stern과는 달리 어떤 저자들은, 자기의 발달에 대한 별도의 이론은 필요하지 않으며, 자기감의 출현은 분리-개별화 과정의 일부로 대상 관계 이론 속에 적절하게 개념화되어 있다고 주장한다.(Loewald, 1973; Mahler & McDevitt, 1980; McDevitt & Mahler, 1980 예시) 다른 저자들은 경험적이며 주관적인 자기감과 비경험적이며 조직하는 정신구조는 모두 자아라는 개념 안에 들어 있으며, 자아 발달과 함께 자기감의 점진적인 통합이 이루어진다고 말한다.(Spruiell, 1981; P. Tyson, 1988)

역사적으로, 이 논쟁은 자기애라는 현상을 구조이론으로 이해하려는 노력에서 생겨났다.(Hartmann, 1950) 이것의 주된 동기가 된 것은 오늘날 심한 자기애적 장애와 경계성 성격 구조라고 기술되는 상태로 고통받는 환자들을 치료해야 하는 필요성 때문이었다. 자기애에 관한 프로이트(1914)의 기념비적인 발언이 자신에게는 전혀 만족스럽지 못했다. ["나는 특히 그것이 마음에 들지 않지만, 현재 내가 할 수 있는 최선이다."(Abraham & Freud, 1965, p.167) "나는 그것이 상당히 부적절하다는 느낌이 든다."(pp.170-171)] 프로이트의 불만감은 프로이트가 그 용어를 사용할 때 두 가지 수준의 추상적 생각이 있었다는 사실에 근거했던 것으로 보인다. 하나는 자기에 대한 에너지 투자와 관련된 근원적인 초심리학적 관심이었고, 다른 하나는 일련의 심리적 현상과 행동에 관한 것이었다. Pulver는, 자기애의 정신분석적 개념의 위력은 그것이 일련의 구체적 현상—예를 들면, 성적 만족의 주된 근원으로서의 성도착증, 발달의 한 단계, 대상 선택의 한 형태(즉, 자기의 어떤 부분이나 소원하던 부분에 근거한 대상 선택), 환경과 관계하는 방식, 자존심의 어떤 측면들—을 더 일반적인 것, 즉 자기 자신에 대한 사랑과 연결해 주는 것이라고 지적하였다. 다시 말해, "겉보기에 성적이지 않은 행동에 내재한 동기로서 자기 자신에 대한 성적 사랑이 존재한다."(1970, p.321)는 것이다.

(5장에서 논의한 것처럼) 프로이트가 당시의 지형학적 이론에서 사

용한 용어인 *das ich*는 경험하는 주관적 자기감이라는 의미로 전체적인 사람(whole person)을 뜻하는 것이었지만, '자아(ego)'로 번역되어 나중에는 한 정신 체계만을 의미하게 되었다. Hartmann이 구조 모델로 자기애적 병리를 이해하려고 시도하면서 자아와 자기를 구별함으로써, 자기애에 대한 강조와 자기에 대한 현재의 정신분석적 관심이 연결되었다.(1950) Hartmann은, 프로이트가 자아의 자기애적 투자(narcissistic investment of the ego)라고 말한 것은 (경험적인) 자기의 투자(investment of the experiential self)로 이해해야 하며, 체계로서의 (비경험적인) 자아의 투자가 아니라고 명료화했다. 이런 구별을 통해, 관심의 초점이 구조이론의 자아에서 자기감 그리고 궁극적으로는 자기의 구조로 옮겨졌다.

의미론적 그리고 개념적인 어려움이 있지만, 경험하는 자기감의 성질에 대해 의문을 던져 보는 것은 필수적이다. 정신분석적 사고의 역사 안에서 자기에 대한 다양한 개념이 제시되었다. 그것들은 Adler, Jung, Horney, Sullivan을 포함하여 정신분석의 '대안 학파(the alternate schools)'로 불린 이들의 이론에서 중요한 역할을 했다. 이런 여러 이론가가 사용했던 자기의 정의에는 공통으로 '정신의 주관적이고, 창조적이며, 경험하는 측면들'(Ticho, 1982)이 들어 있다. 이러한 주관적이고 경험하는 측면들은 유아의 관찰 연구가 관심을 끌게 되면서 최근 많은 연구의 주제가 되고 있다.

자기감의 필수 요소

자기감의 출현을 개념화할 때 이용할 수 있는 몇 가지 도식이 있는데, 그 도식들은 각자만의 방식으로 이 주제에 접근한다. 예를 들면 Lichtenberg는 자기감의 발달이 네 시기로 나타난다고 말한다. 첫째는 자기-분화 이전 시기로 '경험의 섬(islands of experience)'이 생긴다. 둘째 시기는 자기상들(self-images)의 더 질서 잡힌 집단이 뭉친다. 셋째, 이런 신체적 자기상들(뚜렷하게 구분되는 대상과 관계하는 자기의 이미지들)과 과대한 자기상들이 차츰 통합되어 응집적 자기(cohesive self)가 된다. 그리고 자기 발달의 마지막 네 번째 단계는, 응집적 자기가 정신생활에 질서를 잡고 초점이 되어 자아 기능에 반영된다.(1975) Stern은 연속적으로 출현하는 네 가지 '자기감(senses of self)'의 윤곽을 그렸는데, 그 각각은 대인관계의 관계성 '영역(domain)'과 연결되어 있다.(1985) Mahler와 McDevitt은 어머니-유아의 양자관계와 분리-개별화 과정에서의 경험들과 관련하여 정체감과 자기 항상성이 출현하는 것을 추적한다.(1980; McDevitt & Mahler, 1980) Kohut은 변형 내재화를 통해 자기대상(selfobjects)이 핵심 자기(nuclear self) 구조로 결정화하는 방법에 초점을 맞추었다.(1971, 1977) Kernberg 또한 자기를 구조라고 본다. 그는 '좋거나(good)', '나쁜(bad)' 자기 표상과 대상 표상을 통합하는 단계들을 포함하여 자기 구조의 발달에 관한 다섯 단계를 상당히 자세하게 기술했다.(1976)

발달 과정 동안 유아가 연속적으로 통합된 혹은 일관성 있는 자기감을 형성해 나가는 것은 많은 시간이 걸리는 일로, 합성하고 통합하는 자아 기능에 좌우되며, 그것을 반영하는 것이라고 우리는 믿고 있다. 따라서 우리의 관심사는 구조로서의 자기가 아니라, 경험적이고 주관적인 자기감이다. 그럴 때 자기감의 발달에 관한 설명은 여러 가지 무의식적, 전의식적, 의식적 자기 경험들 그리고 그와 관련된 자기 표상들의 점차적인 통합을 중심으로 전개된다. 체험적 학습을 위해 우리는 이런 경험들을 신체 경험, 자기와 타인의 경험, 일련의 정동적 경험으로 분류한다.

신체 경험(*bodily experiences*)은 처음에는 생물학적 요구, 상태의 조절과 관련된다. 빨기 등의 활동과 그 활동에 연결된 감각들, 그리고 배고픔, 포만감, 각성, 주의력, 수면-각성 주기와 연결된 감각들이 자기 경험의 가장 기본적인 층을 형성한다. 자신의 몸에서 받는 정신적 인상이 강해지면서, 유아의 신체 경계에 대한 원시적 감각과 그것을 조절하는 여러 기술(눈-손-입의 협응, 몸 돌리기, 아장아장 걷기 등등)이 늘어나기 시작한다. 프로이트는 여러 신체 경험을 합성함으로써 신체 경계가 분화되기 시작하는 것은 초기 자아가 기능한 결과이며, 자기감의 초기 단계 중 하나를 보여 준다고 생각해서, 신체 자아(body ego)*라는 말을 사용했다. 신체 이미지와 그것에 관한 관심은 평생 자기 경험의 핵심적 측면으로 남는다. 질병이나 내과적 혹은 외과적 처치를 경험하는 것, 몸의 성장과 변화, 이 모든 것은 신체를 주제로 한 일련의 의식적, 무의식적 환상과 불안을 불러일으켜 병리를 만드는 데 중요한 역할을 할 수도 있다. 게다가, 흔히 자존심은 어느 정도 스스로 느끼는 신체 이미지가 바라던 신체 이미지와 일치하는지 아닌지에 따라 좌우된다. "자신의 몸, 특히 그 외관은 내·외부에 대한 지각들이 생겨날 수도 있는 장소이다."(1923a, p.25)

대상과 관계하는, 그리고 점차 대상에서 분화하는 자기 경험들 또한 주관적 자기감에 이바지한다. Spitz는 초기 작업에서, 모든 유아는 어머니 혹은 양육자와 함께 있는 상황에서만 그리고 상호 관계 속에 있을 때만 존재할 수 있다는 것을 강조하였다. "한 아기와 같은 것은 없다"는 Winnicott의 경구(1952)도 이런 정서를 보여 준다. 30년도 더 전에 Mahler는 어머니와 유아의 상호작용이 자기감의 출현에 이바지하는 방식을 알아내기 위한 선구적 연구를 시작하였다. 이 작업은 '부

*더 나은 번역은 '신체-자기(body-self)'일 것이다. 왜냐하면 프로이트는 명백히 정신구조로서의 자아(ego)가 아니라, das Ich의 자기 측면의 일부를 언급하고 있었기 때문이다.

화(hatching)'(Mahler & Gosliner, 1955), '서로 단서를 주는(mutual cueing)' 대화와 유아의 '재충전(refueling)'에 대한 욕구(Mahler 등, 1975), '사회적 참조(social referencing)'와 '우리(we)'라는 느낌(Emde, 1983), 상호주관적 관계성, 혹은 '사건과 사물에 대한 경험을 신중하게 찾아서 나누기'(Stern, 1985, p.128) 등의 개념을 낳았다. 이런 모든 개념은, 유아의 자기감이 출현하기 위해서는 어머니-유아의 상호성(reciprocity)이라는 정동적인 분위기가 중요하다는 것을 증명한다. 현재의 연구는 인간 상호작용에 참여하기 위한 유아의 정교한 전적응성을 자세히 알려 준다. 따라서 신체적인 경험은 어머니든 아니든 양육자의 행동과 곧 밀접하게 결합하게 된다. 유아가 어머니와의 상호작용에서 쾌락과 안정이 온다는 것을 곧바로 배우는 것은, 어머니-유아의 상호작용 동안에 일어나는 실제적인 신체 접촉의 경험을 통해서이다. 이런 경험을 통해 신체 경계, 즉 신체의 정신적 표상이 점차 확실하게 형성되며 동시에 유아는 자신에 대한 표상, 대상에 대한 표상, 대상과 상호작용하는 자신에 대한 표상을 세워 나간다. 상호교환(reciprocal exchanges) 동안에 확립되는 상호작용의 양상들은 평생 대인관계 상황에서 다시 활성화되기 때문에, 발달하는 동안의 연속감(sense of continuity)에 이바지한다.

정동적으로 의미 있는 여러 경험(*affectively meaningful experiences*), 즉 처음에는 쾌락과 불쾌, 그 후 점차 분화하는 별개의 느낌들은 자기감의 차원을 높여 준다. 상호작용하는 경험, 그리고 신체 경험에서 핵심적인 것은 정동의 표현이다. 정동 표현은, 예를 들어 뭔가 요구가 있다는 것을 어머니에게 알리는 유아의 울음처럼, 양육자를 인도한다. 즐거운 경험, 불쾌한 경험을 거치면서 유아는 자신의 몸에 대해 알게 되고, 결국 즐거운 감각과 불쾌한 감각이 나타나고 사라지는 것을 조절할 수 있게 된다. 기쁨이나 흥미와 같은 일련의 긍정적 느낌들이 서로 간의 상호작용에서 서서히 생겨난다. 이것들은 사회적 상호작용, 탐색, 학습에 대한 동기를 만들며, 정동적 안녕이라는 이상적 상태에 대한 표상의 출현을 촉진한다.(Joffe & Sandler, 1967) 처음에 이상적이라고 여겨지는 대상이 존재할 때만, 이런 바라는(wished-for) 상태가 생긴다. 이런 이상적인 관계를 유지하고 싶은 소원 때문에 아이는 점차 의미 있는 내적 규칙과 기준을 내재화하거나 만들게 되며, 동시에 어떤 것이 인정받고 어떤 것이 인정받지 못하는가에 대한 관심이 커지게 된다.

결국, 정동적으로 이상적인 상태는 내적 이상(초자아의 일부인 자아 이상)에 따라 좌우되게 된다. 그때 자존심의 유지는 초자아 기능에 달려 있는데, 자존심의 수준은 자기가 그 이상에 부응하는 정도를 나타내기 때문이다.

Spruiell(1975)과 Emde(1983, 1984)는 자기 경험의 정동적 측면이 중요하다고 강조하면서, 생물학적 기반을 가진 '정동적 핵(affective core)' 혹은 '정동적 자기(affective self)'에 대해 기술하였다. 이 정동적 핵은 발달 과정 동안 우리가 여러 면에서 변함에도 불구하고 우리 자신의 경험에 대한 연속성을 지켜준다. 그것은 또한 "우리가 다른 인간을 이해할 수 있도록 해 주어" 대인관계 상호작용을 촉진한다.(Emde, 1983, p.180)

자기감의 발달

최초의 시작

정신분석가들은 무엇이 유아의 자기감과 정신적 표상을 주변 세상에 대한 지각과 구별하게 해 주는가에 대해서 오랫동안 의문을 품어왔다. 손과 입의 협응(Hoffer, 1949, 1950a, 1950b), 시각적 지각(Spitz,

1957; Greenacre, 1960), 내적 긴장 상태의 변화(Freud, 1930), 사회적 상호작용(Mahler 등, 1975; Emde, 1983; Stern, 1985) 등이 그것을 다양하게 설명할 수 있다고 여겨졌다. 유아가 어머니와 직접 지각상의, 운동-정동적인(motor-affective) 대화를 포함한 상호작용을 할 수 있는 상당한 정도의 전적응력을 갖고 있다는 것은 이제 아주 분명하다. 심지어 출생 때부터 어머니에 대한 유아의 반응은 독특하며, 자극 회피 능력뿐만 아니라 주의 집중이나 자극 추구를 보인다.

그러나 처음 몇 주 동안 어머니-유아 간 상호작용의 대부분은 생리적 조절(Sandler, 1962, 1964)이나 항상성(Greenspan, 1981)의 문제와 연결되어 있으며, 이 시기 동안 유아의 기능이 내인성에서 외인성으로 점차 변한다는 것을 명심해야 한다.(Emde & Robinson, 1979) 이 변화의 일부로서, 심리적 기능이 커진 것은 사회적 미소의 출현과 더불어 명백해진다. 개인차가 커진 것도 곧 분명해지는데, 이 개인차는 어머니마다 서로 다른 반응을 보이는 것과 합쳐져서, 어머니-유아의 여러 상호작용에 정동적 색채가 많아지게 된다. 유아의 자질과 초기 경험이 상호작용하여 몇 주 후에는 Weil이 말하는, 어머니-유아 대화의 근본적인 경향을 뜻하는 '기본 핵(basic core)'이 출현하게 된다.(1976) 각 유아는 이 기본 핵에 의해 조화에서 불균형까지 넓은 범위의 발달 가능성 안에 놓인다. 또한, 본능적 욕동이 출현하는 대상관계와 세심한 조정을 거치는 것도 이 기본 핵 안에서다.

대화의 시작과 핵심 자기감의 형성

출생 초기에 유아는 주로 어머니-유아 간 대화를 바탕으로 신체 경험, 자기-타인 경험, 정동적인 경험들을 하게 된다. 2~3개월이 되면 어머니와의 상호작용은 수유 경험을 넘어선다. 정동적으로 의미 있는 어머니-유아 간의 장난스러운 상호교환에는 시각뿐 아니라 촉각과 운동 감각 등의 신체 경험이 있으며, 그런 바탕 위에 유아는 자신에 대한 기본적인 감각과 별개로 지속하며 분리되어 있는 타인에 대한 감각을 어느 정도 형성하기 시작한다. 따라서 우리는 상호작용의 정동적 측면을 강조하면서, 유아가 어머니-유아 간 상호작용의 기본 핵으로부터 Stern(1985)이 '핵심 자기(core self)'와 '핵심 타인(core other)'이라고 언급한 것이나 Emde(1983)가 '정동적 핵심(affective core)'이라고 부른 것을 형성한다고 추론할 수 있다.

점차 유아는 어머니와의 상호작용에 완전한 상대로 참여하며, 흥분의 정도를 조절하는 데 중요한 역할을 한다. Stern(1974b, 1985)은 유아가 시선 회피를 통하여 최적의 범위를 넘어서는 자극을 어떻게 차단하며, 또 흥분이 너무 적을 때 시선과 표정을 통하여 어떻게 자극을 추구하는지를 기술한다. Call(1980)은 유아와 어머니가 의사소통할 때 시각, 청각, 감각운동, 운동감각 유형의 상호작용을 하면서, 대개 혼합된(intermodal) 유형의 다양한 활동을 주고받는다고 강조한다.

유아의 상호작용 잠재력—아마도 욕구가 더 정확하겠지만—에 대한 놀라운 예를 Tronick 등(1978)의 '시각적 방해(visual violation)' 실험에서 볼 수 있으며, 이 실험은 정상과 정신 병리의 기원에 관한 흔치 않은 접점을 제공한다. 분할 영상 화면을 가진 두 대의 비디오카메라가 서로 마주 보고 있는 어머니와 아기의 움직임을 따라간다. 어머니는 (상호작용에 대한 정상적인 기대를 방해하기 위해) 유아의 눈을 보는 대신에 머리 위를 보도록 하고 그렇게 하는 동안 가능한 한 얼굴과 몸을 움직이지 않도록 지시받는다. 그 결과는 극적이다. 처음에 유아는 눈으로 어머니의 시선을 다시 붙잡으려 애쓰면서, 구석을 둘러보고 눈을 이리저리 움직이며 머리를 앞뒤로 움직이는데, 이것은 시각적 상호작용을 다시 확립하려는 시도임이 분명하다. 오래지 않아 유아는 지쳐서 어머니를 잡으려고 팔, 다리, 몸을 뻗칠 뿐 아니라, 머리를 앞으로 기울인다. 마침내 유아는 포기하고 맥빠진 자세로 반응이 없어진다. 곧 유아는 응답하지 않는 멍한 표정의 냉랭한 어머니와 다시 접촉하려는 새로운 시도를 한다. 실험이 끝난 후에 어머니가 유아와 다시 어울리면, 곧바로 그들은 다시 소통할 수 있게 된다.

Winnicott은 감정 발달의 초기 단계에서 어머니가 행하는 중요한 '거울 반응(mirroring)' 역할을 기술한다. 그는 "아기가 어머니의 얼굴을 쳐다볼 때 아기는 무엇을 보는가?"라고 질문한다. 그는 "대개, 아기가 보는 것은 자기 자신이다."라고 말한다.(1967, p.112) 아기에 대한 어머니의 자부심이나 기쁨이 그녀의 얼굴에 반영될 것이고, 유아가 이런 반영을 보는 경험이 행복감과 안전감의 기초를 형성한다는 것을 Winnicott식으로 말하고 있는 것이다. Kohut(1971, 1977)도 양육자의 이런 역할이 중요하다고 강조하면서, 유아가 생존하기 위해서는 특수한 심리적 환경–유아를 자랑스러워하고 이 자부심을 반사하여 유아의 타고난 활력과 생기를 확인해 주며, 반응해 주고 공감해 주는 자기대상(selfobjects)의 존재–이 필요하다고 강조한다.

Tronick의 실험은 유아가 어떻게 적절한 상호성(reciprocity)에 의지하고 그것을 필요로 하는지 생생하게 보여 준다. 어머니가 잠시 반사하지 못했을 때 보이는 유아의 반응을 통하여 우리는 어머니가 우울하거나 아기와 상호작용할 수 없을 때 그것이 유아의 발달에 미치는 영향을 추론할 수 있다.(Tronick 등, 1977, 1978) 그러나 Winnicott과 Kohut이 제시한 것처럼, 후기의 모든 병리가 이 시기에 어머니와 상호작용이 실패한 것을 그대로 반영한다고 보는 것은 오해이다. 실제로, Tronick의 실험은 실험실적 환경 내에서 유아가 복원력 또한 가지고 있음을 보여 준다. 확실히 아이의 발달이 초기 환경에 많이 좌우된다는 것을 무시할 수는 없지만, Tronick의 실험과 같은 작업은 발달 과정에 관여하는 수많은 요소를 고려하지 않으면서 어머니만 비난하는 경향을 피하도록 도와준다.

신체 자기 혹은 원초적인 자기-느낌

7~9개월 무렵 유아의 행동을 보면 몸에 대한 느낌의 범위가 확장되고 있음을 알 수 있다. 아기는 자신의 발을 인식하는 것 같고 엄지손가락을 쉽게 찾을 수 있다. 욕구나 흥분 상태에 있는 신체 부위에 대하여 단편적인 이미지들을 만드는 것은 원래의 생리적 감각이다. 유아는 스트레스 없는 경험들을 하게 되면서, 원래의 생리적 감각으로부터 미숙하지만 견고하고 일관성 있는 신체 도식(body schema)을 조합하는 것처럼 보인다. 비록 생후 몇 개월 동안 유아가 자기와 타인을 경험하는 방식에 관해서는 일치된 의견이 없지만(Stern, 1985, p.101; Lichtenberg, 1987), 첫해의 후반부에는 Mahler와 McDevitt(1968)이 원시적 '자기-느낌(self-feeling)'이라고 부른 것이 이용 가능해지는 것 같으며, 이 느낌은 주로 유쾌한 감정적 톤을 가진다.

이런 유쾌한 감정적 톤에 크게 이바지하는 것은 어머니-유아 상호작용의 정동적인 성질이다. 서로 단서를 주거나 사회적 참조를 교환하는 과정에서 어머니는 연습기 유아에게 안전감뿐만 아니라 아이의 탐색 활동에 대한 기쁨을 다시 반사하고, 이것은 유아가 자신감과 자기-사랑의 감각을 형성할 수 있는 기반이 된다. 그들 사이 상호작용의 특성은 나중의 대인관계에서 상호작용의 질에 반영된다. 또한 A.-M. Sandler에 의하면 이 시기에 서로 신호를 주는 대화를 통하여 대상 항상성과 자기 항상성의 씨앗이 뿌려진다. 거리가 있더라도, 유아가 일정한 리비도적 대상과 상호작용하면서 반복하여 확인하는 경험은 유아에게 안전감과 숙달한다는 느낌이 들게 하여, 결국은 대상 항상성의 감각으로 이어진다. "그러나 자기와 대상이 분화되면서, …… 또 다른 일정한 대상, 즉 지속적인 정체성을 가진 대상이 아이에게 출현

한다. 이것이 아이 자신의 자기다."(1977, p.199)

객관적 그리고 정신적으로 표상되는 자기감

15~18개월경이 되면 몇 가지 발달상 진행이 뚜렷해져, 이제 걸음마기 아이들이 자신의 즉각적인 행동이나 타인의 행동과 분리된 객관적 독립체로서 자신을 인식하고 언급할 수 있다고 결론 내릴 수 있게 되며, 정신적으로 표상되는 자기감이 출현했다고 결론 내릴 수 있게 된다. 이런 추정에 대한 행동상의 증거는 걸음마기 아이가 거울을 보면서 거울 속의 모습이 자신이라는 것을 깨닫는 것이다.(Amsterdam, 1972; Schulman & Kaplowitz, 1977; Lewis & Brooks-Gunn, 1979; Emde, 1983) 또한, 상징적 놀이를 하는 능력이 생기고 언어를 사용하게 되면서, 자기를 묘사하는 표현들이 나타난다.

걸음마기 아이들은 이제 자기 자신을 객관적 독립체로서 생각할 수 있을 뿐 아니라, 보이지 않는 대상이나 사건에 대한 표상을 떠올릴 수 있고, 이런 표상들에 대해 생각할 수 있다. 자기-인식과 자기-반성 능력의 출현과 함께 이 객관적 자기감은 Greenacre가 언급한 '정체성의 안정적 핵심(stable core of identity)'(1953a, 1958)이 된다. 이 정체감, 또는 '핵심 정체성(core identity)'은 Stern이 자기와 타인을 단순히 지각하여 비교하는 능력에서 출현한다고 말한 '핵심 자기(core self)'와 구별되어야 한다. 자기-인식과 자기-반성 능력은 대인관계와 정신 내적 범위의 확장을 예고한다. 직립 보행, 항문기 정신성적 발달, '핵심성 정체성(core gender identity)'(Stoller, 1968a)을 지닌 남성 혹은 여성으로 자기가 분화하는 것 등은 자기 표상에 넓이와 깊이를 더한다. 언어 기술의 출현, 그리고 아이 자신의 욕구와 다른 별개의 것으로 대상의 의도와 의지를 고려하는 능력은 갈등을 일으키는데, 이것은 처음에는 발달상의 갈등이지만 정신 내적인 갈등이 된다. 또한, 기억과 환상이 서로 결합하여, 걸음마기 아이는 처음으로 현실은 어떠해야 한다는 소원을 즐기고 유지할 수 있다.(Stern, 1985) 이제 대인관계 상호작용은 과거의 기억, 지금의 현실, 약간의 미래에 대한 생각을 점차 포함한다. 이런 여러 가지 흐름이 결합하여 분리-개별화의 화해기(Mahler 등, 1975), 즉 출현하는 자기감에 있어 중요한 시기가 시작된다.

걸음마기 아이는 자신에게 즐거운 대인관계의 상호작용을 지속하고 싶은 소원뿐 아니라 자율성을 위한 독립의 소원이 있는 것을 점차 알게 되면서, 이와 똑같이 순응하라는 어머니의 요구도 점차 커진다는 것을 알게 된다. 이 말은 협조의 대가로 과대성과 본능적 만족을 어느 정도 포기한다는 뜻이다. 강제적인 제한에 대해 분노하면서 걸음마기 아이는 자신의 취약성과, 자신이 어머니의 지속적인 사랑과 지지에 의지하고 있다는 것을 알게 된다. 분노심은 어머니의 사랑을 상실할 수 있다는 공포를 불러오고, 강렬한 양가감정은 유쾌하거나 '좋은(good)' 자기상과, 불쾌하거나 '나쁜(bad)' 자기상을 통합할 수 있는지 시험하게 된다. 궁극적으로 그 도전을 이겨 낼 수 있는 걸음마기 아이의 능력은, 공감하면서도 효과적으로 금지하고, 제한하고, 최소한의 기준을 따르게 하는 부모의 능력에 어느 정도 달려 있다. 어머니나 아버지의 정동적인 표현을 보면서 걸음마기 아이는 무엇을 할 수 있고 무엇을 하면 안 되는지 결정하게 된다. 자신이 협조하면, 초기 초자아 형성의 일부가 될 관계의 규칙을 내재화하면서 연대감(sense of togetherness)을 계속 유지할 수 있지만, 협조하지 않으면 대인 관계상의 혼란이 오며 외롭게 고립될 것이다.

리비도적 자기-항상성

점차 성공적으로 신체적 욕구를 통제하고 부모의 기준에 순응하게 되면서 아이는 서로 간의 결속을 희생하지 않고도 독립성과 자율성을 더 적절하게 표현하는 방법을 배운다. 또한, 아이는 자기 표상을 발전시키기 시작하며, 그 속에서 다른 정동적 톤을 가진 자기 이미지들을 통합한다. 결과적으로, 아이는 자기-사랑을 유지할 수 있으며, 초자아 기능이 뚜렷해지면서 자기 비난과 자신에 대한 불쾌한 반성을 가져올 수도 있는 분노 폭발이나 좌절이 가끔 있음에도, 자신에 대한 전반적인 느낌은 근본적으로 긍정적이다. 이리하여 자존심이 유지될 수 있으며, 리비도적 자기-항상성이 리비도적 대상 항상성과 함께 나란히 확립된다.

자기-항상성은 이 개관이 암시할 수도 있는 것처럼 자기에 대한 일정하고 거의 변하지 않는 관점을 의미하는 것은 아니다. 오히려 그것은 적절한 경우에 근본적으로 긍정적이며 체계화하는 배경을 가진 전체적인 형태(total gestalt)이며, 그 배경에는 구체적인 의식적 · 무의식적 자기상들이 많이 있는데, 그런 자기상 중 어떤 것이라도 언제든 조직하는 초점으로 대두될 수 있다.(Eisnitz, 1980) 본질상 긍정적이며 통합된 자기감을 유지하려면 일정한 대상으로부터 가끔 '리비도적 재충전(libidinal refueling)'을 받을 필요가 있다.(R. L. Tyson, 1983) 스스로 자신의 내재화된 이상과 기준에 따라 행동할 때, 그런 재충전 또한 어느 정도는 사랑을 주는 초자아에서 온다.

리비도적 자기-항상성, 대상 항상성의 확립과 함께 다른 사람과 구별되고 분리된, 지속적이고 안정적이며 대체로 긍정적으로 여겨지는 자기감이 확립된다. 이런 자기감은 아이의 넓어지는 정신 기능에 자극을 줄 수 있고 방향을 제시할 수 있는 능동적인 요소로서 경험된다.

정체성의 통합과 자기 책임감

자기감은 유아 성기기 동안에 그 차원이 더 넓어진다. 긴박감을 가진 성기 성욕은 완전히 새로운 신체 감각을 알게 한다. 즉, 유아기 성적 욕구는 초기 소아기의 전 과정 동안 조금씩 숙달되는데, 여기에는 신체를 소유하고 책임지는 것이 포함된다. 분리되어 있고 독특하다는 정체성의 감각과 성욕이 서로 결합하는 동안, 핵심 성 정체성(core gender identity)이 확고하게 강화되는 것은 이 새로운 성기 성욕의 긴박감과 관계있다. 이제 아이는 동성의 부모와 견고한 동일시를 형성하며, 이상적인 경우긴 하지만 성적으로 구별되고 자기애적 가치를 지닌 신체상이 자존심의 긍정적인 근원이 된다. 성 정체성은 아이의 정체성의 핵심에 '누구인가(who)'뿐 아니라 '무엇인가(what)'(Beres, 1981)에 대한 감각을 추가한다. 이것이 오이디푸스 콤플렉스에 참여하기 위한 기반이다.

우리가 이 책 전체에서 토의하는 발달의 많은 체계는 오이디푸스 콤플렉스의 형성으로 수렴된다. 오이디푸스 콤플렉스에서 오는 상호작용하는 많은 의식적·무의식적 생각, 소원, 환상, 갈등, 불안, 방어, 해결을 통합하려는 자아의 합성기능은, 오이디푸스 콤플렉스를 정교화하고 그것을 해결하려고 노력하는 과정 동안에 이루어지는, 양쪽 부모에 관한 동일시와 함께, 이전에 없었던 통합된 정체감을 이루게 한다.

Loewald는, 오이디푸스 콤플렉스가 그 개념이 지닌 모든 복잡한 문제에도 불구하고 개별화의 분수령이라고 믿는다. 즉, "오이디푸스 콤플렉스는 본능적 생활에 근거를 두고 있고, 정신분석적 심리학에서 인간의 사랑을 처음으로 묘사하는 상징으로 유효하며 …… 한 개인으로서 자신의 삶을 명백히 자각한다는 상징이다. 그것은 첫 리비도적 대상에 대한 사랑과 미움의 열정적인 관계를 통하여, 그리고 자신에게 의지할 수밖에 없는 이 관계의 특징적 한계를 거치면서 형태를 갖춘다."(1985, p.442) Loewald는 이 과정을 '영혼 만들기(soul making)'

라고 부른다.

오이디푸스 콤플렉스의 극단적인 사랑과 미움, 충성 갈등은 정신적 발달에서 중대한 갈림길이 된다. 가능한 한 가지 결과는, 아이가 자신의 전능함을 확인하려고 애쓰면서, 완벽함을 찾아 가망 없는 자기애적 탐색을 계속하는 것이다.(Rothstein, 1980) 그때 아이는 환경을 조종하려고 시도하면서, 자신이 그럴 자격이 있다고 주장한다. 자신의 (오이디푸스적 혹은 전오이디푸스적) 소원들이 인정받지 못할 때, 아이는 속고 있다는 분노를 느끼며 자신의 부모가 불공평하고 '나쁘다(mean)'고 주장한다. 또 다른 결과는, 아이가 부모의 가치관과 도덕성을 동일시하려고 애쓰는 것이다. 이 경우에는 초자아가 내부의 권위자로 자리 잡으며 갈등과 혼란이 계속될 수도 있지만, 그것은 내적이며 새로운 자율성의 감각과 독립적 기능에 대한 잠재력을 아이에게 주게 된다. 오이디푸스기 갈등의 내재화, 오이디푸스기 목표의 해결이나 포기, 초자아 강화 등을 통하여 초자아는 자기감과 정체감에서 더 큰 역할을 맡게 된다. 즉 자기-평가, 비판, 보상이나 처벌 등에서 초자아가 기능하기 때문에 자기-책임감이 나타나기 시작한다.

잠복기 동안에 확대되는 사회생활 또한 자기감에 이바지한다. 특히 초자아가 완전히 내재화되고 자율적이 되면서 자기-책임감이 더 확고해진다. 이제 성장이 적절하면 아이가, 최소한 가끔은, 자신의 잘못을 인정하기 시작한다. 아이가 좋아하는 친구나 집단과 어울릴 수 있을 때는 의기양양해하고, 따돌림을 당할 때는 슬픔과 외로움에 빠지게 되는데, 그것에 따른 자존심의 변화도 역시 잠복기의 가슴 저린 측면이다.

청소년기와 정체성의 안정

청소년기 동안에 일어나는 생물학적 변화, 기분의 변화, 달라진 가족 관계와 사회적 관계, 새로운 책임감 등은 자기감을 더 정교화한다. 이러한 요소들은 때로 Erikson이 '정체성 위기(identity crisis)'(1956)라고 불렀던 상황을 만들어 낼 수도 있다. 그러나 우리가 이 책의 여러 장에서 자세히 기술하고 있는 청소년기 과정의 성공적인 완수는 신체 변화와 관계된 경험, 정동적 경험, 사회적 관계에서 이루어지는 경험을 포함한다. 그것들 모두는 청소년으로 하여금 자기감을 충분히 통합하게 하고, 안정된 정체감을 갖게 한다.

요약

우리는, 자기감의 진화는 신체적 경험, 대상과 관계한 경험, 정동적으로 의미 있는 경험들을 포함한다는 관점을 제시하면서, 자기감의 형성에 관해 기술하였다. 전 발달 과정 동안 신체와 신체상에는 많은 변화가 있다. 또한, 앞장에서 기술한 것처럼, 대상관계에도 많은 변화가 있다. 신체, 대상, 자기감과 자존감과 관계된 정동적인 경험들 역시 발달하는 동안 달라지고 변한다. 그렇지만 그 모든 것을 겪는 동안에도 자기감은 놀라운 연속성을 보인다.

4부 정동

AFFECT

8장

정동 이론에 관한 정신분석적 관점

정동(affects)은 우리의 정신생활과 대인관계의 중심이라서, 정신생활에서 정동의 성질과 기능에 관한 탐색은 처음부터 정신분석 이론의 일부였다. 프로이트에게는 불안이 가장 시급히 다뤄야 하는 정동으로 보였는데, 그의 환자들이 처한 어려움 중에 불안이 가장 두드러졌기 때문이다. 물론 프로이트는 다른 정동도 존재한다는 것을 알았고, 다른 정동에도 자기 생각을 똑같이 적용할 수 있다고 말했다.(1895b, 1896) 처음에 그는 정동을 동기의 근원이 되는 정신에너지와 같은 것으로 생각했다.(1894) 그리고 나중에는 정동을 무의식적인 욕동의 징후로 생각했다.(1915b, p.152) 더 후에는 정동이 방어와 협력하여 작동하는 보호용 신호로 기능할 수 있으며, 그렇다면 그것은 자아 기능이라고 생각했다.(1926a) 더 최근에는, 정동은 갈등이 없는 자아 기능으로(Emde, 1980a, 1980b), 또 욕동을 구조화하는 동기체계이자 견인차(Loewald, 1978; Kernberg, 1982)로 기술되고 있다.

정동에 대한 이론은 여러 저자가 (일부는 다른 저자들보다 더 솔직하게) 관련된 개념과 현상을 정의하려고 애썼기 때문에 명백하지 않고 혼란을 주며, 각각의 정의 체계도 다르다. 게다가 정동(*affects*), 감정

(정서, *emotions*), 느낌(*feelings*)*이라는 용어가 흔히 혼용되었으며, 그것이 정동의 개념을 더 모호하게 만들었다.

우리는 정동(*affects*)을 연관된 생각이나 인지적 구성요소뿐만 아니라 동기, 신체, 표현, 의사소통, 감정이나 느낌 등에 관한 구성요소도 함께 들어 있는 정신 구조로 정의한다.(Compton, 1980; Knapp, 1987 참고) 느낌(feelings)이나 감정(emotions)은 정동의 경험적이거나 행동적 측면—즉 정동을 복합 구조로 볼 때 그 한 부분—을 의미하는 것으로 우리는 남겨 두고 싶다.

정동 이론에 대한 Knapp의 모범적인 검토는 심리학, 신경심리학, 정신분석학에서 이 주제에 관해 방향을 잡고 명료화하고자 할 때 기준이 된다.(1981, 1987) 정동적인 경험과 행동의 주된 특징을 요약하면서, 정동은 생생하고 신속하게 경험되며, 고압적이거나 긴급한 것으로 느껴지는 것에 Knapp은 주목한다. 또한, 그것은 미세한 흔적부터 거대하고 강한 반응에 이르기까지 양적으로 경험되며, 하나 이상의 정동이 동시에 나타나기도 하고, 동반하는 신체나 내장기관의 과정과 함께 지속하거나 연결되는 경향이 있으며, 비교적 정형화된 표현 양상을 갖는 것으로 보인다. 정동이 그런 뚜렷한 일련의 특징을 가지기 때문에 근본적인 신경 생리적, 정신 신체적 문제들이 생긴다.

정동 연구의 역사와 방향

Tomkins(1981)가 지적하듯이, 감정 연구의 오랜 역사는 아리스토텔레스에서 시작하여 그 후의 철학자들이 2천 년 이상 일차적인 감

* 감정 일반을 의미하는 'emotion'은 주로 감정으로, 구체적인 한 가지 감정을 뜻하는 'feeling'은 주로 느낌으로 번역하였다. 그러나 ambivalent feeling은 양가 느낌이 아니라 양가감정으로 번역하였다.(역주)

정과 '열정(passions)'의 성질에 관한 이론을 발전시켰다. 다음으로 생물학자들이 나타나서, 감정 표현에 대한 진화론적 중요성을 강조한 Darwin(1872)의 고전적인 언급과 함께, 인간과 인간의 가장 가까운 동물 친척들이 기본 감정을 표정으로 나타낼 때 특정한 근육의 움직임이 같다는 사실을 밝혀냈다. 생물학자들, 특히 동물행동학자들은 이 연구를 계속했다. 심리학자들 또한 그 주제에 관해 광범위한 문헌을 저술하였다. 세기가 바뀔 무렵에 나온 James-Lange 감정 이론이 현대 학문적 심리학 이론의 토대라 생각할 수 있다. 이 이론에 의하면, 감정적 경험은 몸의 여러 변화를 의식하여 지각하는 데서 오기 때문에, 이 변화들은 감정의 원인이지 감정의 결과나 부산물이 아니라는 것이다.(Eysenck 등, 1972, p.572)

감정의 외적 표현이 가지는 진화론적인 의미에 대하여 Darwin이 생각했던 바는 오늘날 정동의 표현(*expression*)을 조사하는 많은 연구의 기초가 되었다. Tomkins(1962, 1963)의 이론과 연구는 Darwin의 명제를 재연한 것으로 많은 지지를 얻었으며, Tomkins는 표정을 기반으로 정동을 확인하고 분류하는 합리적인 방법을 처음으로 고안했다. 그는 아홉 가지 별개의 범주를 확인하였는데, 그것은 흥미-흥분, 즐거움-기쁨, 놀람-경악, 고통-비통, 무서움-공포, 분노-격노, 수치심-굴욕감, 경멸감, 혐오감이다. Tomkins(1970, 1978)는, 정동은 주로 얼굴과 피부에 나타나며, 중추신경계에 새겨진 생물학적 근거를 가진 선천적인 프로그램이 자율적인 내장과 운동 반응뿐 아니라 안면 근육 반응을 조절한다고 주장했다. 이 프로그램은 서로 다른 신경 발화율에 의해 촉발된다.(1981) Tomkins의 주장에 고무된 다른 사람들, 특히 Carroll Izard(1971, 1972)와 Paul Ekman(1984; Ekman & Friesen, 1975)은 각각 다른 감정을 뜻하는 표정의 보편성에 대한 실증적 연구를 하였다. 다수를 대상으로 한 횡문화 연구에서 특정한 표정이 행복, 놀람, 고통, 공포, 분노, 슬픔, 혐오감의 표현과 상관관계가 있으며, 이것은 여러 문화에 걸쳐, 심지어 종이 달라도 일어난다는 것을 증명하였다. 유아에게서도 유사한 상관관계가 있다는 증거가 일부 있다.(Demos, 1982)

그러나 정신분석가가 보기에는 개인의 특별한 감정이 그 사람에게 어떤 의미인지 감정 표현만으로는 알 수가 없다. 표현하는 행동은 흔히 의사소통을 하려는 의도가 있다고 추정되지만, 느낌이 지각과 생각에 영향을 미친다는 것은 흔히 간과된다. 그래서 관찰자에게 생겨난 감정과 그와 연관된 생각 때문에 관찰자는 다른 사람이 의도하지 않았던 의미를 그 사람에게 부여하게 되고, 이런 상황은 자주 오해를 낳게 된다.

Schwartz(1987)가 검토한 신경과학의 최근 연구는 정동과 정동에 따른 행동 결과에 분명한 신경 생리적 기초가 있음을 보여 준다. 말하자면, 정동에는 해부학적으로 확인할 수 있는 신경 회로가 필요하다는 것, 지각하고 느낄 수 있는 정동의 부산물들은 시상하부, 변연계, 중뇌, 뇌간 등 뇌 부위들의 신경 생리적 활성화와 연결되어 있다는 것, 연관된 표정, 자세, 음성, 내장 반응, 행동 양상들은 운동반응이 정동과 연결되고 피질 하부에서 통합된 양상이라는 것 등이다. Schwartz는 신경과학과 정신분석학에 다리를 놓으려고 하면서, 이런 양상들은 다양한 학습 과정을 통해 그 개인에게 심리적 의미를 띠게 된다고 제시한다.

정동을 인지적으로 평가하는 시각 또한 연구가 활발한 분야이다. 예를 들면 Lazarus, Kanner, Folkman은 감정이 '인지 활동의 산물'로 활동 전위와 정해진 신체 반응을 일으킨다고 주장한다.(1980, p.212) Mandler는 감정 표현이 세상과 내적 상태에 대한 인지적 평가의 결과라는 생각을 견지한다.(1980, p.229) 그러나 정동에 관한 인지적 연구

대부분에서 보게 되는 문제점은 무의식적 정동을 고려하지 않는 것이다. 무의식적 정신 작용의 존재와 중요성을 담아내려고 노력하면서, Rosenblatt(1985)은 체계론(system-theory)으로 접근하여 정동을 수많은 동기 체계의 일부인 피드백 평가 과정의 주관적 경험으로 본다.

언어 연구자들은 정동이 말을 만들고, 말이 정동을 만들거나 전달하는 방법을 자세히 조사하였다. Shapiro(1979)는 정동이 말 속에 어떻게 암호화되고 또 듣는 사람이 어떻게 해독하는가를 잘 기술했는데, 말 속에 '감정적 음악(emotional music)'이 있는지 없는지가 다른 사람들의 작업의 초점이 되었다.(Deese, 1973; Sifneos, 1974; Edelson, 1975) Schafer는, 임상가는 수동적인 은유 뒤에 있는 능동적인 의도에 집중한다고 제안하였다. 이것으로 그는, 정동은 본래 부사라서, 예를 들어 '누군가 화내며(angrily) 말하고 있다.'라고 표현된다는 것(1976, p.169), 감정은 경험될 수 없다는 것(p.301), 언어를 배우기 이전의 유아에게서 감정은 행동과 표정으로만 존재한다는 것이라는 견해를 유지한다.(pp.354-356) (이것은 위에서 토의한 Tomkins의 관점을 연상시킨다.)

정동에 대한 정신분석 이론의 발판은 감정 표현에 관한 연구, 그와 관련된 신경 내분비 과정과 말초와 중추신경계 과정에 관한 연구, 그리고 정동의 인지적, 행동적, 언어적 차원을 조사한 연구 등에서 왔다. Knapp(1987)은 이러한 보완적 접근들을 다시 검토하였다. 그러나 이 발판은 얼굴 근육의 움직임과 신경세포의 발화 뒤에 놓여 있는 정동의 정신 내적 차원에 관해서 말해 주지는 않는다. 우리가 보기에, 정동의 정신 내적 의미와 경험은 얼굴 근육이나 신경세포가 발화한 결과로 생기는 것이 아니다. 그것은 또 다른 차원이며, 우리의 관심사는 정신분석적 차원이다.

배경 지식을 위해 우리는 먼저 정동의 이해에 대해 프로이트가 이바지한 것을 검토해 볼 것이다. 정동에 관한 프로이트의 글은 주로 불안과 관련된 것이지만, 우리는 그 주제에 관한 그의 마지막(1926) 개념이 다른 정동에도 일반화할 수 있다고 믿는다. 프로이트의 배경과 관심사를 고려한다면, 그의 작업 속에 철학적, 심리학적, 생물학적 사고 경향이 표현된다는 것은 놀라운 일이 아니다. 프로이트의 개념을 논의한 후에 우리는 정동과 욕동, 정동과 대상, 정동과 자아 사이의 관계를 고찰할 것이다.

정동에 대한 프로이트의 이론

정동에 관한 프로이트의 최초 이론을 보면, 외부 세계의 사건은 어떤 사람에게—받아들일 수 없는 생각과 연결된다든지 하는—다양한 이유로 표현될 수 없는 정동 반응을 일으킨다. 그때 그는 그것을 억제하거나 잊으려고 애쓴다. 그러나 그렇게 할 때, 정동과 그에 연관된 생각에 부착되어 있으면서 동기가 되는 강한 힘을 가진 '정동의 할당량'(혹은 '흥분의 총합')을 제거(혹은 '방출')하지 못하고, 다양한 증상이 생긴다. 이 이론에 근거한 치료는, 어떤 사건이나 그 사건과 관계되어 숨기려던 생각을 관련된 감정과 함께 의식하게 하는 것이며, 그럼으로써 감정의 방출이나 정화가 일어나고 증상이 사라진다. 정신치료 혹은 '대화요법(talking cure)'은 감정에 휘몰려서 행동하는 것의 대안이 되어 준다.(1894, 1895a, 1895b)

이 '유체 모델(hydraulic model)'에서는 억압이 클수록 정동도 강해진다. 외부 사건은 유발 인자로서, 통제할 수 없는 흥분(혹은 감정)으로 사람을 압도하는 정신적 외상 상황을 유발한다고 여겨지기 때문에, 이 이론은 '정동-외상(affect-trauma)' 모델로 알려져 있다.(Rapaport, 1953; Sandler, Dare, & Holder, 1972)

25년에 걸쳐 발전시켰던 지형학적 이론에서, 프로이트는 좀 더 복잡해지긴 했지만 여전히 정동, 에너지, 동기를 연결시켰다. 본능적 욕동은 생물학적 힘의 정신적 표상이라고 정의했고, 따라서 유발 사건은 외부에서 기원하기보다 오히려 내부에서 일어난다. 욕동은 계속 작용하며 동기를 유발하는 힘으로(1915a, pp.118-119), 그 에너지가 축적되면 불쾌한 감정(특히, 불안)이 생기고, 반면 주로 유쾌하게 느껴지는 다른 감정들은 방출 과정에서 생긴다.(1915c, p.178) 감정은 생각이나 사고와 연결되어 있어서, 우리가 감정을 인식한다면 마음 깊은 곳에서 무엇이 일어나고 있는지 알 수 있으며 만족을 원하는 욕구가 있음을 확인할 수 있다고 프로이트는 덧붙였다.(1915c, p.177)

감정과 생각이 연결된다는 개념은 정동에 대한 정신분석 이론에서 핵심적인 것으로 남아 있다.(Brenner, 1974) 흔히 연구 목적으로 그것들을 분리하는데, 그런 분리는 아마도 개념을 정의하는 방식의 불가피한 부산물이긴 하지만 그 때문에 문제가 생긴다. 예를 들어, 정동은 우리가 의식에서 경험하는 감정의 성질로만 확인되며, 무의식에서 경험하는 환상의 역할은 저평가된다.(Arlow, 1977)

지형학적 이론은 많은 임상 상황을 이해하는 데 도움이 되었지만, 프로이트는 경험이 늘어나면서 욕동 에너지의 축적에 기초하여 정동을 개념화하기가 점점 어렵다는 것을 발견했고, 특히 불안과 죄책감이 그러했다. 이런 어려움은 프로이트가 마음의 새로운 구조이론을 공식화하는 데 이바지했다. 이 새 이론의 중요한 차이점은 인식이 의식에 있느냐 무의식에 있느냐로 구분하기보다 정신적 기능에 기초하여 구분한다는 것이었다.(1923a)

이후에 프로이트(1926)는 정동의 근원을 찾는 것을 포기하고, 대신 정신 기능에 미치는 정동의 영향에 대해 숙고하였다. 그는 정동에 관해 두 가지 중요한 내용이 들어 있는 이론을 고안했다. 첫째, 정동은 자아 기능에 외상적 영향을 끼칠 수 있다(그는 주로 불안에 대해 검토했지만, 이 이론을 다른 정동에도 일반화할 수 있다고 제시했다). 정동-외상 이론의 유산으로 남은 것 중에서 과도한 흥분은, 그것이 (성적 유혹이나 신체적 학대 같은) 실제 환경에서 오든 혹은 본능적 근원에서 오든, 강한 불안을 불러일으켜, 조직하고 합성하고 방어하는 자아의 기능을 압도하여, 자아를 무력하게 한다. 그러한 외상적 상황은 유아기와 초기 소아기에만 있는 것은 아니지만, 자아가 비교적 미숙하고 약하여 압도되기 쉬운 그 시기에 특징적으로 나타난다고 프로이트는 생각했다.

둘째, 프로이트는 정동이 위험을 알려줌으로써 적응을 도와줄 수 있다고 제안했다. 불안은 무력감에 대한 최초의 반응이기 때문에, 나중에 잠재적인 위험 상황을 지각할 때 그에 대한 반응으로 불안이 재현될 수 있다. "따라서 불안은 한편으로는 외상을 예견하는 것이고, 다른 한편으로는 완화된 형태로 외상을 반복하는 것이다."(1926, p.166) 그러나 프로이트는 "수동적으로 외상을 경험했던 자아는, 스스로 그 경과를 변화시킬 수 있다는 희망에서, 이제 약해진 형태로 외상을 능동적으로 반복한다."(p.167)는 것에 주목하였다. 그래서 어떤 사람이 어떤 내적 위험(욕동과 금지 사이의 정신 내적 갈등)이나 외부의 위협을 지각할 때 불안감이 생기고, 이것은 위협적인 상황에 대한 생각, 이미지, 환상과 연결되어 있다. 정동을 지각하여 위험 상황을 적절히 방어하게 되면, 무력감을 피할 수 있고 감정의 강도를 최소한으로 유지할 수 있는데, 그렇게 되면 자아 기능이 와해되지는 않을 것이다. 이런 식으로 정동은 위험을 예견함으로써 외상이 반복되는 것을 피하게 하는 자아 반응의 일부로, 조직하고 적응하고 동기를 유발하는 영향력을 가지는 것으로 볼 수 있다. 프로이트는 "만약 어떤 개인이 외상적 상황의 발생을 단순히 기다리는 대신에, 이런 종류의 상황이 무력감을 일으킨다는 것을 예측할 수 있다면, 그의 자기 보존 능력

은 크게 발전할 것이다."라고 기술하였다.(p.166)

프로이트는 자아가 성숙하면, Rangell이 말한 '무력하게 압도되는 외상적 상태'(1968, p.391)를 예상할 수 있는 능력이 향상되며, 이것은 신호로서의 정동을 더 잘 이용하기 때문이라고 추측했다. 여기에서 위험은 외적이거나 내적인 것으로, 외적인 것일 때는 '그 위험이 실제적이라면 신체적인 무력감'에 빠지게 되며, 갈등에서 생긴 내적인 것일 때는 '그 위험이 본능적이라면 정신적인 무력감'에 빠지게 된다.(Freud, 1926, p.166) 결과적으로, 신호 기능이 작동할 수 있을 정도의 성숙과 발달이 이루어진 후에는 일차적인 동기요인이 욕동이 아니라 정동이라고 말할 수 있다.

프로이트는 덧붙여 두 가지 형태의 불안을 연결하는 것이 중요하다고 했다. "유아가 외부의, 지각할 수 있는 대상이 위험한 상황을 끝낼 수 있다는 것을 경험으로 알게 되었을 때 …… 무서운 그 위험의 내용물은 경제적인 상황(고통스러운 무력감)에서 그 상황을 결정하는 상태, 즉 대상 상실로 옮겨진다."(1926, pp.137-138) 이제 유아는 위험이 반복될 것 같은 상황이 예상될 때, 위험에 대한 반응으로 경험한 적이 있는 불안을 경험한다. 프로이트는 정신성 발달의 단계마다 잠재적인 위험이 있다고 생각했고, 따라서 정신성 발달에 상응하여 관련된 환상과 불안을 느끼는 상황을 순서대로 제시했다. 그것은 대상을 상실한다는 공포, 대상의 사랑을 상실한다는 공포, 거세 공포, 초자아 처벌에 대한 공포(죄책감)이다.*

프로이트의 정동의 신호 이론으로 분명해진 것은, 생의 아주 초기

---

* 오늘날 우리는, 걸음마기 아이에게 환상을 형성하는 능력이 생긴 직후에 아이는 이 위험 상황의 첫 세 가지를 예상할 수 있으며, 그것들은 더 후기에도 나타나지만 생후 둘째 해의 발달상 갈등과 관련하여 특징적으로 나타난다고 알고 있다. 따라서 정신성적 단계와의 상관관계는 이제 특별히 유용하지 않다.

부터 유아가 느끼는 불쾌한 고통이나 즐거운 감각이 욕동의 좌절이나 만족과 연결될 뿐 아니라 대상과도 빠르게 연결된다는 것이다. 신호 이론은, 대상관계 이론에서도 중요하지만, 곧이어 후기의 건강한 성격 기능을 위해서는 초기 유아기 경험이 중요하다는 것을 더 잘 인식하게 했다.

정동에 대한 현대의 정신분석적 이해

프로이트의 마지막 모델이 정동 이론의 모든 문제를 해결했던 것은 아니며, 그 모호함은 그 주제를 다룬 이후의 정신분석적 이론화에도 반영된다. 혼란은 프로이트의 초기 이론이 제시한 것처럼 정동을 욕동-방출 현상으로 보는 것이 최선인지, 혹은 신호 이론에서처럼 자아 기능으로 보는 것이 최선인지에 대한 것이었다. 또 불안 이외의 정동들이 신호 기능을 할 수 있는지도 분명하지 않았다. 여러 해 동안 이론가들은 이 두 가지 의문을 해결하기 위해 많은 노력을 기울였다. 예를 들어, Jones(1929)는 신호 이론이 다양한 감정에 적용된다고 추정하고, 공포심, 죄책감, 증오심에 대해 적었으며, Fenichel(1941)은 성장하는 자아 기능이 어떻게 분노, 불안, 흥분, 혐오감, 수치심 모두를 길들여서 신호로 사용하는지 기술했다. 그러나 다른 감정에도 신호 이론을 적용할 수 있다고 받아들인 것은 1950년대에 Rapaport(1953)와 Jacobson(1953)의 저술이 나왔을 때였다. Jacobson은 심지어 고양감과 같은 긍정적인 감정에도 신호 기능을 적용할 수 있다고 생각하였으나, Schur(1969)는 쾌락이 신호가 된다는 생각은 개념상 어려움이 있다고 믿었다.

프로이트(1926)는 정동과 욕동이 서로 관계있는 것은 명백하다고 했다. 또한 정동은 자아 기능과 관련되어 있다는 것과 대상관계와도 관련해서 보아야 한다는 점을 분명히 했다. 현대 정신분석적 이론들은 대부분 하나 이상의 이런 주제들과 관련해서 정동을 다룬다.

정동과 욕동

프로이트는 그의 저술에서 정동과 욕동은 여러 면에서 서로 밀접하게 연결되어 있다는 견해를 유지했다. 예를 들면, 그 주제에 대한 그의 마지막 공식화에서(1926), 정동과 욕동은 그 이론의 양 측면 모두와 관계가 있다. 신호 이론에서, 정동은 위험을 알려 준다. 내적 위험은 만족을 추구하는 성적 혹은 공격적 충동과 자아 혹은 초자아 금지 사이의 갈등이다. 그 이론의 외상 측면에서는, 생의 초기에 압도적인 자극이 외부의 원인에서 올 수도 있고, 성적 · 공격적 충동에서 올 수도 있지만, 어느 경우든 그 자극은 자아 기능을 붕괴시키는 강렬한 감정을 불러일으킬 수 있다. 유사하게, 생의 어느 때든 올 수 있는 공황 발작의 경우, 자아의 통제가 실패하여 감정이 압도되어 버릴 수 있다.(Fenichel, 1945)

특히 정신에너지 개념을 지지할 수 없다고 믿는 사람들은, 정동의 내적 근원은 욕동 활동뿐이라는 이런 정동의 방출 모형을 신랄하게 비판한다.(Rosenblatt & Thickstun, 1977; Rosenblatt, 1985) 초기의 비판자였던 Jacobson(1953)은 먹기, 성행위와 같은 직접적인 본능 만족은 물론이거니와 자아 기능도 강렬한 감정 표현을 자주 동반한다는 것을 관찰하였다. Jacobson는 절정 경험에는 여러 수준의 긴장이 있지만, 감정은 긴장이나 그 방출과 일치하는 것이 아니라 오히려 긴장의 변화와 일치한다는 중요한 지적을 하였다. 이것은 쾌락과 불쾌가 양적인 변화나 강도의 변화와 관계있는 것이 아니라, 질적인 것–아마도 리듬 또는 변화하는 시간상의 순서–과 관계있다는 프로이트의 입장과도 일치한다.(1924b, p.160) 그래서 Jacobson은 정동 발생에 대한 욕동-방출 이론은 충분하지 않다고 강조하였다. 그러나 Jacobson의 언급은 의식하고 있는 감정에 국한한 것으로 보이며, 욕동 이론과 쾌락-고통 원리 사이의 연결에 대해 많은 의문을 제기한다.(Rapaport, 1953) 우리는 그녀의 생각이 정동에 대한 포괄적인 정신분석 이론이 되려면, 모든 영역의 정동, 정동이 나타나는 환경, 정동이 발생하는 기전을 설명할 수 있어야 한다는 점을 분명히 한 것이라고 믿는다.(유사한 관점은 Rosenblatt, 1985 참고)

쾌락과 불쾌의 표시를, 프로이트가 추측한 것처럼 욕동 활동의 최초의 증거로 보아야 하는지(1905a, 1923a; Brenner, 1982), 혹은 초기의 정동 표현으로 보아야 하는지(Emde 등, 1976)는 의견이 일치하지 않는다. 욕동과 정동이 서로 관계 있다는 것은 의문의 여지가 없으며, 아주 어린 시기의 발달에 관한 지식이 늘어나면서 그들 사이의 중요한 연결이 드러날 가능성도 있다. 예를 들어, Weil(1978)은 구강 자극에서 과도한 좌절이 있거나 배고픔이 실제로 계속되면 원시적인 자아의 합성하는 기능을 방해하여, 그 결과 공격성이 조기에 과도하게 표현되고, 불안과 분노가 원시적으로 얽힌 채 쉽게 불안해지는 발판이 된다고 지적했다. 따라서 욕동과 관계된 아주 초기의 경험들이 극단적이면, 그것은 특별한 정동의 출현과 통제에 중요한 영향을 미칠 수 있다.

정동과 욕동이 서로 관련되어 있다고 본다면, 초기의 동기에 대해 욕동 이외의 근원을 고려해 볼 수 있다. 몇몇 저자들은 유아기의 아주 초기에도 다양한 동기 체계를 쉽게 볼 수 있으며, 발달이 진행하면서 위계를 갖춘다고 제안한다.(Gaensbauer, 1982; Stern, 1985; Lichtenberg, 1989) 실제로, 정신성적 발달을 토의하면서 언급했던 것처럼, 어머니-유아 상호작용의 정동적 분위기는 욕동, 그리고 정신체계로서의 이드가 구조화되게 한다고 여겨진다. 예를 들어, Loewald(1971, 1978)

는 유아의 형태가 갖춰지지 않은 욕구와 반사 활동이 정리되고 조직되어 욕동이 되며, 그렇게 될 때 그것은 긴장을 줄이고 쾌락을 주는 환경의 반응과 연결되기 때문에 목적과 방향을 얻게 된다고 생각한다. 따라서 리비도적 욕동이 어떤 형태를 취하는가 하는 것은 생물학적 전적응과 어머니-유아 간의 감정적 상호성이 만드는 '창조적인' 과정의 결과를 나타낸다.(Kernberg, 1976; Gaensbauer, 1982; P. Tyson, 1988)

앞서 언급했듯이, Schwartz(1987)는 신경과학, 학습이론, 정신분석을 통합하려고 노력했다. 그의 견해에 따르면, 학습 과정은 정동과 결합하여, 나중에 유아가 성숙하면서 구강, 항문, 성기에서 오는 감각 자극들을 구별하는 것을 배우고, 쾌감이 생기고 불쾌감을 없애기 위해 몸을 다루는 것을 배울 수 있게 한다. 성감대 성숙과 자극에 관계된 감각들에 대한 기억으로 행동이 나타나며, 그 행동을 근거로 프로이트(1905b)는 리비도 발달의 정신성 이론을 세웠다.

다른 저자들은 리비도적 욕동처럼 공격적 욕동도 두 가지가 상호작용하여 그 형태가 생긴다고 강조한다. 한 가지는 위험에 대한, 생물학적으로 정해지고 일률적인 정동운동 반응이며, 다른 하나는 화내고 좌절시키고 박탈하고 가학적이거나 학대하는 어머니의 행동이다.(Greenacre, 1960; Galenson, 1986; Stechler & Halton, 1987) 이 견해를 수용하면서 우리가 내리는 결론은, 성적 욕동과 공격적 욕동의 구조화는 타고난 기반, 초기의 정동적 경험과 표현, 환경으로부터의 반응이 상호작용하여 만들어진다는 것이다. 게다가 유아가 쾌감 혹은 고통과 불쾌감을 보일 때, 환경에서 오는 반응의 정동적 분위기가 공격적 욕동뿐만 아니라 리비도적 욕동의 조직화에 지속적인 영향을 미친다.

유아의 빨기 행동이 한 가지 예다. 엄지손가락 빨기를 통한 구강 점막의 자극은 태아 때부터 자주 보는 것이다. 빨기 자체는 선천적 반사며, 빨기가 신생아에게 심리적 의미가 있다는 증거는 없다. 그러나 빨기와 수유 경험을 바탕으로 일어나는 많은 최초의 상호작용에서 어머니-유아 간의 상호성이 확립된다. 빨기가 심리적 의미를 갖게 되면서, 빨기는 즐거움을 주는 구강 자극, 배고픔에 대한 충족, 어머니와의 즐거운 경험들과 연결된다. 쾌락을 주는 빨기가 구강 욕동의 구성 요소로 조직되는 과정에는 생물학적 기반, 대상, 그리고 정동적인 요소 등이 이바지한다고 볼 수 있다.

이러한 요소들의 결합은 4장에서 기술한 Spitz(1945, 1946a, 1946b)와 Dowling(1977)의 연구에 의해 규명되었다. Spitz의 아기들은 먹고 빠는 기회는 충분했지만 모자간 상호성이 빠져 있었다. Dowling의 아기들은 어머니-유아 간 상호성이라는 어떤 정동적 분위기의 장점은 있었지만 구강 자극과 빠는 만족이 빠져 있었다. 양 집단은 욕동의 표현과 자아 기능에서 심각한 결함을 보였다. 어머니-유아 간 상호성에서 오는 즐거운 정동적 분위기와 감각 자극의 충족, 이 둘이 결합해야만 아기들은 심리적 · 신체적 발달의 모든 영역에서 곧바로 살아남아 잘 자랄 수 있었다.

이런 관찰에서 알 수 있는 것은, 본능적 욕동이라는 생물학적 기반과 정신구조로서의 이드가 출생 시부터 있다 하더라도, 자아와 마찬가지로 이드도 아직 분화되지 않았다는 것이다.(Hartmann, Kris, & Lowenstein, 1946) 이 증거는 프로이트의 초기 이론과 모순되는 것으로, 본능적 욕동들이 어머니-유아 간의 정동적 대화를 통해 분화되고 심리적 의미를 가지게 된다는 것을 암시한다. 결국, 리비도적 혹은 공격적 욕동의 표현으로 분류될 수 있는 그런 현상들의 분화, 통합, 강화에서 중요한 역할을 하는 것은 정동적 상호작용이다.

정동과 자아

프로이트가 정동이 자아 기능을 도울 수 있다고 생각한 이후로, 정신분석적 사고와 더 최근의 발달 연구에서 가장 강조된 것은, 자아의 발달과 기능에서 정동의 역할을 묘사하고 상술하는 것이었다. 예를 들어, Spitz는 자아 체계가 점차 조직되어 행동을 조직할 수 있게 되면서, 내부의 여러 기능이 연결되고, 그에 따라 새로운 정동 표현이 나타남을 관찰하였다. 그때 이런 표현은 대인관계 상호작용에 극적인 변화를 가져오고 새로운 적응 행동으로 이어지게 되는데, 그 후에는 새 조직의 발달상 강화가 일어나는 것으로 보인다. 그는 이런 정동들—사회적 미소, 8개월 무렵의 고통, 거부증—을 자아 발달이 진행하는 수준의 지표로 이용할 수 있다고 생각했다.

정신적 외상을 입히고 자아 발달을 훼손할 수 있는 정동의 역할 또한 광범위하게 연구되었다.(Spitz, 1945, 1946a, 1946b, 1950, 1964; A. Freud, 1951, 1967; Greenacre, 1952b, 1967; Rangell, 1968; Weil, 1978; Ritvo, 1981) 이 저자들은 외상적 상황에서 일어나는 여러 해로운 결과를 기술했으며, 이때의 외상적 상황은 "어린아이의 발달에 명백히 불리하거나, 해롭거나, 심각한 손상을 주는 모든 상황"을 뜻한다.(Greenacre, 1976, p.128) 더 최근에 Shengold(1989)는 아동 학대와 박탈이 미치는 외상적 영향을 더 잘 이해하려는 요구가 높아 가는 것을 알았다. 그는 아이가 주위의 성인에게 전적으로 의지하는 시기에, 고의적이고 장기간 반복되는 과다한 자극과 감정적 박탈을 교대로 겪게 되면 무력감과 분노의 결합이라는 무서운 결과를 가져오는 것에 주목하였다. 살아남기 위한 아이는 이런 감정들을 억압하고 느끼지 말아야 한다. 한 여성은 자신이 어떻게 적응했는지 기술했는데, 그녀의 꿈에서는 사람들이 얼굴이 없었던 것이다. 압도하는 외상의 영향에 대해 Shengold는 '영혼 살해(soul murder)'라고 선언하였다.

Anna Freud는 성숙하여 자아가 발달하면, 혼란스러운 환경 자극의 유입에 대한 내성, 또 좌절이나 결핍이나 무섭고 과도한 자극에서 오는 불쾌감에 대한 내성이 생기기 때문에, 사람은 유아기와 초기 소아기에 가장 취약하다고 적었다.(1967; Rangell, 1968 참고) 어머니-유아의 관계가 혼란으로 가득 차 있다면, 유아는 장기간 지속하는 상황의 영향을 받게 되며, Kris는 이것을 '충격성 외상(shock trauma)'과 대조되는, '긴장성 외상(strain trauma)'이라고 불렀다.(1965, p.324) 또 다른 혼란은 유아나 어린아이를 보호하고 감싸 줘야 하는 어머니가 오랫동안 반복적으로 여러 면에서 그 역할을 하지 못해서 생긴다. Khan은 이것을 '누적 외상(cumulative trauma)'이라고 불렀다.(1963) 긴장성 외상과 누적 외상이 함께 작용하여 자아의 합성기능이 구조화되는 것을 방해할 수 있다.

신호 정동이라는 프로이트의 개념은 자아 발달의 다른 측면을 제시하며, 적응의 문제를 이해하는 데에 중요한 진전을 가져왔다. 내적 혹은 외적 위험을 알려 주는 비교적 낮은 강도의 불안은, 우리가 감정에 압도되는 대신 우리의 환경과 반응을 더 잘 능동적으로 통제하고 조절할 수 있게 한다.

신호 기능을 하려면 인지적인 평가가 필요하다. 즉, 정동이 압도하는 수준에 도달하기 전에 우리는 정동을 확인하고 인정할 수 있어야 한다. 또한 우리는 의식적 혹은 무의식적으로 근본적인 갈등과 위험을 확인해야 한다. 그럴 때는 기억과 환상이 그것을 가능케 한다.(Noy, 1982) 예를 들어, 아이는 만족을 추구하는 여러 상반되는 소원들이 충족되었을 때의 결과를 의식적 · 무의식적 환상을 통해 예상할 수 있다. 그 결과는 무력감, 대상 상실, 사랑의 상실, 죄책감, 거세, 혹은 다른 파국적인 사건이 될 수 있다. 그때 아이는 어떻게든 소원을 충족시키든가, 전적으로 그 표현을 차단하든가, 여러 방어나 타협 형성으로 소원의 모습을 바꾸든가, 혹은 위험을 평가하여 적응적인 행동을 하든가 중에서 선택한다. 아이의 선택은 좌절을 견디고 만족을 연기할 수 있는 아이의 능력에 달려 있다. 만약 아이가 충분한 능력이 있다면, 아이는 감정이 격해지는 것을 막고 감당할 만한 수준으로 감정의 강도를 제한하면서, 방어와 타협 형성으로 반응할 것이다. 따라서 자아 성숙과 자아 강도의 정도는, 아이가 행동 수정을 위한 신호로서 자신의 정동을 소량 이용하여 최소한의 강도로 감정을 제한할 수 있는 능력을 통해 알 수 있다.

두 가지 예를 들어 보자. 4세인 수지는 '엄마와 아기' 놀이를 하는데, 아기가 나빠서 엄마가 아기를 죽였다. 다음 날 수지는 어머니에 대한 자신의 미움과 죽음 소원을 환상 속에서 다른 곳으로 전치할 수 있어야 했지만 그럴 능력이 부족했다. 그 충동은 투사되어, 전이 대상인 분석가와의 관계에서 느껴졌고, 그 갈등과 연관된 불안이 수지의 통제 능력을 압도했다. 수지는 얼굴에 공포가 가득한 채로 분석가의 방에 뛰어들어 가서, "나를 건드리지 마, 너는 못됐고, 끔찍하고, 나빠!"라고 소리쳤다. 약이 오른 수지는 가위를 집어 들고서 분석가를 공격하려고 하다가, 소리치고 흐느껴 울며 의자 밑으로 기어들어 갔으며, 그제야 가위를 치울 수 있었다. 그녀는 몇 분간 무기력하게 훌쩍거리다가 마침내 조용히 이야기를 받아들일 수 있었다.

역시 4세인 조니는 자신의 가족과 분석가의 가족이 함께 배를 타고 여행하는 놀이를 하고 있었다. 분석가가 저녁 식사를 알리게 되어 있었는데, 실수로 잘못 알려 주었다. 조니는 몹시 화가 나서 분석가를 나타내는 인형을 배 밖으로 던져 고래가 잡아먹도록 했다. 조니는 갑자기 소변을 보고 싶다고 느꼈고 다시 돌아왔을 때는 자신이 무엇을 하고 놀았는지 기억할 수가 없었다.

자신의 감정을 확인할 능력이 없었던 수지는 무력감을 느꼈고 수지의 감정을 조절하려면 외부에서 도와주어야 했다. 조니는 점점 화가 나는 것과 복수하고 싶다는 환상을 모두 지각할 수 있었고, 이것 때문에 일시적인 불안을 경험하였다. 조니는 환상(즉, 사랑하는 치료자의 상실, 치료자 사랑의 상실, 거세, 자신이 느낄지도 모를 고통스러운 슬픔과 죄책감에 대한 예상)과 함께 이런 불안을 지각할 수 있었기 때문에, 방어(도피와 억압)를 가동했다. 이런 식의 반응은 조니의 감정 경험을 제한해 주어서, 조니는 압도되거나 무력해지지 않았다. 조니의 순간적인 정동 경험은, 자아 기능을 압도하기보다 그의 반응을 조직하여 자아 기능이 잘 작동하게 해 주었다.

위의 기술에서는 조니의 신호 기능이 어느 정도 의식적인 것으로 보이지만, 그 기능은 무의식적일 때가 더 많다. Arlow(1977)는 정동이 갈등과 연결되면, 관련된 구성 요소—즉 신체적, 감정적, 표현적 요소, 혹은 관련된 생각이나 환상—중 어떤 것이라도 전적으로 혹은 부분적으로 억압될 수 있다고 말한다. 조니는 아주 잠깐 그 가능한 결과에 대한 불안을 경험했다. 발달하면서, 신호 기능은 다소간 자동적인 것이 된다. 사실, 분석적 치료의 흔한 결과 중 하나는 우리가 자신의 감정과 그에 관련된 무의식적 환상을 더 많이 알게 되는 것이다.

신호 기능을 이용할 수 있는 능력은 타고나는 것이 아니며, 정동에 자동으로 동반되지는 않는다. 그것은 발달하면서 성취해야 하는 중요한 과업이다. 보통 2~3세경에 시작되는데, 일단 그것을 이용할 수 있게 되면 그것은 정동을 도와준다. 왜냐하면 정동을 신호로 사용하는 것은 아이가 무력해진 상태로 압도되는 것을 막아 주기 때문이다. 자아가 발달하면서, 정동과 감정 표현이 더 분화되고, 정동을 더 잘 인식하게 되며, 결국 정동의 파괴적인 효과에 대한 자기 조절과 통제력이 더 커진다. 감정이 되풀이하여 압도적으로 경험되는 병적인 상태는 잘못된 신호 기능을 나타내며, 병리적 자아 기능을 시사한다.(Ritvo, 1981)

Greenacre(1941)는 그러한 병리적 자아 기능의 한 근원이 생애 초기의 정동 경험들과 관계있다고 본다. 그녀는 심각한 외상, 과도한 자극, 너무 긴 좌절, 해소되지 않는 유기체적 고통, 이런 모든 것이 출현하는 자아를 약화시키는 기능을 한다고 보았다. 그 결과, 정동이 자아의 합성하고 조절하는 기능을 강화하기보다 압도하고 와해시킨다는 것이다. 신경 생리적 패턴이 영향을 받아서, 생리적 불안 반응에 대한 특별한 감수성, 즉 '불안에 대한 소인(predisposition to anxiety)'이 생길 수도 있다. 그녀는 그런 소인이 체질적인 성향과 결합하면, 신경증적 장애가 심해질 수 있다고 생각했다.(James, 1960; Weil, 1978)

정동과 대상관계

Spitz의 어머니-유아 간 상호성(reciprocity) 개념으로부터 정동과 대상관계의 상호 관련성에 대한 현대적 이해가 생겨났다.(1962, 1963) Spitz는 근본적으로 양방향이고, 비언어적이며, 의미 있는 의사소통 과정, 즉 둘다에게 영향을 미치며 대상관계 확립의 기초가 되는 어머니-유아 간 정동적 대화(dialogue)의 중요성을 강조하려고 했다. 우리가 대상관계를 토의할 때 기술한 것처럼, Spitz는 무생물 대리모에 의해 양육되는 새끼 원숭이에 대한 Harlow의 실험을 논하면서 이 개념을 처음 도입했고, 새끼 원숭이와 대리모 사이에 정동적인 상호 대화가 없는 것은 새끼 원숭이의 발달에 광범위한 파괴적인 영향을 미친다고 지적했다.

앞에서 언급했듯이, 어머니-유아 간 상호성은 자기감과 대상관계 발달의 토대가 된다. 어머니-유아 간 상호성을 확립하고 유지하는 것에 실패하면 정동에 혼란이 오고 여러 정신 체계의 발달이 방해받는다는 것을 Anna Freud(1941, 1942, 1949), Spitz(1946a, 1946b), Harlow(1960a, 1960b), Harlow와 Zimmerman(1959), Bowlby(1960b,

1961, 1969), 그 외 다른 많은 후기 연구자들이 보여 주고 있다.

어머니-유아 간 상호성에서 정동이 맡은 역할에 관한 구체적인 연구들은 몰랐던 것을 알려준다. 예를 들어, 어머니는 유아의 감정 표현으로 지각되는 것에 대해 반응하도록 '미리 조율되어 있는(pretuned)' 것처럼 보인다. 갓 태어난 신생아에서 볼 수 있는 대부분의 행동은 반사 행동으로, 그것은 온순함 혹은 까다로움처럼 내인성으로 정해져 있고 상태의 지배를 받는다. 이런 원시적 패턴에서 시작하여 유아는 점점 더 분명한 표정, 소리, 몸동작으로 발전해 나간다. 이런 표현들은 어머니가 유아에 대한 건강하고 자기애적이며 공감적인 동일시를 촉진하도록 도와주며, 그런 동일시를 통해 어머니는 유아의 내적 상태를 추측할 수 있게 된다. 그래서 유아의 행동은 그와 환경 간에 주고받는 정동적 피드백 체계의 확립을 촉진하며, 이것은 생존을 보장하기 위해 성취해야 할 과업이다(Basch, 1976; Call, 1984)

유아 또한 어머니의 감정을 읽도록 '준비되어(tuned)' 있으며, 유아의 행동은 유아가 어머니의 얼굴에서 감정적 표현을 찾으려 한다는 것을 보여 준다. 빠르면 생후 3개월에 유아는 어머니와 놀던 중, 어머니가 실험을 위해 지시받은 대로 '굳은 표정(still-faced)'을 지은 채 반응이 없으면, 당황하고 위축되어 어머니와 다시 놀려고 애쓴다는 것을 앞에서 기술했다.(Tronick 등, 1978) 생후 6개월 이후에, 유아는 '격려(refuel)'가 필요할 때 어머니의 감정 표현을 지각하여 이용하는 것처럼 보이며(Mahler 등, 1975), 낯선 상황에서 진행할지 말지를 정하는 단서로서 어머니의 표정을 이용하는 것처럼 보이는데, 이런 정동적 교환은 '사회적 참조(social referencing)'로 알려졌다.(Sorce 등, 1981; Emde & Sorce, 1983)

Stern은 어머니-유아 간 상호성을 기술하기 위해 그 나름 '정동 조율(affect attunement)'이라는 용어를 도입했다. 정동 조율은 행동을 똑같이 따라 하지 않으면서도 유아의 속도, 강도, 내적 감정 상태에 맞추는 식으로 행동하는 어머니의 능력을 말한다.(1984, p.7) 불일치(또는 부조화)는 유아의 상태나 놀이에서 관찰할 수 있는 정도로 혼란을 일으킨다. 바람직한 발달을 위해 중요한 것은 유아가 조율의 경험을 통하여 "내적인 느낌은 다른 사람과 나눌 수 있는 인간 경험의 형태라는 것"(1985, p.151)을 깨닫는 것이며, 조율은 비언어적인 은유로 작동하기 때문에 이것은 상징과 언어를 사용하는 데 필요한 단계라고 Stern은 믿었다. 그래서 Stern은 Spitz의 어머니-유아 간 대화의 개념을 채택하여 그것을 자세히 연구하였고, 이전에 기록되지 않았던 이 대화의 상세한 부분을 채웠다.

요약

정동에 관한 관심은 정신분석에만 국한된 것이 아니므로, 우리는 그 연구에 관여하는 여러 학문 분야를 짧게 언급했다. 지난 100년 동안 많은 이론이 출현했다는 것은 그 주제에 관한 관심을 입증하며, 정동 이론에서 논쟁의 여지가 아주 많은 주제들이 아직 해결되지 않고 있다. 정신분석적 관점의 입장은 정동을 경험하는 것과 그 정신 내적 의미가 안면 근육의 움직임이나 신경세포의 발화 때문에 만들어지는 것은 아니라고 본다는 것을 우리는 지적했다. 욕동, 자아 기능, 대상과의 관계 때문에 정동의 의미는 인간이 성장하면서 그 개인에게 독특한 것이 된다.

이제 우리는 정동이 가진 기능의 발달, 특히 정동의 신호 기능의 진화로 넘어갈 것이다.

9장

정동의 발달상 진화

신생아의 울음은 어머니에게 아기의 요구를 알리며, 어머니의 정동 반응을 불러일으킨다. 그 반응의 성질은 어머니가 아기의 울음을 어떻게 생각하고 느끼는가에 따라 정해진다.(Call, 1984) 반대 상황, 즉 뭔가 요구가 있는 유아가 어머니의 반응을 지각하는 상황이라면, 아이는 아주 조금씩 그것이 자신에게 무엇을 의미하는지 알게 될 것이다. 또한 울음이나 표정으로 어머니에게 전달되는 유아의 감정에는 아주 조금씩 주관적인 의미가 생기게 될 것이다.

정동의 신호 기능을 사용할 수 있는 능력은 출생 시에는 존재하지 않는다. 출생 후 몇 주 동안의 유아 발달에 관한 체계적인 연구들은(예, Spitz, 1950; Brody & Axelrad, 1970), 신호 기능에 필요한 자아 기능—즉 지각, 기억, 회상, 반응 등을 통합하는 능력(Freud, 1926)—이 존재한다는 증거를 보여 주지 못했다. 유아는 분명히 상당한 정도의 지각 능력과 그 외의 중추신경계 활동성을 가지고 태어나지만, 이런 요소들의 통합은 아주 조금씩 이루어진다.(Sander 등, 1979)

Emde(1984)는 유아의 정동 표현을 어머니가 어떻게 지각하는지 조사하여, 신생아부터 18개월까지의 어머니 611명에 대한 횡단 연구를 기술했다. 대다수의 어머니는 생후 3개월이 되면 유아들이 흥미,

즐거움, 고통, 놀람, 성냄, 무서움 등을 보인다고 보고했다. 우연히 보게 되었든 체계적으로 관찰했든 간에, 유아기 정동 연구의 주된 어려움은 유아의 표정으로 내적 정서 상태를 추측하려는 경향을 억제하기 어렵다는 것이다. 그 판단은 흔히 관찰자에게 일어나는 반응에 따라 왜곡된다. 또한, 유아의 정서 상태는 흔히 관찰자가 그런 상황에서 자기라면 어떻게 느낄지 혹은 자신이 유사한 표정이나 행동을 할 때 무슨 의미인지 상상하는 것에 따라 정해진다. Basch는, 얼굴 형태는 외관상의 반응이며 특정한 반응에 내재해 있는 의미는 독립적으로 설명되어야 한다는 것을 Darwin이 깨닫지 못해, 이런 성인 중심의 실수를 저질렀다고 지적했다.(1976, p.719)

정동이 표정으로 나타나는 것은 타고난 의사소통 능력을 반영하지만, 표정은 발달이 진행할 때, 점점 더 다양해지는 경험에 동참하는 정동의 여러 측면 중 하나일 뿐이다. 결과적으로, 어떤 사람의 얼굴 표정이 다른 사람의 표정과 같다고 여겨질 수 있지만, 관련된 생각과 주관적 느낌을 포함한 그 사람의 전체 정동 구조는 점차 남과 구별된다. 어떤 정신 병리적 상태는 표정, 감정, 정동 사이의 연결이 절대적인 것이 아님을 보여준다. 발달의 다른 선들과 마찬가지로, 정동의 발달선도 전체 정동 경험에 기여하는 수많은 작은 단계들과 교차하는 경로들을 가진다.

유아에게 어떤 의도(*intent*), 예를 들어 의사소통하려는 의도가 있다고 생각하는 경향이 있다. 분명히 유아의 울음은 무언가를 표현하며 전달한다는 것, 즉 정동의 표현이 양육자에게 영향을 미치고 무엇을 해야 할지 알려 준다는 것을 우리는 잘 알고 있다.(예, Wolff, 1959; Rycroft, 1968; Bowby, 1969) 의도적인 의사소통에 필요한 여러 가지 통합된 인지 기술은 가지고 태어나는 것이 아니라 아주 조금씩 발달하는 것이다. 유아가 의도적인 의사소통을 시작할 수 있게 되기 전에, 우리는 감정을 다른 사람에게 귀속시키고, 투사하고, 외재화하는 뿌리 깊은 인간 경향이 있기 때문에, '참 좋은 어머니(good-enough mothering)'(Winnicott, 1967) 혹은 최적의 '정동적 분위기(affective climate)'(Spitz, 1947) 그리고 '평균적으로 기대되는 환경(average expectable environment)'(Hartmann, 1939)이 작용할 수 있다고 본다.

미소

어린 유아의 매혹적인 미소는 보는 사람에게 유아의 감정이 자신과 일치한다는 믿음을 갖게 하는 전설적인 힘이 있다. 이에 대해 J. M. Barrie는 『피터 팬』에서 "첫 아기가 처음 웃었을 때, 그 웃음은 천 조각으로 나누어져 주위에서 춤추었고, 그렇게 요정들이 태어났다."고 적었다. 유아의 울음이 고통이나 화나 분노의 정동으로 해석되는 것과 같이, 유아의 사회적 미소가 즐거움을 느낀다는 의미로 받아들여지는 것은 당연하다. 사실, Spitz(1959)는, 사회적 미소가 자아 조직이 성장하는 것을 시사하는 첫 조직자라고 표기했다. 그러나 미소는 출생 때나 출생 직후부터 표정이 나타나고 분화된다는 좋은 예이지만, 그것이 즐거움이나 의사소통의 의도와 연결되는 것은 더 나중의 일이다.

Emde와 Harmon(1972)은 미소의 두 '체계(systems)'를 기술했다. 내인성(*endogenous*) 체계는 출생 시부터 나타나는데, 특별한 생리적 요소가 있을 때만 작동한다. 그것은 수유 여부와 관계없이 자거나 졸릴 때 나타나며, 급속안구운동(REM) 수면과 관계있는 것으로 밝혀졌다. 사실, 심각한 선천성 뇌 결손이 있는 유아에게서도 정상 유아에게서만큼 자주 내인성 미소를 볼 수 있다.(Harmon & Emde, 1971; Oster, 1978) 내인성 미소는 생후 2~3개월 사이에 줄어드는 것을 관찰할 수 있다.

외인성(*exogenous*) 미소, 혹은 사회적 미소는 외부 자극에 대한 반응으로 생긴다. 이 미소는 더 늦게, 대략 1개월 말쯤에 불규칙적으로 나타나기 시작하며, 이미 만들어진 운동 패턴을 이용하기 때문에, 내인성 미소 체계가 아직 작동하고 있는 동안에 관찰되는 경우도 있다. 외인성 미소의 출현 시기는 유전적으로 결정되는데, Freedman(1965)은 이 점에서 일란성 쌍둥이가 이란성 쌍둥이보다 일치율이 더 높다는 것을 보여 주었다. Spitz와 Wolf(1946)의 획기적인 연구는, 유아의 외인성 미소는 다양한 자극으로 생길 수 있지만, 특히 인간 얼굴의 전체적인 구성요소, 즉 앞에서 보았을 때 코, 두 개의 눈, 이마와 고개의 끄덕임 같은 약간의 운동을 보게 될 때 가장 규칙적으로 생긴다는 것을 보여 주었다. 만약 옆얼굴을 보여 주거나 구성요소 중 하나가 빠졌을 때는 유아의 미소가 사라졌다. 그 얼굴이 인간의 얼굴일 필요는 없었으며, 적절하게 꾸며진 가면이나 풍선조차도 같은 반응을 일으킬 수 있었다. 대상을 구별하지 않는 외인성 미소는 재빨리 나타나지만, 나중에 유아가 일단 어머니에게 확고한 애착을 형성하게 되면 어머니의 얼굴이 가장 강력한 유발자가 된다. 이후에는 확실히 아이 양육 환경의 성질에 따라 줄어드는 속도의 차이는 있지만, 무분별한 미소는 줄어든다.

미소 출현에 대한 이 같은 예는 신생아가 미소라는 도구를 가지고 있고, 깨어 있거나 졸리거나 잠자거나 간에 미소를 짓지만, 이런 미소를 신생아가 즐거움이나 즐거운 경험을 전달하려는 소원으로 보거나, 다른 사람과 상호 교환의 증거로 볼 수는 없으며, 더 나중에야 미소가 이 모든 것을 의미하게 된다는 것을 입증한다. 또한 이 예는 두 번째 형태의 미소가 특정한 시각적 자극에 반응해서 생긴 정형화된 무차별적 감정 표현으로 시작된다는 점을 보여 준다. 따라서 미소를 유발하는 자극의 근원과 관계있으며 지각을 구별하는 자아 능력과 관계있는 어떤 진화를 거치면서, 미소 짓는 표정 자체가 나타나고 사라진 후에야, 미소에 심리적인 의미가 연결된다고 말할 수 있다. 외양 그 자체는 유아가 무엇을 느끼는지 말해 주지 않는 것이 확실하다.

심리적 의미와 기억

여전히 남아 있는 의문은 '최초의 정형화된 무차별적 미소가 언제 심리적 의미와 연결되는가?' 하는 것이다. 이미 언급했듯이, 유아의 초기 감정 표시는 쾌락과 불쾌처럼 적응과 생존에 필수적이고 생물학적으로 의미 있는 메시지를 담고 있지만(Emde, Gaensbauer, & Harmon, 1976; Emde, 1980a, 1980b), 그것이 유아의 마음에서 배고픔이나 편안함에 대한 욕구의 만족이나 좌절과 연결되는 것은 아주 서서히 일어난다. 그러나 곧 기억의 흔적이 쌓이고 또 유아가 차츰 익숙한 양육자와 욕구의 만족을 연관 짓게 되면서 이런 감정 표현은 인간 상호작용이라는 자극에 대한 요구와 연결된다. 또 다른 의문은, '유아가 욕구 만족, 어머니 역할을 하는 사람의 존재, 즐거운 느낌을 연결하려면 무엇이 필요하며 어느 정도 자라야 하는가?' 하는 것이다. 유아의 정동에 심리적 의미를 주는 것은 이 삼요소의 결합이며, 그 후에 정동의 진화와 분화가 일어난다고 예상할 수 있다.

이런 연결에 필요한 것은 기억임을 간단한 관찰로 추측할 수 있다. 유아는 3개월경에 사람의 얼굴을 알아보고 확실하게 미소 짓기 때문에, 이때가 바로 유아가 즐거운 경험과 어머니를 보는 것을 연결하는 시기라고 결론 내릴 수 있다. 그러나 3~4개월경의 유아가 시각과 다른 형태의 지각인 냄새 등을 이용하여 여러 방법으로 어머니와 낯선 사람을 구별할 수 있는 반면에(Montagner, 1983), Spitz와 Wolf(1946)의 관찰은 시각적 형태의 자극이 비특이적이며 사람일 필요가 없음을 보여 준다. 따라서 정동에 심리적 의미가 있으려면, 얼굴 인식 기억 이상의 것이 요구된다. 유아가 환기 기억을 이용할 수 있게 되면, 어머니의 여러 특징을 더 많이 인식하게 되고 어머니와 타인을 구별하는 능력을 갖추게 되어서 그것을 바탕으로 심리적 의미가 시작되는 것 같다.(McDevitt,1975) 어머니의 얼굴을 구별하여 보는 것은 약 7주경에 나타나고, 어머니의 눈 주위부터 시작하여(Haith 등, 1977), 그 후 수주 혹은 수개월에 걸쳐 변하거나 변하지 않는 많은 세세한 부위를 반복적으로 보게 되어, 조금씩 어머니의 표상을 구축해 나간다는 것이 밝혀졌다.

4~5개월에는 유아가 어머니에 대한 아주 분명한 애착을 형성한다는 데 많은 관찰자가 동의한다. 7~8개월이 되면 어머니가 곁에 없을 때 유아가 엄마를 그리워하고 찾는 것을 분명히 볼 수 있다. 어머니는 이제 쉽게 '바꿀 수 있는(interchangeable)' 존재가 아니다.(McDevitt, 1975) 그런 반응은 회상 기억이나 환기 기억이 시작되었음을 시사하는 것이며, Piaget(1936)는 이것을 더 후기인 18개월경, 즉 표상적인 사고가 확립되고 언어 사용이 잘 진행된 때에 일어나는 발달상의 성취라고 생각했다. 더 최근의 실험 연구들은 초기 유아기의 비언어적인 기억 체계를 조사했다.(Stern, 1985 참고) Nachman과 Stern(1984)은 초기에 정동 기억 체계가 존재하다는 증거를 제시하면서, 정동적인 경험은 이미 7개월 때에 회상을 촉진한다고 말하는데, 이는 McDevitt의 보고서에서도 제시되었던 시기이다. 이렇게 작동하는 기억은 정신적 표상 속에 정동적 요소를 쌓는 필수적인 역할을 할 것이며, 정신 기능은 '정동의 교환이라는 토대 위에서' 진화하며, 정동적 교환은 '발달의 선구자(trail breaker)'로 작용한다는 Spitz의 주장을 확인해 준다.(Spitz & Cobliner, 1965, p.140)

낯선 사람에 대한 고통(stranger distress)

낯선 사람에 대한 고통은 여러 저술가가 관찰하고 보고해 온 것이다.(Emde, 1980c)* Spitz(1959)는 그것의 출현을 정신의 '두 번째 조직자(second organizer)'라고 명명했고 그것은 유아의 마음에 리비도적 대상이 확립되었음을 시사한다고 생각했다. 유아가 낯선 사람을 싫어하고 어머니 쪽으로 고개를 돌리는 반응은, 유아가 익숙한 것과 낯선 것을 구별할 수 있으며 어머니를 선호한다는 사실을 확인해 준다고 Spitz는 결론을 내렸다. Spitz와 Cobliner(1965)는, 낯선 얼굴을 보는 것은 또한 어머니를 상실하는 공포를 의미한다고 추정했다. 지금은 유아가 7~9개월 이전에 어머니의 얼굴과 낯선 사람의 얼굴을 잘 구별할 수 있다고 알려져 있다. 게다가, 분리에 대한 반응은 낯선 사람에 대한 고통보다 훨씬 더 예측할 수 없고 일정하지 않으며, 만약 분명히 나타난다 해도 둘째 해의 후반이 되어서야 최고조에 달한다.(Emde 등, 1976) 따라서 Spitz가 인지적인 불일치 혹은 분리 반응을 토대로 하여 '생후 8개월의 고통'을 설명한 것은 충분하지 않으며 정확하지도 않다.

그렇지만 고통의 출현은 중요한 발달상의 변화를 시사한다는 Spitz의 관찰은 중요하다. 별개의 감정 표현들이 정해진 발달 순서를 따라 나타나며 중추신경계의 성숙에 달려 있다는 것을 보여 주는 연구는 여럿이다. 어떤 인지적 능력 또한 관계있는 것 같다. 쾌감과 불쾌감의 표현은 2~3개월경에 분명히 나타나지만, 공포, 놀람, 분노의 표현은

---

* Spitz는 그 반응을 관찰하고 불안(*anxiety*)이라고 불렀지만, Katan(1972)은 고통(*distress*)이 더 정확한 용어라고 제안한다. 불안이라는 말은 그 기저의 갈등뿐만 아니라 무서운 결과와 같은 연관된 생각을 포함하는데, 그 둘 다 더 후에야 나타나는 표상적 사고를 요구한다.

7~9개월 이후가 되어야 뚜렷해지는데, 이 시기는 수단과 목적의 연결이 이루어지기 시작하는 때이다.(Emde, 1980b; Emde 등, 1976) 따라서 낯선 사람에 대한 고통의 출현은 수단과 목적의 상관성, 불쾌감의 예견, 감정 반응(두려움)의 출현, 회피 행동 등이 연결된 것임을 시사한다. 유아가 느끼는 고통의 강도는 또한 어머니-유아 간 애착의 질에 비유되는데, 안정된 관계일수록 고통의 강도는 줄어든다.(Mahler & McDevitt, 1968; Bowlby, 1969; Rheingold, 1969; Ainsworth 등, 1978)

이제 어머니의 반응은 유아에게 새로운 유용성과 의미를 지닌다. 유아의 정동은 아직 신호로 기능하지 않지만, '사회적 참조(social referencing)'를 하는 것이 분명하다. 첫해의 후반 6개월 동안 시작하여 (평생 지속하는 것으로서), 유아는 그냥 낯선 사람이라기보다 낯선 상황을 만났을 때, 어머니(혹은 다른 중요한 사람)로부터 감정적 정보를 찾는다. 그때 유아는 그 상황의 안정성이나 위험성에 대해 어머니가 내리는 평가를 알아보기 위해 어머니의 정동 반응을 이용한다. Sorce 등(1981)과 Emde와 Sorce(1983)는 실험적으로 설정한 상황에서 유아가 어머니의 정동 표현을 이렇게 이용하는 것을 반복 검증하고 관찰할 수 있었다고 한다. 낯선 상황에 직면하면, 아기는 낯선 상황과 어머니를 번갈아 쳐다보는데, 만약 어머니가 안심시키는 밝은 미소로 반응하여 그 상황이 안전함을 표시하면, 아기는 탐색을 시작한다. 만약 어머니가 무서운 표정으로 위험을 표시하면, 아기는 보통 울면서 어머니에게 돌아간다. 연구자들은 어머니의 정동 신호가 아기의 다음 행동을 이끈다고 결론을 내렸다.

사회적 참조의 실험 결과는 어머니를 감정적으로 이용할 수 있는 것이 두 가지 면에서 유아의 자아 발달에 중요하다는 것을 보여 준다. 첫째, 유아를 안심시키거나 경고하는 어머니의 정동 반응은 어머니가 보조 자아로 기능하는 동안 유아가 가진 평가 체계의 필수적인 부분이 된다. 둘째, 어머니의 감정적 개입은 유아의 취약한 자아가 압도적인 심한 불안의 외상적 영향을 받지 않도록 보호해 준다. 이런 관찰은 고통의 출현이 어머니가 유아의 리비도적 대상이 된 것과 관계 있다는 Spitz의 생각을 입증하는데, 리비도적 대상은 유아가 기본적 신뢰감을 확립한 대상이다. 어머니는 이제 계속 안전감을 주는 확실한 근원이 된다. 낯선 상황에서 파괴적이고 심한 불안을 경험하는 대신에, 유아는 어머니의 안심시키는 미소를 봄으로써 탐색하라는 격려를 받는다. 그러므로 낯선 사람에 대한 고통과 사회적 참조에 이용된 기전들은 나중에 아이가 그 자신의 정동을 신호로 이용하기 위한 토대가 된다.

다면적인 심리적 경험으로서 정동

앞에서 언급했듯이, 정동은 연관된 생각이나 인지적 요소뿐 아니라 동기 유발, 신체, 감정, 표현, 의사소통 등과 관련된 요소도 들어 있는 정신구조라고 우리는 생각한다. 유아는 발달하면서, 점차 더 분화된 정동 행동 패턴과 더 구분된 감정 표현을 보이는데, 이것들을 통해 환경의 적절한 양육 반응을 불러일으킨다. 그러나 아직 유아의 정동 표현은 어머니 이외의 세상에 현실적으로 적응하기에는 충분하지 않다. 걸음마기 아이가 생각과 기억을 정신적으로 표상하여 (생각을 연결할 수 있는 능력이 있어야 하는) 소원과 환상을 형성할 수 있게 되면서, 유아는 차츰 이러한 생각과 환상에 정동 행동 반응과 그에 상응하는 생리 반응을 연결하게 된다. 이제 자신의 행동과 다른 사람들의 행동이 유아에게는 새로운 의미로 다가온다. 정동이 단순한 감정 표시를 넘어 심리적 경험이 되는 것은, 이렇게 (의식적 · 무의식적) 기억이나 생각이 정동 행동 반응과 연결되면서 일어난다. 일단 느낌이 생각과 연결되면, 결국 말로 표현할 수 있게 된다. 그러면 자아가 그것을 더 쉽게 인식하고, 조절하고, 방어하고, 통제할 수 있게 되며, 따라서 정신 활동이 느낌의 강제적이거나 위압적인 요구로부터 해방된다.

감정 표시와 다면적인 심리적 경험으로서의 정동을 발달상 구별하는 것은, 프로이트(1926)의 이론적인 발달 순서에서 첫 번째 불안인 분리 불안 혹은 대상 상실의 공포와 낯선 사람에 대한 고통을 구별할 수 있게 한다. Spitz에게는 이 구별이 모호했지만, Benjamin(1961a, 1963)은 이것을 구별하자고 한다. 낯선 사람에 대한 고통(stranger distress)은 예측 가능하며, 그것은 공포를 느끼게 된 것과 수단과 목적을 관련지을 수 있게 된 데서 온다. 그렇지만 우리가 아는 바로는, '낯선 사람에 대한 고통'은 감정이 생각이나 환상과 연결된다는 뜻은 아니다. 분리 고통(separation distress)은 낯선 사람에 대한 고통과 다르며, 발달상 일정하지 않은 경과를 보인다. 분리에 대한 반응은 이르면 4개월에도 보고된 적이 있지만(Burlingham & Freud, 1942; Gaensbauer, 1982), 분리가 예상될 때의 고통은 둘째 해에 최고조에 달한다.(Tennes & Lampl, 1964)

대상 상실이 예상될 때 공포가 생기려면, 대상과 자기를 정신적으로 표상할 수 있는 능력과 대상 없이 혼자 있을 때의 결과를 상상할 수 있는 능력이 있어야 한다. 대상에서 독립한 자기에 대한 느낌이 출현하기 시작하면서, 무력함을 느끼는 순간들이 나타난다. 걸음마기 아이는 안전을 유지하기 위해 대상이 있어야 한다고 느끼며, 대상 상실의 위협을 느끼게 되면 무력함을 예상한다. 대상 상실의 공포는 훨씬 나중에 신경증적 갈등과 연결될 수도 있는데, 그런 갈등은 대상에 관한 많은 환상과 대상이 없는 자기에게 일어날 수 있는 결과들이 뭉친 데서 온다고 추정할 수 있다.

신호 기능

발달이 충분히 진행되어 느낌이 생각과 연결되고 정동이 신호 기능을 할 수 있게 되면, 아이는 자신의 정동이 가지는 위압적이고 파괴적인 힘의 지배를 벗어나 정동을 더 잘 통제하고 조절할 수 있다. 연구자들은 이 기능의 발달상 진화에 관심을 기울이기보다, 이 기능이 없었을 때 나타나는 병리적 상태에 더 큰 관심을 기울였다.(Hartmann, 1953; Ritvo, 1981; Kernberg, 1984 임상 증례 참고)

우리는 조직하고 조절하는 어머니의 기능을 성공적으로 내재화하고 동일시함으로써 신호 기능을 사용할 수 있게 된다고 믿는다. 그래서 그것은 리비도적 대상 항상성과 동시에, 그것과 관련하여 출현한다고 볼 수 있다.(P. Tyson, 1988)

정동을 신호로 이용하는 것은 자아가 정동을 지각하고, 위험을 확인하고, 그에 맞춰 방어와 타협의 도움으로 행동을 조절할 수 있다는 것을 의미한다. 그렇다면 그렇게 지각하고 확인하고 방어와 타협을 적용하는 능력을 발달시키기 위해 무엇을 촉진하고 준비해야 하는가 하는 의문이 생긴다. 프로이트는 이 의문에 관해 숙고한 끝에 다음과 같이 말했다. “위험은 인류의 공통 운명으로, 모든 사람은 같은 위험에 처해 있다. 우리가 알아야 하지만 알 수 없는 것은, 누구는 불안 정동의 특이한 성질에도 그것을 정상적인 마음의 작용 안에서 다룰 수 있고, 누구는 그것을 다스리지 못하고 실패할 운명에 처하는지를 설명하거나 결정하는 요인들이다.”(1926, p.150)

Tolpin은 갈등과 위험의 내적 신호로 불안과 다른 정동을 소량 이용하는 능력은 유아의 정동 행동에 대한 어머니의 반응으로부터 시작된다고 말한다.(1971; Ritvo, 1981 참고) 그러나 신호 기능의 구조화와 효과적인 작동을 보장하는 것은, 유아가 느낌을 표현하고 연관된 행동을 보일 때 어머니가 아기의 고통을 줄여 주고 안락감과 안전감을 주는 행동을 취하면서 시기적절하고 일관되게 반응하는 것뿐이며, 그리하여 합성하고 자기-조절하는 아기의 자아 기능이 강화된다. 어머니의 그런 노력이 성공한 것을 처음 알게 되는 것은, 8개월경에 유아가 사회적 참조를 통해 안전이나 위험에 대한 지표로 어머니의 정동 신호를 이용하기 시작하는 때일 것이다.

항문-화해기의 발달상 갈등은 보통 강한 정동을 불러일으키며, 걸음마기 아이의 좌절과 만족의 경험이 균형을 이루도록 하려면 어머니가 해야 할 일이 많아진다. 걸음마기 아이는 점점 프로이트가 말한 대상 관련 공포—즉 대상 상실의 공포, 대상의 사랑을 상실하는 공포, 대상에 의한 처벌의 공포—를 상상하기 시작한다. 이런 환상에 공통적인 것은 어머니의 표상과 함께, 위험에 대한 예상이다. 걸음마기 아이의 마음에서, 자신의 안전은 어머니라는 존재가 옆에 있다고 지각하는 것에 달린 것처럼 보인다. 그래서 아이는 고조된 감정 상태 때문에 생긴 압도적 무력감을 피하려고 어머니에게 의지하게 된다.

어머니가 걸음마기 아이의 요구나 고통에 압도되지만 않으면, 어머니는 욕동 만족에 대한 약간의 허용과 순응에 대한 적절한 기대 사이에 균형을 이루면서 아이의 감정 표시에 반응할 수 있다. 그렇게 균형을 유지하는 것은 고통을 줄여 주고, 좌절에 견디는 힘과 자기-대처 기전의 형성을 촉진하며, 어머니를 리비도적으로 계속 이용할 수 있다고 유아를 안심시키고, 내재화를 촉진하고, 정동 조절 능력이 잘 발달하도록 돕는다. 만약 어머니가 아직은 보조 자아가 해 주어야 하는 때맞춘 개입이나 공감하고 조절하는 반응을 해 주지 않으면, 아이의 불안이 자아 기능을 붕괴시켜, 무력함과 대상에 대한 리비도적 연결의 상실감이 생길 수도 있는데, 그 전형적인 예를 걸음마기 아이의 분노발작에서 볼 수 있다.(Yorke & Wiseberg, 1976) 우리는, 그렇게 압도하는 무력함은 원래 프로이트가 개념화했던 외상적 불안의 징후라고 믿는다.

Katan(1961)은 언어가 가진 중요한 정동-조절 기능에 주의를 환기시켰다. 정동 경험을 말로 표현하는 것은 부모가 느낌에 이름을 붙여주는 것으로 시작되는데, 만약 그렇게 되면 아이는 자신의 느낌을 인정하고, 존중하고, 더 잘 이해할 수 있게 된다. 이제 행동 이외의 반응이 더 가능해진다. 그래서 행동을 미룰 수 있고, 분명한 목적이 있는 의사소통을 할 수 있으며, 자긍심을 동반하는 자아 숙달과 자기 통제가 촉진된다. 만약 아이가 정동을 적절하게 말로 표현하는 것을 배우지 않으면, 정동 상태의 강도와 복잡성 그리고 그것을 표현할 수 있는 능력 사이에 불일치가 생길 수도 있다. 말로 충분히 표현하지 못하면 아이는 행동에 의지하거나 신체화 같은 다른 형태의 표현에 의지할 수밖에 없다. 이렇게 되면 충동의 행동화를 미룰 수 있는 능력이 거의 없어서, 자아 숙달을 방해받고, 환경과 갈등이 생기고, 아이에게는 반복해서 무력해지고 정동에 압도되는 경험이 줄어들기보다 오히려 늘어나게 된다.

만약 어머니가 성공적으로 보조 자아 역할을 하면 아이는 성적·공격적 욕동에 대한 어머니의 태도를 동일시하고, 또한 어머니가 아이의 정동 상태를 인식하고, 이름 붙이고, 적절하게 조절해 주는 반응도 동일시할 수 있게 될 것이다. 다른 말로 하면, 어머니가 없을 때 아이가 자신의 무력감을 극복하려면, 조절하고 안전을 지켜 주는 어머니의 기능을 내적으로 이용할 수 있으면서(*internally available regulating and safety-keeping functions*), 동시에 어머니가 항상 내면에 있어야 한다(*constant internal presence*). 성공적인 내재화를 통해 아이는 독립적인 정동 관리를 위한 중요한 자원을 가지게 된다. 대상 표상과 그것의 사랑하고 안심시키는 기능이 안정적인 내적 자원이 되는 것을 Mahler는 리비도적 대상 항상성의 일부라고 했는데(Mahler 등, 1975), 일단 그렇게 되면, 조절하고 조직하는 활동으로 정동 신호에 반응해 주었던 대상의 기능은 아이의 자아 기능이 된다. 결과적으로 아이는 자신의 정동 상태를 인식하고 그것을 신호로서 이용하여, 스스로 조직하고 조절하고 보호할 수 있게 된다. 이렇게 신호 기능을 효과적으로 이용할 수 있는 능력은 성공적인 내재화에 달려 있으며, 대개 어느 정도 리비도적 대상 항상성의 획득과 함께 나타난다.

프로이트(1926)가 가졌던 의문으로 돌아가서, 사람이 불안의 조절에 실패하는 운명에 처하지 않으려면 내재화를 통해 중요한 자기 조절 능력을 갖춰야 하고 리비도적 대상 항상성을 획득해야 한다고 말하고 싶다. 신호 기능은 자아를 강화시켜, 특히 오이디푸스 콤플렉스의 갈등처럼 압박감이 큰 발달상의 갈등을 다룰 수 있게 한다. 갈등에서 오는 압력이 커질 때 시기적절하게 반응하여 고통스러운 정동을 감당할 만한 수준으로 유지할 수 있는 능력은 대부분 정동이 자아 기능을 조직하는 신호로서 계속 기능하는지 아닌지에 달려 있다.

그 후의 발달

신호 기능을 이용하는 능력이 오이디푸스 갈등, 그 갈등 해결의 변천, 잠복기와 청소년기 과제들을 다루는 방식을 결정할 수도 있다. 정동이 신호로 기능함으로써 잠복기 동안 욕동이 비교적 잠잠해질 수 있고 인지 능력이 더욱 향상될 수 있다. 또한, 인지 능력의 향상은 정동 경험의 인식을 포함하여 자기 인식의 폭을 넓혀주며, 그것은 신호 기능을 더 강화시키는 경향이 있다.

청소년기 동안 정동은 불안정해지기 쉬워서 큰 폭의 기분 변화에 대응하기 위해 단계 특이적인 여러 가지 방어가 필요하다. 기분 변화가 청소년기에만 있는 것은 아니지만, 특히 그 시기에 특징적이다. 정동과 기분의 연결은 다소 모호한 영역이다. 기분은 비교적 지속적이고 복합적인 정동 상태로, Weinshel(1970)은 기분이 정의하기 어렵다고('slippery' to define) 말하면서도 어린 시절의 사건에 관한 기억과 관계있을 것이라고 한다. 어떤 환기 경험이 초기의 기억을 불러일으킬 때, 그것은 또한 기대를 불러오며, 초기 자아 상태가 기분이라는 형태로 살아난다. Arlow(1977)는 환기 경험이 무의식적으로 지각되지만, 기분이 나타나려면 이 경험이 초기 기억과 연관된 기저의 무의식적 환상과 매우 비슷해야 한다고 덧붙였다.

기분 변화는 특히 청소년기 자아와 초자아의 재조직과 관계있다. 우리는 기분 변화가 일반적인 정동처럼 신호 기능을 할 수도 있다고 믿으며, 마찬가지로 그것이 만연하여 자아 기능을 와해시킬 수도 있다고 믿는다. 그것이 압도하게 될지 혹은 신호로서 기능하게 될지는 자아의 강도에 달려 있는데, 그 주제는 청소년기 자아 발달의 맥락에서 다소 자세히 논의하게 될 것이다.

요약

정동에 관한 관심은 정신분석에 국한된 것이 아니라서, 우리는 앞 장에서 그 연구에 관여하는 여러 분야를 간단하게 언급했다. 여기서는 정동의 정신 내적 차원과 발달 중에 신호 기능을 획득하는 것에 집중하였다. 감정을 표현하는 능력은 타고난 행동 패턴에 들어 있지만, 이런 표현에 심리적 의미가 결부되는 과정은 아주 서서히 이루어진다는 것에 우리는 주목했다. 이 시기 이전에 감정 표현은 양육자를 끌어들이는 도구로 작용하여, 양 방향 대화 속에 어머니와 유아 간의 정동적 상호성이 형성될 수 있게 한다. 강렬한 감정 경험이 자아 기능을 붕괴시킬 수도 있는 초기 유아기가 지난 후에, 유아의 감정 표시에 대해 조직하고 조절하는 어머니의 반응을 내재화하고 동일시함으로써, 아이는 위험이 임박했다는 신호로서 자신의 정동을 이용할 수 있게 된다. 그때 정동은 조직하고 조절하는 자아 기능을 촉진하는 신호로서 기능하게 된다. 이러한 토의로 신호 기능의 확립을 위한 구성요소들이 잘 알려지고 입증된 사실이라는 인상을 줄 수도 있지만, 사실 전혀 그렇지 않다. 풀리지 않은 의문이 많이 남아 있으며 훨씬 더 많은 연구가 이루어져야 한다. 그러나 이 두 장에서 우리는 정신 발달에서 정동의 역할이 그런 것처럼, 정동에 대한 현재의 개념은 복잡하고 논쟁의 여지가 있다는 것이 분명해졌기를 바란다.

5부 인지

COGNITION

10장

인지 발달에 관한 정신분석적 관점

우리의 내면세계에 의미, 풍부함, 자질, 분위기를 부여하는 것은, 의식하든 의식하지 않든, 생각과 환상이다. 충동에 생각을 연결함으로써 우리는 본능적 욕동을 알게 되고 행동을 늦출 수 있다. 생각이나 환상을 떠올리는 것은 우리의 정동 경험에 심리적 의미를 주며 우리의 감정 상태를 알게 해 준다. 생각하는 방식도 역시 발달상의 진화를 거치기 때문에, 의사소통하는 능력을 포함하여 어떤 사람의 인지 기능은 또한 그 사람의 과거, 발달, 삶의 갈등, 갈등에 적응하는 방법에 관한 것을 우리에게 알려 준다. 따라서 인지 발달에 관한 지식은 정신분석가뿐 아니라 인간 마음의 발달에 관심 있는 모든 사람에게 도움이 된다.

의식적 · 무의식적 정신 작용(mentation)의 진화와 구조를 이해하는 것은 여러 가지로 유익하다. 생각과 느낌의 연결 그리고 의사소통하는 능력은 정신 생활의 기초이기 때문에, 자아 형성을 충분히 이해하려면 인지 발달을 평가해야 한다. 예를 들어, 외상적인 사건이 어린아이에게 영향을 미치는 방식은 무의식적 갈등과 환상의 성질에 따라, 또 아이가 그 사건을 어떻게 지각하는가에 따라 달라진다.

얼마 전 지진이 있은 후, 2년 10개월 된 여아가, "여보세요. 방금 지진이 났어요. 내가 그런 거 아니에요. 엄마도 아니고, 아빠도 아니고,

동생도 아니에요. 그냥 저절로 그랬어요."라고 전화에 답하는 소리가 들렸다.(R. L. Tyson, 1989) 우리가 추측하기에 그 아이는 무의식적 갈등 때문에 책임감을 느꼈고 그래서 다른 사람들에게 안심시키는 말을 반복했던 것 같다.

만약 소아기나 나중의 성인기에 치료적 개입이 필요한 경우, 치료자가 소아의 인지 기술이 미성숙해서 생길 수 있는 왜곡을 염두에 둔다면 더 효과적일 것이다. 또한, 발달상 초기의 사고 유형이 성인기까지 지속되면서 영향을 미칠 수 있는데, 이것은 과거의 기억, 환상, 소원, 대상과 경험한 내용이 성인에게 영향을 미치는 것과 똑같다. 그렇게 지속되는 것은 성인이 현재의 현실을 지각하고 새로운 정보에 반응하는 것에 영향을 미칠 수 있으며, 만약 분석가가 초기의 사고방식을 알게 된다면, 더 나은 정보를 가지고 기술적 개입을 하게 될 것이다.

인지(*cognition*)는 우리가 지식을 알거나 습득하는 모든 과정을 뜻하는 광범위한 용어다. 그것은 지각하고, 인식하고, 상상하고, 상징하고, 판단하고, 기억하고, 학습하고, 사고하고, 추론하는 것이다. 이런 과정 중 일부 혹은 전부가 인식하지 못한 채 일어날 수도 있으며, 우리 정동 상태의 영향을 아주 많이 받을 수도 있다.

정신분석은 서로 관계있으면서 뚜렷이 다른 두 종류의 사고가 있음을 인정하는데, 그것은 일차 과정 사고와 이차 과정 사고다.* 일차 과정 사고는 구체화, 축약, 전치, 시각적 형상화, 상징화가 특징이며,

---

* 프로이트가 한 가지 사고 형태를 일차 과정으로, 다른 한 가지를 이차 과정으로 명명할 때, 그의 목표는 시간적인 우선순위를 말하려는 것이었다. 프로이트는 갓 태어났을 때 마음이 이용할 수 있는 한 가지 정신 작용이 있다고 생각했기 때문에, 그것에 일차 과정(*primary process*)이라고 이름을 붙였다. 이차 과정(*secondary process*)은 언어와 관련된 더 후기의 사고에 적용되었다.(Freud, 1900, p.603)

주로 무의식적으로 일어나고 내면의 주관적 세계를 표현하기 위한 도구이다. 일차 과정 사고는 의식적이거나 무의식적인 환상, 환상 놀이, 백일몽과 꿈, 마술적 사고, 말실수, 농담, 예술적이거나 창조적인 활동을 통해 표현된다.

이차 과정이 지배하는 사고는 의식적일 수도 있고 무의적일 수도 있다. 그것은 합리성, 질서, 논리가 특징이다. 언어적 상징을 많이 사용하며 주로 현실에 적응할 때 작용한다.

Hartmann(1939), Kris(1952), Rapaport(1951, 1960) 같은 소수의 잘 알려진 예외를 제외하면, 정신분석적 연구는 주로 일차 과정에 관심을 두었다. 반면에, 학문적 심리학자들은 주로 이차 과정 사고의 발달에 초점을 맞추었다. Piaget는 두 가지 유형의 정신활동을 인정했지만, 일차 과정 사고는 연구하기 어렵다는 것을 알게 되면서, 경험적 이유로 이차 과정에 집중했으며(Anthony, 1957 참고), 논리적 사고의 발달에 관한 포괄적인 이론을 확립했다. 정신분석가들이 일차 과정의 발달보다 일차 과정 상징화의 내용에 들어 있는 의미를 이해하는 것에 더 관심을 가졌기 때문에, 정신분석적 이론에는 일차 과정의 발달에 관해 이차 과정의 발달 이론과 연결할 수 있는, 포괄적으로 잘 이루어진 연구가 없으며, 따라서 많은 의문이 남아 있다.

프로이트는 1895년과 1900년에 그 주제에 관한 주된 개념을 이론화했고, 1911년 이후로는 큰 변화가 거의 없었으며, 그 후 구조이론을 도입하면서(1923a) 일차 과정을 이드에, 이차 과정을 자아에 귀속시켰다. 프로이트 이후에는 인지에 관한 정신분석적 연구가 미미했고, 주로 Piaget의 작업을 정신분석 이론과 통합하려는 시도에 국한되었으며, 그것이 성공한 정도는 다양했다.(Anthony, 1957; Wolff, 1960; Décarie, 1965; Peterfreund, 1971; Silverman, 1971; Basch, 1977; Greenspan, 1979). Piaget의 이론, 그리고 다른 인지 이론들이 무의식적 정신활동에 특별히 관심을 기울이지 않았기 때문에, 일차 과정과 이차 과정에 대한 프로이트의 개념은 인지에 대한 현대 정신분석적 사고의 기초로 남아 있다.

일차 과정과 이차 과정

프로이트의 가장 초기 그리고 가장 중요한 발견 중 하나는, 무의식적인 정신활동과 논리적이고 의식적인 생각이 서로 다른 규칙을 따른다는 것이다. Jones는 "심리학에 대한 프로이트의 혁명적인 공헌은 그가 무의식의 존재를 증명한 것보다, 또 아마 무의식의 내용을 탐색한 것보다, 오히려 각각 일차와 이차라고 이름 붙인, 근본적으로 다른 두 종류의 정신 과정이 있다는 사실을 제시한 것이다."라고 말했다.(1953, p.397)

프로이트는 일차 과정이 무의식의 언어이며 쾌락 원칙에 따라 기능한다고 제안했다.(1895a, 1900, 1911) 그의 생각은 욕동-방출 모델과 일치했고, 또 정신 기구의 목표는 항상성을 유지하는 것이라는 이론과 일치했다. 일차 과정은 갈등을 일으키는 욕동 파생물을 왜곡하고 위장하여, 욕동 만족을 쉽게 하는 것으로 프로이트는 기술했다. 그때 욕동 에너지는 방출되고 쾌락이 생기는데, 왜냐하면 욕동 충동이 의식되더라도 위장된 형태로만 되기 때문이다. 프로이트는 일차 과정이 태어날 때부터 마음에 존재하며, 경험하고 발달하면서 이차 과정이 전개되어 일차 과정을 억제하고 덧씌운다고 생각했다. 이차 과정은 늦게 나타나기 때문에, "무의식적인 소원의 충동으로 구성된 우리 존재의 핵심은 접근하기 어려운 것으로 남아 있으며, 이런 무의식적 소원이 후기의 모든 정신적 성향에 강제력을 행사한다."(1900, p.603) 프로이트는 일차 과정이 비합리적이고, 충동적이고, 원시적인 것이 특징이라고 말하였고, 무의식적 생각들 사이의 연결은 논리적이지 않아서 비합리적이며, 욕동과 관계되고 위압적인 성질이 있기 때문에 충동적이며, 태어날 때부터 있고 더 발달하지 않기 때문에 원시적이라고 하였다.

처음에 프로이트는 유아가 생각하거나 바라는 것은 무엇이든지 쾌락 원칙에 따라 그냥 마음속에 그려지거나, 혹은 그의 표현대로라면, '환각의 형태로 나타난다'고 설명했다.(1911, p.219) 유아는 기대하던 만족을 얻지 못하면, 실제 세계에 대한 개념을 만들고 그것을 바꾸는 방법을 찾는다. 쾌락 원칙이 우세할 때에는 운동 방출(행동)이 제한받지 않지만, 현실 원칙이 확립되면서부터 생각으로 행동을 제한하게 되고, '시험적 행위(trial action)'로서의 생각이 만족을 지연시킬 수 있게 한다.

프로이트는 일차 과정과 이차 과정 사고의 중요한 차이가 시각적인 이미지와 말의 연결이라고 강조하였다. "따라서 그림으로 생각하는 것은 아주 불완전한 형태의 의식화일 뿐이다."(1923a, p.21) 시각적인 이미지와 그에 상응하는 단어를 연결함으로써 사람은 "일차 과정 뒤에 이차 과정이 이어지는" 더 높은 정신적 조직을 갖게 된다.(1915c, p.202) 일차 과정 기능은 더 원시적인 상태로 퇴행을 시사한다는 임상적 증거를 프로이트는 보았고, 분석 작업은 일차 과정의 생각에 언어를 연결하는 것이라고 말했다.(1923a) 그런 식으로 일차 과정의 생각들이 이해할 만한 것이 된다.

프로이트는 구조이론을 도입하면서, 일차 과정은 이드에, 이차 과정은 자아에 배정했다. 이런 맥락에서 보면, 자아의 발달을 가져오는 것은 현실 원칙의 수립, 그리고 무의식적 생각과 시각적 지각을 언어와 연결하는 것이다. 그는 "자아는 외부 세계의 직접적인 영향으로 수정된 이드의 일부라는 것을 쉽게 알 수 있다. …… 게다가, 자아는 이드와 이드의 경향에 외부 세계의 영향을 미치려고 애쓰며, 무제한으로 이드를 지배하는 쾌락 원칙을 현실 원칙으로 대치하려고 노력한다."고 말했다.(1923a, p.25)

토의

사고에 관한 프로이트의 이론에는 몇 가지 주목할 만한 문제점들이 있다. 첫째, 에너지와 에너지의 이동에 관한 이론이 정신 작용(mentation)에 관한 이론과 연결되어 있다는 것이다. 둘째, 일차 과정과 이차 과정은 별개의 것이며 쉽게 구별된다고 보는 경향인데, 마치 정신 활동이 두 가지의 결합이라기보다 어느 한쪽을 반영한다고 보는 것 같다. 셋째, 일차 과정은 주관적이고 혼란스럽고 병적인 것으로 보며, 이차 과정은 객관적이고 질서 있고 현실-지향적인 것으로 보는 경향이다. 넷째, 일차 과정은 시각적이고 감각적인 인상과 연결시키고, 이차 과정은 언어적 상징과 동일시하는 것이다. 다섯째, 문제점은 일차 과정은 출생 시부터 있지만, 곧 발달하는 이차 과정으로 인계된다는 생각이다. 이 생각은, 일차 과정 그 자체는 발달하지 않으며, 결과적으로 일차 과정이 존재한다는 어떤 징후라도 원시적인 정신 상태로 퇴행하는 것을 의미한다.

에너지 이론인가 인지 이론인가?

프로이트의 공식화에서, 일차 과정은 만족을 얻기 위해 논리적이고 합리적인 사고를 왜곡하는 것이며, 또한 정신 작용의 한 형태이다. 물론 흔히 만족을 추구하는 여러 방법 속에는 일차 과정과 이차 과정 사고 둘 다 들어 있다. 그러나 한 형태의 사고를 뗄 수 없을 정도로 욕동 만족에만 연결시키는 것은 인지와 동기를 혼동하게 한다. 우리는 인지와 동기를 분리하는 것이 정신분석적 이해에 더 도움이 된다고 생각한다. 그것들은 다른 정신 체계가 그러하듯이 서로 얽혀 있지만, 그럼에도 독립된 체계들이다.

게다가, 만약 이차 과정의 특징이 만족이나 방출을 지연하는 것과 논리적이고 합리적인 사고라고 한다면, 아이의 명백한 비논리적 사고방식뿐 아니라 충동성은 일차 과정의 영향을 반영할 것이다. 이런 방식으로 정신 작용을 구분하는 것은, 초기 발달 단계에는 어떤 논리적 사고도 없다고 하는 것이 된다. 그러나 발달적 관점으로 보면, 이차 과정도 개인이 점진적 단계를 밟아 성숙해 간다는 면에서 이해해야 한다.

일차 과정과 이차 과정의 이론 둘 다에는 두 가지 구성요소, 즉 에너지 방출이냐 보유냐 하는 유형과 사고 유형으로 보는 요소가 들어 있는데, 이런 요소 때문에 프로이트는 일차 과정과 무의식의 성질을 확신할 수 없었다.(Reeves, 1965, p.157) 일차 과정은 내부의 주관적 세계, 즉 '우리 존재의 핵심'인 무의식 체계에 기여하는 것인가, 혹은 '이차 과정으로 승계되는 것인가'(Freud, 1915c, p.202), 아니면 양자 모두 가능한가?

Arlow와 Brenner(1964)는 구조이론의 측면에서 일차 과정과 이차 과정을 토의했다. 그들이 제안한 것은, 프로이트는 욕동 에너지 부착(cathexis)의 유동성과 관련하여 그 두 가지를 말했기 때문에, 일차 과정의 개념이 사고보다 더 넓은 점을 고려하면 그 이론에서 사고의 측면은 빠져야 한다는 것이다. 우리도 욕동 만족은 인지와 별도로 고려되어야 한다는 Arlow와 Brenner의 의견에 동의한다. 그러나 우리가 보기에 욕동 만족은 일차 과정과 이차 과정이 결합하여 쓰일 수 있는 수많은 용도 중 단지 한 가지일 뿐이기 때문에, 일차 과정의 기능과 욕동 에너지 사이의 연결을 끊고 그 이론의 사고 측면을 그대로 유지하는 것이 더 명료한 설명이 될 것이다. 예를 들어, 일차 과정과 이차 과정이 결합한 의식적 · 무의식적 환상 작용은 욕동 파생물과 주관적 현실이라는 내적 세계뿐만 아니라 정동 표현, 방어 활동, 외부 세계에에 대한 적응, 도덕적인 판단과 처벌 등의 요소를 반영한다.

5세 여자아이의 예를 들어보자. 아이는 아버지가 자기에게 준 과자가 동생에게 준 과자보다 더 작아서 화가 나며 속았다고 느낀다. 자기는 그 과자를 재빨리 먹어 버린 다음 동생의 과자가 아직 반 이상 남아 있자, 아이는 자기 과자가 더 작았다고 단정한다. 그런 다음 아버지가 죽고, 아이 혼자서 장례식에 가는 환상이 생긴다.

논리적 사고가 발달하는 과정 중에 나타나는 나이에 따른 미성숙 때문에, 이 아이는 먹는 속도의 차이를 고려하지 않고 과자 크기에 차이가 있다고 여기는 것이다. 성인에게는 이것이 비논리적인 결론이지만 그 나이의 아이에게는 흔한 일이다. 그렇지만 자신이 속았다는 결론은 정신적으로 진실인데, 아버지의 독점적인 관심을 받고 싶은 오이디푸스적 소원이 채워지지 않은 것을 상징하기 때문이다.

이 아이의 환상은 일차 과정을 반영한다. 환상 속에 마술적 사고, 상징화, 시각적 형상화가 들이 있으며, 또 이 환자의 분노와 아버지에 대한 죽음 소원, 오이디푸스적 소원, 그에 대한 보복을 연결하여 압축해 놓았기 때문이다. 그러나 에너지 이론에 의하면, 그 환상은 충동이 연기되었기 때문에 이차 과정을 포함하는 것으로 분류되어야 한다. 즉 아이의 분노는 생각 속에만 나타났으며, 아이는 자신의 분노를 방출하려고 동생이나 아버지를 때리지 않았기 때문이다.

인지와 동기를 분리된 체계로 보면, 우리는 아이의 환상 속에 일차 과정과 이차 과정이 결합되어 있음을 알 수 있다. 이드 소원, 정동 표현, 방어 활동, 초자아 지시, 자아의 합성 기능이 작용하는 동시에, 현실 검증과 적응도 작용하고 있다.

일차 과정과 이차 과정의 혼합

일차 과정은 주로 '정신적 현실(psychic reality)'이라는 내면의 주관적 세계와 연결되고, 이차 과정은 외부의 '객관적 현실(objective reality)'과 연결되어 사용되는 것으로 보일 수도 있지만, 그들은 두 현실 사이의 조화를 유지하는 과정에서 혼합된다. 실제로, 인지 과정은 일차 과정과 이차 과정이 양 끝에 놓여 있는 스펙트럼을 따라 작동하는 것으로 볼 수 있다. 그래서 이드, 자아, 초자아 기능을 반영하는(Arlow, 1969) 대부분의 정신 기능은 그 두 과정 사이의 균형을 나타낼 것이다.(Noy, 1979)

일차 과정과 이차 과정을 구별하는 데 있어 어려운 문제 중의 하나는 두 과정 모두에 상징의 사용 혹은 상징적 사고가 기저에 있다는 것이다. 상징적 사고는 한 사물이 다른 것을 나타내기 위해 사용될 때 생기는 것으로, 예를 들어 사람이나 사물을 나타내기 위해 사용되는 시각 이미지 혹은 정신적 표상 등을 뜻하며, 프로이트는 이것을 '그림으로 생각하기'라고 불렀다. 어떤 단어가 이런 방식으로 쓰일 때, 그것은 언어와 표상적 사고 둘 다에서 이용된다. 표상, 사고, 언어에서 상징을 사용하는 것은 일차 과정과 이차 과정 모두에서 볼 수 있다. 그러나 정신적인 갈등을 표현하기 위해 상징화할 때, 그 상징과 상징되는 것 사이의 연결은 흔히 무의식적인데, 특히 일차 과정 기능에서 그러하다. 말과 언어를 사용하여 상징하는 능력은 자아 발달과 현실-지향적인 사고의 출현에 중요하다.

Ferenczi(1912)와 Jones(1916)는 상징적 등가(equivalence)와 상징적 표상을 유용하게 구별하였다. 상징과 상징되는 것이 같은 것으로 경험될 때, 이것은 상징적 등가물(equation)이며, 상징이 원래의 생각을 대처할 때, 이것은 상징적 표상이다. Segal(1978)은 대중 앞에서 자위행위를 할 수는 없다며 바이올린 연주를 거부했던 어떤 환자를 기술하면서, 반면에 바이올린이 무의식적으로 성기를 의미할 수도 있지만 그 차이점을 알기 때문에 바이올린을 연주할 수 있었던 다른 환자를 기술하였다. Edgcumbe(1984)는 상징적 등가물에서 상징적 표상으로 변화하는 것은 발달상 중요하며, 유사성뿐만 아니라 차이를 인식할 수 있는 능력에 달려 있다고 주장하였다. 우리는 이런 변환을 이루거나 유지하지 못하는 것이 병리적 과정과 깊은 관계가 있지만, 아직 충분히 탐색되지 않았다고 생각한다.(상징성에 대한 추가적인 논의는 Rycroft, 1956, Renik, 1972, Blum, 1978. 또 사고의 매개체로서의 상징과 의사소통이나 외적 참조의 수단으로 쓰이는 상징을 구별하는 것에 대해서는 Mandler, 1988 참고)

Piaget(1937, 1946)도 역시 〔그가 기호 기능(semiotic function)이라고 불렀던〕 상징할 수 있는 능력이 발달에 중요하다고 생각했다. 그러나 Piaget은 일단 그 능력이 출현하면 두 가지의 분리된 발달선을 따른다고 주장했는데, 한 가지는 그 개인만의 독특한 의미가 있는 사적이며 지속적인 상징체계이며, 다른 한 가지는 언어와 사회적으로 합의되고 공유되는 상징들을 기반으로 하는 것이다. 그는 결국 언어와 논리적인 사고가 상징 기능 중에서 가장 중요한 역할을 하며, 그것은 초기 소아기부터 직간접적으로 생각과 적응을 돕는다고 추정했다.

기본 이론에 대한 다른 도전들

사고 과정을 연구한 몇 안 되는 정신분석가 중 한 사람이 Rapaport (1951, 1960)이다. 그는 일차 과정은 원시적이고 혼란스럽고 병리적이며, 이차 과정은 조직적이고 논리적이고 현실-지향적이라는 기본 가정에 의문을 제기했다. 그는 일차 과정에도 구조적이며, 합성하며, 사회와 관련된 측면이 있다는 것을 공유하는 신화나 애니미즘적

(animistic) 사고가 입증한다고 지적했다. Kris(1952)는 특히 창조성에서, 이차 과정 기능의 상징적이고, 개인적이고, 주관적이고, 그림으로 표현되는 요소들을 구별하였다. Arlow(1969)는, 이전에는 이차 과정의 영역으로만 여겨졌던 현실 경험은 지각과 무의식적 환상의 상호작용에 달려 있으며, 무의식적 사고가 의식적인 질서 정연한 생각에 영향을 미치고, 또 무의식적 환상 자체가 논리적 도식에 따라 구축된다고 적었다.(Holt, 1967)

Rapaport(1960, p.843)와 Arlow(1969)는, 모든 생각은 일차 과정과 이차 과정 모두를 포함하며, 최적의 정신 기능은 둘 사이의 균형에 달려 있다고 보는 점에서 의견이 일치한다. Arlow와 Brenner(1964)가 지적한 것처럼, 일차 과정이 기능하는 것이 반드시 병적이거나 부적응적인 것은 아니며, 실제로 Noy(1969)는, 일차 과정의 흔적이 전혀 없는 것은 정신 병리가 있음을 뜻할 수도 있다고 말한다.

일차 과정을 시각적이고 감각적인 인상과 동일시하고, 이차 과정을 언어적 상징과 동일시하는 것도 역시 문제가 된다. 이 가정은, 프로이트(1900)가 일차 과정과 이차 과정을 자세히 설명하려고 꿈을 강조하면서 시작된 것으로, 표현의 방식에 관한 것과 정신적 조직과 기능에 관한 것을 혼동하게 한다. 일단 언어가 발달하면, 그것은 곧 이차 과정과 합리적이고 논리적인 생각을 위한 매개체가 되며, 의사소통뿐 아니라 반성, 조직, 숙달을 위한 주된 자원이 된다. 그러나 예를 들어, 시각 예술, 춤, 음악과 같이 언어적 상징에 의지하지 않는 이런 것들에서도 우리는 고도의 구조, 조직, 논리를 발견할 수 있다. 게다가, 인간의 상호작용은 평생 비언어적 상징적 의사소통 방식의 조정을 받으며(Langer, 1942), 언어의 상징성은 실언, 농담, 언어 축약에서 보듯이 일차 과정 기능의 흔한 표현 방식이기도 하다.

일차 과정은 원시적이라는 생각도 어느 정도 논쟁의 주제가 된다.

프로이트와 Piaget는 모두 유아기의 사고가 더 후기의 사고와 다르다고 느꼈고, 두 사람 모두 언어의 시작과 함께 그 이전의 사고 형태를 대신하는 다른 형태의 사고가 나타난다고 제안했다. 그러나 서로 다른 점은, Piaget는 정신적 표상, 상징화, 환상 활동은 언어와 함께 비로소 시작된다고 생각했고, 프로이트는 상징화와 환상 활동은 일차 과정의 기능으로서 출생 때나 그 직후에 생긴다고 믿었다는 것이다. 이렇게 프로이트는 일차 과정의 정신적 기능을 원시적인 것으로 생각하여, 그것은 "시간이 흐른다고 변하는 것이 아니다. 그것은 시간과 전혀 관계없다."고 말했다.(1915c, p.187) 이 때문에 Noy는 프로이트의 관점에 대해 "그것은 마치, 일차 과정은 난데없이 나타난 어떤 것으로 여겨지고, 어디로도 발달해 가지 않는, 다른 생물학적 기능 중에는 유사한 것을 찾을 수 없는 이상한 기능들의 모임이라고 하는 것 같다." (1979, p.174)고 언급했다.

소아 발달에 관한 종단 연구는, 행동 현상이나 정신 현상들은 그 기원 시기와 관계없이, 시간이 흐르면서 그 원래 형태로 남는 것이 아니라 바뀌고 변한다는 것을 충분히 입증한다. 이미 말한 것처럼, 당사자에게는 비합리적으로 들리겠지만 어쨌든 논리적 사고의 초기 형태는 이차 과정 사고의 초기 형태이며 그것은 시간이 흐르면서 진화했을 것이다. 따라서 그것은 일차 과정과 함께 있을 수 있다. (축약, 마술적 사고 등의) 기본 과정은 변함없이 그대로일 수도 있지만, 발달하면서—꿈, 의례적 행위, 예술, 환상 등에서 보듯이—표현 형태가 바뀌는 것은 기저에 있는 인지 체계의 발달을 반영하는데, 그것은 논리적 사고의 변화가 인지 체계의 발달을 반영하는 것과 마찬가지다. 다시 말해서, 일차 과정과 이차 과정은 그것을 통해 기저에 있는 인지 체계의 발달을 볼 수 있는 렌즈와 같다. 실제로, Piaget(1946)도 비슷하게 생각했던 것 같은데, 왜냐하면 나이가 다른 아이들에서 논리적 사고뿐만 아니라 꿈이 인지 발달 수준을 반영한다고 생각하여 그것들이 반영되는 방식을 토의했기 때문이다. Fast(1985)는 일차 과정 사고를 다시 개념화하려는 노력에서 Piaget의 개념을 확장했다. 일차 과정의 정적이고 원시적이고 발달하지 않는 측면들은 방어의 필요성 때문에 인지적 재구조화에서 배제된 부분이라고 Fast는 제안했다. 이런 면에서 Noy(1969, 1979)는 개별적인 인지 기능의 발달뿐 아니라 전체적으로 인지 기능이 발달하려면, 일차 과정과 이차 과정 둘 다 적절한 정도의 발달을 이루어야 한다고 주장하였다.

이것은 일차 과정에는 시간 개념이 없다(timeless)는 생각에 의문을 갖게 한다. 분명히, 우리 생각은 다르다. 시간 개념이 없는 것이 있다면, 그것은 해결되지 않은 갈등, 리비도적 소원, 그와 관련된 환상들, 외상적이거나 아주 행복했던 사건들의 가슴 깊이 사무친 기억 등등이다. 이런 것들은 무의식 속에서 시간과 무관하게 지속한다. 그러나 그것들도 시간이 지나면서 다른 혹은 부가적인 의미를 띨 수도 있고, 발달 과정 중에 다르게 다루어질 수도 있다. 즉 발달 단계가 달라지면 초기의 소원과 갈등은 후기 발달 시기의 갈등에 따라, 또 달라진 인지 능력에 따라 재조직된다.

현대의 발달 연구는 프로이트가 일차 과정 기능이라고 기술한 것이 출생 시에는 나타나지 않는다고 말한다. 그가 기술했던 시각적 형상화와 환상 작용에 필요한 인지 능력은 12~18개월쯤 되어야 발달하기 시작한다. 이 분야에 대한 연구가 거의 없었지만, 우리는 축약, 전치 등도 역시 그 시기나 그 이후가 되어야 나타날 것으로 추정한다. 이 말이 의미하는 것은, 일차 과정과 이차 과정이 거의 같은 시기에 나타나기 시작하며, 각각 초기 유아기에 근원이 있다는 것이다. Rapaport(1960)는 그런 제안을 하면서, 일차 과정과 이차 과정은 모두 미분화된 모체에서 유래하고, 각각에 별개의 내적인 성숙 요소가 있다고 말했다. 우리도 동의한다. 그러나 이 공통의 모체가 유아기의 감각운동 유형(sensorimotor modes)이라는 Holt(1967)의 생각에 동의하는 것이 아니라, 최근의 증거에서 보듯이 그 각각은 지각상의 분석과 회상(perceptual analysis and recall)의 초기 유형에서 생겨 나중에 표상과 상징 체계를 형성한다는 것에 동의한다. 다음 장에서 그것에 대해 토의할 것이다.

결론

인지에 관한 정신분석적 이론의 여러 개념상의 문제점은 아직 해결되지 않은 채 남아 있다. 우리는 프로이트의 이론을 개관해 보았고 그것의 문제점을 토의하였다. 그럼에도 우리는 일차 과정과 이차 과정에 대한 그의 개념–그 두 과정은 각각이 서로 다른 유형으로 조직되어, 하나는 주관적 현실이라는 무의식적 내면세계에 이바지하며 다른 하나는 외적 현실에 이바지한다는 것–이 아주 중요하며 발달상으로나 임상적으로 상당히 타당하다는 견해를 갖고 있다.

일차 과정과 이차 과정은 그것을 통해 인지 체계의 연속적인 발달 단계를 볼 수 있는 렌즈가 될 수 있다고 우리는 제안한다. 그렇지만 일차 과정에서 광범위하게 사용되는 축약이나 전치 등의 기능이 언제 출현하는가 하는 문제는 그대로 남아 있다. 다음 장에서는 인지 발달의 단계를 검토해 볼 것이다.

11장

인지 발달의 단계

일차 과정과 이차 과정은 그것을 통해 기저에 있는 인지 체계의 성숙을 볼 수 있는 렌즈가 된다. 이 두 과정은 두 가지의 조직하는 방식을 따라서 작동하는데, 일차 과정의 특징은 연상, 구체성, 축약, 전치, 마술적 사고이며 이차 과정의 특징은 합리적 사고와 논리이다. 이 두 가지가 겹치기도 하지만, 일차 과정은 주로 정신적 현실이라는, 무의식적이고 주관적인 내적 세계에 이바지하며, 이차 과정은 현실 지향적이다. 정신분석적 연구들은 주로 발달 과정 동안의 일차 과정의 징후에 관심을 기울인 반면, Piaget의 작업은 이차 과정에 관한 발달상의 틀을 제공하였다. 이 장에서는 인지 발달에 관한 정신분석적 관점의 현저한 특징을 기술하면서, 두 과정을 모두 살펴볼 것이다.

감각운동기

유아는 여러 가지 정교하게 조율되고 잘 통합되고 계획된 반사 체계를 가지고 태어나며, 기본적인 감각을 느낄 수 있다.(Prechtl, 1982) 인지적 성장을 위한 이런 타고난 구성요소 중의 일부는 수개월 후에 사라지지만, 나머지는 그대로 남아 발달상의 변화를 거치면서, 대상과 사건에 관계하여 작동하는 행동 도식(action scheme) 속에 통합된다. Piaget의 결론을 따르면(Flavell, 1977), 이렇게 변화한 것은 최초의 혹은 감각운동성(*sensorimotor*) 정신 기능의 기반이 된다. 감각운동성 정신기능은 첫 2년을 지배하며, 그 후로도 평생 지속한다. 감각운동성 지능 이론을 따르면, 유아는 상징 기능이 없어서 사람이나 대상이 눈앞에 없을 때 그에 대한 정신적 표상을 불러일으킬 능력이 없으며, 정신적 이미지를 조작하여 환상을 만들 능력도 없다. 대신에, (여섯 개의 하위 단계로 나누어진) 이 시기 동안에 유아의 생각은 행동으로 연결된다. 즉, 유아는 눈앞에 있다고 지각하는 대상과 관련해서 행동하는 것이며, 그의 지적 기능은 전적으로 실용적이고, 지각하는 것은 행동하는 것이며, 행동에 결합된 방식을 보인다.(Flavell, 1977)

분석가에게는, 자기와 타인에 대한 약간의 초기 표상이 형성되는 시기가 언제인가 하는 것이 인지 이론에서 중요한 부분이다. 이것은 내재화와 정신 구조 형성의 시작뿐만 아니라 일차 과정과 이차 과정 기능의 시작이 특히 표상과 상징성에 달려 있기 때문이다.

현대 연구들은 이 두 가지 사고 과정의 기원이 양식화되고, 장난스러운, 모방 이전 단계의 어머니-유아 간의 대화라고 지적한다. 이것들은 2~3개월 무렵 확립되며, '사회적 미소(social smile)' 후에 나타난다. Spitz(1965), Call과 Marschak(1966), Call(1980), Stern(1974a, 1974b) 등은 이런 상호교환을 자세히 기술했다. 부모들은 보통 아기의 미소에 대해 무엇보다도 소리로 반응하는데, Call(1980)은 이러한 장난스러운 상호작용 속에서 소리를 주고받는 것(vocal reciprocity)이 언어 획득을 위한 언어 이전의 기반이 된다고 본다.(Bruner, 1974, 1977; Levinson & Call, 1987) 이차 과정의 논리적 사고는 주로 언어와 언어의 사용으로 가능해진 추상과 개념을 기반으로 하기 때문에, 사회적 미소는 대상관계와 자아 기능뿐만 아니라 발성과 정신 작용의 '조직자

(organizer)'로 볼 수 있다.

부모-유아 간의 상호작용은 또한 자기와 대상에 관한 첫 개념을 형성하는 환경이 된다. Spitz와 Colbliner(1965)는 4개월 된 유아가 어머니가 떠난 후에 문을 응시한다는 것을 관찰했다. 이것은 어머니가 없을 때 유아가 어머니를 생각할 수 있는 약간의 능력이 있다는 것을 시사하며, 발달 연구도 이 소견을 지지한다. 예를 들어, Bower(1974)는 어린 유아가 4~6개월 무렵이면 인지적인 대상(혹은 '사물') 영속성을 확립한다는 증거를 보고했다. Bower는 Piaget의 실험에서 본 것처럼, 유아는 천 아래에 숨겨진 물건을 찾지 못할 수 있지만, 그것은 단지 유아가 잡아서 들어 올리는 데 필요한 운동 기술이 없기 때문이라고 주장한다. Mandler(1988)는 아무튼 대상에 손을 뻗는 것, 즉 대상에 대해 지각하는 것은 대상에 관한 개념을 가지는 것과는 전혀 다르다는 견해를 가진다. 표상적 사고의 시작을 알아내기 위해 고안한 연구에서, 그녀는 6개월 된 유아, 가끔은 4개월 된 어린 유아가 회상(recall)할 수 있음을 증명한다. 유아는 지각을 분석할 수 있는 능력, 즉 한 지각과 다른 지각을 비교할 수 있는 능력을 갖고 태어난다고 Mandler는 적고 있다. 그렇게 지각을 비교함으로써, 유아는 감각운동 도식(sensorimotor schemes)과는 별개로, 독립적으로 대상에 관한 개념을 만들기 시작한다.* 이러한 개념들이 표상과 상징의 기반이 되어, 쉽게 이용할 수 있는 형태의 지식 체계를 이룬다. Mandler는 이 체계에서 정보를 떠올리는 경우에만 회상과 의식적 사고가 가능하다고 생각한다. 따라서 유아에서의 회상은 대상에 관한 개념이 형성되기 시작했다는 증거가 된다. 이 말은 자기와 대상에 관한 통합된 표상을 6

* 이것은 Stern의(1985) 생각과는 다른 것으로, Stern은 자기와 타인에 대한 초기 개념의 기반을 형성하는 것은 초기의 어머니-유아 간 상호작용의 감각운동성 행동 양식이라고 본다. 분명히 이 분야는 향후의 연구가 필요하다.

개월에 이용할 수 있다는 것을 의미하는 것은 아니며, 단지 그 과정이 Piget가 생각했던 것보다 훨씬 일찍 시작된다는 것을 시사한다.

7~8개월경 수단과 목적의 연결이 이루어질 때, 유아는 특별한 사건이 일어날 거라는 신호로서 특별한 시각적 지각을 이용하기 시작한다. 예상한 순서대로 사건이 일어나지 않을 때, 유아는 인지적 불일치를 경험할 것 같고 이런 경험에는 고통이 따른다. 이것이 8개월의 낯선 사람에 대한 반응으로 나타날 수 있다. 유아가 시각적으로 지각한 후에 사건을 예상한다는 것은 약간의 이용 가능한 기억이 있음을 시사한다. 유아가 어머니를 쳐다보고 정보의 근원으로서 그녀의 표정을 이용하는 것처럼 보이는 것은 어머니에 대한 약간의 내적 개념과 어머니와 함께 있을 때 안전감을 경험했던 기억이 있음을 의미한다. 이런 여러 가지 관찰은 확실히 생후 1년이 되면 유아가 어머니와 자신에 대한 약간의 기초적인 정신적 표상을 가진다는 결론을 지지해 준다.

Call은, 정신적 표상을 형성하기 위해서는 어머니의 얼굴뿐 아니라 어머니의 음성도 중요하다고 강조한다. 음성은 "웃는 얼굴처럼, 유아가 다른 사람과 사회적 상호작용을 할 때 역동적으로 움직이고, 변하고, 율동적으로 조직되는 측면이다."라고 그는 말한다.(1980, p.278) (아직 말은 못하지만 다른 사람의 말을 이해하는) 수용 언어에 대한 능력은 생후 2~3개월에 형성되는, 주고받는 목소리(vocal reciprocity)에서 진화한다. 수용 언어는 후반기 6개월 동안 더 정교해지며, 의미 있는 소리 단위인 음소(phoneme)가 출현한다. 그 후에는 특정한 음소들이 감정 상태와 통합되고, 유아는 어머니의 얼굴-음성 형태의 의미를 해독하고 반응한다. 이것은 우리가 기술했던 사회적 참조의 기반이 어머니의 정동적인 표정뿐만 아니라 유아가 인식하는 어머니의 음성, 몸짓, 자세도 된다는 것을 의미한다. Call은 "미소는 소리 내기를 중심으로 조직되고, 소리 내기는 활기가 넘치는 미소를 중심으로 조직된다."라고 말한다.(pp.278-279) 그는 음성과 얼굴이 정동과 인지를 조직하는 근원지라고 결론지었다.

다음 단계에서 유아는 환경을 예측하고 그에 반응하려고 하면서, 여러 다른 정보뿐 아니라 다른 사람에게서 오는 신호인 말을 이용하기 시작한다. Spitz는, 10~12개월이 되면 유아는 '안 돼(no)'라는 말과 몸짓을 배워서 그것에 반응하기 시작한다고 지적했다(1957, p.13). 이름이 있는 대상을 찾고 위치를 알아내는 능력의 향상과 함께, 이 반응은 수용 어휘의 증가를 알리는 것으로(Werner & Kaplan, 1963; Mandler, 1983), 표상적 사고 또한 더 향상되었음을 시사한다.

놀이는 아동기의 일이다. 놀이는 소원하는 환상을 표현하는 방법이며, 불안을 다스리는 절제된 수단이고(Waelder, 1932), 인지 성장을 위한 특별한 도구로, 탐색과 현실 검증에 유용하다. 그래서 놀이는 일차 과정과 이차 과정이 성장하는 바탕이다.(Plaut, 1979; Galenson, 1984; Moran, 1987; Solnit, 1987a) 이미 2~3개월에 어머니와 아이 사이에 장난스러운 상호작용을 볼 수 있지만, 놀이다운 놀이는 8~12개월 사이에 나타난다. 이 시기의 유아는 특징적으로 시행착오를 하면서도 무언가를 조사하고, 실험하고, 탐색하는 모습을 보인다. 걸음마기 아이는 주변의 세상을 이해하려고 하면서 활발하게 새로운 것을 찾는다. 수단과 목적을 연결하는 능력을 활용하여 걸음마기 아이는 문제 상황에 접근하는 새로운 방법을 찾으며 원인과 결과에 관한 인식이 높아졌음을 보여 준다. Mahler가 이 시기를 '연습기'라고 명명한 것은 유아 놀이의 유쾌하면서도 반복하는 특징을 인정한 것이다.(Mahler 등, 1975)

지금까지 우리는 정신적 표상과 언어 형성의 가장 초기 증거, 즉 일차 과정과 이차 과정의 기반을 이루는 사고의 형태에 관한 가장 초기 증거를 생각해 왔다. 그러나 출생 첫해의 후반부에는 일차 과정과 이차 과정의 분화가 시작되는 것을 암시하는 행동 또한 나타나기 시작한다. 추측건대, 이런 행동 중 첫째는 이행기 대상(Winnicott, 1953, 1959)의 형성과 사용일 것이다. 이것이 유아가 직접 만들어 낸 최초의 상징일 수도 있다. 그것은 보통 발달상 변화의 시기인 8개월에 시작되며, 이 시기는 인식 기억이 확립되고 환기 기억이 나타나며(Busch, 1974; Metcalf & Spitz, 1978, p.102), 어머니가 리비도적 대상이 되고, 유아가 수단과 목적을 연결하여 낯선 사람과 상황에 고통으로 반응하기 시작하는 때이다. Winnicott은, 이행기 대상은 어머니와 유아가 분리될 때 아기가 어머니의 세계와 유아의 세계를 연결할 수 있도록 어머니의 상징으로서 기능한다고 제안했다. 이행기 대상은 유아가 안전하지 않다고 예상되는 시기에 주관적인 안전감을 유지하도록 기능하는 것이므로, 이행기 대상을 사용하는 것은 상징적 표상이 된다는 초기 증거로 볼 수 있다. 유아는 상징과 상징된 것이 서로 관계있다는 것을 모르기 때문에, 우리는 그것을 일차 과정 조직의 초기 형태로 간주한다.

'마술적 현상주의(magical phenomenalism)'(Piaget, 1936)는 Wolff(1960)와 Holt(1967)가 일차 과정 마술적 사고의 토대를 이룬다고 제시한 것으로, 8~12개월에 나타난다. Piaget는 유아가 움직인 후 그 행동과 무관하게 새로운 흥미로운 결과가 나타날 때, 자신의 행동에 대한 유아의 반응을 관찰했다. 유아는 그런 과정을 여러 번 반복하였고, 그래서 Piaget는 유아가 자신의 행동을 마술이라고 믿는다고 결론 내렸다. 이미 1913년에 Ferenczi는 이 현상을 '마술적 몸짓(magic gestures)'이라고 말했는데, 유아의 몸짓과 표정에 반응하여 부모들이 몸짓을 보이는 것이다. 아기는 자신의 표정을 모르며 그 표정으로 뭔가를 전달할 의사가 전혀 없으므로 부모의 반응은 마치 '마술처럼(by magic)' 보인다. 유아 몸짓의 마술적인 결과가 유아가 더 많은 마술을 발견하도록 고무한 것일 수도 있지만, 그것은 또한 일차 과정 마술적 사고의 한 요소일 수도 있다.

상징화와 내적, 외적 현실의 시작

15~18개월의 어느 시기에 걸음마기 아이가 자신과 타인을 지칭하는 인칭대명사를 쓰기 시작하는 것은 표상적 사고를 한다는 분명한 증거다. 이것으로 우리는 걸음마기 아이에게 대상에 관한 통합된 표상이 생겼다는 것을 확신할 수 있으며, 그 표상은 대상이 눈앞에 없을 때 기억된 이미지를 떠올리게 한다. 또한, 걸음마기 아이는 대상이 자신과 분리되어 있다는 것을 잘 안다. 더구나, 이제는 의사소통을 위한 말을 한다는 것이 분명하다. 처음 하는 말 중 하나가 어머니를 흉내 내는 '안 돼(no)'이다(Spitz, 1957). Spitz는 '안 돼'라는 몸짓이 아이가 어느 정도 판단하고 '사물에 대해 생각하는' 능력이 있음을 나타내는 첫 추상적 상징이라고 주장한다. 의미론적인 '안 돼'는 유용하고, 드러내 표현하고, 의사소통하는 언어의 출현을 알리는 것으로, 상징하는 능력이 생겼다는 것을 보증한다.

상징을 더 많이 사용한다는 것을 보여 주는 수많은 행동이 뒤따른다. 걸음마기 아이는 자신의 욕구를 알리기 위해 더 많은 어휘를 사용하며, 문제를 해결하는 새로운 수단을 발견한다. 이것은 초기 현실-지향적 사고, 혹은 이차 과정을 의미한다. 18~21개월에 아이가 표현하는 어휘는 약 20개에서 200개의 단어로 증가하고, 단어를 조합하여 간단한 문장을 만들기 시작한다. 두 단어로 새로운 것을 정확하게 표현하고 묻는 것은 첫 단어를 말하는 것만큼이나 의미 있는 발달상의 이정표이며, Blum(1978)이 말했듯이, 정신 구조 형성에서 새로운 수준의 조직화와 합성이 되었음을 시사한다. 이런 성취를 통해 걸음마기 아이는 자신의 욕구와 필요를 말로 표현할 수 있다. 이제 아이는 간단한 질문을 이해할 수 있고 물어볼 수 있다.

게다가, 언어를 사용함으로써 걸음마기 아이는 자신의 내적 상태, 자신의 정동, 자신이 원하는 상태와 실제 상태가 다른 것, 자신의 소원과 어머니의 소원이 다른 것 등을 지각하기 시작한다. 그런 불일치는 걸음마기 아이와 어머니 사이에 갈등을 일으킨다. 그러나 이제 아이가 정신적으로 상징을 다루는 능력이 생기다 보니, 불안이 나타나면서 (사랑의 상실, 대상의 상실, 신체 손상과 같은) 환상 속의 결과들이 떠오르기 시작한다. 그런 환상은 갈등을 내재화하고 갈등 해소의 수단으로서 어머니를 동일시할 가능성을 증가시키는데, 이것은 정신 구조 형성의 중요한 단계이다.(8부 '자아' 참고)

유아의 마음속에 갈등의 결과에 대한 환상뿐 아니라 환상 속의 소원이 있었다는 증거를 보면서, 우리는 유아가 외부의 현실 세계와 나란히 내부의 정신적 세계를 구축한다고 추정하는데, 내부 세계의 일부는 의식적이며 일부는 무의식적이다. 이 때문에 유아는 소원과 환상을 표현하기 위해 말과 상징을 사용하며 다른 대상을 표현할 목적으로 주위 환경 속의 대상을 선택하여, 개인적 상징을 만드는 상징 놀이를 이용하기 시작한다. 즉, 아이는 그 순간 그곳에 없는 다른 사람의 행동을 모방하고 과거 사건들을 재연한다.

초기 상징 놀이의 유명한 사례는 프로이트의 18개월 된 손자의 놀이로, 그 아이는 인형을 사라지게 했다가 다시 찾으면서 놀았는데, 놀이 중에 "오~오~오~오" 하고 길게 끌면서 소리쳤다.〔프로이트는 그것이 독일어 '가버렸다(gone)'를 표현한다고 생각했다.〕(1920, p.14) 프로이트는 이 손자의 놀이가, 수동적으로 경험했고 불쾌했던 어머니와의 분리를 능동적으로 숙달하기 위한 시도라고 해석했다. 상징화를 위해 언어적 상징성과 정신적 형상화 두 가지가 동원된 것처럼 보였는데, 이 상징화는 없어진 어머니뿐만 아니라 관련된 정동을 대체한 것 같았다.

상징적 사고가 풍부해지면 아이는 놀이에서뿐만 아니라 무의식적 과정의 징후에서 일차 과정과 이차 과정 기능이 더 분화된다는 증거가 있다. 이제 아이는 꿈을 꾸었다고 보고할 수 있다.(Metcalf & Spitz, 1978, p.101) 가장 초기의 보고 중 하나는 19개월 된 Anna Freud의 야생 딸기 꿈이다.(Freud, 1900, p.130)

우리가 내린 결론은, 일단 상징화를 이용할 수 있게 되면—상징화의 증거는 지연된 모방, 상징 놀이, 언어 등이다—상징화는 일차 과정과 이차 과정 모두에서 이용되는데, 발달이 진행하면서 각자의 기능은 더 분명하게 분리된다는 것이다. 결국, 언어는 의식, 현실 검정, 적응과 관계되는 상징적 기능 중에서 가장 탁월한 것이 된다. 또한, 아이가 자신의 느낌, 소원, 갈등에 관해 생각하고 반성하기 위해 언어를 더 많이 사용할 수 있게 되면서, 언어는 정신적 현실이라는 내적 세계를 지각하고 이해하는 데 필요한 도구가 된다.

상징적 사고를 하게 되면 아이는 Piaget가 기술했던 전조작기(preoperational stage)에 이르게 된다. 이제 아이는 프로이트가 기술했던 것처럼 생각을 '시험 행동(trial action)'으로서 이용할 수 있다. 즉, 몸을 움직이지 않으면서 정신적으로 그 조작(operations)을 그려 볼 수 있다.

전조작기 아이의 현실에 대한 이미지는 비교적 정적이고 구체적이며, 생각은 드러나는 행동에 가깝다. 아이는 아직 특정한 것에서부터 일반화할 수 없고 그 역도 마찬가지지만(즉, 귀납하거나 연역할 수 없다), 특정한 것에서 다른 것으로 진행하며 일반성과 개별성 사이를 넘나들 수 있다. 전조작기 아이에게는 모든 일에 이유, 즉 확인할 수 있는 원인이 있다. 논리적인 관계를 구축하는 대신에 연상되는 대로 연결하기 때문에, 세상과 타인의 관계에 대해 이론을 세워도 그 이론에서는 환상과 현실이 명확히 구별되지 않는다. 아이의 생각은 특별히 사회화된 것이 아니라 본질상 자아중심적이다.* 비록 타인에 대해 공감적 관심을 보일 수는 있지만, 전체적으로 다른 사람의 관점에서 볼 수는 없다. 아이는 다른 사람도 자기처럼 생각한다고 여긴다. 외부 세계의 사건과 경험을 내부 세계와 관련지어 이해한다. 아이는 개인적으로 경험하지 않은 공간이나 시간과 같은, 추상적인 생각에 대해 유용한 개념이 없다. 따라서 시간은 식사, 놀이, 잠자기 등의 차례를 정할 때에만 의미가 있다.

전조작기의 아이에게 우연한 것은 아무것도 없으므로, 아이는 자아중심적 생각에서 어떤 특정한 사건이 생기는 이유가 자신의 경험과 의식적 · 무의식적 소원과 환상을 가진 자신의 내면세계와 관계있다고 가정한다. 따라서 아이는 동기와 원인, 현실과 환상을 자주 혼동한다. 성별의 차이에 대해서도 아이는 틀림없이 무언가 일어났다는 믿음을 가지고 설명하므로, 그 결과 다양한 불안과 불안정감을 갖게 되며, 그 내용은 나이, 성별, 경험에 따라 달라질 것이다. 죽음, 이혼, 질병은 아이에게 소원이 충족된 것을 의미할 수도 있으며, 자아중심적이고 자신을 전능하게 보는 관점이 강화될 수도 있다. 흔히 있는 일이지만, 아이가 소원과 소원의 결과에 대해 책임과 잘못을 느끼면, 환상 속의 여러 해로운 결과가 따를 수 있다.(Furman, 1974; R. L. Tyson, 1983)

한 번 언어가 출현하면, 그것은 곧 일차 과정 기능에 들어 있는 내

* 그러나 인지적인 자아중심성을 자기애에 관한 정신분석적 개념 중 어떤 것과도 혼동하면 안 된다. 후자는 자기 자신에 대한 아이의 사랑을 말하며 건강한 발달을 위해 어느 정도 필요한 것이지만, 전자는 다른 사람과의 관계에서 자신의 위치에 대한 아이의 자각을 제한할 뿐이다.(A.-M. Sandler, 1975)

적 상징 세계를 정교하게 하는 도구가 될 뿐만 아니라, 이차 과정 기능에 들어 있는 생각, 조직, 반성, 숙달을 위한 도구가 된다. 언어는 인과론적 사고, 범주화, 추상화를 가능하게 하여 이차 과정이 잘 조직되게 한다. 언어의 사용은 또한 자기-인식, 궁극적으로는 내성을 촉진하며, 또한 아이가 의사소통을 배워 언어 메시지를 주고, 받고, 이해하는 능력을 키우게 되면 대상관계에도 영향을 미친다.

의사소통에는 대략 두 가지 부류가 있는데, 한 가지는 성질상 주로 정보를 주는 것이고 또 다른 것은 통제하려는 의도가 있는 것이다.(Flavell, 1977) 아이는 의사소통 기술이 나아지면서 점차 정보를 받아서 전하거나 자신의 생각과 느낌을 타인에게 전할 수 있게 되는데, 이것은 축적된 정보와 생각에 대해 교정적인 피드백을 받게 되는 중요한 방법이다.

또한, 어린아이는 자기 자신과 의사소통하는 능력을 키운다. 아이는 자신의 경험, 생각, 느낌, 환상, 꿈에 대해 생각하기 시작한다. 생각과 느낌을 말로 표현하는 것은 욕동의 통제와 정동의 조절을 도우며, 아이가 내면세계와 외부 현실을 구별하는 것을 돕는다.(Katan, 1961) 자신과 의사소통하는 이런 능력은 정신구조 형성의 진화와 갈등의 내재화에 필수조건이다.

의사소통의 다른 부류는 통제하려는 목적을 지닌다. 그런 의사소통의 목적은 상대방의 행동을 지도하거나, 결정하거나, 지시하거나, 아니면 그것에 영향을 미치는 것이다. 유아는 아주 일찍부터 통제하는 어머니의 지시를 이해하는 것을 배운다. 어린아이는 자신의 욕구와 소원을 말로 표현할 수 있는 능력이 발달하면서, 자신에게 일어나는 일을 통제하고 타인도 통제하고 싶은 소원을 더 잘 전달할 수 있게 된다. 말로 하는 생각이 시험 행동을 위한 도구가 되는 것처럼, 결국 언어 능력은 자기 통제에 이바지한다. “문명의 창시자는 자신의 적에게 창을 던지는 대신 처음으로 욕설을 퍼부었던 사람이다."(1893, p.36)라는 프로이트의 말도 그런 자기 통제를 반영한다.

감각을 지각하여 말로 표현하는 것은 느낌을 말로 표현하는 것보다 더 일찍, 더 쉽게 나타난다. 그러나 Katan(1961)이 지적했듯이, 처음에는 부모가, 나중에는 아이 스스로 자신의 감정을 말로 표현하는 것은, 한편으로는 소원과 환상, 다른 한편으로는 그것들과 현실을 구별하는 능력을 키워 준다. 게다가, 느낌을 말로 표현함으로써 그것을 행동으로 옮길 필요가 적어지기 때문에, 통합 과정과 현실 검증이 쉬워지며 정동과 욕동을 더 잘 통제하게 된다. Weil은 "미래의 만족을 약속하는 말이 있다면, 기다리기가 더 쉬워진다."고 말한다.(1978, p.479) 아이는 결국 내적 언어를 통해서, 혹은 언어로 사고함으로써 스스로 자기관리를 하게 된다.(Luria, 1961, p.61)

감정의 숙달에 미치는 언어의 막대한 영향력은 언어 지체를 가진 아이들에 관한 연구에서 볼 수 있다. 말하기가 제공하는 조직하는 체계가 없기 때문에, 이 아이들은 감각운동성 행동 양상을 더 많이 보이고, 정서를 주로 행동화하는 경향이 있어, 여러 행동 문제가 나타난다.

이제 막 단어를 결합하여 간단한 문장을 구사하기 시작한 4세 남자아이의 예를 들어 보자. 심한 언어 지체 외에는, 검사상 인지 기능과 지능이 정상으로 보이는 아이였다. 그러나 생각과 느낌을 전달할 수 없는 데서 생기는 극도의 좌절감 때문에, 아이의 정서 발달은 심하게 손상되어 있었다. 따라서 아이의 느낌은 점차 늘어나는 제멋대로의 행동에서 유추해야 했고, 아이의 놀이는 주로 장난감 차를 충돌시키는 데서 맴돌았다. 즉, 아이의 정서 기능은 말로 표현되지 못한 채, 전적으로 행동과 결합되어 있는 것처럼 보였다.

초기 소아기에는 언어의 사용, 생각, 놀이가 밀접하게 연결되어 있다. 아이는 자발적으로 말을 사용하는데, 놀이 중에 크게 말하는 경우가 많고, 내면의 말과 생각을 다른 사람보다 자신에게 더 자세히 설명한다.(Vigotsky, 1934; Roiphe & Galenson, 1981) 언어와 생각이 들어 있는 놀이를 하는 것은 아이가 여러 발달선을 통합하도록 도와주는데 이것은 성감대의 흥분과, 대상과 관계된 소원이 어떻게 놀이 유형에 반영되는가에 관한 Roiphe와 Galenson의 예시를 통해 알 수 있다. 게다가, 언어가 반성, 조직, 숙달을 위한 자원이 되면서 놀이는 논리적인 사고와 언어 표현을 연습하는 기회가 된다. 아이가 언어를 사용하는데 더 능숙해짐에 따라, 내적인 상상의 세계뿐만 아니라 현실 세계에 관한 이해가 더 넓어진다. 일차 과정과 이차 과정의 사고를 사용할 때 정교해지는 것도 더욱 분명해진다.

이렇게 되는 것은 아이가 오이디푸스 콤플렉스의 더 복잡하고 갈등이 많은 내면세계로 접근할 때 특히 그렇다. 상징과 상징되는 것 사이의 연결은 억압을 비롯한 다른 방어들 때문에 더욱 무의식적인 것이 된다. 그 결과 수많은 상징이 이용되는데, 예를 들면 오이디푸스 콤플렉스와 그 선행 사건들에서의 소원과 불안을 표현하는 상징들이 있다. 이런 상징과 주제들은 문학과 신화에 여전히 남아 있으며, 먹고 먹히는 이야기, 싸워서 정복하거나 정복당하는 이야기, 나이에 따라 리비도적 · 공격적 욕구의 적절한 변천을 나타내는 남녀 영웅의 낭만적인 이야기들에서 그 예를 볼 수 있다.

여태까지 정신적 현실의 내면세계와 외적인 현실 감각이 초기 구조화되는 것에 관해 토론하면서, 일차 과정은 전자에, 이차 과정은 후자에 이바지한다고 추론하였다. 그러나 우리는 아이가 외부 현실 혹은 주관적 경험에 대한 관계를 살펴서 대상을 분류할 수 있는 정도의 충분한 현실감을 발달시킬 때까지는, 이런 과정을 명확히 구별할 수 없다는 Noy(1979)의 말에 동의한다. 주관적 경험의 내적 욕구와 소원은, 처음에는 일차 과정에 의해서 조직된 것이지만, 꿈과 감정 경험을 말로 표현하려고 하는 이때 '이차 수정(secondary revision)'이 일어날 수 있다. 외부 현실에 대한 아이의 개념과 경험도 주관적 경험과의 관련성을 따라 조직되면서 유사하게 수정된다.

비록 약간의 현실감은 일찍 시작되지만, 현실감은 아직 미숙하여 개인적 경험과 밀접하게 결합해 있고, 논리의 법칙은 잠복기가 올 때까지는 외부 현실보다 내부 현실을 더 따른다. 따라서 일차 과정과 이차 과정 사이의 경계는 초기 소아기 내내 상당히 유동적이다. 이것은 아이가 잠복기에 들어갈 때 극적으로 변한다.

잠복기

생각과 느낌을 쉽게 말로 표현하고 환상과 소원이 가득한 내면세계에 쉽게 접근하던 즉흥적인 5세 아이도 대략 7세경(6~8세)이 되면 변한다. 이제 아이는 본능적 생활을 억압하고, 논리적이고 합리적인 생각을 유지하려고 애쓴다. 아이는 특히 집단에서 강조하는 사회적 기준을 고수하려고 애쓰면서, 틀에 박힌 그림을 주의 깊게 그리거나, 규칙과 객관적 목표가 있고 사회적으로 공유하는 게임을 흔히 하게 된다. 일차 과정과 이차 과정 간에 확고한 경계가 생기고, 환상 세계는 사적인 생활에 국한된다.

구체적 조작기(stage of concrete operation)라는 Piaget의 용어는 논리와 현실을 지향하는 새로운 인지 기술의 출현을 뜻한다. 아이는 조작적으로 생각하기 시작한다. 즉 행동을 거치지 않고서 행동에 관해서 생각할 수 있다. 반대되는 행동과 보완하는 행동에 대해 생각할 수 있고, 시간과 공간에서의 연속적인 변화를 통합할 수 있다. 아이의 생각은 이제 그 순간 지각되는 형태에 지배받지 않는다. 그래서 Piaget

의 용어가 의미하는, 정신적 조작(mental operations)은 가역적이며 보존성을 획득한다. 또한, 아이는 더 객관적이고, 균형 잡히고, 덜 자아중심적인 관점에서 상황을 생각할 수 있는데, Piaget는 이것을 탈중심화(decentering)라고 부른다.

탈중심화하는 능력을 통해 아이는 어떤 상황의 한 가지 측면 이상을 생각하고, 한 번에 두 가지 이상의 변인을 고려할 수 있게 된다. 아이는 자기 반성하는 능력이 향상될 뿐만 아니라 다른 사람의 느낌을 고려할 수 있게 되어, 진정한 공감 능력이 나타난다. 이전에도 공감하는 순간들이 있긴 하지만, 그것은 대부분 아이 자신의 관심이나 경험과 관련된 것이었다. 잠복기 이전의 아이도 어머니가 감기에 걸리면 안됐다고 생각하지만, 그것은 주로 어머니의 감기가 자신의 일과에 지장을 주기 때문이다. 잠복기 아이는 어머니의 처지에서 어머니가 어떻게 느낄지를 상상할 수 있고, 어머니가 처한 현실이 자신의 현실과 다르다는 것을 이해할 수 있기 때문에, 자신의 소원이 영향을 받느냐 아니냐를 떠나서 어머니를 공감할 수 있다.

탈중심화와 자기반성 능력은 정신구조의 형성, 특히 초자아 발달에 중요하다. 점차 사회적으로 공유하는 도덕 규칙 체계를 알게 되고 자신의 행동을 반성할 수 있게 되면서, 아이는 자기 마음대로 하려는 자신의 과대한 고집을 재평가하기 시작한다. 사회적인 수용은 다른 사람의 요구와 관심에 들어맞도록 자신의 행동을 수정하는 것에 달려 있음을 이해하기 시작한다. 자기-반성은 자기 통제를 더 촉진하여, 사회적으로 공유하는 도덕 규칙 체계를 더 잘 지킬 수 있게 한다. 내적 통제가 외적 통제를 대신함으로써 아이는 더 큰 자율성을 갖게 되지만, 동시에 신경증적 갈등 성향도 더 커지게 된다. 욕동을 억제하고 통제하며 행동을 미루는 것이 더 뚜렷해진다.

연상적 사고와 마술적 사고가 더 객관적이며 현실-지향적인 사고로 변함에 따라, 일차 과정과 이차 과정의 경계는 더 확고해진다. 새 인지 기술이 안정성을 더해 주기 때문에, 본능적 욕동이 논리적 사고와 현실 검증을 방해하지 않으면서 욕동 요소들은 무의식이 되고 잘 격리되어 있게 된다.

Shapiro와 Perry(1976)는, 잠복기의 특징인 일차 과정과 이차 과정 사고의 분리는 성숙상의 요인들 때문이라고 생각한다. 그들은 여러 분야의 연구를 조사했고, 그 모든 연구는 뇌의 분화, 행동, 성숙의 영역에서 7세경에 수렴 현상이 있음을 보여 준다. 이것으로부터 그들이 내린 결론은 발달에서의 어떤 융합(confluences)—즉, 오이디푸스 콤플렉스의 해결, 정신 기구가 세 개의 기능적 요소로 구조화되는 것, 새로운 수준의 인지 조직, 내적 통제와 조직이 외적 통제를 대신하는 것 등의 융합—이 우연이라기보다는 인간 유기체 설계도의 일부라는 것이다. 잠복기의 징표인 더 높은 수준의 정신적 조직을 이루게 하는 것도 바로 이 설계도다.

Shapiro와 Perry는, 또한 새로운 인지 기술과 정신 기능의 더 높은 조직화 수준은 오래된 문제에 대한 새로운 접근법을 알려 준다고 제시한다. 그래서 전오이디푸스기와 오이디푸스기의 소원과 환상은 원래 일차 과정의 특징인 애니미즘적이고, 연상적이고, 마술적인 사고의 지배를 받다가, 이제 더 질서 잡힌 논리적인 사고 형태로부터 분리되면서, 더욱더 이질적인 것이 된다. 기억 흔적 중에 연상적인 사고 형태를 따라 조직된 것들은 덜 의식하게 된다. 일차 과정을 따라 조직된 생각들이 의식으로 올라올 때, 그것들은 더욱더 고태적인 형태로 나타나며 쉽게 이해할 수 없다.

그럼에도 불구하고 일차 과정 기능은 잘 살아남아서 정신적 균형을 유지하는 데 중요한 역할을 한다. 본능적 욕동 또한 아주 많이 남아 있고, 욕동 만족을 위한 충분한 출구가 없을 때는 방어 활동이 증가한다. 아이는 심각한 자아의 제한과 억제를 보이거나, 증상이 나타날 수도 있다. 이제 아이는 주관적 환상 생활에 관해 이야기하는 것이 많이 줄고 아마도 훨씬 덜 의식하지만, 욕동 파생물은 특히 아이의 혼자 하는 놀이, 환상, 꿈 등에서 쉽게 나타난다. 가족 로맨스나, 앞서 말했던 수퍼히어로 이야기에 들어 있는 가족 로맨스의 변형이 잠복기 환상의 흔한 주제이다. 벌주려는 상징적 초자아 인물로서의 괴물이 환상, 꿈, 악몽 속에 자주 나타난다. 그러나 종종 괴물 자체의 억제할 수 없는 측면은 아이가 방어하고 있는 충동적인 측면을 반영한다.

단체 놀이와 같은 다른 활동에서도 욕동 파생물을 분명히 볼 수 있는데, 특히 초기 잠복기에는 여러 아이가 환상을 공유하면서 정교하게 만들기도 한다. 아마 원래는 학교 숙제를 하다가 만들어 낸 창조적인 이야기, 혹은 일부 아이들이 풍자만화 같은 도구를 이용하기 시작했던 미술 과제물 등이 욕동 파생물의 표현을 위한 출구가 된다. 게다가 오이디푸스 시기의 소원과 환상들이 내부의 무의식 세계로 내려감에 따라, 농담, 말실수, 꿈과 같은 더 익숙한 유형의 일차 과정 기능이 흔해진다.

욕동 압력과 언제나 존재하는 퇴행의 위협 때문에, 이제 욕동과 방어의 요구를 통합하는, 나이에 적절한 표현 방식이 나타난다. 이것 중의 일부는 나중에까지 이어질 수도 있고 나중에 중요해질 수도 있지만, 그것들은 전형적으로 잠복기에 시작되는 특징이다. 예를 들어, 조직적인 단체 경기는 경쟁적이고 공격적인 욕구를 방출하는 출구가 된다. 특히, 여자아이들은 줄넘기 외에도 반복적인 율동이 있는 활동을 즐긴다. 이것은 욕동 압력에 대한 정신운동성 출구가 될 뿐 아니라, 그때 부르는 노래는 본능적 표현을 승화시키는 수단이 된다.(Kaplan, 1965; Goldings, 1979)

신체 활동에 덧붙여 그리기, 색칠하기, 쓰기와 같은 창조적인 취미

활동은 이차 과정을 정교하게 하는 동시에 일차 과정 사고를 위한 통로가 된다. 또한, 특별히 상상력이 풍부하고 재능 있는 아이들은 때로, 우리가 3부에서 언급했던, 상상 속의 친구나 환상 속의 쌍둥이를 만든다. 불안을 야기할 수 있는 갈등을 아이가 의식적으로 다루면서 받아들일 수 없는 충동을 전치해야 할 때, 이런 상상 속의 친구가 그것의 수용자가 될 수 있다. 상상 속의 친구는 만약 현실의 친구나 부모와 함께 나눈다면 처벌이나 비난, 따돌림을 받게 될까 봐 두려운, 슬픔, 질투, 분노, 죄책감, 수치심 등 이 모든 느낌을 함께 나눌 수 있다.(Freud, 1909b; Nagera, 1969; Myers, 1976, 1979)

잠복기 아이들은 자신의 창작물뿐만 아니라 타인의 창작물에 대해서도 열렬한 소비자다. 반성적 사고 능력은 아이의 이야기가 성공하는 데 필수적인데, 왜냐하면 그럼으로써 아이는 환상과 현실을 명확히 구분할 수 있기 때문이다. 만약 아이가 상상이 지배하는 일차 과정과 논리가 지배하는 이차 과정을 혼동한다면, 그 이야기는 즐겁고 재미있기보다 무섭고 지나치게 자극적인 것이 될 것이다. 하지만, 잠복기 아이에게는 점차 논리적인 방법으로 지적 문제를 다루는 능력과 무의식적 갈등이 생길 때마다 현실을 왜곡하는 것 사이의 불일치가 남아 있다. 무의식적 갈등은 아이가 '현실적이고 객관적인(realistic objectivity)'(Abend, 1982) 자세로 지각하고, 기억하고, 생각하고, 판단하는 능력을 방해할 수 있다. 학교의 과학 실험에서는 용기의 형태와 관계없이 무게나 부피가 동일하다는 것을 아이는 알지만, 어머니가 가진 빵조각이 더 커 보일 때는 속았다는 느낌이 들기 쉽다. 따라서 현실 검증은 매우 가변적이다. 아이는 억압된 충동이 파생물의 형태로 표현되었는지 아닌지에 대한 단서로, 무의식적으로 타인의 정동 표현을 이용하려는 압력을 받을 수 있다. 가끔 강한 내적 갈등으로 압력을 받고 있는 소아의 경우에, 아이는 이것 때문에 일종의 과도한 경계

상태가 될 때도 있다. 따라서 탈중심화된 객관적 현실검증 능력의 향상에도 불구하고, 잠복기 아이는 외부 사건들을 계속 자아중심적으로 해석하기 쉽다.

청소년기와 조작적 합성

잠복기의 특징인 외부 현실과 내부 현실의 엄격한 분리는 청소년기가 되면 더 개방적인 상호작용으로 대체된다. 추론하는 능력과 논리적이고 추상적으로 사고하는 능력은 성숙기에 이른다. 이 능력은 청소년기에 특징적인 정신 기구의 유동성(Jacobson, 1961; Blos, 1968, Rosner,1972)과 결합하는데, 유동성이 특징적인 것은 청소년기가 생물학적 성숙이라는 본능적 격변 때문에 전오이디푸스적, 오이디푸스적 갈등이 되살아나는 시기이기 때문이다. 그 결과 청소년기의 사고 과정에는 독특한 창조성이 생겨서, 그 전이나 후로는 볼 수 없는 많은 혁신적 생각과 예술적 표현이 청소년의 창작물에 흔히 나타난다. Noy(1978, 1979)는 그러한 창의성은 자아의 지배 아래에 있는 퇴행이기보다(Kris, 1952), 일차 사고와 이차 사고 사이의 '조작적 합성(operational synthesis)'으로 이해하는 것이 나은데, 이것은 이차 과정 사고가 확장되어 일차 과정의 일부를 포함하는 것이라고 한다.

중기나 후기 청소년기에 이르면, Piaget가 기술한 형식적 조작적 사고를 할 수 있는 능력이 생긴다.* 청소년은 가설만 가지고도 추론할

---

* Piaget는 14~15세경이 되면 형식적 조작의 균형 상태에 도달한다고 추정했는데, 이것은 인지 발달의 최고점을 결정하는 중추신경계의 성숙, 그리고 최대한의 능력을 실현할 수 있게 하는 사회적 환경의 자극과 여건에 의해서 이루어진다고 하였다.(Inhelder & Piaget, 1958) Piaget는 중추신경계의 성숙과 성인의 사회적 역할이 사춘기에 딱 들어맞는 것으로 가정했다. 신경계에 관한 그의 가정은 확실한 자료를 근거로 한 것이 아니었지만, 더 최근 연구들도 뇌파의 변화를 측정했을 때 청소년기에 뇌 구조의 변화가 일어나며, 또 늦

수 있게 되며, 자신의 생각을 정신적으로 검증할 수 있다. 청소년은 일반 법칙을 만들고, 가정과 이론을 세우고, 머릿속으로 생각을 조작하는데, Piaget는 이런 과정을 가설적-연역적 추론(hypothetical-deductive reasoning)이라고 불렀다. 인지는 내용보다는 형태에, 그리고 사물 자체보다는 사물의 추상적 개념을 더욱 근거로 하게 된다. 무엇이 실제인가(actual) 하는 것보다 무엇이 가능한가(possible)가 더 중요해지는데(Anthony, 1982), 이것은 청소년이 그 자신의 현재와 미래의 현실뿐만 아니라, 우주와 세계와 사회에 관해 추상적이고 철학적이며 이상적인 가설과 이론들을 세울 수 있기 때문이다. 사고는 더 체계적으로 되며, 청소년은 자신의 생각과 생각의 산물에 대해 더 비판적으로 잘 반성할 수 있다. 이렇게 서술적이고 논쟁적인 언어가 새롭게 등장하고, 신념은 체계적 비판을 받기 쉽다.(Anthony, 1982, p.320)

형식적 조작적 사고는 또한 더 정교한 형태의 상징화에서 나타나는 일차 과정에 영향을 미친다. Langer(1957)는 상징이 단순히 대상의 대용물이 아니라, 대상의 개념을 전달하는 매개체라고 지적한다. 예

어도 17세에는 젊은 정상 성인의 뇌파 형태를 띠기 시작함을 보여 준다.(Metcalf, 1979) P. Wolff(1981)는, 우리는 유아기 이후 인간 뇌의 상세한 구조적 변화에 대해 아는 바가 거의 없다고 말하였다. 뇌의 기능이 미엘린 형성에 의존한다는 것도 논쟁거리로 남아 있다.(McKhann, Coyle, & Benjamins, 1973)

그러나 대뇌 반구 간의 그리고 대뇌 반구 내부의 중요한 연결 경로들은 청소년기 후기가 되어야만 성장이 완성된다는 것을 보여 주는 여러 연구가 있다.(Yakovlev & Lecours, 1967; Rakic & Yakovlev, 1968; Lecours, 1975) 만약 후기 청소년기와 초기 성인기까지 성숙이 계속된다면, 14~15세에 평형에 도달할 것으로 예상하면 안 될 것이다.

인지 성숙에 대한 Piaget의 두 번째 결정인자, 즉 성인의 사회적 역할이라는 가정도 역시 14세경에는 의문의 여지가 있다. 이것은 사회가 특정 수준에 있거나 혹은 산업화되지 않은 사회에서는 그럴 수도 있지만, 정신사회적 '유예(moratorium)'가 더 일반적인(Erikson, 1968) 서구의 중산층 문화에서는 그 타당성에 의문이 생긴다. 사춘기는 심리적으로 청소년기의 시작을 알리는 지표이지만, 심리적 · 사회적 성숙은 20대 초중반이 되어야 이루어지기도 한다.

를 들면, 환상이나 창조적 활동에서 드러나는 일차 과정의 형태도 유사하게 발달하며, 내용뿐만 아니라 형태에 관한 추상적 개념과 관심을 반영한다. 예술 작품이나 환상에서 표현된 주제의 뿌리는 초기 소아기의 본능적 소원이라고 해도, 청소년이나 성인이 그것을 표현하는 형태는 어린아이가 이용했던 형태에서 많이 진화한 것이다. 사실, 예술적 창의성의 중심이 되는 조화, 균형, 대칭성, 반대되는 것과의 조정에 대한 인식과 함께, '형태의 완전성(perfection of form)'(Langer, 1957, p.208)에 대한 탐구는 거의 청소년기의 인지 기술을 이용할 수 있어야 나타난다.

청소년기에는 사고의 창조적인 유동성 외에도, 일차 과정과 이차 과정 간의 조작적 합성이 생긴다는 것 또한 분명한데, 그것은 성인기의 열망도 있으면서 어린 시절의 소원과 갈등으로 청소년기에 특징적인 퇴행을 보이고 그것에 재투자하는 것에서 알 수 있다. 그 결과, 청소년의 사고는 삶의 철학에 대한 탐구와 자기애적이고 개인적인 문제를 결합한 일종의 인지적 자아중심성을 보여 준다. 청소년은 다른 사람들도 자신처럼 세상과 세상의 문제를 봐야 한다는 신념을 전하면서, 그 신념에 맞춰 환경을 변화시키려고 애쓴다. 한 16세 소녀는 자신의 관점이 '옳다'는 것을 부모에게 확신시키지 못하자, "나도 내 생각을 가질 자격이 있단 말이야."라고 화내고 소리치면서 눈물을 흘렸다.

또한, 청소년의 생각은 혁명이나 사회 개혁의 꿈으로 가득 찬 전능한 성질을 가지는데, 이것이 다른 사람의 입장에 대한 객관적인 시각을 방해할 수 있다. 청소년이 다시 탈중심화하여 다양한 관점을 알게 될 때 일종의 혼란이 나타나는데, 청소년기 사고에서 특징적인, 반추하는 성질에서 이것을 볼 수 있다.(Anthony, 1982) 그때 청소년은 생각과 느낌 사이에서 흔들리기 쉬우며, 자신의 사고에 관해 생각하고 느낌에 관해 생각하는데, 다음은 이 과정을 예시하기 위해 Anthony가 발췌한 글로, 도스토예프스키가 16세에 쓴 것이다.

> 우리는 더 많은 것을 알기 위해 더 적게 느껴야 한다. 그 역도 마찬가지다. …… 안다는 단어는 정확히 무엇을 뜻하는가? 자연, 영혼, 사랑, 신에 대해 우리는 이성을 통해서가 아니라 마음을 통해 알게 된다. 만약 우리가 영적 존재라면 우리는 영혼이 해답을 찾아 방황하는 생각의 영역에 살 수 있을 텐데. 그러나 우리는 땅에서 태어난 존재이며, 한꺼번에 모든 측면을 파악하는 것이 아니라, 그 생각에 대해 추측할 수 있을 뿐이다. 일시적 착각을 통해 우리의 지성을 영혼의 가장 내밀한 중심으로 인도해 주는 것을 이성이라고 부른다. 이제 이성은 물질적 능력이고, 반면 영혼이나 정신은 마음이 속삭이는 생각 위에 살아간다. 생각은 영혼에서 생긴다. 이성은 도구이고 기계이며, 정신의 불길에 의해 움직인다. 인간의 이성이(이것은 그 자체로 한 장이 필요하겠지만) 지식의 영역에 파고들 때, 그것은 감정, 결과적으로 마음과 관계없이 작용한다. 그러나 우리의 목표가 사랑이나 자연을 이해하는 것일 때, 우리는 바로 그 마음의 요새를 향해 나아간다. …… 최근에 얼마나 많은 광적인 체계들이 가장 영리하고 열정적인 두뇌에서 생겨났던가! 이런 잡다한 것에서 올바른 결과를 얻으려면, 우리는 그것들 모두가 수학적 공식을 따르도록 해야 할 것이다. 그러나 그것들은 우리 현시대의 철학 '법칙'이다! …… 나는 불쌍한 우리 아버지 때문에 마음이 아프다! 아버지는 아주 독특한 성격을 가졌다. 아버지는 세상에서 전적으로 이방인이다. 그렇게 50년을 살아왔지만, 세상 사람들에 대해 30년 전에 가졌던 생각을 그대로 가지고 있다. 얼마나 행복한 무지인가!

주기적으로 환상으로 철수하는 것은 청소년기의 또 다른 특징이다. 어떤 청소년에게는 그것이 현실로부터 병적인 도피를 뜻하기도 하지만, 다른 청소년에게서는 욕구와 목적이 실현 가능한 방법으로 통합될 때 결국 현실 검증을 더 잘하도록 이바지하는 결과를 낳는다.(Hartmann, 1939) 또한 환상은 자신의 내적 현실에 접근할 수 있게 하여, 청소년은 더 성숙해진 정신 기구와 반성할 수 있는 논리적 사고 능력으로, 이제 어린 시절의 소원과 갈등을 재고할 수 있다. 정신 내적 생활에 대한 통찰이 자주 일어나서, 내부 세계와 외부 세계를 숙달하도록 돕는다. 그러나 정신 내적 과정이 위험한 것으로 지각되고, 그것을 아는 것이 정신적 균형을 위협할 때, 현실 검증을 방해할 정도로 경직된 방어를 사용하는 수도 있다.

청소년기 과정이 거의 끝나가고 성격 구조가 성숙해져 가는 동안에, 교육에서 오는 압력과 사회적 압력이 일차 과정과 이차 과정의 분리를 강화한다. 일차 과정은 점차 꿈, 백일몽, 환상, 예술 작품, 증상 형성에 국한되어, 더욱 무의식의 '언어(language)'로만 남게 되며, 외적인 의사소통과 행동은 이차 과정 체계의 논리적 사고에 의해 지배된다. 정신적 현실이 객관적인 현실 검증을 방해하는 경우를 제외하면, 사고는 합리적이고 논리적인 것이 된다.

그러나 적응을 위한 인지 기능과 반성할 수 있는 사고는 계속 일차 과정과 이차 과정 사이의 적절한 조화에 달려 있다. 이 두 과정은 서로 다른 법칙을 따르고 다른 표현 방식을 사용하지만, 개인이 가능한 최상의 정서적, 사회적, 지적 적응을 유지하려면 일차 과정과 이차 과정 사고가 조화롭게 작동해야 한다.

요약

우리는 인지의 발달 순서를 기술하였다. 우리는 일차 과정과 이차 과정이 그것을 통해 인지의 성숙을 볼 수 있는 렌즈라고 생각한다. 두 과정은 모두 어머니와 유아 간의 양식화되고, 장난스러운, 모방 이전 단계의 대화에서 출현한다. 우리는 이행기 대상과 마술적 현상주의는 일차 과정이 시작하는 초기 신호라고 제안한다. 말은 상징하는 능력의 지표이다. 일단 아이가 상징할 수 있으면 시험 행동으로서 사고하는 것이 가능해지고, 정신적 현실이라는 내적 세계가 외부 현실 세계와 구별된다. 꿈이 보고되면서, 이제 우리는 무의식의 시작에 대한 가설을 세울 수 있다. 언어의 발달은 이차 과정 사고의 특징인 반성과 숙달을 촉진하지만, 잠복기 이전에는 애니미즘적이고, 연상적이고, 마술적인 사고가 특징이며 일차 과정과 이차 과정이 합치고 섞인다.

그러나 잠복기가 되면 그들은 분명하게 나누어지는데, 그때 정동, 욕동, 소원, 갈등, 또 그것을 표현하는 개인적인 상징은 객관적 현실 세계로부터 떨어져 있게 되고 점차 그것과 이질적인 것이 된다. 청소년기에는 형식적 조작적 사고의 능력이 있으며, 일차 과정과 이차 과정 사고 사이에 조작적 합성이 이루어진다. 청소년기가 끝나 갈 때, 또다시 일차 과정과 이차 과정 사이의 분리가 정상적으로 일어나면서, 일차 과정은 무의식의 '언어(language)'가 되고, 생각은 합리적이고 논리적으로 된다.

6부 초자아

THE SUPEREGO

12장

초자아 : 이론적 개관

초자아는 도덕 기준, 원하는 목표, 이상을 정하고 유지하는 정신 체계다. 초자아가 적절하게 기능할 때, 정신 내부와 대인관계의 조화가 이루어지며 사회 적응이 원활해진다. 가끔은 '양심의 소리'가 거의 느껴지는 것 같고, 의인화하는 경향이 있는 약칭의 편리함도 있지만, 자아와 이드처럼 초자아 역시 구체적 실체가 아니고 가설적 개념이다.

초자아의 발달과 기능은 이론상 논란이 많은 부분이다. 초자아 개념에 대하여 현재 논란이 많은 것은 그 주제를 다룬 프로이트 저술의 모호한 측면과 오해 때문이다. 그러나 현재의 개념은 프로이트가 놓은 토대에 기초하기 때문에, 이 장에서 프로이트의 작업을 간단히 살펴보면서 시작하겠다. 그 후에 초자아 개념에서 나타나는 일부 모호한 점과 문제점을 언급한 다음, 초자아의 구성요소와 기능에 대한 우리의 기본 전제를 기술할 것이다. 다음 장에서는 초자아 발달을 다룬다. 우리는 초자아의 기능과 발달이 남성과 여성에서 유사하다고 믿기 때문에 이 두 장에서는 그 이론을 전체적으로 다룰 것이다. 14장은 기본적으로 여성의 초자아 발달에 관해 나온 여러 설명을 소개하면서, 성별에 따른 초자아의 차이를 검토하는 것에 집중하였다.

프로이트의 초자아 개념의 발달

프로이트는 '자기애에 대하여(On Narcissism)'(1914)라는 논문에서 나중에 초자아라고 알려지게 된 개념을 처음으로 분명히 표현했다.* 문화적 혹은 윤리적 이상과의 갈등 후에 본능적 충동이 억압되는 것을 보면서, 인간은 마음속에 자신을 평가하는 이상적인 기준을 세운다고 프로이트는 추정했다. 그런 경우 자기 사랑 혹은 자기 존중은 그 기준에 빗대어 자신을 얼마나 호의적으로 보느냐에 달려 있다. 프로이트는 주로 부모와의 경험이 이상의 형성에 관여하고, 이런 이상은 나중에 더 많은 훈련과 교육으로 강화되며, 그것을 지키지 못하면 죄책감이나 열등감이 생긴다고 추정했다. 요약하면서(p.100), 자존심은 유아기 자기애의 잔재와 대상에게서 사랑받는 것뿐만 아니라, 이상적 기준을 유지하는 것에도 달려 있다고 적었다.

수년 후, 프로이트는 "정상적인 때에도 자아에 대해 비판적 태도를 보이는"(1921, p.109) 내부의 비판적 기관에 관한 생각을 계속하면서, 그것의 기능을 더 자세히 기술했다. 그 기능은 "자기 관찰, 도덕적 양심, 꿈의 검열, 억압에 미치는 중요한 영향"(p.110) 등을 포함한다. 그는 타인들과 있었던 이전의 모든 상호작용이 이 새로운 기관에 의해 내적으로 반복될 수 있다고 추가했다.(p.130)

1923년에 프로이트는 초자아(*superego*)라는 용어를 도입했다. 그는 용어 사용에 일관성이 전혀 없었고, 자아 이상(*ego ideal*)과 초자아(*superego*)를 구별하지 않고 사용하는 경우가 많았지만, 초자아를 마음의 삼요소 모델 속에 있는 구조 중의 하나라고 소개하였다. 이 에

* Strachey(1961)는 그 개념에 관한 몇 가지 선행 개념을 추적했으며, Furer(1972)는 초자아에 관한 프로이트의 생각을 광범위하게 조사하였다.

세이에서 그는 죄책감에 두 가지 근원이 있다고 적었다. 한 가지는 부모를 내재화하고 동일시하는 데서 생기며, 아이가 실제 경험한 부모의 비판을 기반으로 형성된다. 다른 한 가지는 오이디푸스기를 통과하려면 초자아가 강력한 이드 충동과 리비도의 변화를 끊임없이 경계해야 한다는 사실에서 생긴다. 이렇게 경계하다 보면 "자아는 본질적으로 외부 세계 즉 현실을 대표하지만, 초자아는 내부 세계 즉 이드를 대표함으로써 자아와 대비되며"(1923a, p.36) 따라서 초자아는 내면으로 향한 이런 충동의 표현을 담고 있다. 실제, "초-자아는 …… 초-도덕적일 수 있고" 그래서 매우 잔인해진다.(1923a, p.54)

프로이트는 남성의 발달을 근거로 초자아 이론을 세웠다. 오이디푸스적 소원을 억압해야 하는 필요성을 언급하면서 아버지가 이런 소원의 실현에 방해물로 여겨질 때 남자아이는 아버지에 대한 미움이 생긴다고 추측했다. 아버지의 사랑을 유지하기 위해 남아는 아버지를 동일시하며, 초자아가 아버지의 특징, 즉 금지하고 처벌하는 특징을 갖게 되는 것은 이런 동일시 때문이다. 그리하여 초자아는 아버지에 대한 남아의 관계에서 아버지의 대리자가 되고, 남아가 아버지에게 느꼈거나 느낄 수도 있지만 표현되지 않은 모든 적개심은 초자아를 향하며, 남아는 아버지가 자신을 대할 것으로 생각하는 방식대로 자신을 대한다. 프로이트는 계속해서 "주목해야 할 것은 어떤 사람이 외부로 향한 공격성을 억누를수록 그 사람의 자아 이상은 더 가혹해진다, 즉 더 공격적이 된다"(1923a, p.54)는 역설을 강조하였다. 다시 말해, 비록 적대감이 그대로 표현되지는 않지만, 적대감 때문에 초자아 요구는 더 가혹해지고 죄책감도 더 강해진다.

같은 해에 쓴 또 다른 에세이 「유아 성기기 조직」(1923b)에서 프로이트는 자신이 여성의 어린 시절의 발달에 관한 이해가 없었음을 인정하였다. 이런 허점은 특히 여성의 초자아 형성과 기능에 관한 이론에서 드러나는데, 프로이트는 그 이론을 1923년의 에세이에서 발전시키기 시작하여 1925년에 「양성 간의 해부학적 차이에 의한 몇 가지 정신적인 결과들」(1925b)을 발표하였다. 프로이트는 여자아이가 오이디푸스기로 진행할 때 자신의 거세된 상태를 수용해야 한다는 것을 고려하면, 여자아이는 남자아이보다 초자아 내재화에 대한 동기가 적을 것으로 생각했다. 또한, 초자아는 주로 아버지와의 동일시에서 생기는 것이라고 믿었으며, 여자아이는 보통 아버지보다 어머니를 더 동일시하기 때문에 여성의 초자아는 상대적으로 약할 수밖에 없다고 결론 내렸다.

다음으로 프로이트는 처벌의 공포와 불안의 신호 기능이 출현하는 것과 관련해서 내적 비판에 관한 생각을 논했다. 오이디푸스기 갈등이 해소된 후에는, 아이가 이제 다시는 자신의 초자아 분노를 두려워하는 정도로 외부 세계의 처벌을 두려워하지 않는다는 의견을 프로이트는 제시했다. "더 일반적으로 말하면, 이제 자아는 초자아가 자아에게 화내고 자아를 벌주고 사랑하지 않는 것을 위험하다고 여겨 불안 신호로 반응한다."(1926, pp.139-140)

1926년부터 프로이트는 초자아 개념의 어떤 면들을 정교하게 다듬어 다른 영역에 적용하고자 했다. 예를 들면, 프로이트는 자아와 초자아 간의 차이가 드러나는 정신적 갈등의 결과를 제외하고는, 그 둘의 기능을 구별할 만한 것이 거의 없다고 언급했다.(1926, p.97) 또한, 문화의 영속성과(1927) 사회의 요구와 관련하여(1930) 초자아가 맡게 되는 중요한 역할을 검토하였다.

초자아의 가혹성에 대한 문제로 돌아가서, 프로이트(1933)는 초자아가 무자비하게 가혹할 수 있어서, 심지어 부모가 위협적이지 않으며 친절하고 비처벌적인 경우에도 죄책감과 열등감을 가져온다는 것을 분명히 하였다. 마지막으로 자신의 생각을 요약하면서, "초자아의 지나친 가혹성은 실제 모델을 따른 것이 아니라 오이디푸스 콤플렉스의 유혹에 저항하는 방어의 강도에 상응한다."고 덧붙였다.(1940, p.206) 프로이트는 "자아와 초자아의 관계에 대한 세부적인 내용은 부모를 대하는 아이의 태도까지 거슬러 올라가면 완전히 이해할 수 있다."는 믿음을 표현했다.(1940, p.146)

프로이트 이론의 개념상 문제점

초자아에 관한 혼동은 부분적으로는 프로이트가 구조 가설을 도입하기 전에 자아 이상(*ego ideal*)이라는 용어를 사용하여 그 개념을 소개하였기 때문에 생겼다.(1914, p.94) 그는 자아 이상이란, 내재화된 이상적 이미지나 기준 그리고 그런 이상적 이미지에 비추어 자아를 감시하는 기관 둘 다를 의미한다고 말하였다. 1923년에는 초자아(*superego*)라는 용어를 추가했지만, 그때는 계속해서 그 용어들을 서로 구별하지 않고 사용했다. (기관과 기준이라는) 두 가지 개념과 두 가지 용어 때문에, 자아 이상을 초자아의 일부로 생각해야 할지 별개로 생각해야 할지에 대해 의견이 일치하지 않았다.(Piers & Singer, 1953; Reich, 1954; Lampl-de Groot, 1962; Blos, 1974 참고) 우리가 보기에, 자아 이상은 본보기, 모범, 바라는 기준이나 삶의 방식이 들어 있는 구체적인 정신적 표상의 집합체이다. 우리는 이 자아 이상을 별개의 기관으로 보지 않고, 초자아 내부에 있는 표상의 집단으로 본다.

초자아의 가혹성을 완전히 이해하려고 할 때 흔히 어려움이 따른다. 초자아의 가혹성은 부모의 분노에 상응하기보다 본능적인 유혹에 저항하는 방어의 강도에 상응한다고 프로이트도 분명히 말했지만, 그럼에도 그 다음 문장에서 초자아가 받아들이는 것은 부모의 기준이기 때문에, 부모의 영향력도 무시할 수 없다는 뜻을 비쳤다.(1940,

p.146) 부모의 영향력이라는 말 때문에 초자아는 아이에 대한 부모의 태도만을 대표한다는 흔한 오해를 낳았다. 그것은 마치 초자아는 소아기의 실제 환경에 대한 수동적인 거울일 뿐이라고 말하는 것과 같다. 예를 들어, Kohut은 초자아의 비판적이고 처벌적인 특징은 부모가 가진 권위를 실제 경험한 것의 잔재로 보았으며, 초자아의 인정은 부모의 인정을 직접 대체하는 것으로, 이것은 오로지 원래 부모의 사랑하고 인정하는 능력에 달려 있다고 보았다.(Kohut & Seitz, 1963, pp.366-367)

우리는 부모의 영향력이 초자아 발달에 크게 이바지하지만, 아이의 몫도 있다고 생각한다. 본능적 욕동과 그것이 표현되는 것에 대한 방어들도 초자아 형성에 발달상의 영향을 미치지만, 이러한 영향은 현실 세계에서 일어나는 사건과 그 사건에 대한 기억을 왜곡하는 경향이 있는 아이의 미숙한 인지 기능 때문에 과장될 수 있기 때문이다.

초자아가 형성되는 시기도 이론상 논란이 있는 부분이다. 초자아는 무서운 거세를 피하고 오이디푸스적 갈등을 해결하려고 노력하는 동안에 아버지를 결정적으로 동일시하면서 생긴다고 프로이트는 제안했다.(1923a, pp.28-39) 따라서 초자아는 오이디푸스기의 해결을 기반으로 형성되는데, 이런 이유로 프로이트는 초자아를 '오이디푸스 콤플렉스의 계승자(heir of the Oedipus complex)'(p.36)라고 기술했다.

Melanie Klein(1928)은 비록 그 동기는 유사하게, 신체적 손상을 피하기 위한 것이라고 보았지만, 시기가 이렇게 늦은 것에 대해서는 이의를 제기했다. 그녀는 초자아가 생후 첫해 후반기의 구강-가학기 동안에 형성되며, 무섭게 하고 벌주는 부모상을 내사한 것을 기반으로 한다고 제안했다. 이런 내사물은 유아의 구강-가학적 충동이 부모에게 투사된 것에서 온다.

우리는 프로이트와 Klein의 견해 모두 옳지 않다는 의견이다. 다른 모든 정신 체계처럼 초자아에도 발달선이 있으며, 초기의 근원은 생후 첫 수년에 있다고 생각한다. 초자아가 오이디푸스기의 해결과 함께 형성된다는 프로이트의 생각은 초기 단계들을 설명하지 않고서 갑자기 초자아가 나타난다는 인상을 준다. Klein의 생각에 대해서는, 8~9개월에 초자아를 형성할 수 있도록 그녀가 유아에게 부여했던 복잡한 기능들이 그 시기에 존재하지 않는다는 것이 발달 연구를 통하여 알려졌다.

지난 수십 년 동안 분석가들은 프로이트와 Klein의 입장을 재검토하면서 다른 가설들을 제시했다. Klein에 반대되는 견해를 보인 Hartmann과 Loewenstein(1962)은, 초자아가 구조화되었다고 추정할 수 있는 때는 초자아 자율성(superego autonomy)이 이루어졌을 때, 즉 초자아가 외부의 도움 없이 양심의 기준을 지키기 위해 기능할 수 있을 때라고 본다. 이것은 초자아 형성이 잠복기의 어느 시기에 일어난다고 보는 것이다. 우리는 이 견해가 극단적인 견해라고 생각한다. 한 가지 이유는, Hartmann과 Loewenstein이 기술한 그런 초자아 자율성은 이상에 가깝다는 것이며, 우리가 소아 분석 작업에서 알게 된 것은, 초자아는 처벌하는 기능을 하게 된 한참 후에야 중요한 외부의 도움 없이 유혹을 효과적으로 억제하는 기능을 한다는 것이다. 사실, 초자아 자율성은 많은 개인에게 흔한 위험 요소인 진실성의 타협(Rangell, 1974, 1980)과 함께, 평생 상대적인 용어로 남을 수도 있다.

초자아 발달에 관한 더 그럴듯한 다른 제안들이 있다. Greenacre(1952a)는 초자아의 발달이 네 단계로 일어난다고 제안했다. 첫 2년 동안의 원초적 근원, 좋은 것이나 나쁜 것에 대한 습관 훈련 시기, 5세경의 오이디푸스적 포기에 대한 투쟁, 그리고 잠복기인데, 잠복기는 오이디푸스적 투쟁의 성과가 사회적 영향에 의해 강화되고, 개인의 양심이 사회적 양심과 융합되는 시기다. Jacobson(1964)과

Mahler(1975a)는, 우리도 지극히 당연하다고 생각하지만, 초자아 형성에서 전오이디푸스기 대상관계와 그와 연관된 갈등의 역할에 주목했다. 더 최근에는 Emde(1988a, 1988b)가 자신이 '도덕적 감정(moral emotions)'이라고 부르는 것에 초점을 맞춘 발달 연구 활동을 기술했는데, 도덕적 감정은 모자 간의 상호작용에서 진화하여 빠르면 2~3세에는 어머니와 상관없이 기능한다.

이런 생각들은 프로이트가 주로 강조했던 것, 즉 초자아 발달은 무서운 결과와 오이디푸스적 해결에서 온다는 것에 변화가 생겼음을 반영한다. 이제 이론가들은 대인관계상의 그리고 결국은 정신 내적인 조화를 유지하려는 아이의 동기, 그리고 오이디푸스기 갈등뿐 아니라 전오이디푸스기 갈등도 고려하고 있다. 그러나 많은 분석가가 전오이디푸스기에 권위를 내재화하는 것을 '초자아 전구체(superego precursor)'라고 불렀던 것은 아마도 프로이트의 이론에 대한 충성심 때문일 것이다. 이렇게 부르는 것은 초기 단계와 후기의 통합된 구조 사이의 차이점을 강조하지만, 그러면 초기의 영향을 계속 무시하게 된다. 더구나 그것은, 삼요소 모델의 구조들은 오이디푸스 콤플렉스가 출현한 후에야 형성되기 때문에, 그 이전에 기원한 병리를 고려하는데 유용하지 않다는 일부의 인상을 영속화한다. 우리의 입장은, 초자아는 유아기에 시작하여 긴 발달 과정을 거친다는 것이며, '전구체'라고 부르기보다 발달 궤도상의 초기 단계라고 말하고 싶다.

특히 곤란한 문제는, 여자아이는 거세 불안과 아버지에 대한 동일시가 없으므로 초자아가 약하고 불안정하다는 태도를 견지한 프로이트의 남성 중심 편견이다. 이런 관점은 프로이트 시대부터 많은 논란을 불러일으켰으며, Jones, Horney, Klein도 프로이트에게 동의하지 않았다. 그들은 자신들이 치료한 여성들이 최소한 남성들만큼 자주 죄책감, 수치심, 자존심 저하로 고통을 받았다고 주장했다. 그 이후로,

발달의 이 측면에 대한 프로이트의 남근-중심적 관점이라고 불리기도 하는 이 설명을 반박하는 여러 설명이 나왔다. 여성이 남성에 비해 더 약하고 불안정한 초자아를 가졌다는 생각을 반박하는 것은, 대체로 초자아라는 구조와 내재화된 이상과 기준이라는 내용물을 구별해야 한다는 점이다. (14장에서 우리는 남성과 여성에서 초자아 기능의 유사점과 차이점을 검토할 것이다.)

초자아의 구성요소

프로이트는 임상 작업을 통해 사람들의 마음속에 이상적 기준이 세워지고 그것에 비추어 자신을 평가하게 된다고 제시하였으며, 이런 개념은 널리 받아들여지고 있다. 이제 우리는 그 기준의 성질을 더 자세하게 고찰해 보려 한다.*

프로이트가 언급한 것을 볼 때, 필수 명령, 도덕적 기준, 바라는 이상적 목표가 초자아의 기본 구조가 되는 것 같다. 이것들은 부모, 교사, 또래, 그 외 중요한 사람들이 지켜보고, 격려하고, 요구하고, 판단하고, 칭찬하고, 상주고, 비난하고, 벌주고 하는 것들을 경험하면서 쌓여 간다. 이런 요소들의 근원이 다양하며 발달 중에 생기는 시기도 다양하다는 것을 고려하면, 그들 간에 일관성이 거의 없을 수도 있다. 따라서 충분히 발달하여 잘 기능하는 성인의 초자아는 여러 다른 경향들이 동질화되고 조화를 이룬 조직이라고 보는 것이 낫다. 초자아의

* 우리는 초자아를 논의할 때, 초자아의 여러 측면의 기원과 발달 과정을 이해하려면 초자아의 기능과 구성요소에 관해 논의하는 것이 유용하다는 것을 알았다. 그러나 구성요소라는 생각은 체계에 대한 생각을 구체화하는 경향이 있어서, 불행히도 어떤 사람에게는 그것이 내용물을 가진 용기라는 의미가 될 수도 있겠다. 우리가 이드, 자아, 초자아를 의인화하는 경향이 있음을 인정하지만, 체계를 내용물을 가진 용기처럼 보는 것은 정확하지 않다.

구성요소들을 분류하는 것은 어쩔 수 없이 다소 임의적인 것이 될 것이다. 그러나 그 체계에 속한 여러 부분의 기원과 발달 과정을 더 쉽게 추적하기 위해, 우리는 Sandler(1960a, 1981)의 제안을 따라, 내재화된 지시, 훈계, 금지를 의미하는 내사물(introject)과 바라는 기준이나 목표를 의미하는 이상(ideal)을 구별하였다. 물론 실제로 내사물과 이상은 함께 기능한다.

내사물(*Introjects*)

대상과 자신에 관한 정신적 표상이 형성될 때, 어떤 것은 다른 것과 분명히 다르며, 사실 결코 완전히 통합되지 않을 수도 있다. 이 어떤 것은 필수 명령-즉, 부모의 규칙과 금지, 부모가 하라는 것과 하지 말라는 것, 해야 하는 것과 해서는 안 되는 것-이 들어 있는 표상이다. 그런 표상은 또한 부모나 다른 권위자와의 관계에서 특별한 역할을 요구하며, 결국에는 부모의 권위와 힘을 가진 것처럼 기능한다. 그럴 때 그 표상은 "지금까지 외부 세계의 사람이 수행해 왔던 기능을 해 나간다."(Freud, 1940, p.205) 이런 방식으로, 초자아는 아이와 부모 사이의 상호작용을 계속 반영하며, 이때 "초자아는 비록 내부 세계의 일부분이 되었지만, 자아에 대해 계속 외부 세계의 역할을 한다."(p.206) Emde(1988a)는 프로이트의 주장을 확인해 주는 최근의 발달 연구를 보고했다. 연구자들은 3세 아이들의 표본에서, 실제로 부모가 옆에 없을 때도 내재화된 규칙 속에 '타인'에 관한 감각과 관계성에 관한 감각이 있다는 증거를 발견했다.

이상(*Ideals*)

아이는 어머니나 아버지와 즐겁게 상호작용하는 경험을 근거로 다양한 이상을 형성한다. 그 상호작용 동안 아이는 칭찬받고, 격려받으며, 보상받고, 사랑받는다고 느껴서, 그것을 보존·반복하고 싶은 소원을 가진다. 우리는 본보기, 바라는 기준, 혹은 존재의 방식이 들어 있는 이런 정신적 표상들을 프로이트의 원래 용어인 자아 이상(*ego ideal*)을 사용하여 함께 묶을 수 있다.

프로이트를 비롯한 많은 사람이 여러 의식적·무의식적 이상들을 기술하였다. 그것들은 발달이 진행함에 따라 나타나며, 때로 어떤 이상은 다른 이상과 상충한다. 그것들을 분류하기 위해 Sandler와 그의 동료(1963)는 자아 이상을 이상적인 대상 표상, 이상적인 아이 표상, 이상적인 자기 표상의 혼합물로 볼 것을 제안한다. 우리는 이 제안이 유용하며, 특히 초자아 체계를 구성하는 여러 요소의 발달을 추적하는 데 도움이 된다는 것을 알았다.

이상적인 대상 표상(*ideal object representations*)은 아이가 부모에게 가지는 가장 초기의 인상들로부터 형성되는데, 아이는 부모를 완전하고 전능하다고 본다. 이상적인 대상 표상은 초기 소아기 동안에 윤색되어, 그 속에 아이의 즐거웠던 상호작용의 경험뿐 아니라 아이가 소원하는 환상도 포함하게 된다. 이런 전능하고 거대하며 완벽한 초기의 이미지들은 대단히 오랫동안 지속되어, 자신이나 미래의 대상, 혹은 더 후기, 예를 들면 청소년기의 부모에 대한 인상을 그것에 견주어 평가할 수 있는 기준이 된다.

이상적인 아이 표상(*ideal child representations*)은 부모가 아이에게 물려주는 승인된 기준, 도덕, 목표, 이상을 구현한 것으로, 그 속에는 어느 정도 내사물도 들어 있다. 하지만 이런 이상들은 이상적인 아이에 관한 부모의 환상도 표현된 것이며, 아주 어릴 적부터 아이는 '어머니가 자기에게 바랄 것 같은 아이'에 관한 생각을 조금씩 모으게 된다. 이런 이상들은 성별, 문화, 소속된 사회의 하위집단에 따라 달라지며, 그것을 통해 성별 특이적인 이상, 문화 특이적인 이상들이 전수되는 매개체이다. 이상의 이런 세트는 주로 부모의 초자아에서 뽑어져 나와 우리가 양심이라고 부르는 것에 이바지하며,* 프로이트(1930)가 말했듯이, 문명을 보호하는 역할을 한다. 만약 부모의 기준에 결함이 있거나 부모의 행동이 아이에게 하는 지시와 많이 다르면, 그에 따라 아이의 초자아도 유사한 결함을 가지거나(Johnson & Szurek, 1952) 기능 면에서 모순을 보일 수도 있다.

이상적인 자기 표상(*ideal self-representation*)은 '그렇게 되고 싶은 자기'(Sandler 등, 1963)에 관한 개인적이고 독특한 관점이다. 의식적 · 무의식적으로 공존하는 많은 이상이 이상적인 자기 표상을 구성하여, 최초의 내사물과 이상보다 더 세련된 정신적 구조물이 되게 한다.

이상적인 자기의 일부는 이상적인 대상 표상, 즉 사랑하고 무서워하고 존경하는 사람들의 표상에서 온다. 두 번째 원천은 부모가 전해준 '착한', '바람직한' 혹은 '이상적인' 아이이다. 이전에 현실이나 환상에서 경험했던 자기의 상태들이 이상적인 자기 표상의 세 번째 원천이다. 이것들은 초기 유아기 동안의 완전한 상호 조화, 좌절이 없는 상태, 완전한 본능적 만족에 대한 환상, 혹은 항문기의 특징인 마술적 전능함과 과대함에 대한 환상들뿐 아니라, 아마도 되돌아볼 때의 이상화된 기억들을 모두 포함한다. 인간은, 조화로운 상호성과 전능함과 연결된 그런 감정 상태, 상상 속의 자신인 그 대단한 유아를 다시 한 번 경험하고 싶은 핵심 소원을 평생 간직할 수도 있다. Jacobson은 "초자아는 아이가 가지는 전능하다는 환상이 안전한 피난처를 찾아

---

* Piaget(1932)와 Kohlberg(1963)를 비롯한 심리학자들은 아이의 도덕성 발달에 대해 말했다. 그들이 말한 것은 부모와 자녀 간의 상호작용으로부터 생기는 내적인 정신적 기관의 기능에 대한 것이 아니라, 도덕이라는 추상적 개념을 다루고 받아들이는 아이의 인지 능력 발달에 대한 것이다. 이러한 도덕적 규칙은 무엇이 이상적인 것인가에 관한 내용을 제공하는데, 그것을 초자아의 구조나 기능으로 혼동해서는 안 된다.

수정된 형태로, 자아의 이익을 위해 영원히 유지될 수 있는 자아의 한 영역이다."라고 말한다.(1954, p.105) 그래서 이상적인 자기 표상은 프로이트가 지적했듯이, "어릴 적 자아에게 자족감(self-sufficiency)을 준 원래 자기애를 계승한다."(1921, p.110)

이상적인 자기 표상의 네 번째 원천은 자기 자신, 즉 자신의 잠재력과 한계에 관한 현재의 현실적인 평가이다. 자기에 관한 이런 관점은 자아 이상 속에 포함된 여러 이상이 서로 상충하는 경우가 많기 때문에 성취하기 어려울 수도 있다. 서로 다른 이상들이 동시에 자신을 주장하는 것은, 정말 잘되면 초자아의 다양성과 유연성을 가져올 수도 있다. 하지만 대개 그 갈등은 초자아의 예측 불가능, 불일치, 왜곡, 그리고 Rangell이 '진실성의 타협(compromise of integrity)'(1963, 1974, 1980)이라고 불렀던 것을 가져온다. Reich(1960)는, 불가능한 유아기 소원들을 계속 바라는 것은 내적·외적 현실을 직면하는 데 있어 근본적인 무능력을 드러내는 것이라고 지적하였다. 이상적인 자기 표상을 만들고 수정할 때 현실을 고려하는 능력은 평생 적응과 정서적인 안녕에 필수적이다.

초자아 기능

초자아는 정신 내적인 그리고 대인관계상의 조화를 유지하고 사회적 적응을 잘하도록 기능한다. 프로이트를 따르면, 이러한 과업을 완수하기 위해 초자아는 "그런 위치에 있는 부모처럼 자아를 관찰하고, 자아에 명령을 내리고, 자아를 판단하고, 처벌로 위협한다." (1940, p.205) 이런저런 말들로 볼 때, 프로이트는 초자아의 본질적 기능을 자기-인정이나 자기-보상, 혹은 자책, 비판, 자기-처벌을 가져오는 자기-판단뿐만 아니라, 자기-관찰과 방어의 개시라고 개념화했음이 분명해 보인다.(1914, p.95; 1917, p.247; 1921, pp.109-110; 1923a, pp.36-37; 1933, p.65)

초자아 기능을 구별할 때의 어려운 점은 그것이 직접 관찰되는 것이 아니라, 생각, 기분, 환상, 태도, 감정, 느낌 등을 통해 추측해야 한다는 것이다.(Beres, 1958) 더구나, 초자아 기능은 자아 기능과 쉽게 구별되지 않는다. 사실, 자기 자신의 행동과 생각에 대한 의식적 · 무의식적 감시는 더 정확히 말하면 초자아의 목적에 이바지하는 자아 기능이라고 생각된다. 이 자기-관찰(*self-observation*)은 초자아의 기준에서 벗어난 행동을 예방하거나 수정하기 위해 작동한다.(Freud, 1914, p.95; 1921, p.105; 1940, p.205) 일단 정동이 신호 기능을 갖게 되면, 과거 경험에서 오는 기억들은 초자아 기준을 위반할 것 같은 상황들을 지각하도록 하여, 방어를 개시하는(*instigate defenses*) 신호로서 죄책감이 작용한다. 프로이트는 초자아의 활동 방식이 부모의 관찰이나 비판과 일치하며, 부모 없이도 부모의 금지가 계속 효과적일 때 발달의 중요한 단계가 성취된다고 말했다.(1914, p.96; 1940, p.205) 초자아 기능은 자기 관찰을 방해하여 자신과 외부 세계를 속일 수도 있다는 것 또한 명심해야 한다.(Hartmann & Loewenstein, 1962, p.58)

초자아는 또한 자기-판단의 기능을 하는데, 개인의 행동을 이상적인 행동과 비교하여 순응하거나 위반하는 정도를 평가한다. 만약, 실제의 자기 표상과 내적 기준 또는 이상과의 사이에 현저한 불일치가 관찰되면, 그때에는 공격적으로 몰아붙이는 자기비판, 책망, 처벌이 뒤따른다. 이것들은 흔히 수치심, 죄책감, 불안, 우울, 혹은 열등감과 같은 고통스러운 감정의 형태로 나타나고, 이 모든 것들은 자존심의 상실을 가져온다.(Jacobson, 1946) 초자아의 처벌은 어떤 이드 충동 못지않게 위압적이고 비합리적일 수 있기 때문에, 프로이트(1933)는 (후기 발달 단계, 특히 청소년기의 목표도 그렇지만) 치료적 분석의 목표가 자아 기능에 미치는 초자아의 영향력을 줄이는 것이라고 결론 내렸다.

한편, 자기-판단은 자기-인정을 가져올 수 있다. 부모가 아이를 칭찬하고 자랑하고 상을 주었을 때 이루어진 동일시들이 부모를 대신해서 기능하면, 아이는 자신에게 상을 줄 수 있다. 내적 기준을 고수한다면 자부심, 자기-존중, 의기양양함, 자존심의 상승이 뒤따른다.

프로이트는 자기애적 균형을 위해 초자아 기능이 중요하다는 것을 강조했다. "그러나 열등감의 많은 부분이 초자아에 대한 자아의 관계에서 온다. 죄책감처럼, 열등감은 그들 사이의 긴장의 표현이다. …… 열등감과 죄책감을 분리하는 것은 어렵다."(1933, pp.65-66) 또한 프로이트는 "양심의 가책에서 오는 고통은 사랑의 상실에 대한 아이의 공포와 정확히 일치하는데, 그 공포가 있던 자리를 도덕적 기관이 차지한 것이다. 반면에, 만약 자아가 초자아를 거역하게 될 어떤 유혹을 성공적으로 뿌리치면, 자아는 자존심이 높아지고 자부심이 강해지는 것을 느낀다."라고 말했다.(1940, p.206)

대개, 분석 분야의 저술가들은 초자아의 가학적 요소를 강조하면서 초자아의 자애로운 측면—사랑하고, 보호하고, 보살펴 주는 측면—에 대해서는 관심을 덜 기울인다. Nunberg는 유순한(benign) 초자아라는 개념을 처음으로 논한 사람 중 한 명인데, 유순한 초자아의 기원은 전오이디푸스기 어머니-아이 관계에 있다고 제시했다.(1932, p.145) Kramer는 전오이디푸스기의 사랑을 주는 어머니를 내재화한다는 생각을 자세히 설명했다. 그는 이렇게 지도하고 지지하는 초자의 측면을 발달시키지 못하면 자아는 이드를 다룰 때 무력하게 남으며, 그것은 여러 병적인 결과를 낳는다고 말했다.(1958) 유사하게 Schafer는 '사랑하고 사랑받는' 초자아의 측면을 지적했다. 이것은 사랑을 주고받고, 보호하고, 편안하게 하고, 인도하는 오이디푸스기와 전오이디푸스기 부모를 나타내는데, 이 부모는 "벌줄 때조차도 부모의 보살핌, 접촉, 사랑 등 아이한테 필요한 것을 표현해 준다."(1960, p.186)

리비도적 대상 항상성이 성공적으로 확립된 것의 일부로, 아이는 부모의 벌주는 기능과 동시에 이런 사랑하고 인도하고 보살펴 주는 기능을 내재화하고 동일시한다. '위로자로서의 대상(object-as-comforter)'(Furer, 1967)을 동일시함으로써 아이는 궁극적으로 자신을 사랑하고 보호하고 위로하고 인도하고 자랑스러워할 수 있다.* 그러므로 초자아의 성공적 통합은 참 행복(well-being)을 주는 강력한 잠재적 원천이 될 수 있다. 그것은 아이가 '자기애의 충족'을 위해 외부의 근원에 점차 덜 의지하게 하며, 또 아이가 내재화된 기준과 이상을 따라 살아가도록 격려함으로써 실망과 좌절을 피하는 방법을 제공한다.

초자아의 한 가지 특징은 그것이 결코 동질적이지 않다는 것이며, 그래서 자아 이상 속에 다양한 이상이 형성되고 지속한다. 따라서 자존심을 유지하는 각자의 능력은 체계 내부의 조화의 지표이거나 혹은 체계 내부의 불균형과 갈등—체계 내적 갈등(Hartmann, 1950)—의 지표일 수도 있다. 자존심이 계속 낮은 것은 이상들 사이에 갈등이 있을 가능성을 시사한다. 한 환자가 기술한 것을 보면, 그의 어머니는 그가 그냥 평범한 남자가 될까 봐 두려워서 그의 예술적이고 지적인 노력을 지지했다. 아버지는 그가 거세된 말처럼 될까 봐 두려워서 거칠고 공격적인 활동을 하도록 격려했다. 그 환자는 어떻게 해도 성공

---

* 이런 위로 기능이 자아에 있는지 초자아에 있는지에 대하여 다소 의견이 불일치한다. 앞서 우리는 그것이 자아 기능이라고 했던 반면에, Furer는 초자아와 관련하여 그것을 논하였다. 아마 이것은 두 체계가 중첩되는 방식의 또 다른 예, 즉 초자아 목적에 봉사하는 자아 기능이라고 할 수 있겠다.

할 수 없었다고 호소했는데, 자신이 좋아하는 지적 활동을 추구할 때마다 그는 자신이 진짜 남자가 아니라는 생각에 자존심이 낮아지는 것을 느꼈다. 자아 이상 속에서 이상들이 조화를 이루게 하는 것은 특히 청소년기에 중요한 또 하나의 발달 과제이다.

이제 우리는 초자아라는 정신 체계의 발달로 넘어갈 것이다. 다음 장에서는 가장 초기의 해야 할 것과 하지 말아야 할 것이 형성되는 때부터 시작하여, 수치심, 죄책감, 낮은 자존심 등의 고통스러운 정동을 만들 뿐 아니라 외부의 보조적인 지원 없이도 도덕적 기준에 순응하게 해 주는 기능이 있는 한 체계의 구조화에 이르기까지 초자아의 발달 과정을 따라가 보겠다.

13장

초자아의 발달

초자아의 발달사는 아주 길다. 이상(ideals)과 내사물(introjects)은 생의 아주 초기에 형성되기 시작하여 나중에 추가되는 요소와 함께 계속 영향을 미친다. 즉, 전오이디푸스기, 오이디푸스기, 오이디푸스기 이후의 모든 경험이 초자아 기능에 중요하게 이바지한다. 따라서 초자아는 발달 과정 동안, 때로는 평생 변화를 거듭한다.

최초의 시작

우리가 보기에 초자아는 부모의 사랑을 간직하고 대인관계에서 조화를 유지하고 싶은 소원이 아이에게 생기고, 또 이렇게 하려면 자신의 소원과 부모의 소원 사이에 타협이 필요하다는 것을 아이가 이해하는 데서 온다. 이런 동기가 생기려면 아이는 분명히 초기 유아기부터 부모와 즐거운 상호작용을 적절히 경험해야만 한다. 이러한 상호작용이 일어나는 동안 미묘한 의식적 · 무의식적인 메시지 교환이 초기 상호성(reciprocity)을 만들어 내고, 이 초기 상호성이 내사물 형성을 위한 최초의 근원이 된다.(Stern, 1977; Brazelton & Als, 1979; Sandler, 1981; Emde, 1988a, 1988b 참고) 자기와 자기 아닌 것의 구별, 그리고 안정된 자기 표상과 대상 표상의 형성이 초자아 형성을 위한 필수적인 초기 발달 단계라고 간주할 수 있겠다. 몇몇 분석가들은 유아가 어머니에게 만족하기도 하고 좌절하기도 하는 가장 초기 경험들이 지각을 자극하고 분화를 촉진하는 중요한 역할을 한다고 말한다.(Jacobson, 1954; Spitz, 1958; Sandler, 1960a; Kernberg, 1976) 청각, 시각, 운동감각 등 모든 형태의 지각이 장차 초자아가 될 것에 영향을 미친다. '들리는 것들(things heard)'의 경험(Freud, 1923a, p.52), 금지하는 초자아의 '최초의 신체적 근원(physical primordia)'이 되는 부모의 제한과 금지(Spitz, 1958, p.399), 흔들어서 달래 주는 경험, 그리고 거울 역할을 할 때의 어머니 표정을 인식하는 것(Spitz, 1958; Peto, 1967; Winnicott, 1967; Riess, 1978) 등 이런 모든 것이 자기 표상과 대상 표상에 정동적인 각인을 남겨, 나중에 내사물과 이상의 성질에 반영된다.

내사물과 이상의 형성

대략 7개월이 되면 유아는 불확실한 순간에, 자신의 행동 반응을 조절하도록 도와줄 어머니의 정동적 표현을 찾기 시작한다.(Emde, 1980b) 연구에 의하면 곧이어 금지와 명령을 이해할 수 있는 능력이 생겨서 9개월경에는 그 능력을 발휘하게 된다고 한다.(Spitz, 1957) 그 후, 불확실한 상황에서 유아가 어머니의 금지를 경험하게 되면 그것은 내사물의 형성에 이바지한다.

서서 걷기에 동반하는 발달상의 진보 역시 초자아 형성에 영향을 미친다. 걷기 시작하자마자 걸음마기 아이는 고집을 부리고, 거부의 말을 하게 되는데, 그러면 부모는 영양뿐만 아니라 훈육에도 몰두하게 된다.(Maccoby & Martin, 1983) 걸음마기 아이는 훈육하는 부모와의 경험을 내재화하며, 이 과정의 일부로서, 금지된 행동의 전후에 유아가 부모의 감정 표현을 참조하는 것을 관찰할 수 있다.

초기의 내사물 형성은 어머니 전체의 통합된 표상이 아니라, 쾌락을 주거나 혹은 금지하고 벌주는 어머니의 이미지와 관련된, 유쾌하거나 불쾌한 경험에 기초한다.(Brody & Mahoney, 1964) 실제 내사물은 단순히 외부 대상을 복제한 것과는 상당히 다르다. 유아의 인지 기능이 미성숙하여 외부 대상에 관한 지각이 왜곡되는 것에 덧붙여, 내사물은 금지하는 부모의 위협적인 측면을 과장하고 왜곡하는 투사를 포함한다.(Jones, 1947, pp.148-149) 초기의 어머니-아이 관계의 성질, 제재와 좌절에 대한 아이의 반응, 좌절을 견디는 아이의 능력이 결합하여 내사물의 성질을 결정한다. 긴장, 불편감, 불안, 좌절감이 증가하거나 좌절을 견디는 힘이 약할 때, 부모에 관한 유아의 지각이 점차 왜곡되어 융합된 내사물은 엄격하고 잔인한 모습들을 띠게 된다. Kernberg(1976)는 초자아의 사랑을 주는 측면이 발달하지 않을 때, 초자아는 강렬한 구강-공격적 고착에서 오는 원초적이고, 공격적이며, 쉽게 투사되는 성질을 가진다고 지적한다.

이상의 형성은 내사물의 형성과 동시에 일어난다. 자기의 이상적인 상태에 관한 초기의 바라는 이미지는 어머니-아이의 양자 관계 안에서 실제로, 혹은 상상으로 경험한 안전, 쾌락, 정동적 일체감을 근거로 생겨난다. 이 이상적인 상태가 이상적인 자기 표상의 기반이 되며, 연습기 유아의 과대감과 전능감이 그것에 능동적이고 즐거운 요소를 추가한다. 이 시기의 유아는 보통 부모를 전능하고 완전하다고 보기 때문에, 이런 시각이 이상적인 대상 표상의 기반이 된다. 그래서 자아 이상은 부모의 전능함에 대한 믿음뿐 아니라 전오이디푸스기 아이의 과대한 소원을 함께 지닌다.(Jacobson, 1964)

대상에 순응하기

앞서 기술했던, 둘째 해에 일어나는 욕동의 성숙, 화해기 양가감정, 인지기술의 확대 등의 발달상 성취는 초자아가 구조화되면서 일어나는 발달과 상호작용하고 서로 영향을 주고받는다.

Sander는 둘째 해 걸음마기 아이의 핵심적인 주제를 기술했다. 즉, 아이에게는 "목적-지향적인 의도를 실현하고 자신의 특정한 요구를 충족하기 위해 어머니를 이용할 수 있는지가 중요한" 반면에, 어머니에게 중요한 것은 '보살핌과 제한'을 조화시키는 것이다.(1983, p.342) 기본적으로 사랑하고 위로하고 조절하는 어머니-아이 간의 상호성은 아이가 부모의 기준과 규칙을 쉽게 받아들이게 한다. 만약 화해기 혼란이 심하면, 그 혼란은 부모를 이상으로 보는 아이의 시각을 방해할 정도로 이런 즐거운 상호성을 파괴할 수도 있다. 그런 경우 걸음마기 아이는 어머니의 제한을 받아들이기 어렵고 초자아 발달에 장애가 생긴다.

항문 화해기의 전형적인 발달상 갈등은, 자신의 의지를 자유롭게 표현하려는 걸음마기 아이의 욕구와 충동을 억제하려는 어머니의 요구가 충돌하는 것으로, 정신 내적 갈등으로 될 가능성이 있다. 걸음마기 아이는 어머니의 요구와 자신의 충동과 욕구라는 내부 세계의 차이를 인식하기 시작할 때 좌절하고 분노한다. 그러나 사회적 참조가 이루어졌던 초기의 경험 때문에, 이제 어머니의 사랑에 약간의 조건이 따르더라도 아이는 어머니의 사랑이 정동을 조절하여 위로를 준다는 것을 알고 있다. 걸음마기 아이는 상당히 일찍부터 어머니 또한 이상적인 아이에 대한 생각을 가지고 있다는 것을 인식하는데, 아마도 금지된 행동을 하기 전후에 마치 그것이 옳은지 그른지 확인이라도 하는 것처럼 어머니의 감정적인 신호를 확인해 왔기 때문인 것 같다.(Emde, 1988a 참고) 따라서 아이는 자신의 의지를 자유롭게 표현하려는 소원과 어머니의 이상적인 아이가 되어 서로 간의 조화를 이루려는 상반된 소원 사이에서 투쟁한다. 이제 양가감정이 고조된다. 그러나 전능감에서 오는 즐거움이 줄어들기 시작하면서, 이상화된 부모의 인정을 받는 것이 자존심의 중요한 초기 근원이 된다.(이것은 나중에 초자아 인정을 받고 싶은 욕구의 원시 형태이다.)

Ferenczi(1925)는 대소변 가리기 문제가 가장 두드러진 초기 발달상의 갈등 국면이며, 배설 기능의 조절에 순응하는 것은 내재화의 시작을 시사한다고 보았다. 그는 부모의 요구에 대한 순응을 '괄약근 도덕성(sphincter morality)'이라고 명명했다. 불행하게도, 그 용어는 경멸적인 의미를 얻게 되었는데, 왜냐하면 그것이 사랑, 인정, 혹은 힘을 얻기 위해, 내적 기준에 상관없이, 이상화된 외부 대상의 요구에 순응하는 것을 뜻하기 때문이다.

순응한다고 해서 반드시 대상이 가진 기준을 궁극적으로 동일시하는 것은 분명히 아니다. 만약 어머니의 기준이 너무 높거나, 어머니가 지나치게 비판적이고 부정적이거나, 리비도적 혹은 공격적 충동이 너무 강해서 아이가 조절하기 어렵다면, 걸음마기 아이는 성공과 보상의 기회를 거의 경험하지 못한 채 항상 어머니의 사랑과 위로를 잃을까 봐 두려워할 것이다. 그런 상실이 생기지 않도록 걸음마기 아이는 부모의 기준을 과대평가하고 이상화하여 초기에 과도한 반동형성을 이룰 수도 있다.(Jacobson, 1964, pp.96-100) 이것 때문에 완벽주의적이고 비판적인 내사물이 형성되면서, 욕동 파생물이 표현될 때마다 수치심과 경멸감이 자신을 향하기 때문에 이 걸음마기 아이는 항상 '착한 아이'가 되려고 노력한다. 그렇게 대상의 소원에 순응하는 것은 욕동 표현을, 특히 대상에 대한 적대적 공격성의 표현을 방어하기 위해 사용된다. 극단적인 경우, 그러한 수동적인 굴복은 자율성 대신 의존성을 갖게 하여 자발성을 상실할 수도 있으며 순응하는 것이 전반적인 성격 경향이 될 수도 있다.* Ritvo와 Solnit(1960)은 수동적 순응과 대조되는, 동일시에 필요한 구성 요소들을 논의했다.

어머니의 요구에 대한 순응은 걸음마기 아이의 행동을 수정하는 것에 그치는 것이 아니라 그런 요구를 내재화하여 더 견고한 내사물을 형성하도록 해 준다. 따라서 아이가 어머니의 요구에 순응하는 것은 갈등이 내재화되기 시작한다는 것을 시사한다. 이것이 항문-화해기의 핵심적인 성취인데, 내적 통제의 시작은 초자아 발달의 중요한 한 단계를 이루었다는 것이며, 내사물이 권위의 내적인 목소리로 (무의식적으로) 경험된다는 것을 의미하기 때문이다.

발달적 관점에서 보면, 이제 걸음마기 아이가 경험하는 좌절은 세 가지 근원에서 올 수 있다. 대상이 아이의 소원을 충족시켜 주지 못할 때, 어머니의 소원에 순응하려는 노력으로 아이가 자제할 때, 늘어나는 내사물의 요구에 순응하려고 노력할 때이다. 걸음마기 아이가 일종의 초기 역할 놀이에서 자신의 잘못을 벌할 때, 자주 내사 형성 과정이 드러난다. 아이는 공격자를 동일시하여, 즉 어머니가 그에게 "안 돼"라고 말하는 것을 동일시하여 아이에게 "안 돼, 안 돼"라고 말하고 (A. Freud, 1936), 자신의 손을 철썩 때리거나, 몸짓, 표정, 억양, 행동, 태도에서 금지하는 부모를 동일시하는 경향을 보여 준다.(Spitz, 1957) 그러나 이 단계의 아이는 아직 내사물의 요구를 자신의 것으로 만들지는 않는다. 즉, 아이는 아직 내사물을 동일시하지는 않는다. 아이는

* 완벽주의적이고 비판적인 내사물을 형성하는 것은 과도한 순응을 가져올 뿐 아니라 대인관계를 방해할 수 있다. 내사물의 요구는 이상적인 대상 표상에 편입되어, 실제 인물이 이상화된 기대에 도달하지 못할 때, 매우 평가 절하된다. 결과적으로, 그 사람은 자신뿐 아니라 다른 사람에게 계속 실망하게 된다. 그러면서 자기애적 충족을 위해 다른 사람들에게 지나치게 의지하기 때문에 한 대상에서 다른 대상으로 옮겨 가는 경향을 보이는데, 프로이트가 처음으로 이런 것을 기술하였다.(1914, p.101)

이제 막 출현하는 내적 기준을 강화하기 위해 외적인 강화를 계속 필요로 한다.

몇몇 관찰자들은 특히 이 시기 동안, 아이의 초자아 발달을 위해 어머니의 공감과 일관성이 중요하다는 것을 깨달았다.(Ritvo & Solnit, 1960; Winnicott, 1962b; Furer, 1967) 지나친 만족, 일관성의 결여, 혹은 한계 설정이 되어 있지 않은 것은 해로울 수 있다. 더 성숙한 어른이 도움과 구조를 제공하지 않으면, 걸음마기 아이는 좌절을 조금씩 경험함으로써 서서히 좌절에 대한 내성을 키울 기회를 갖지 못하게 된다. 내적 통제의 확립도 마찬가지로 지연되고, 대신에 지나치게 이상화된 부모 표상이 주는 비현실적인 만족을 계속 기대하여, 이것은 나중에 성숙한 대상관계를 맺는 것을 방해한다.

가장 좋은 것은 어머니가 불가능한 기준을 마음대로 세우거나 단순히 아이의 요구를 따르기보다, 어머니의 요구를 아이의 능력에 공감하여 맞추는 것이다. 그러면 걸음마기 아이는 자신의 순응을 어머니와 함께하는 자부심으로 경험할 수 있고, 소원과 충동을 성공적으로 억제한 것을 좌절과 굴욕으로 느끼거나 전능함과 통제의 상실로 느낄 필요가 없다. 아이는 그런 어머니를 안정적이고 위로하고 사랑하는 권위자로 경험한다. 이제 걸음마기 아이는 어머니의 벌하지 않는 통제를 동일시하여, 좌절에 대한 내성을 키우면서 자기 통제에 자신감을 갖게 된다. 이런 이상적인 조건들은 자아의 형성에 이바지하며, 자아는 초자아와 상호작용하여, 양육하고 보호하는 역할을 할 것이다.(Schafer, 1960)

이런 점에서, 요즈음의 공감에 대한 강조는 부모와 아이의 미묘한 상호작용이 아이의 정신 구조화에 영향을 미치는 방식을 흔히 간과한다. 공감이라고 간주하는 것이 실제로는 아이의 방종한 행동을 통해 어머니 자신의 금지된 소원을 대리 만족하는 것일 수 있다.

Olden(1953)은 어머니의 외견상 공감이 아이의 욕구보다 어머니 자신의 자기애적 욕구에서 오는 것일 수도 있다고 말한다. 이런 경우 어머니는 일관성 없는 요구를 하거나 부적절하고 일관성 없는 처벌을 할 수도 있다. Brody(1982)가 말했듯이, 이런 바탕에서 반응하는 어머니는 유아의 자기애적 요구와 어머니 자신의 도덕적 피학성(moral masochism)을 강화하게 될 수도 있다. 예를 들어, 아이에게 요구하는 것이 자신의 공격성을 촉발시킬까 봐 두려워하는 어머니가 아이의 저항에 부딪히자마자 포기해 버리는 경우, 그런 도덕적 피학성이 나타난다. 기대와 처벌에서 일관성이 없으면 갈등의 내재화가 지연된다. 즉 대상에게 (나중에는 내사물에) 순응하려 애쓰면서 내적 타협 형성을 이루는 대신, 아이는 자신이 전능하다는 환상을 계속 가지고 모든 욕구가 충족되기를 바라면서 대상을 조종하려고 애쓰게 된다. 그러면 아이의 분노가 투사된 것 때문에 더 강화된 부모의 엄격하고 처벌적인 성질이 아이에게 내재화되고 내사물의 일부가 된다. 그러한 비우호적인 내적 세계는 아이의 안전감을 잠식하므로, 가학 · 피학적 성격 경향이 생기게 되는 경우가 많고, 아이는 대상에 매달리는 적대적 의존성을 보인다.

한 4세 여아의 증례를 보자. 아이가 좋아하는 환상 놀이는 신데렐라인데, 이상화된 요정 대모가 자신이 원하는 모든 것을 준다고 상상한다. 현실에서는, 어머니는 베개 두 개를 가졌는데 자신은 한 개만 있다고 분노발작을 보일 정도로, 자신이 원하는 모든 것이 충족되지 않으면 화를 내고 소리를 지른다. 아이는 어머니가 밉다고 말하여 쉽게 어머니의 화를 불러일으키고, 아무도 자기를 좋아하지 않을 거라고 느끼면서, 언젠가는 어머니가 자신을 버리고 다른 아이를 데려올 거라고 두려워한다. 아이의 어머니는 일관성 있는 태도를 유지하려고 노력한다고 하지만 '못된(mean)' 사람이 되는 것은 참지 못한다. 어머니는 한계를 설정하고 유지하는 것이 '못된' 일이라고 느낀다.

아이가 부모를 이상화하는 것은 초자아 발달의 정상적인 부분이며 충동 조절을 배우는 데 있어 필수적이다. 이상화된 대상의 사랑을 얻는 것은 점차 욕동 만족 못지않게 중요해진다. 실제로 Nunberg는 아이가 처음으로 부모의 제한을 받아들이는 것은 부모에 대한 사랑을 기반으로 한다고 말하였다. 부모의 요구와 기대에 순응하여 결국 동일시하려는 소원을 촉진하는 것은 부모의 사랑과 고통스러운 양가감정 때문에 아이 자신이 겪는 어려움이다.(1932, p.145; Holder, 1982 참고)

걸음마기 아이에게 그런 이상화의 태도가 없으면, 부모의 사랑이 아이의 욕구 만족 포기를 보상하지 않는다. 부모에 대한 이상화가 불충분하거나 조기에 사라지면, 본능적 충동을 극복하는 데 있어 지지받는 느낌에 지장을 주고 자신이 가치 있다는 감각과 성취감의 중요한 근원을 잃게 된다.(Hartmann & Loewenstein, 1962, p.61) 그러면 아이는 욕동 관련 소원과 대상 관련 소원 사이에서 갈등을 느끼지 않으며, 따라서 대상의 소원에 순응하려는 동기가 없다. 그런 상황에서 아이가 어머니의 기대에 순응하는 것은 자부심을 갖게 하기보다, 힘과 통제력의 상실에 대한 공포를 일으키고 수동적인 굴복을 가져올 수도 있다. 이제 이상화된, 더 초기의 행복한 상태를 유지하거나 다시 가지려는 노력은 초기 형태의 자기-확대(self-aggrandizement)를 병적으로 지속하게 하거나, 후기의 방어적 퇴행을 낳는다. 나중에 그런 자기-확대는 자기애적인 대상 선택을 하게 하고(Reich, 1960) 그 개인은 자존심 유지에 어려움을 겪게 되면서 계속 우울 반응에 취약하게 될 수도 있다. 즉, 자신에 대한 '과대한' 관점이 충분히 유지되지 않을 때, 아이는 기분이 상하고, 열등감이 생기고, 화가 날 것이다.

내재화된 갈등 그리고 내사물에 순응하기

2~3세 사이에 인지 기술이 발전하면, 어린아이의 생각과 환상 생활은 더욱 풍부하고 세밀해지며, 이것은 초자아 구조화를 촉진해 주는 잠재력이 된다. 이제 아이가 화가 나서 어머니의 소원이나 어머니가 바라는 '이상적인 아이'에 맞추지 않을 때, 아이는 사랑의 상실, 대상의 상실, 혹은 처벌 등 여러 결과를 불안하게 상상할 수도 있다. 이런 결과들과 그에 동반하는 불안을 피하려고 아이는 어머니가 그 자리에 없을 때조차 내재화된, 해야 할 것과 하지 말아야 할 것(dos and don'ts)에 순응하기 시작하며, 내사물의 영향력이 확대된다. 어머니가 없을 때도 아이가 어머니의 소원에 복종하는 경우에만 우리는 내사물에 대한 순응을 달성했다고 추론할 수 있다.

Emde의 연구는 아이들이 세 살이 되면 내사물에 순응할 수 있는 약간의 능력이 발달한다는 것을 보여 준다. 실험 상황에서, 어린아이는 장난감이 가득한 방에서 검사자와 놀고 있다. 어머니가 새 장난감 두 개를 가져와서는, 어머니가 없는 동안에 그것을 만지지 말라고 하고 가 버린다. 그런 다음 아이는 검사자와 함께 인형놀이를 하는데, 잠시 후에 검사자의 인형이 금지된 장난감을 가지고 놀자고 한다. 이 연구에서 어떤 아이들은 "엄마가 하는 말을 못 들었니? 나는 그 장난감을 가지고 놀지 않을래. 우리 둘 다 안 해야 해."라고 말하면서 유혹에 저항할 수 있었다.(1988a, p.36) Emde와 동료는 이런 아이들에게는 어머니, 어머니의 규칙, 그 둘과 관계된 의무적인 역할에 대한 감각이 내재화되어 있다고 결론 내렸다. '타인'에 대한 이 내적인 감각이 유혹에 저항할 수 있는 통제감을 아이들에게 주었던 것이다.

내사물의 어떤 요구에 순응하는 것은 가장 초기의 자기-비판 기능이 들어 있는 반동형성에 의해 촉진된다. 이 시기의 반동형성은 단계-적절한 발달상의 갈등, 특히 대소변 가리기와 같은 신체 관리의 문제나 적대적 공격성을 통제하는 문제에 관한 갈등을 반영한다. 괄약근 조절이 실패(혹은 그와 연관된 본능적 만족을 표현)할 때는 혐오감이 자신에게로 향하여, 자기-존중감의 상실과 함께 수치심이라는 고통스러운 느낌을 경험할 수도 있다. 2년 8개월 된 여자아이는 이불에 오줌을 싼 후에, "나는 내가 싫어."라고 말했다. 내부의 비판에서 오는 수치심은 (외부의 비판에 대한 반응으로 생기는 후회, 당혹감, 굴욕감과 구별되는 것으로) 내사물의 요구에 순응하려는 시도가 이루어짐을 시사한다. 따라서 방어적인 반동형성은 본능적 만족을 막는 동시에, 수치심이라는 고통스러운 느낌을 피하게 하여 다소간의 자존심 조절을 보장한다. Jacobson(1964)은 수치심이 초자아 발달의 한 측면이라는 점을 강조했다.

내사물에 순응하는 것은 대상 항상성과 자기 항상성에 이바지하며 나중에는 그것을 보호한다. 그것은 대상에 대한 고통스러운 양가감정을 해결하려는 노력 후에 오며, 사랑해 주는 내적 어머니상(Mahler 등, 1975)과 '사랑스러운(lovable)' 자기상(R. L. Tyson, 1983)을 강화하여, 대상이 즐거운 반응을 하도록 보장해 준다. 그러나 내사에 순응할 때 아이가 겪는 어려움을 과소평가해서는 안 된다. 초기 소아기에 자아 기능은 충동의 강도에 비해 상대적으로 약하다. 따라서 두 살 반이나 세 살짜리 어린아이들이 그들의 행동이 내사물의 요구에 따르지 못할 때에 후회감, 수치심, 죄책감마저 느낄 수 있다 하더라도, 이러한 고통스러운 정동이 미래의 잘못을 예방해 주지는 않는다. 양심에 죄책감을 느끼는 것이 부모의 기준이 내재화되었음을 시사할 수는 있지만, 용납할 수 없는 행동을 막기 위한 신호로서 죄책감('도덕적 불안'-Freud, 1926)을 효과적으로 이용하는 것은 나중에나 가능하며, 이

것이 Anna Freud가 말한 초자아 기능의 시간적 차이다.(1936, pp.116-119)

체계 내적 갈등 : 상반되는 이상과 내사물

발달이 진행하여 유아 성기기에 이르면 대인 관계상의 갈등 그리고 결국 정신 내적 갈등이 많아지며, 여러 상호 배타적이면서 내재화된 요구와 이상이 형성되기 시작한다. 이제 체계 내적 갈등, 즉 초자아 체계 내부의 갈등이 나타날 시기가 된 것이다.

유아 성기기는 상당한 압력을 주는 성 정체성의 문제가 다루어지는 때(7부에서 기술)인데, 이 시기 동안 이상화된 동성 혹은 이성의 대상을 동일시하여 여러 가지 바라는 자기 표상들이 나타난다. 실제로 초자아 형성에서 중요하면서도 충분히 강조되지 않았던 요소는, 이상화된 동성 부모로부터 사랑받고 싶은 소원이라고 우리는 믿고 있다. 남성의 초자아 형성에서 거세 불안이 핵심이라고 했던 프로이트의 의견 속에 이런 생각이 들어 있긴 하지만, 우리는 처벌의 위협에서 생긴 동기뿐만 아니라 이상화된 대상과의 즐거운 상호작용을 반복하려는 소원에서 오는 동기를 강조하고 싶다. 이러한 상호작용은 즐거움과 안전감을 줄 뿐 아니라, 이 상호작용 속에서의 중요한 동일시를 통해 아이는 남성성이나 여성성에 대한 유능하고 안정된 감각을 증진할 수 있다. 이상화된 대상에게 느끼는 양가감정은 고통스러운 소외감을 느끼게 한다. 그래서 아이는 고통스러운 양가감정을 피하거나 견디거나 해결하기 위한 노력에서, 이상화된 대상의 지시에 순응하고 동일시한다. 이런 동일시는 초자아 형성에 결정적인 역할을 한다. 그러나 이 영향이 나타나는 시기는 여자아이와 남자아이 간에 차이가 있다. 우리는 동성 부모를 이상으로 동일시한 것에 근거한 자아 이상의 형성이 어떻게 남자아이보다 여자아이에서 더 일찍 시작하는지를 다른 곳에 기술하였다.(Tyson & Tyson, 1984) 여자아이의 자아 이상은 그 핵심에 유아기 어머니와의 친밀한 일치감을 환상 속에서 이상화하여 품고 있다.

유아 성기기 동안에 형성된 동성 부모와의 동일시는 오이디푸스적 환상을 자극하며, 그 환상에는 양쪽 부모에 대한 미움과 사랑이 들어 있다. 이런 환상과 양가감정은 부모에 대한 동일시를 더욱 촉진한다. 아이는 곧바로 상충하는 성(gender) 관련 동일시와 각 부모에 대해 미움과 사랑의 상반된 느낌에 옴짝달싹 못하고 매이게 된다. 부모의 기대가 대개는 다르기 때문에 아이는 한 부모에게 '이상적인 아이'가 되는 것이 다른 부모를 불쾌하게 할 위험이 있다고 느낀다.

게다가, 초기 발달 단계에 형성된 이상과 바라던 만족은 유아 성기기의 막 출현하는 오이디푸스적 이상들과 상충한다. 한쪽의 내적 요구에 맞추고자 하는 시도는 언제나 다른 쪽과 마찰을 일으킨다. 예를 들어, 어린 여아가 어머니와 일치한다는 상상 속의 이상은 아버지에 대한 오이디푸스적 소원과 대조된다. 아이는 어머니의 아이가 되고 싶은 동시에 아버지 아기의 엄마가 될 수는 없는 것이다.

그러한 체계 내적인 초자아 갈등은 초자아 기능의 일관성 결여를 가져오고, 자기애적 취약성의 또 다른 근원이 된다. 부모의 다양한 기대가 내사물에 구현되어 있기 때문에, 그런 이상을 실현하는 것은 불가능하며, 단계-적절하고 부모-특정한 이상들이 자아 이상 속에서 표상을 찾는다. 체계 내적 갈등은 보통 초기 소아기에 시작되지만, 상충하는 기준과 이상들 사이에 궁극적인 조화가 생겨서 더 안정된 자기애적 균형을 이루는 것은 후기 청소년기가 되어야 가능하다. 심지어 어떤 체계 내적 갈등은 그때에도 끝없이 계속되기도 한다.

내사물과 이상에 대한 동일 – 죄책감

오이디푸스 콤플렉스는 초자아 형성 과정에서 중요한 산실이 되어 준다. 앞에서 기술했듯이, 전오이디푸스기에 생긴 결정요인도 중요한 역할을 하지만, 오이디푸스 콤플렉스는 초기의 내사물과 이상을 재조직하여 초자아가 더 일관되게 기능하는 체계가 되게 한다. 오래전에 Waelder(1936)가 지적한 것처럼, 무서운 외부 대상이 있을 때에 경험하는 (우리는 가책이라고 하고 싶은) 죄책감과 초자아라는 내부 기관에 반응하여 경험하는 죄책감 사이에는 상당한 차이가 있다.

정신성 발달의 유아 성기기에 도달하여, 동성 부모를 역할 모델로서 성공적으로 동일시하는 동안에(7부에서 기술), 아이는 보통 극단적인 사랑과 미움, 가학성과 피학적 자기희생을 특징으로 하는 오이디푸스 콤플렉스의 소원하는 환상에 빠지게 된다. 대상 상실과 사랑의 상실에 대한 것이었던 더 초기의 공포는 부모 모두가 아이의 오이디푸스적 환상에 말려들면서, 삼자 간 대상관계라는 새로운 차원이 된다. 또한, 충족되지 못한 오이디푸스기 소원들은 흔히 굴욕적인 거절로 경험되기 때문에, 쉽게 자기애적 손상을 받는다.

게다가, 오이디푸스적 경쟁자에게서 오는 보복적인 적개심에 대한 공포가 초자아에 일조한다. 이 발달 단계에서는 보복에 대한 공포를 신체 손상의 형태로 상상하는 경우가 많다. 이때는 성적 흥분이 성기에 있기 때문에, 남자아이들은 특별히 성기 손상이 오이디푸스적 소원에 대한 처벌일 거라고 상상한다. 이런 공포는 이 나이대 아이들의 인지 발달 수준에서 흔한 '동해 복수법'(즉, 복수할 때 눈에는 눈이라는 정의; Freud, 1913)이라는 원시적 개념에서 온다. 따라서 남자아이는 성기가 성적 흥분의 장소이고, 성기에 대한 자기애적 투자가 남성성의 이상적인 이미지에 매우 중요하므로, 오이디푸스적 소원에 대한 처벌은 거세일 거라고 상상한다.

여자아이도 자위행위의 결과로 생기는 성기 손상을 두려워할 수 있지만, 더 일반적으로는 자신의 예쁜 모습을 공격하고 아버지의 성적 상대로서의 매력을 줄이려는 어머니의 보복이 마술적으로 표현되었을 모든 종류의 신체적 손상을 두려워한다. 예를 들어, 6세 여자아이가 벌에 쏘인 후에 신경질적으로 화를 냈는데, 그 아이는 마녀가 그 벌에 마술을 걸었다고 상상했다. 그 일에 대해 물어보자 아이는 "나는 사람들이 예쁘다고 말하는 긴 속눈썹을 가지고 있어서, 마녀가 나를 질투하는 거야!"라고 말했다.

이런 공포는 신체에 대한 자기애적 투자, 아이가 가진 환상의 성질, 일차 과정 사고의 영향 때문에 과장되어 나타나지만 그럼에도 그것들은 여러 번 다치고 아팠던 초기 소아기 경험에서 온다. 간지럼 놀이, 신체적 처벌, 성적 혹은 신체적 학대, 치료적 처치 등의 압도하는 성인의 힘에 직면하여 겪는 무력감과 취약성이 이런 공포를 증가시킨다.

신체 손상에 대한 공포는 초자아 구조화의 과정을 촉진한다. 아이는 신체 손상을 피하고 싶어 하지만, 또한 이상화된 한쪽 부모와 이상화된 관계를 상실하는 것도 피하고 싶어 한다. 그래서 아이에게는 신체적 손상, 자기애적 손상, 사랑의 상실이라는 삼중 위협 때문에, 근친상간의 소원을 포기하고 부모의 기준과 내적인 기준을 고수하려는 동기가 생긴다. 이것은 초기의 반동형성과 대상 사랑의 상실에 대한 공포가 항문기적 충동에서 오는 갈등을 이겨 내도록 도와주었던 것과 마찬가지다. 따라서 프로이트(1924a)가 기술했듯이, 오이디푸스적 갈등은 초자아 형성에 유일한 것은 아니지만 강력한 동기부여의 힘이 된다.

또한 오이디푸스 콤플렉스에는 초자아 형성의 다음 단계, 즉 내사물과 이상을 동일시하는 단계에 대한 잠재력이 있다. 아이는 부모가 행동 기준을 강요하지만, 부모도 일련의 도덕적 · 윤리적 규칙에 따라 살아간다는 것을 점차 알게 된다. 부모에 대한 아이의 이상화는 그런 규칙의 이상화를 포함하게 되며(Hartmann 등, 1946), 아이는 융통성 없이 이상화된 부모의 도덕적 기준을 동일시하면서 그 자신의 내적 도덕성을 구축한다.

갈등을 점차 내재화함에 따라 아이는 부모보다 초자아에서 오는 사랑의 상실을 더 두려워하기 시작한다. 초자아 처벌은 자존심의 상실과 초자아의 '징표'(Beres, 1958)인 죄책감이라는 고통스러운 감정 형태로, 비율은 다르지만 동시에 경험하게 된다. 이 죄책감은 의식적으로 느낄 수도 있고, 능동적인 무의식적 방어 과정의 의식적인 파생물로(Pulver, 1974)—예를 들면 자기처벌로, 혹은 열등감이나 자존심의 상실과 같은 부가적인 느낌으로—표현될 수 있다. 초자아가 처벌의 내적 근원으로 기능함에 따라, 내재화된 기준을 유지하지 못하는 것에 대한 내적 비난의 공포는 더 초기에 경험한 대상 상실, 사랑의 상실, 굴욕, 거세, 혹은 다른 신체 손상의 공포가 그랬던 것처럼, 행동상의 기준을 고수하게 하는 강력한 동기요인이 된다.

이 죄책감을 피하려고 아이는 보통 추가적인 내적 타협을 하게 된다. 그럴 때 아이는 초자아로부터 보상, 사랑, 승인을 얻기 위하여, 초자아가 구현하고 있는 요구와 이상을 동일시하려고 노력한다. 그렇게 함으로써 행동 기준을 확실하게 지키고, 적절한 자존심을 유지하기 위해 외부의 힘에 덜 의지하게 된다.

아이가 자신의 내적 도덕 규칙을 (완전히는 아니지만) 최종적으로 동일시할 때, 오이디푸스기의 해결이 쉬워진다. 일부 이상과 내사물을 동일시한다는 증거는 (예를 들어, 세 살 아이의 반동형성처럼) 오이디푸스기로 진행하기 전에 분명히 나타나지만, 이런 동일시가 더 일관되면, 아이는 한 단계 더 발달한 것이다. 동일시 과정이 진행하면서 갈등이 줄어드는데, 이는 내사물의 요구와 이상의 기준이 자기 표상의 소원과 특징이 되기 때문이다. 이상과의 동일시를 통해 아이의 자존심이 증가하고 이것은 어떤 면에서는 욕동 소원을 포기한 것을 보상해 준다. 또 이런 동일시는 욕동 표현이 가지는 위험과 결과적으로 오이디푸스 콤플렉스의 위협에서 오는 자기애적 굴욕감으로부터 보호받는다고 느끼게 한다. 더구나, 죄책감이 신호 기능을 함으로써 아이는 강한 죄책감을 일으킬 수도 있는 상황을 피하는 데 더 민감해진다. 퇴행이나 중요한 체계 내적 갈등이 없으면, 내재화된 도덕 규칙과 내사물의 요구에 따라 행동이 점차 자동으로 되거나 '제2의 천성(second nature)'이 된다.

이러한 중요한 동일시는, 이제 막 출현한 초자아를 비록 불안정하고 쉽게 외재화될 수 있지만, 일관되게 기능하는 정신 단위로 여길 수 있음을 의미한다. 갈등의 원인, 처벌, 자존심의 근원이 모두 내적인 것이 되면서, 이제 유아 신경증이 제자리를 잡는다.

극심한 갈등이나 외부의 간섭이 없다면, 아이는 점차 오이디푸스적 근친상간의 소원을 포기하며, 그와 관련된 갈등도 어느 정도 해결된다. 이것은 처벌 기관이 이제 내부에 있기 때문인데, 그 기관의 엄격한 규율은 성적 · 공격적 충동의 강도와 비례한다. 비록 내부의 통제력은 욕동 충동에 비해 약하지만, 내사물의 요구를 위반하거나 이상적인 기준에 미치지 못하면, 처벌하고 판단하는 기능이 즉시 그것을 처벌하며, 또 그럴 정도로 자존심은 취약하다. 이런 기능상의 불일치는 어느 정도 초자아의 특징으로 남아 있는데, 왜냐하면 초자아의 기능이 결코 일정하거나 완전히 믿을 만한 것은 아니기 때문이다. 따라서 내적 비판의 균형을 잡으려면, 부모의 사랑이나 어떤 식이든 외부의 자기애적 충족이 필요할 것이다. 그러나 유아 신경증이

제자리를 잡고 양심의 소리가 뚜렷이 구분된 내부 기관의 일부로 경험되면서, 내적 이상과 도덕을 고수함으로써 얻는 자기-인정이 외부의 근원에서 오는 바라던 쾌락과 만족의 잠정적 가치보다 점차 더 중요해진다.

오이디푸스기 해결과 초자아 일관성

소아 분석 경험과 소아 관찰에 근거하여, Holder(1982)는 오이디푸스기 해결이 초자아 형성에 미치는 영향력이 지나치게 강조되었을 수도 있다고 주장한다. 어떤 잠복기 아이들은 여전히 반대 성의 부모에 대한 경쟁심과 죽음 소원이 줄지 않고 동성 부모의 애정을 차지하고 싶은 소원이 있는 오이디푸스적 투쟁의 한가운데 있으면서도, 자율적으로 기능하는, 내재화되고 구조화된 초자아를 가질 수 있다고 그는 지적한다. 그런 아이들은 오이디푸스기 해결의 특징이 되는 그런 종류의 부모에 대한 동일시를 항상 보여 주지는 않는다. 그럼에도 그들은 행동의 결과 때문이 아니라 어떤 소원 때문에 강한 죄책감을 갖기 쉽다.

Holder의 주장은 Loewald(1979)가 정신분석에서 '오이디푸스 콤플렉스의 쇠퇴'라고 부른 것을 반영한다. 즉, 현재는 전오이디푸스기 발달에 대한 관심이 더 우세하기 때문에, 오이디푸스적 개입과 해소, 혹은 개입과 해소가 없거나 불충분한 것이 후기 발달에 미치는 영향을 우리가 덜 인정하는 것처럼 보인다. 우리가 보기에, 초자아 자율성에 도달하려면, 처벌하는 부모의 내사물을 동일시하는 것보다 더 많은 것이 필요하다.

우리는 내사물과 이상이 더 일찍 형성되며, 부모 권위의 내사와 (실제나 환상 속의) '죄'를 속죄하기 위한 처벌의 필요성이 오이디푸스적 개입 이전에도 있을 수 있음을 이미 지적했다. 초기의 죄책감(혹은 최소한 가책)에도 불구하고, 그것이 대상을 향한 근친상간적 소원의 행동화이거나 다른 형태의 욕동 표현이거나 간에, 오이디푸스적 충동이 시작되면서 아이가 금지된 쾌락을 계속 추구하는 수도 있다.

따라서 우리는 오이디푸스적 대인관계 갈등을 정신 내적 갈등으로 변형시키는 것은 부모의 가치와 도덕 규칙을 내재화하여 이러한 내적인 규칙을 동일시하는 것이라고 생각한다. 이것은 계속해서 환경을 조종하기보다 방어와 타협을 통해 내적 수정이 이루어지는 것을 의미한다. 아이가 자신의 행동에 대해 점차 책임감을 가지는 것은 자신의 내재화된 도덕적 규칙을 동일시하는 것을 통해서만 가능하다. 부모의 가치관을 내재화하지 못하거나 내재화된 기준을 동일시하지 못한다는 것은 초자아 구조화의 실패를 뜻한다. 그럴 때 아이는 자기애적으로 오이디푸스적 충족을 받을 자격이 있다고 느끼고, 소원이 충족되지 않으면 속았다고 느낄 수도 있다. 자존심의 급격한 변화를 보일 때, 아이가 본능적 만족을 얻으려고 환경을 조종하면서 사람과 상황에 따라 다른 가치관과 행동을 보일 때, 본능적이고 충동적인 행동을 조절하고 자존심을 유지하기 위해 외부 대상에 계속 의지할 때, 그런 초자아 실패를 볼 수 있다. 한 7세 여자아이에서 이런 예를 볼 수 있다. 그 아이는 다른 여자아이와 성적 놀이를 하다가 들켰을 때 전혀 가책을 느끼지 않았고, 오히려 부모에게 "왜 꼭 내 방에 들어와야 돼요?"라며 화를 내었다.

이럴 때 '오이디푸스기가 해결되면서 초자아 기능을 강화하여 자율성을 갖게 하는 것인지, 아니면 초자아 기능이 더 일관성 있게 되면서 오이디푸스기의 해결이 쉬워지는 것인지?' 질문을 할 수 있다. 만약 그런 질문이 제기된다면, 우리는 두 가지 다 옳다고 답할 것이다. 보통 오이디푸스기의 소원들은 〔특히 초자아는 의도와 행위를 구별하지 않기 때문에(Freud, 1930)〕 죄책감을 가져오며, 오이디푸스적 소원을 포기하고 내재화된 부모의 가치관을 동일시하게 하는 중요한 동력은 초자아 기능과 관계된 모든 고통스러운 정동에서 나온다. 또한, 그렇게 되면 유아신경증이 제자리를 잡고 그에 따라 정신 구조화가 진행된다. 우리는 "초자아라는 개념은 한편으로는 오이디푸스 콤플렉스와 자기애의 모든 모호한 문제, 또 다른 한편으로는 미움과 가학성이 만날 거라 여겨지는 교차점이다."라는 Jones의 말에 동의한다.(1926, p.304)

잠복기 그리고 내적 권위로서의 초자아

발달이 적절하게 진행하려면 잠복기 아이는 내부에 있는 권위의 소리로서의 초자아에 익숙해져야 하며, 초자아는 오래되고 엄격한 초기 내사물의 일부 특징을 수정하여 욕동 표현에 좀 더 관대해져야 한다. 잠복기 초기에는 초자아 기능이 가혹하고, 원초적이며, 경직되고, 일관성이 없고, 쉽게 외재화하는 경향이 있다. 초기 잠복기의 초자아 기능에서 나타나는 이런 차이와 과장은 초자아가 이전에 외부 세계의 다른 사람들이 가졌던 기능의 똑같은 내적 복제판이 아니라, 그 기능하는 것이 왜곡되어 있으며, 특히 처음에는 불안정한 형태라는 사실에서 유래한다. 결과적으로 아이는 어떤 순간에는 내재화된 도덕적 기준이 없는 말썽꾸러기처럼 보이다가, 다음 순간에는 지나치게 도덕적이 될 수도 있는데, 마치 경찰관처럼 다른 사람의 규칙 위반을 감시하고 보고하면서 자신의 잘못에 대해서는 타인을 비난한다. 또 어떤 때에는, 자신의 무의식적 죄책감을 완화하기 위해 반복적인 처벌을 자초하는 식의 행동으로, 다른 사람들을 아주 어리둥절하게 할 수도 있다.(Freud, 1917)

아이의 억제 능력은 강한 욕동 압력에 비해 상대적으로 약하기 때문에, 아이는 단호한 초자아 기준과 이상을 유지하지 못하는 경우가 많다. 이 때문에 잠복기 초기에 자존심이 취약한 시기가 나타난다. 성격 경향은 이제 이전보다 더 뚜렷해진다. 성격 경향의 많은 부분이 반동형성에서 왔지만, 이제 계속되는 윤리적 원칙이 된다.(Freud, 1926) 잠복기 아이는 규칙과 공정성에 관심을 보이며, 특히 다른 사람들도 규칙을 따르고 공정해야 한다고 주장한다.

초자아가 욕동 충동을 감지하여 통제하는 것은 잠복기 아이에서 특히 중요하다. 엄격한 억제가 필요한 것은 연관된 오이디푸스적 근친상간의 소원을 억압해야 한다는 요구 때문이다. 자위행위에 대한 억제가 심할 때에는 여러 가지 증상이 나타나는데, 예를 들면 강박적 행동과 생각, 심한 백일몽, 학교에서 주의산만과 집중력 결여, 혹은 반사회적 행동까지 나타날 수 있다. 이런 억제가 실패하면 아이는, 특히 잠복기 남아는 강박적인 자위행위를 하게 된다. 지나친 죄책감, 경직된 내적 기준, 거세 공포 때문에 악순환이 일어날 수 있다. Bornstein은 아이가 가끔 하는 자위행위에 전치와 왜곡이 적을수록, 그 후 죄책감으로 무력해지는 것이 줄어들 것이라고 말했다.(1953, p.70)

잠복기 아이가 더 자율적으로 기능하기를 바라면서 부모는 기준을 지키는 것에 신경을 덜 쓰게 되고, 동시에 아이의 넓어진 사회적 관계는 새로운 유혹을 불러온다. 부모의 지원이 줄어든 상태에서 성적·공격적 욕동을 다루는 것은 미숙한 자아와 초자아에게 위협이 되며, 초자아 기능의 취약성을 드러낸다. 가끔 또래들 사이의 성적 놀이뿐만 아니라 학교에서 문제 행동이 나타날 수도 있으며(A. Freud, 1949), 심한 죄책감이 뒤따른다.

자위 충동 때문에 생기는 갈등과 죄책감은 잠복기 후반기가 되면 줄어드는 경향이 있다. 아이는 더 잘 통합된 방어 구조를 가지고 성가신 성적 충동을 물리치게 된다. 초자아는 덜 원시적이어서, 즉 엄격하고 강요하는 면이 좀 약해지며, 자위행위와 관련 환상들은 이제 원래의 오이디푸스적 소원과 대상으로부터 잘 위장되고 전치되어 덜 위험해진다. 그에 따라 노골적인 성적 환상을 동반한 정상적 성기 자위행위가 심리적으로 건강한 후기 잠복기 아이에게서 가끔 나타난다.

더 초기에는 초자아가 쉽게 외재화된다. 예를 들어, 한 소년이 옷에 변을 묻힌 후 아버지가 나무랄 거라는 생각에 종일 가슴 졸였지만, 아버지는 그냥 "실수란 하기 마련이지."라고 하였다. 그러나 장래의 발달을 위해, 아이는 잠복기에 자신의 행동에 대한 책임을 지며 초자아를 내부에 있는 권위의 소리로서 경험하기 시작해야 한다.

부분적으로는, 부모의 도덕과 가치관을 계속 동일시하는 과정은 초자아 기능을 안정시키며, 최초 혹은 원초적 내사물과 욕동에서 오는 압력으로부터 초자아 기능이 차츰 독립할 수 있게 한다.(Hartmann & Loewenstein, 1962; E. Jacobson, 1964) 내적 규칙과 기준에 관한 동일시가 진행함에 따라, 더 꾸준한 행복감이라는 자기-보상뿐만 아니라 자기-비판과 처벌이 점차 외부의 권위로부터 독립하게 된다. 이런 안정성과 독립성이 나타날 때, 우리는 자율적인 초자아(*autonomous superego*)라고 말할 수 있게 된다.

이 과정의 중간 단계로서, 아이는 어른이 함께 있을 때 틀림없이 지키게 되는 것과는 다른 도덕 기준을 또래와 연습한다. 그렇게 하여, Anna Freud가 말했듯이, "자아가 자신의 잘못을 지각하는 것과 동시에, 이제는 초자아의 기준 속에 구현된 내재화된 비판이 가해질 때, 진정한 도덕성이 시작된다."(1936, p.119)

따라서 발달하는 자아, 인지, 초자아 기능의 통합을 요구하는 잠복기의 두 가지 과제는, 가혹한 초자아 처벌 방침을 완화하는 동시에 도덕 규칙을 지지하고 수정하고 강화하는 것이다. Piaget(1964),

Kohlberg(1981), Gilligan(1982)은 발달해 가면서 도덕성과 도덕 규칙이 변하는 방식을 연구했다. 추상적 사고 능력의 발달로 이런 변화가 가능해지며, 아이는 외부의 지원 없이 더 일관되고 적응적인 방식으로 도덕적 분별력을 가지게 된다.

부모의 태도, 권위, 가치관을 내재화하고 강화하는 것은 잠복기 동안 계속된다. 그러는 동안 아이는 요구와 기준이 부모와 다를 수 있는 또 다른 존경스런 인물들을 만나게 된다. 그들 간의 차이를 알게 되면서 아이는 초자아의 탈의인화(depersonification) 과정 중에 부모의 기준을 재평가하고, 자신의 도덕 개념을 수정하거나 그 개념에 첨가할 수 있다. 프로이트는 "발달 과정 동안 초자아는 부모의 위치를 맡았던 사람들, 즉 교육자, 교사, 이상적인 모델로 선택된 사람들의 영향을 받는다. 대개 초자아는 원래 부모의 모습에서 점점 더 멀어지는, 말하자면 더욱 비개인적적인 것이 된다."고 말하였다.(1933, p.64)

때때로 아이가 자신의 행동에 대해 충분한 책임을 지지 못할 때, 이것은 초자아 지시가 제대로 내재화되지 않았거나 쉽게 외재화됨을 시사하며, 아이는 계속 권위가 외부 세계에 있는 것으로 경험한다. 초자아 자율성이 없을 때 아이는 다른 사람에게 의존적이면서도 그들에게서 오는 압력이나 구조에는 저항한다. 아이는 계속 쾌락 원리를 따라 행동하며, 행동상의 기대에 순응하지 않고, 권위 인물들을 동일시할 수 없다. 아이는 주위로부터 오해받고 부당한 대우를 받으며 학대받는다고 느낀다. 흔히 그런 아이는 도덕, 기준, 그것들의 규정이 보통 다시 외재화되고 재평가되는 시기인 청소년기에 심각한 어려움을 겪는다. 어떤 청소년이 내적 규정과 초자아 자율성을 전혀 성취하지 못하면, 환경이 자신의 소원에 순응해 주기를 계속 기대하게 된다. 세상이 자신에게 뭔가 빚지고 있다는 신념이 반복해서 무너질 때, 아이는 자기애적으로 상처를 받을 것이다.

청소년기의 초자아

사춘기의 생물학적 변화 때문에 잠복기에 성취한 것을 기반으로 하여 Erikson(1956)이 청소년기의 '규범적인 위기(normative crisis)'라고 부른 것이 시작된다. 각 개인이 이 시기에 자신의 잠재력을 실현할지를 결정하는 데 있어 초자아의 기능이 중요한 역할을 하는데, 이는 욕동, 대상, 이상을 향한 태도에 새로운 변화가 생겨야만 하기 때문이다. 덧붙여, 청소년이 충분히 자율적이 되려면, 자신과 자신의 행동에 대해 상당히 큰 책임감을 가져야 한다. 이것은 초자아가 충분히 내재화되고 부모의 권위가 포기되어야 한다는 것을 의미한다. 결국, 자아 기능이 초자아 기능보다 우세해야 한다.

프로이트는 "사춘기에 가장 중요하면서도 가장 고통스러운 정신적 성취 중의 하나는 …… 부모의 권위로부터 분리하는 것인데, 이것은 그것만으로도 …… 신세대와 기성세대를 대립하게 할 수 있는 과정이다."라고 언급했다.(1905b, p.227) Jacobson(1961)은 부모에 대한 실제적 · 정신적 의존을 최종적으로 분명하게 포기하는 것은 흔히 소아기에는 유례가 없는 강한 슬픔을 동반한다는 것을 관찰했다. 이것은 Loewald가 지적했듯이, 부모로부터 권위를 인계받는 것은 정신적 현실에서 부모를 죽이는 것과 마찬가지이기 때문이다. 즉, 부모의 권위가 파괴될 뿐 아니라 리비도적 대상으로서의 부모도 파괴된다.(1979, p.390) 자신을 책임지는 과정은 더 일찍 시작되지만, 그것의 완성은 청소년기 과제이다. 청소년기는 초기의 이상과 내사물이 재평가되고 수정되면서 초자아가 다시 강화되어 성인의 현실과 조화를 이루는 안정적이고 지속적인 체계로 기능할 수 있게 되는 시기다. 또한, 이 시기에 청소년이 적절히 발달하려면 부모 또한 유사한 과정을 거쳐야 하는데, 젊은이에 대한 자신의 힘과 권위를 점차 포기해야 하는 것이다.

초자아의 퇴행적 의인화(Regressive personification)—즉 내적 권위의 외재화—는 청소년기 초자아 재조직 과정의 첫 단계이다. 청소년은 갈등이 내부에 있다고 느끼기보다, 이제 자신이 부모와 계속 전투 중이라고 느낀다. 기준을 유지하고 안정감을 제공하는 부모에게 의지할 때조차도, 그런 기준의 부과에 대해 격하게 대들 수도 있다.

한편, 청소년의 부모가 서로 다른 기대를 하거나, 한 부모가 일관성이 없을 때, 여러 일관성 없는 초자아 기능이 나타난다. 가끔 한 부모가 어떤 영역에서는 요구가 많으면서도 다른 영역에서는 관대할 수 있으며, 혹은 어떤 행동을 요구하면서 정반대의 모범을 보일 수도 있는데, 자신은 문란한 행동을 하면서 딸이 교제하는 것은 허락하지 않는 어머니의 경우다.(임상 예로서 Blum, 1985 참조) 우리는 초기 소아기에 일관성 없는 부모의 행동이 가져올 수 있는 해로운 영향을 논했지만, 청소년기에도 일관성 없는 부모의 행동은 똑같이 해로운 영향을 미칠 수 있는데, 이 시기에 청소년의 초자아는 불안정하여 외부의 권위가 필요하기 때문이다.

리비도적 대상 그리고 권위 있는 대상으로서의 부모(혹은 내재화된 부모 표상)를 포기할 때 청소년은 외로움, 불행감, 고립감을 느끼는데, 이런 마음 상태를 Anna Freud(1958)는 '내적 대상 상실(inner object loss)'이라고 말했다. 이런 느낌을 극복하기 위해 청소년은 초자아 기능뿐만 아니라 감정적 결속을 집단으로 옮기고, 부모에 대한 동일시를 강하고 이상적인 집단 지도자에 대한 동일시로 대체한다.

프로이트는 다음과 같이 관찰하였다.

우리가 집단에서 관찰하는 강한 감정적 결속은 집단의 특징—집단

> 구성원의 독립성과 주도성 결여, 그들 모두가 보이는 반응의 유사성, 말하자면 집단 개개인의 수준까지 구성원들이 질적으로 저하하는 것—중 하나를 충분히 설명해 준다. 그러나 만약 집단을 전체로서 볼 때, 집단은 그 이상의 것을 보여 준다. 집단의 어떤 특징, 예를 들면 지적 능력의 약화, 감정적 자제력의 결여, 절제하고 지연하는 능력의 결여, 감정 표현의 허용 한계를 넘어서 행동으로 그것을 전부 해결하려는 경향—이러한 것 그리고 그와 유사한 특징들은 …… 더 초기 단계로 정신활동이 퇴행하는 모습을 명백히 보여 준다.(1921, p.117)

집단행동에 대한 프로이트의 기술은 특히 청소년 집단을 이해하는 데 의미가 있다. 청소년은 자신의 감정적 결속과 권위가 집단에 옮겨져 있는 동안에는, 내적 기준을 엄격히 지키지 못한 것에 대해 죄책감을 느끼지 않는 것 같다. 집단은 퇴행적인 욕동 충동과 대상과 관계된 갈등이 재정비될 수 있는 수단으로 기능하며, 동시에 초기의 내사물과 이상은 다시 검토된다. 사실, 집단은 초자아 퇴행과 재조직의 혼란 동안 청소년에게 대안적인 동일시, 기준, 감정적 지지를 제공한다.

오이디푸스적 결속에서 최종적으로 독립하는 것, 새로운 대상관계를 확립하는 것, 정신 구조를 재조직하는 것은 이러한 변화들이 과거의 리비도적 투자를 고갈시키지 않고 과거의 동일시를 완전히 몰아내지 않을 때에만 성공적으로 성취된다.(Jacobson, 1964, p.173) 만약 집단의 기준이 이미 내재화된 도덕 규칙과 너무 많이 다르면 청소년은 극심한 혼란에 빠질 수 있고 유아적 갈등이 새로운 국면에서 단순히 반복될 수 있다. 과거에 대한 결속이 남아 있다는 것은, 적절한 발달을 위해 청소년은 결국 타협하여 부모와 화해해야 하고, 그 결과 성인인 부모의 기준과 도덕 규칙의 어떤 것은 거절하고 어떤 것은 의식적·무의식적으로 수용하며 동일시하게 된다는 것이다. 청소년이 부모의 도덕적 기준을 선택적으로 동일시하여, 초기 소아기 때부터 쌓아 온 도덕 규칙, 또래 관계에서 온 도덕 규칙과 함께 통합함으로써, 그의 정신구조는 더욱 정교해진다. 초자아는 더 일관성 있고 안정된 조직이 되어, 청소년이 점차 부모에게서 독립해 가는 동시에, 자기 자신의 권위자가 되고, 자신을 책임질 수 있게 해 준다.

그러나 이 과정 동안 걸리는 시간을 과소평가해서는 안 된다. 어떤 19세 청소년이 추돌사고를 당했다. 그는 잘못이 없었지만, 법정에는 아버지가 함께 가야 할 것으로 생각했다. 그는 자신이 권위자의 위치에 있다고 생각할 수 없었기 때문에, 자기 말을 믿을 사람은 아무도 없을 거라고 생각했다.

내사된 부모의 기준을 수정하는 것에 덧붙여, 초자아의 재조직은 초기에 가졌던 이상의 수정을 포함한다. 유아기의 이상화된 부모는 청소년기의 부모와 많이 다르며, 유아기의 이상이 제시하는 목표는 현실과 그 개인의 잠재적 능력과 닮은 점이 거의 없을 수도 있다. 청소년이 그런 변화를 이루기 위해서는 자아 이상 속에 보존된 유아기의 양성애적 소원이 부활해야 한다. 이런 소원을 동료 집단과 존경하는 집단 지도자에게 전치하는 것은, 때로 다른 쪽으로는 동성애적 애착에 대한 공포가 작용한다 해도, 그런 소원이 가져오는 불안을 감소시킨다. 청소년의 자아 이상은 원래의 부모상으로부터 점점 멀어지는 것이 정상이다. 청소년은 그의 자아 이상을 수정해 가는 동안 주로 그 집단이나 사회에서 특별하게 여기는 인물, 예를 들어 교사, 스포츠 영웅, 가수, 밴드 그룹, 영화배우에게 의지하며 그때도 전치가 분명히 드러난다.

Blos는 '이차적 대상 항상성(secondary object constancy)'을 성취하

는 것은 초자아에 새겨진 낡고 이상화된 전능한 부모상을 '인간적(humanized)'인 부모상으로 바꾸는 과정이라고 말했다.(1967, p.181) 나이 든 청소년은 현재 부모의 더 현실적인 이미지에 비추어 과거 부모에 대한 이상화된 관점을 재평가한다. 그렇게 함으로써 이상적인 대상 표상과 자기 표상을 외부 현실에 맞게 수정한다. 가장 좋은 결과는 가치 있으면서도 개인의 현실적인 잠재력에 맞는 이상적 목표를 내재화하는 것이다. 이것은 성인 자기 표상과 자아 이상을 더 일치시킬 수 있게 해 주며, 결과적으로 자존심은 더 일정하게 유지될 수 있다.

이런 결과의 일부로서 초자아는 더 현실적인 이상과 도덕적 기준을 가지게 되며, 초자아의 지시하고, 판단하고, 비판하고, 처벌하는 측면들은 더 온화하게 기능한다. 권위의 목소리가 마음속에 다시 안전하게 새겨지면서, 초자아 구조는 적절하게 개별성, 융통성, 안정성을 갖게 되며, 성숙하고 자율적이며 일관성 있게 계속 기능하는 정신체계가 된다.

이것은 어느 정도 이상화된 모습인데, 왜냐하면 초자아는 초자아와 동반하는 가혹하고 보복적인 판결과 함께, 초기의 원시적인 내사물, 도덕적 지시, 이상을 재생하는 능력을 항상 갖추고 있기 때문이다. 이런 원시적 핵심이 남아 있는 한, 적대적인 자기 비난과 처벌의 가능성이 남아 있다. 또한, 되살아난 유아 신경증적 갈등을 대인관계상의 갈등으로 경험할 때처럼, 초자아는 평생 외재화에 취약한 채로 남는데, 예를 들어 정신분석 치료에서 분석가는 자주 판단하고 박해하는 사람으로 느껴진다. 그런 경험은, 나중의 수정과 개정에도 불구하고, 유아 신경증에 응축된 전오이디푸스기와 오이디푸스기 갈등이 초자아의 핵심임을 보여 준다.

요약

초자아 발달의 역사는 어머니와 아이 간의 호혜적 상호작용에서 시작하여 유아 신경증 속에 응축된 중요한 전오이디푸스기와 오이디푸스기 갈등에 이르기까지, 그리고 잠복기의 내재화와 청소년기의 재조직을 거쳐서, 성인기의 어느 시점에 이르기까지 펼쳐진다. 오이디푸스적 갈등을 해결할 때와 청소년기에 중요한 개정이 일어나지만, 우리는 새로운 사람, 새로운 생각, 새로운 가치관의 영향을 받기 때문에, 우리의 이상, 가치관, 도덕은 평생 개정될 수 있다. 개인의 양심은 계속 '옳은 것'과 '나쁜 것'을 구분하지만, '법규'를 집행할 때는 환경에 따라 융통성을 가진다. 그와 비슷하게, 우리가 가장 원초적으로 바라는 이상은 그대로지만, 우리는 또한 현실적인 가능성에 비추어 그 이상을 재평가할 수 있다.

수정 가능성에 덧붙여, 초자아는 전 생애 동안 외재화에 취약하다. 그렇지만 유아기의 방식과 청소년기의 방식으로 오이디푸스 콤플렉스를 숙달함으로써, 그리고 시기별로 초자아 구조와 기능에 필요한 변화를 이룸으로써, 우리는 자기 자신을 책임지게 된다.

우리는 초자아 발달의 주요한 단계를 다음과 같이 기술하였다.

1. 최초의 시작
2. 원초적인 내사물과 이상의 형성
3. 발달상의 갈등, 대상에 순응하기, 갈등의 내재화
4. 내재화된 갈등과 내사물에 순응하기
5. 체계 내적 갈등 : 상반되는 이상과 내사물
6. 오이디푸스 콤플렉스, 내사물과 이상에 대한 동일시, 죄책감
7. 오이디푸스기의 해결과 초자아 일관성
8. 잠복기, 내부 권위의 소리, 초자아 자율성

9. 청소년기의 외재화, 수정, 재내재화

10. 자아 우위

14장

초자아 발달의 성별 차이

지금까지는 초자아의 기능과 발달에서 여성과 남성의 공통점을 강조했다면, 이제 우리는 초자아 발달에 영향을 미치는 성욕, 공격성, 부모와의 경험을 아이가 경험하고 대처하는 방식에서 나타나는 성별상의 차이에 초점을 맞출 것이다. 우리는 여성의 초자아 발달과 기능에 관한 프로이트의 관점을 반박하기 위해 나왔던 설명을 살펴본 후, 여성과 남성에서 나타나는 초자아 발달의 고유한 특징들을 따로 기술할 것이다.* 우리는 초자아의 형성에 초점을 맞추고 있기 때문에, 초자아가 개정되는 후기는 제외하고 초기 소아기에 대해서만 논의할 것이다.

여성에서의 초자아 발달에 대한 이론

프로이트는 양심의 소리가 남성의 것이며, 아버지와의 동일시에서 온다고 추정했다. 프로이트에게 있어, 여성의 초자아 조직은 남성

* 남성 혹은 여성에서의(in the male or female) 초자아의 발달이라고 하기보다 남성 혹은 여성의 초자아(male or female superego) 발달이라고 말하는 것이 아마도 덜 어색하다. 그렇지만 이 용어는 초자아가 성별을 가진다고 암시하기 때문에 우리는 이 용어의 사용을 피할 것이다.

에 비해 열등하며, 그 차이는 거세 콤플렉스와 오이디푸스 콤플렉스에 대한 관계가 남아와 여아에서 서로 다르기 때문이었다. 거세 콤플렉스는 남아가 오이디푸스적 소원을 포기하게끔 하여 아버지를 동일시하도록 이끄는 반면에, 여아는 거세를 수용함으로써 오이디푸스적 진행을 하게 된다. 여아가 남아와 같은 방식과 같은 정도로 아버지를 동일시하는 경우는 매우 드물다. 프로이트는 이러한 것들을 고려하여 잠정적인 결론을 내렸다.

> 여성에서 도덕적으로 정상인 것의 수준은 남성에서와는 다르다. 여성의 초자아는 결코 우리가 남성의 초자아에 요구하는 것처럼 그렇게 거침없고, 인간미 없고, 감정적 기원과 동떨어져 있지 않다. …… 여성은 남성보다 정의감이 약하고 …… 삶의 큰 위기를 받아들일 자세가 부족하다. …… 여성은 무언가를 판단할 때 애정이나 적대감의 영향을 더 많이 받는다. 이러한 모든 것들은 여성의 초자아 형성이 수정되었다는 것으로 충분히 설명될 것이다.(1925b, pp.257-258)

여성에서는 초자아가 충분히 기능하지 않을 것이라는 프로이트의 추측에 Jones는 동의하지 않았다. 그는 임상 경험을 통해 여성도 남성만큼 죄책감을 겪는다고 생각하게 되었다. 그는 거세 불안을 초자아 형성의 가장 중요한 동기 요인으로 보는 것은 한계가 있다고 제안했다. 그렇게 하면 여성 심리를 남성 심리와 혼동할 위험이 있고, 여성이 초자아를 형성하게 되는 근본적인 갈등을 이해하지 못하게 된다는 것이다.

Jones의 관점에서 보면, 여성의 일차적인 공포는 분리와 거절에 대한 것이며 여성은 이런 공포를 다루기 위하여 초자아를 발전시킨다.

Jones는 프로이트가 오이디푸스 콤플렉스에 대하여 지나치게 강조한다고 느꼈고, 이를 수정하면서 Jones는 여아가 어머니에게 가지는 전 오이디푸스기 결속의 중요성을 지적했다. 그는 어머니에게서 거절당하고 분리될 거라는 여아의 공포가 오이디푸스기에는 아버지에게 옮겨진다고 믿었다. 그런 다음, 아버지로부터 인정받으려고 노력하고 거절과 버림받는 것을 피하려고 노력하면서, 여아는 아버지의 도덕적 이상을 동일시한다. 더 나아가 여성은 흔히 남성(즉, 아버지)이 여성적인 소원에 강하게 반대하고 여성성을 못마땅하게 여긴다는 생각을 품기 때문에, 남근 선망이 뚜렷해질 수도 있다고 Jones는 말하였다.(1927, p.449) 따라서 분리와 거절을 피하려는 시도로 여아가 아버지를 동일시할 때, 그것에는 흔히 여성적인 이상에 대한 멸시와 함께 남성의 이상이 들어 있게 된다.

Jones의 생각에도 불구하고 거세라는 개념은 유지되어 아직도 어느 정도는 여성의 초자아 형성에 관한 이론의 치명적 약점이 되고 있다. 여성이 최소한 남성 못지 않은 초자아 기능을 발전시킨다는 확신을 뒷받침하기 위해 분석가들은 여성에게서 남성의 거세 불안과 맞먹는 동기요인을 찾으려고 노력해 왔다.

예를 들어, Horney(1926)는 여성 발달과 남성 발달을 비교하는 것은 반대하였지만, 여성의 초자아 발달을 성기 손상에 대한 공포와 결부시켰다. 그녀는 성인 여성에서 역동적 요인으로 남근 선망이 작동할 때, 그것은 퇴행적 해결이며 오이디푸스 콤플렉스를 시사한다고 생각했다. 성인 여성들을 분석하면서 Horney는 강제로 삽입하고 통증과 출혈과 손상을 일으키는, 지나치게 큰 남근에 대한 환상이 아주 흔하다는 것을 발견했다. 그리고 그런 환상은 초기 소아기에 기원이 있다고 추정했다. 그때 아버지와 자신의 성기 크기가 균형이 안 맞는 것을 보게 된 어린 여아는 성교에 대한 환상을 즐길 때에 질 손상을 두려워할 것이다. Horney에 따르면, 이 공포 때문에 여아는 오이디푸스기 소원과 여성적인 위치를 포기하게 된다. 즉, 남성을 동일시하고 남근을 가지고 싶어 한다. 남성이 되고 싶은 여성의 소원은 오이디푸스적 공포와 죄책감을 계속 억압할 것이며, 거세는 죄의 증거로 받아들여지기 때문에, 남근을 갖는 것은 여아가 무죄라는 것을 증명해 줄 것이다.

Melanie Klein도 초자아 형성의 동기요인으로 신체 손상을 강조했지만 여성에서의 초자아 형성에 관한 프로이트의 관점에 대해서는 두 가지 점에서 반대했다.(1928, 1929, 1930, 1933) 첫째, 초자아는 프로이트가 제안한 것보다 훨씬 이른 시기에 기능하며, 이렇게 오래된 초자아는 아주 초기에 동일시한 것이기 때문에 극단적인 선함과 가혹함이 특징이라고 가정했다. 둘째, 여아가 두려워하는 것은 공격하는 아버지가 아니라 공격하는 어머니이다. 유아기 여아는 아버지의 남근, 대변, 더 많은 아이가 어머니의 몸속에 숨겨진 것으로 여긴다고 Klein은 믿었다. 유아기 여아의 선망 때문에 여아에게는 어머니의 젖가슴을 집어삼키고, 어머니의 신체 내용물을 빼앗고, 어머니를 파괴하려는 구강-가학적 욕구가 생긴다. 이런 환상이 투사되어 여아 자신의 신체 내용물이 압수되고 파괴되고 절단되기 쉽다는 공포가 생긴다. 이러한 공포는 이유기에 나타나며, 어린 여아에게 최초의 위험상황이 된다. Klein은 이 초기 불안이 후기에 수정되어 혼자 있는 것, 사랑의 상실, 사랑하는 대상의 상실 등에 대한 공포가 된다고 생각했다.

Müller-Braunschweig(1926)는 여성의 초자아가 남성의 초자아와 동등한 수준이라고 추정했다. 그는 여아의 여성적인 성질이 아주 초기에 표현되고 뚜렷한 피학성과 수동성을 가지며, 질의 수동적 역할을 무의식적으로 알고 있음을 은연중에 드러낸다고 생각했다. 또 여

성의 근본적인 소원은 남성에 의해 제압되는 것이기 때문에, 근친상간의 충동은 아버지로부터 능욕의 위험, 어머니 사랑의 상실, 또한 재판관이 되는 아버지 사랑의 상실을 통해 여아를 위협한다. 제압당하는 것은 또한 자아를 위험에 빠뜨리기 때문에, 능욕당한다는 원초적, 수동적, 피학적 소원에 대한 반동형성으로, 남근 선망이 출현한다. 그때 이 남근-이상(penis-ideal)은 여성에서 초자아의 토대가 되며, 이드의 요구에 복종하려는 욕구를 초자아가 조절하는 것을 의미한다. Müller-Braunschweig에 따르면, 상상 속의 남근을 상실할 가능성과 연결된 여성의 '박탈 불안(deprivation anxiety)'은 남성의 거세 불안보다 더 강렬하지는 않지만, 최소한 그만큼 강렬하다.

Sachs도 열등하다는 생각에 동의하지 않았으며 여성의 독립적인 초자아 기능은 포기의 이상(ideal of renunciation)을 기반으로 한다고 제안했다. 즉, 여아는 오이디푸스적 투쟁을 포기하고 부수적인 좌절을 견뎌 내야 한다. 좌절은 일찍 시작되는데, 왜냐하면 거세를 받아들이면서 어린 여아는 음핵 자위가 좌절감을 주고 만족스럽지 못하다는 것을 알게 되고, 그러면서 근친상간의 오이디푸스적 욕구가 생긴다. 그럴때 아버지와 아버지의 아기에 대한 여아의 성기 욕구는 좌절된다. 오이디푸스 콤플렉스—즉, 아버지에 대한 고착—에 매달리는 마지막 노력으로, 아이는 원래 구강기 좌절과 어머니에게 연관되었던 구강기 소원을 '열정적으로' 아버지에게 옮긴다. 이제는 아버지가 대상인 이런 구강기 소원의 운명이 여성 초자아의 최종적인 형태에 중요한 결정인자가 된다. 만약 그 소원을 포기할 수 없으면, 여아는 아버지에게 고착된 채로 남아 의존적인 방식으로 아버지(혹은 그 대리자)의 자아 이상을 그대로 동일시한다. 그러나 만약 좌절을 견딜 수 있으면, 아버지가 내사되고 여아는 분리되어 독립적으로 기능하며, '박탈을 평생의 이상으로 수용한다'.(1929, p.50)

Jacobson은 자신의 여성성을 비하하고 남성의 의견에 따르는 여성들의 경향을 관찰하였고(1937), 이것은 여성의 초자아가 약하고 불안정하다는 프로이트의 관점을 확인해 준다고 생각했다. 그렇지만 똑같은 여성들이 또한 무자비한 초자아 요구 때문에 고통받는다는 사실에 당혹했다. 나중에(1964), Jacobson은 여성이 초자아 형성에 대한 동기가 없다는 프로이트의 생각에 동의하지 않았으며, 여성에서 초자아 기능은 남성과는 다른 경로로 진화한다고 제안했다. 그녀는 여아가 자신에게 남근이 없음을 알게 될 때, 자기애적 손상을 경험하게 되고 이것을 어머니의 책임으로 여긴다고 생각했다. 어떤 복원 노력이 있을 수 있는데, 이것은 대개 우울감을 낳게 된다. 때로는 너무 일찍 성기 활동을 포기하며, 또 자신과 어머니의 성기를 항문기 수준으로 저평가하는데, 그렇게 하는 것에 대해 단정하고, 깨끗하고, 복종한다는 이상을 세워 대응한다. 성적 활동을 포기한 후에, 여아는 자신의 관심을 성기에서 몸 전체로 옮긴다. 이제 평가절하된 어머니에게 화를 내고 멀어지면서 여아는 강한 양가감정을 갖고 아버지에게 접근한다. 이전에 자신의 성기에 부여되었던 자기애가 아버지에게 옮겨진다. 그래서 남근 상실의 공포는 아버지 사랑의 상실에 대한 공포로 대체되고, 아버지 사랑의 상실은 남근의 상실을 뜻하는 것이 되어, 더 초기의 자기애적 손상을 반복하게 된다.

아버지의 사랑을 잃지 않으려고 여아는 아버지의 이상과 가치관에 복종하게 되고, 그러면 남근적인 사랑의 대상이 갖는 의견과 판단이 결정적이기 때문에, 여성에게서 양심의 불안은 이차적인 '사회적 불안(social anxiety)'이 된다. Jacobson은, 여아가 자신의 여성성을 평가하는 근거는 아이의 여성성에 대한 양쪽 부모의 태도에 달려 있다고 믿었다. "어린 여아가 자신의 여성성을 강조하는 것을 배워서 어머니의 자아와 초자아를 잘 동일시할수록, 여성은 독립적인 자아와 성숙한 자

아 이상, 자율적인 초자아의 최종적인 확립을 더 성공적으로 이루게 된다."(1964, pp.114-115)

Reich(1953)는 초자아가 오이디푸스기 해결의 결과라는 프로이트의 관점에는 의문을 갖지 않았지만, 자아 이상은 더 일찍 형성되며 자아 이상의 장애는 초자아 내재화를 방해한다고 생각했다. 자기애적 병리를 연구하면서 그녀는, 어떤 여성들은 끊임없이 자기애적으로 대상을 선택하며, 자존심의 상처를 이기고 거세된 느낌을 극복하기 위해 이런 병적 대상관계를 이용한다는 것을 관찰했다. 그렇게 하면서 그 여성들은 다른 사람의 의견에 지나치게 의지하는 경우가 많다. 이런 자기애적 장애는 전오이디푸스기 모녀 관계의 병리에서 온다고 Rich는 생각했다. 이 병리가 초자아 발달을 방해하여, 오이디푸스기 해결과 완전한 초자아 내재화가 일어나지 않게 된다.

Greenacre(1952a)는 여아 자신의 신체에 대한 그녀의 반응이 초자아에 영향을 미친다고 제안했다. 여아는 남근이 없음을 받아들여야 하지만, 그럼에도 남근이 없는 것을 과거의 자위에 대한 처벌이라고 생각하는데, 왜냐하면 여아가 자신의 '곤경(plight)'을 잘 알게 되는 때는 흔히 자위에 의한 흥분 상황이기 때문이다. 자신이 그것 때문에 이미 처벌받았다고 여기는 가상의 죄는 큰 죄책감을 갖게 하는 것으로 보이며, 나중에 갈등 상황이 되면 죄책감은 엄청나게 커진다. Greenacre는 이런 죄책감의 축적이 여아들에서 특징적으로 흔히 볼 수 있는, 장황하거나 막연한 양심적 태도와 걱정하는 경향을 갖게 한다고 말했다.

Chasseguet-Smirgel(1970)은 여성 죄책감의 문제를 매우 다른 각도에서 생각한다. 남녀 아이 모두 어머니를 강력하고 전능한 존재로 여기며 그에 비해 자신은 무력하고 불완전한 것으로 느낀다고 생각하는 것이다. 남아는 어머니에게 없는 것을 가졌다는 생각에서 자기애적 만족을 느끼지만, 여아는 어머니에게서 벗어나기 위해 아버지에게 의지해야 한다. 그러나 오이디푸스적 지위가 의미하는 것은 자신이 보기에 거세하는 어머니를 여아가 동일시해야 한다는 것이다. 여야는 남근 자체를 위해서가 아니라, 자기애적 손상을 주었던 사람—즉, 전능한 어머니—에 대한 반항으로서, 남근을 원한다. 여성의 무의식적 죄책감은 전능한 어머니의 "너는 자신의 법칙을 가져서는 안 돼."라는 강한 경고와 연결되어 있기 때문에, 아이는 성적 상대의 도덕적 신념을 받아들인다. 그래서 여성의 죄책감은 입이나 질을 통해 아버지의 남근을 차지하고 전능한 어머니를 폐위시키려는 소원에서 유래한다. 어머니와 경쟁을 피하고, 거세하는 어머니를 동일시하는 데서 오는 공포를 막기 위해, 또 아버지를 거세하는 것이 무서워서, 여아는 아버지의 의존적인 보호자로 남으려 할 수도 있다. 이런 방식으로 아이는 아버지 곁에서 어머니의 지위를 차지하지도 않고, 거세하는 어머니를 동일시하지도 않는다. 단지, 여성이 되는 대신 복종하는 아이로 남을 뿐이다.

Muslin(1972)은 여성의 초자아가 남성과 비교해서 구조와 기능 면에서 동등하지만, 이상과 금지의 내용은 남성의 것과 다르다는 견해를 가진다. 그는 여성에게서 부모와 다른 대상들로부터 사랑받고 싶은 소원과 인정받고 싶은 욕구가 평생 지속되는 것을 관찰했다. 결과적으로, 사랑의 상실에 대한 공포나 자존심에 대한 위협은 죄책감의 형태로 표현되는 초자아 처벌의 공포만큼 정신기능의 조절에 중요하다.

Schafer는 프로이트가 전통적인 가치관 때문에 초자아 발달에 대한 이론을 세울 때 여아의 어머니에 대한 관계와 성기기 이전 경험이 갖는 역할을 과소평가했다고 주장한다. Schafer는 프로이트가 남성의 엄격한 도덕적 안정성이라고 생각했던 것이 도덕과 가치보다는 정동의 격리, 강박적 정신 병리와 관계있다고 제안한다. Schafer는 또한 초자아와 도덕성을 더 잘 구별할 필요가 있다고 지적한다. "여아는 남아처럼 확고한 초자아를 발달시키지 않기 때문에, …… 사람들 간의 다소 관습적인 형태의 문명화된 상호작용에서 계몽적이고, 현실적이며, 꾸준하게 충실한 도덕 규칙을 발전시키는 일은 여아가 남아보다 더 잘할 수도 있다."(1974, p.466)라고 했다.

Blum(1976)은 프로이트가 피학증은 도덕적이고, 성욕을 자극하고, 여성적이라서, 여성 초자아의 중요한 부분이라고 한 것에 대해 이의를 제기했다. 피학증은 해결되지 않은 유아적 갈등의 잔여물이며, 본질에서 여성적인 것도 아니고 여성 성격의 중요한 구성요소도 아니라고 지적한다. 강한 피학적 자아 이상은 대개 손상된 대상관계와 관계있으며, 전오이디푸스기와 오이디푸스기의 병리를 반영한다. 또한, Blum은 어머니의 헌신을 피학적인 노예화나 공격성으로부터 대상을 보존하는 것과 혼동해서는 안 된다고 말한다.

Bernstein(1983)은 초자아의 발달과 기능에 관한 프로이트의 개념을 비판했는데, 프로이트가 추정했던 시기와 동기가 문제 되었고, 또 프로이트가 초자아 기능이 적절한지를 평가하기 위해 남성의 특징을 보편적인 기준으로 삼았기 때문이다. 욕동 통제의 면에서 평가했을 때, 여성의 초자아는 남성만큼 효과적이지만, 그 지시 내용은 남성의 것과 다르며, 여성 초자아가 부과하는 제약은 거세 불안과는 다른 근원에서 온다고 Bernstein은 주장했다. 이런 근원은 거대한 자기애적 어머니에 대한 유아기의 공포, 또 성기와 항문 부위에 대한 혼동 때문에 항문기적 금지가 성기 충동에까지 퍼진 것, 그리고 거세되어 있다는 환상이다. 이 거세 환상은 성기 삽입이나 출산에 따른 신체 손상의 공포에 힘을 실어 준다.

토론

이런 여러 가지 관점에서 공통된 기본 생각은, 프로이트가 여성의 초자아 발달과 기능이 남성보다 열등하다고 결론 내린 것은 오류였다는 것이다. 지난 수년간 제시된 정신분석적 경험에 대한 보고서들은, 여성이 보이는 죄책감의 강도, 자기-비판의 경향, 불안정감, 타인의 의견을 따르는 경향, 어머니와의 전오이디푸스기 관계의 중요성 등을 분명히 입증한다. 이 모든 것들은 초자아가 불충분하게 내재화된 결과거나, 더 가능성 있는 것은, 여성에서 성격발달과 밀접하게 얽혀 있는 초자아 발달의 복잡한 경로가 있음을 증명하는 행동으로 이해할 수 있다.

여성의 초자아 발달을 이해하려면 많은 요소를 설명할 수 있어야 한다는 우리의 생각이 놀라운 일은 아닐 것이다. 설명해야 할 요소들은 성욕, 공격성, 어머니와 아이 혹은 아버지와 아이의 관계, (7부에서 논할) 성 정체성의 형성, 자기애적 균형의 조절, 다양한 이상과 목표, 오이디푸스기와 오이디푸스기 이후뿐 아니라 전오이디푸스기의 경험과 갈등이 이바지하는 부분 등을 포함한다.

이런 많은 요소 가운데, 이상과 내사물의 내용에 대한 고찰이 여아의 초자아 발달을 고려할 때 특히 중요하다. Muslin(1972)은, 구체적인 이상, 금지, 도덕 규칙은 문화에 따라 다르지만, 자신의 경험상, 서양문화에서 여성의 초자아 내용에 공통적인 요소를 발견할 수 있다고 지적한다. 이 요소에는 공격적 행동의 금지, 성적 활동의 검열, 다른 형태의 본능적 표현 억제, '부드럽고, 친절하고, 수줍어하거나' 혹은 '얌전하고, 깨끗하고, 단정하다'는 이상들, 그리고 자주, 자신의 어머니를 보살펴야 한다는 기대 등이 들어 있다.

현시대의 다른 이론가 중에서 Schafer(1974)와 Bernstein(1983)은,

남성과 여성의 가치관 차이는 초자아 약점의 명백한 차이라기보다 초자아 기능의 명백한 차이를 가져온다는 것을 강조한다. '견고한(firm)' 구조와 '유연한(flexible)' 구조라는 개념이 그 문제를 설명해 줄 텐데, 초자아에 대한 프로이트의 글을 읽을 때, 우리는 그가 과거나 현재 느낌에 영향을 받지 않는 견고한 구조가 더 바람직하다고 생각했음을 알게 된다. 그에 반해, 우리는 현재 상황을 적절하게 파악하여 반응할 수 있는 유연한 구조가 더 도덕적일 때가 있다고 말하고 싶다. 심리학자로서 Gilligan(1982)은 도덕적 딜레마를 해결하고자 할 때 남성과 여성의 반응에 중요한 차이가 있음을 입증했다. Gilligan이 내린 결론은, 남성은 추상적인 법칙을 고수하는 것에 근거하여 반응할 때가 잦은 반면 여성은 관계를 위하여 무엇이 최선인가에 근거하여 반응할 때가 잦다는 것이다.

우리가 보기에, 여성의 초자아가 더 약하다는 잘못된 결론은 체계 내적 갈등의 영향을 반영하고 있다. 아마도 권위에 복종하라는 초기 초자아의 지시에 따라 여성이 관계를 유지하기 위해 다른 사람의 의견을 따를 때, 그런 갈등이 시작될 수도 있다. 반면에, 더 후에 생긴 초자아 지시는 여성이 자신을 주장하고 독립적인 결정을 하도록 격려할 수도 있다. 그러나 더 오래된 내사물이 여전히 강력한 힘을 가지고 더 후기의 내사물을 부정한다. 이런 딜레마 때문에, 가장 독립적이며 자기주장이 강한 여성조차도 때로는 우유부단, 동요, 죄책감으로 고통받을 수 있다.

동기와 시기에 관한 문제 또한 초자아 발달의 성별 차이를 논의할 때 중요하다. 우리가 해석하기에 발달상의 증거는 일반적으로 여아가 남아보다 더 일찍 초자아를 형성하기 시작한다는 것을 시사한다. 어느 정도 이것은 잘 알려진 사실로, 초기 몇 년 동안 여아의 인지 능력은 같은 나이 남아의 인지 능력보다 앞선다.

그러나 우리는 동성의 이상화된 사랑의 대상에게 사랑받고 싶은 소원과 그 사랑의 상실에 대한 공포가 초자아 발달에 특히 중요하다고 본다. 성 정체성, 자기애, 자존심 등의 주제가 이 소원과 밀접하게 연결되어 있다. 그래서 동성의 이상화된 사랑의 대상을 향한 사랑과 미움의 상반되는 느낌을 해결하려는 욕구가 초자아 형성에 핵심이다. 여아에게서 이 갈등은 오이디푸스기로 진행하기 전에 해결되어야 한다. 남아에게서는 이 갈등이 오이디푸스기의 해결에 핵심이다.

그러므로 우리는 초자아 형성을 위한 여아의 핵심적인 동기가 이상화된 어머니의 사랑을 얻고 싶은 소원이라고 생각한다. 이것은 흔히 상상의, 이상화된 친밀감이나 일치감을 얻고 싶은 소원을 수반하는데, 유아기에 어머니와 가졌던 가장 초기 관계의 일부는 틀림없이 그렇게 친밀하고 일치된 관계였다고 여아는 상상한다. 성기 우위(genital primacy)가 되면서, 이것은 이상화된 요정 대모와 같은 인물과 가까워지고 싶은 소원의 형태를 취하는 경우가 많다. 그러나 독립된 정체성과 자율성을 확립하려는 시도에서 상대의 의도와 통제에 대해 투쟁하는 화해기 갈등 때문에, 여아는 이상적인 인물의 사랑을 상실할까 봐 두려워한다. 그때 초자아 형성을 위한 여아의 초기 조치는 이 갈등을 해결하려는 노력이다. 흔히 이것은 어머니를 이상화하고, 가혹한 내사물을 형성하는 것을 뜻하며, 이 내사물은 여아가 성적·공격적 충동을 표현할 때 여아의 적이 된다.

좀 더 자세히 말하면, 화해기 갈등과 어머니에 대한 분노는 어머니의 사랑을 받는다는 느낌을 방해한다. 친밀감의 상실은 다른 소원들의 좌절에서 오는 것 이상으로 외로운 양가감정이라는 고통스러운 느낌이 들게 한다. 이제 투사가 실제의 어머니를 왜곡시킨다. 그러나 이 왜곡된 어머니 표상의 요구에 따라 형성된 초기 동일시가, 강하고 고통스러운 양가감정을 해결하고 친밀감을 회복하기 위한 여성 초자아의 기반이 된다.

세 살 반 된 베스의 예를 살펴보자. 충동적인 행동을 보여 유치원에서는 베스를 치료에 의뢰하였다. 베스는 꼬집고, 머리를 당기고, 깨무는 행동으로 모든 아이와 멀어졌다. 좌절할 때마다 베스는 주먹을 사용했으며, 꾸중을 들으면 탁자 아래 숨어 흐느끼면서, 아무도 자기를 좋아하지 않는다고 우겼다. 베스는 자존심을 유지하기 위해 지나치게 다른 사람을 의지해야 했기 때문에, 모든 친밀한 관계를 갈망하면서도 무서워했다. 베스의 어머니는 베스를 통제하지 못할까 봐 두려워하여 사소한 잘못에도 갑자기 강하고 무서운 분노를 표현하며 통제를 가했다. 또한 베스가 다른 사람을 전혀 생각하지 않는다고 비난하면서 두 살 된 여동생과 비교하여 나쁘게 평가하는 경우가 많아 결국 베스는 완전히 기가 꺾이고 상심했다. 베스는 다른 사람을 생각하라는 지시(이 지시를 베스는 이것 아니면 저것, 자신 아니면 타인으로 이해했는데, 그녀의 인지 발달은 아직 진정으로 탈중심화되지 않았기 때문이다)를 따르려고 노력하면서 복종하였지만, 여전히 비난받는다고 느꼈고 분노로 반응했다. 아버지는 어머니의 영향을 조정해 보려 하면서도 어머니와 마찬가지로 베스의 행동에 대해 부정적인 방식으로 반응했다.

치료 중에, 베스와 분석가가 쌍둥이가 되었으면 하는 중요한 전이 소원이 나타났다. 베스는 그리기를 좋아했지만, 분석가의 그림이 더 좋으면 자신의 것은 전혀 쓸모가 없다고 느꼈다. 또 자신의 그림이 더 좋으면 분석가의 질투에 찬 분노를 두려워했다. 어느 쪽이든 베스는 엄청난 충격에 빠질 수 있었다. 그래서 베스는 자신과 분석가가 동일 인물—혹은 쌍둥이—이면 좋겠다는 결론을 내렸다. 그들은 오랜 시간 동안 '쌍둥이 그림'을 그렸는데, 분석가는 베스와 똑같이 그려야만 했다. 이렇게 베스는 전이 속에서 일체감과 애착에 대한 퇴행적인 소원뿐만 아니라 이상화된 어머니에게 인정받기 위한 탐색을 재현했다.

베스의 병리를 정상 발달의 예로 볼 수는 없지만, 여기에는 초기 여성 발달에서 흔히 볼 수 있는 통제와 경쟁이라는 주제가 드러나 있다. 이 시기의 최우선적 주제인 통제와 경쟁은 오이디푸스기적인 관계에서 오는 것이 아니라, 여성적 미와 능력에 대한 자기애적 비교에서 온다. 그리하여 이것들은 어머니와의 관계에서 바라던 친밀감을 가질 기회를 잃게 한다. 이런 역동에서 오는 한 가지 결과는 여아가 수동적인 순응을 위하여 독립적 투쟁을 즉시 포기하고 아기가 되는 퇴행적 환상을 가지는 것이다. 내사물과 이상의 원초적인 자기-비판적 요소들은 후기의 더 현실-지향적인 요소들보다 변하기 어렵고, 지속적인 영향을 미치기 때문에, 권위자는 계속 적대적이고 가혹하게 여겨져서 수동적인 순응을 강화한다. 남아의 화해기 양가감정도 역시 갈등의 내재화를 가져오지만, 남아는 성별 차이 때문에 어머니에 대한 친밀감에서 벗어나 분리되어 있고 다르다는 감각을 갖게 되고, 어머니의 요구에 즉시 순응하기보다는 이상화된 아버지를 동일시하게 된다.

프로이트는 초자아 형성을 오직 오이디푸스 콤플렉스, 그리고 주로 남성에 관련하여 생각했기 때문에, 그가 거세 불안이 가장 중요하다고 결론 내린 것은 놀라운 일이 아니다. 그러나 발달상으로 볼 때, 초자아 형성의 동기는 그렇게 명확하지 않고, 앞장에서 기술했듯이 발달 경과에 따라 변한다. 앞에서 우리는 어머니의 사랑에 조건이 생기기 시작하면서, 그 이상을 동일시할 때의 즐거움과 이상화된 어머니의 인정을 받고 싶은 소원, 이 두 가지가 초자아 형성의 강력한 동기요인이라고 지적했다.

사실, 여성 발달의 가장 중요한 측면 중 하나는 어머니에게 강하게 결속하려는 성질과 그것을 넘어서는 문제이다. 오이디푸스기로 잘 진행하려면, 단순히 대상이 바뀌는 것보다 더 많은 것이 필요하다. 다음 장의 성 정체성에 대한 논의에서, 우리는 어린 여아가 어머니에 대한 애착을 포기하는 동시에 어머니를 동일시하고 어머니와 경쟁하면서 갖게 되는 어려움을 상세히 다룰 것이다. 여아는 어머니에 대한 지속적이고 강한 미움의 대가를 치르고서야 오이디푸스기로 진행할 수 있는 경우가 많다. 이런 느낌들은 반동형성으로 처리되지만, 그것들은 대부분 가혹하고, 비판적이고, 처벌적인 초자아의 원인이 될 수 있다. 대개 여아는 어머니를 결코 완전히 포기할 수 없으며 평생 어머니에게 애착한다. Balint(1973)는 이 애착을 다른 여성들에게로 옮겨서, 어떻게 그들을 충족시키고 돌보아 줄 것인가에 몰두했던 여성들에 관해 기술했다.

그러한 투쟁이 흔히 관찰되는 데도 여성의 초자아 형성에서 공격성의 역할에 관한 언급이 거의 없다는 것이 놀랍다. 적대적 충동과 그와 관련된 갈등이 여러 이론 속에 암시되어 있긴 하지만, 강조되는 것은 자위에 대한 죄책감, 오이디푸스적 소원에 대한 죄책감, 아버지의 남근을 갖고 싶은 소원에 대한 죄책감 등 성욕에 대한 것이다. Melanie Klein을 제외하면, 어머니와의 초기 관계에 대한 이론들은 어머니가 여아에게 남근을 주지 않은 것에 대한 실망과 분노를 강조한다.

최근의 발달 연구들은 여아의 적대적 충동이 단순히 남근을 갖지 못한 것에 대한 실망이나 자기애적 손상에 대한 반응이 아니라, 이런 성적 원인만큼 중요한 여러 근원에서 온다는 것을 보여 준다. 예를 들어, Mahler는 걸음마기 아이에게서 거리를 두고 분리하려는 행동과 관심을 끌고 접근하는 행동이 번갈아 나타나는 것에 주목하면서, 그것을 '양가경향(ambitendency)'이라고 불렀다.(Mahler 등, 1975) 이런 현상은 흔히 걸음마기 아이의 분리에 대한 인식이 강화되면서, 아이가 자신의 개인적 정체성과 자율적으로 기능하는 능력을 키우려 할 때 나타난다. 그런 시기에는 어머니-유아의 결합으로 퇴행하려는 힘이 여아의 자율성과 정체성을 위협한다.

공격성은 분리 개별화 과정의 진행을 돕지만, 어머니에 대한 강한 미움과 분노는 어머니를 이상으로 여기는 여아의 관점을 너무 일찍 파괴할 수 있다. 그 결과로, 너무 일찍 수동적으로 순응하는 성격이 형성되거나, 어머니에 대한 순응이 지연되어 발달상의 갈등을 해결하는 데에 문제가 생기고, 양가감정을 견디는 것도 늦어지게 된다. 어머니에 대한 이상화된 관점의 상실은 또한 인도하고 보호하고 위로해 주는 내사물을 내재화하는 것도 방해한다. 대신에 여아는 대상을 폄하해서 보게 되고 적대적이고 완강한 내사물을 내재화한다. 그때 폄하된 대상을 동일시하기 때문에 여아는 폄하된 자기상을 가질 위험이 있고, 결국 가혹하게 자기-비판적인 초자아와 취약한 자존심을 가진 사람이 된다. Nadelson과 그녀의 동료(1982)는 어머니가 딸의 적대적 충동을 심하게 비난하는 경우가 흔하다고 지적한다. 그러면 어린 여아는 자신의 분노에 대한 처벌과 보복으로 어머니가 사랑을 거둬들일까 봐 두려워한다. 게다가 여아 자신의 분노는 어머니와 결속을 끊는 것으로 여겨지는데, 왜냐하면 그 분노가 어머니에게 사랑받는 즐거움, 어머니를 사랑하는 능력, 어머니에 대한 이상화 등을 방해하기 때문이다. 이것은 내사물의 적대감을 증폭시켜 초자아의 자기-비판 기능이 더욱 가혹해진다.

사랑을 상실한다는 환상이 강해지면서 여아의 불안도 커진다. 즉, 여아는 분노를 표현하는 바람에 초기의 양육하는 모성적 자아 이상을 상실했다고 느끼는데, 이 때문에 여아는 더 불안해하고, 자기애적 상처를 입은 자신을 비하하고, 어머니에게 더욱 화를 내며 어머니를 평가절하하게 된다. 양가감정의 해결과 관계의 회복을 위해 여아는 방어적으로 노력한다. 즉, 어머니의 사랑을 다시 얻기 위해 착하고 깨끗하고 단정하려고 애쓴다. 그러는 동안, 여아는 대상과 결속을 유지하며, 자신의 적대적 내사물의 투사에 의해 더 심해진 사랑의 상실에 대한 공포를 피하려고, 외부의 권위자에게 (그리고 결국은 자신의 초자아에게) 순응하는, 피학적 태도를 발달시킨다.(Blum, 1976)

Kernberg(1976)의 공식화는, 여성에 한정된 것은 아니지만, 여성 초자아 형성의 이 초기 위험 요소들과 관련이 있다. Kernberg는 초기에 공격성의 우세 때문에 생기는 병인적 효과가 어떻게 부모 이미지를 왜곡시키는지를 기술한다. 이것은 후기의 더 현실적인 오이디푸스기 부모상의 내재화를 방해하여, 가혹하고, 적대적이고(Kernberg는 '가학적'을 선호한다), 통합되지 않고, 쉽게 투사되는 초자아 성질을 갖게 한다. 이렇게 되면 더 높은 수준의 초자아 통합에 문제가 생기고, 내재화된 가치 체계의 발달에 문제가 생긴다. 그러한 실패는 적대적이고 이상화된 자기 표상과 대상 표상이 병적으로 통합되는 형태로 나타날 수 있다. 그러면 이상은 공격적인 특성의 지배를 받아, 집요하게 완벽을 요구하는 특징을 보이며, 본능의 표현을 지나치게 억압하게 된다.

유사한 역동이 어머니의 정신병리 때문에 나타날 수도 있다.(Lax, 1977) 딸의 출생은 그 사건이 어머니에게 주는 여러 무의식적인 의미 때문에 어머니를 혼란스럽게 할 수 있다. 아마 어머니는 무의식적으로 남근을 바랐을 테고 남아를 더 원했을 것이다. 이런저런 이유로 유아는 어머니의 '환상 속의 아이'가 아니라서, 어머니는 진정한 '모성 몰입(maternal preoccupation)'(Winnicott, 1956)을 발전시킬 수 없다. 그 때 여아에게 출현하는 자기 표상은 비하하는 어머니의 태도를 합일화하여, 여아는 자신이 사랑스럽지 않고, 무가치하고, 부적절하다고 느끼는 경험을 하게 된다. 항문기와 유아 성기기의 갈등은 모욕감을 더 한다. 즉, 어머니 자체가 이상적으로 여겨지는 것이 아니라 평가절하되어, 어머니를 동일시하는 데서 오는 모든 즐거움을 방해한다. 거절하고 평가절하하는 어머니를 내재화하면, 피학적이고 자기-패배적인 태도와 원초적이고 가학적이고 적대적인 초자아를 갖게 된다.

만약 어머니에 대한 이상화가 앞에 기술한 것들 때문에 심각하게 방해받으면, 여아가 해부학적 차이를 발견할 때 화해기 투쟁이 더 복잡해질 수 있다. 어머니처럼 여자가 되는 것에 긍지를 갖기보다, 그 발견으로 여아는 더 심한 자기애적 손상을 입고, 어머니에 대해 더 분노하고 실망하게 된다.(Jacobson, 1954, 1964) Roiphe와 Galenson(1981)이 관찰했듯이 남근 선망이 발달할 수도 있지만, 이것은 여아가 어머니에 대한 양가감정을 해결하지 못하는 것에 비하면 부차적이다.(Grossman & Stewart, 1976) Jones(1927)가 기술한 것처럼, 그런 상황에서 남근 선망은 여성성에 대한 평가절하, 아버지와 그의 이상에 대한 동일시를 동반한다.

이런 상황 때문에 여아가 아버지에게 오이디푸스적 애착을 가지기 어렵거나 아버지에 대한 오이디푸스기 개입이 지연되지만, 그럼에도 오이디푸스기로 진행하기도 한다. 그러면 모든 사랑과 자기애적 기대가 아버지를 향하며, 통합되지 않고 과도한 전오이디푸스기 분노와 적대감은 경쟁자인 어머니의 표상에 부착된다. 어머니가 이런 부정적 느낌의 수용자가 되는 결과로, 어머니와의 초기 경험에서 온 내사물은 내부를 향한 적대적 태도를 보일 것이며, 이것은 아버지와 그의 사랑을 받고 싶은 욕구를 더욱 자극하게 된다. 결과적으로, 계속되는 자신의 분노에 대한 여아의 불안은 반응하지 않는 아버지로부터 받는 자기애적 위협, 또한 어머니의 보복적인 시기심, 적대감, 사랑의 철수에 대한 공포에 집중될 것이다. 그때 오이디푸스적 소원에 대한 처벌의 공포는 더 초기에 느꼈던 무원감과 무력감을 기반으로 하는 무서운 이미지들에 집중되는데, 그것은 어떤 형태의 신체적 손상을 포함할 수도 있다. 여아는 그런 공포를 다양하게 드러내 보인다. 어떤 여섯 살 여아는 아버지가 간지럼 태워서 즐거웠다고 말한 후에, 흡혈귀가 쫓아오는 꿈을 꾸었다.

어머니에 대한 공격성에서 오는 해결되지 않은 갈등 때문에, 여아는 발달상 불가피한 오이디푸스적 실망을 매우 고통스러운 거절로 경험하기 쉽다. 자신이 그다지 예쁘지도 않고, 사랑스럽지도 않고, 착하지도 않다는 느낌이 증폭되고, 더 초기에 어머니에게 느꼈던 환멸을 다시 경험하면서, 이에 상응하는 자기-비하가 되살아난다.

여아가 욕동과 적대적인 내사물과 외부 대상으로부터 비교적 자율적인 초자아를 최종적으로 형성하는 것이, 딸을 화해기 투쟁에서 해방시켜 줄 수 있는 아버지의 능력에 달려 있게 되는 수도 있다. 아버지는 여아가 공격성을 조절하도록 도울 수 있는데(Herzog, 1982), 이런 아버지의 지원은 여아가 자신의 적대적 내사물 때문에 생긴 어머니와 자신에 대한 적대감을 조절하게 해 준다. 이런 해방이 일어나려면, 아버지는 딸에게 또 다른 권위의 소리이자 안정감의 근원이 되어야 하며, 딸의 오이디푸스기 발달을 적절하게 격려하면서 딸의 오이디푸스적 실망에 공감해야 할 것이다. 딸과 아버지의 관계에서, 아버지와 아버지의 이상과 도덕적 원칙의 적절한 측면 못지않게 여성적이고 모성적인 자아 이상도 동일시하도록 격려받는다고 딸이 느낀다면 더욱 도움될 것이다.

남성에서의 초자아 발달

초자아 발달의 초기에 어머니가 기준과 요구를 정하기 때문에, 남성 초자아에서 남성적인 권위의 소리는 어디서 기원하는지 설명할 필요가 있다. 우리가 보기에 그 해답은 전오이디푸스기 갈등이 오이디푸스 콤플렉스에 의해 재조직되는 방식뿐만 아니라, 전오이디푸스기와 오이디푸스기 갈등의 성질에 있다. 화해기에 남아도 어머니에 대한 양가감정을 다루어야 하지만, 여아와는 대조적으로 어머니와의 이상화된 일치감의 상실에 대해 그렇게 환멸을 느끼고 분노해야 할 필요는 없다. 왜냐하면, 그런 일치는 자신의 남성적인 자기감을 위협하기 때문이다. 그러므로 남아에서 성별 차이는 자율성을 얻기 위한 투쟁의 추진력이 된다. 어머니에게 없는 것을 갖고 있다는, 자기애적 만족을 주는 생각 때문에 남아는 어머니를 강하고 전능하다고 보는 데서 생기는 분노와 무력감을 피할 수 있을 것이다.(Chassequet-Smirgel, 1970) 게다가, 가장 초기의 내사물이나 권위의 소리 그리고 그에 동반한 가치 체계는 어머니가 정한 금지와 기준에서 오지만, 남자로서의 감각이 증가함에 따라 점점 아버지를 권위자로 여기게 된다. 사실 남아는 아버지를 이상화함으로써 초기의 거세 불안을 피할 수도 있다. 이 이상화는 어머니의 기준에 순응하고 그 기준을 동일시하려는 동기를 줄여 줄 수 있다. 만약 남아가 어머니의 요구를 지나친 강요로 경험하게 되면, 자율성과 남자다움을 유지하려고 애쓰면서 완강하게 거부하게 되는데, 이것은 남아가 대소변 가리기에 어려움을 보일 때 자주 나타나는 현상이다.

남아가 유아 성기기로 들어가고 성기 우위가 확립됨에 따라, 아버지가 마음속의 이상으로서 점점 중요해지고, 이 이상에 접근하는 것은 남성성의 감각(sense of masculinity)을 향상시켜 남아에게 자기애적 만족을 준다. 남아가 아버지를 남성적 이상으로 여기고 아버지를 동일시하려고 애쓸 때, 이것은 양성 오이디푸스 콤플렉스의 토대가 된다.(Freud, 1921) 이제 남아에서 아버지의 이용 가능성은 오이디푸스기의 궁극적인 진행과 해결뿐만 아니라 안정된 남성감의 내재화를 위해서도 매우 중요하다.(이 과정은 다음 장에서 자세히 설명할 것이다.)

상충하는 근친상간적 소원들 때문에, 남아에게 아버지에 대한 양가감정이 생겨나면, 아버지 표상은 점차 마음속에서 권위 있는 위치를 차지하게 된다. 동시에, 아버지의 내사물은 말하자면 이전의 모든 초자아 명령을 대변하게 되고, 어머니의 요구에 대한 전오이디푸스기의 적대적인 느낌들이 재조직되고 변형되어 아버지에게 향한다. 그렇게 되면 남아는 어머니에 대한 양가감정이 줄고 사랑하는 리비도 대상으로서 편하게 어머니에게 의지할 수 있다. 이런 식으로 어머니를 보는 것은, 그렇지 않으면 지나치게 적대적일 전오이디푸스기 어머니의 내사물을 완화시킨다.

오이디푸스 콤플렉스에 더 많이 개입하면 오이디푸스적 성공이라는 즐거운 환상이 생기지만, 이런 환상에는 아버지에 대한 경쟁과 미움이 따른다. 남아는 또한 이상적이라고 여겨지는 아버지를 사랑하기 때문에, 이런 오이디푸스적 환상은 아버지의 보복에 대한 두려움과 함께 고통스러운 양가감정을 불러일으킨다. 거세 공포와 아버지에 대한 양가감정이 둘 다 남성성에 대한 남아의 즐거운 감각을 방해할 수도 있다. 아버지에 대한 양가감정은 아버지의 가치를 깎아내리고 나아가 남성으로서 자신을 깎아내릴 수도 있다. 양가감정을 해결하게 되면 남아는 아버지와 남성적 활동을 공유하여 즐거운 남근-자기애적 관계를 유지할 수 있게 되며, 이런 활동은 남아가 아버지를 이상으로서 동일시할 때 남아의 남성성에 대해 유능하다는 감각을 촉진한다. 따라서 남성성에 대한 즐거운 감각은 남아가 아버지에 대한 양가감정을 성공적으로 해결하는 것에 달려 있으며, 근친상간적 소원을 포기하고 아버지의 규칙을 따르며 아버지를 더 이상화함으로써 얻게 되는 결실이다. 이처럼 아버지의 이상과 도덕적 기준을 동일시하여 얻는 자기애적 만족은 오이디푸스적 패배에서 오는 자기애적 상처와 균형을 이루게 된다.

여아에서와 같이 남아에서도 이상화된 동성 사랑의 대상에 대한 양가감정을 해결하려는 욕구가 초자아 형성의 강력한 동기라고 우리는 생각한다. 남아가 아버지를 사랑하고 미워하는 느낌은 보복과 처벌에 대한 여러 환상을 불러일으키며, 보복을 피하기 위해 아버지의 규칙을 동일시하려는 추가 동기도 생긴다. 그러나 앞서 말했듯이, 남아는 또한 아버지가 자신의 규칙을 가진다는 것과 아버지도 정해진 도덕적 기준과 규칙에 따라 살아간다는 것을 점차 알게 되고, 오이디푸스기가 해결되는 과정의 일부로 이런 규칙들을 이상화하고 동일시한다.

우리는 남아보다 여아에게서 더 어린 시기에 초자아 형성이 시작되며, 그래서 여아의 초자아에는 나중에 형성되는 더 현실-지향적인 요소들에 비해 변하기 어려운 원초적인 요소가 있다고 지적했다. 이것은 남아에게서 권위의 표상이 여아에게서 초자아의 초기 내사물이 가지는 만큼의 아주 원초적인 특징을 가지지 않을 수도 있다는 뜻이다.

그러나 때때로 남성의 초자아는 엄격하게 독단적으로 규칙을 고수하는 성질을 가지는데, 그것은 아마 Schafer(1974)가 제안한 것처럼, 주로 강박적 정신 병리와 관계있다. 그러나 강박적 정신 병리의 중요한 원인 요소는 강한 거세 불안 때문에 초자아의 지시를 고수하려는 욕구이다. 여기서 우리는 어린 남아의 공격성 조절을 도와주는, 비교적 무시된 측면인, 아버지의 초기 역할을 강조하고 싶다. 여러 가지 이유로 남아는 자신의 리비도적 · 공격적 충동을 통제하는 데 여아보다 더 많은 어려움을 겪는다. 충동성이 더 크기 때문에, 가혹한 내사물의 영향을 받기 쉽고, 거세 불안이 계속될 수도 있다. 한 어린 남아는 심지어 이 공포를 능동적인 소원으로 표현했다. 자신이 여자였으면 하고 바랐는데, 그 이유는 "여자아이는 착해지는 것이 그렇게 힘들지 않아."라는 것이었다. 여아에서처럼, 아버지의 도움으로 남자아이가 자신의 성욕과 공격성을 조절하고, 통제하거나, 아니면 관리하는 것, 그리고 부모의 명령을 동일시하는 것을 배우는 것이 중요한다. 아버지는 남아와 거친 놀이를 통해 어느 정도 이를 수행한다. 이런 놀이는 처음에는 아이를 흥분시키지만, 그런 후에 아이가 더 차분한 상태로 진정하도록 도와줄 수 있다. 아버지가 이런 기능을 수행하지 않으면, 통제력은 약한 채 공격성이 강해지는 상황에서는 가혹한 내사물이나 실제적인 처벌의 가능성이 커지고, 이 두 가지 때문에 거세 불안이 커져서 계속 압도적인 영향을 미치게 된다. 합리적인 생각을 못하게 된 이 남성은 나중에, 법률을 철저히 문구대로 (혹은, 가혹한 초자아의 경직된 지시대로) 따라야만 거세라는 재앙을 피할 수 있다고 절실히 주장할 것이다.

6세 반인 지미의 예를 생각해 보자. 지미의 부모는 지미가 세 살 때 이혼했고 둘 다 재혼하여 양육권을 나누어 가졌다. 지미는 친아버지와 양아버지 둘 다 존경하고 좋아했지만, 두 사람의 가치관은 매우 달랐고, 동일시하기에는 대조적인 모습을 보였다. 친아버지는 겁먹게 하는 공격적 태도로 놀아 주었으며 남자는 거칠고 강해야 한다는, 마초적인 남성관을 지녔다. 양아버지는 조용하고, 말씨도 부드럽고, 다정하지만, 통제에는 엄하였다. 지미는 남성성에 대한 이런 두 가지 관점과 씨름해야 했기 때문에, 초자아 통합이나 효과적인 기능 발휘가 안 되었다. 지미는 키가 작았으며, 키 때문에 놀림당할 때는 바로 화를 냈다. 아버지처럼 신체적으로 공격함으로써 남성성을 과시하려고 했다. 그러나 그렇게 했을 때는 우울해졌고 자신을 나쁜 아이로 여겼는데, 이런 반응은 양아버지의 가치관에서 오는 가혹한 내사물과 이상을 반영하는 것이었다.

흥미로운 점은 겉보기에 정확히 반대되는 행동 또한 강한 거세 불안이 계속되고 있다는 것을 의미할 수도 있다는 것이다. 남아가 외부의 혹은 내재화된 금지와 도덕 기준을 따르지 않게 되면, 파괴적인 행동으로 외부의 권위와 갈등을 일으키게 된다. 이런 행동은 흔히 남성성을 과시하고 증명하고 싶은 남아의 동기에서 온다. 기관으로부터 받는 관심은 어떤 수치심이 생기게 하므로 괴로울 수도 있지만, 한편으로 남아에게 남자다운 힘과 효율성을 확인해 주기 때문에, 부정적인 일로 관심을 끌려고 하는 경우도 생긴다. 그러나 이런 경우, 초자아 내재화가 더욱 지연되어 다른 병리적 결과가 생긴다.

결론

우리가 초자아 발달의 모든 다양한 성별 차이를 완전히 평가하지는 못했을 것이다. 우리는 초기 소아기에 국한하여 토의했지만, 그럼에도 불구하고 여성에서 초자아 기능이 남성에서보다 열등하다는 프로이트의 생각을 반박하는 것이 되었기를 기대한다.

우리의 기본 논지는 성 정체성을 형성하는 과정에서 동성의 이상화된 대상에 대한 양가감정을 해결하려는 욕구야말로 초자아 발달을 위해 특히 중요하다는 것이다. 여아에게 이 과제는 인지 기술이 미숙한 초기에 주어진다. 따라서 이런 초기 활동에서 오는 가혹하고, 엄하고, 무자비한 내사물이 내재화될 가능성이 크다. 이것은 여성성의 감각에 자기애적으로 투자하여 사랑하고 위로해 주는 초자아를 형성하는 것을 어렵게 한다. 그것은 또한 자율적이고 독립적으로 기능하는 초자아의 궁극적인 내재화를 방해할 수도 있다.

남아에게서, 이 과제는 더 후기에 진행한다. 인지 기술이 어느 정도 발전하여 약간의 현실 검증 능력이 생겼을 때 일어나는 것이다. 더구나, 남아에게서 성별 차이는 보통 자율성을 획득하기 위한 투쟁에 부가적인 추진력이 되기 때문에, 남아는 어머니에 대한 이상화된 일치감을 상실하는 것에 대한 환멸과 분노를 다룰 필요가 없다. 아버지에 대한 양가감정의 해결이 남아의 초자아 발달에 가장 중요하다. 양가감정이 해결되면 남아는 자신의 아버지이자 이상(father-ideal)을 동일시함으로써, 남성성에 대해 유능하다는 감각이 확실해지고, 아버지의 규칙과 도덕 기준도 확실히 동일시하게 된다. 이런 방법으로 남아는 이성애적 정복에 대한 환상을 나중의 일로 연기한다. 그동안에 남아는 아버지의 도덕적 규칙에 순응하고 동일시할 뿐 아니라, 이상화된 아버지처럼 되고 아버지와 활동을 공유하는 것에서 더 큰 즐거움을 느낀다. 그럴 때 권위의 목소리는 점차 비교적 자율적으로 기능하는, 믿을 만한, 내면의 존재가 된다.

7부 성

GENDER

15장

성(Gender)의 발달 : 이론적 개관

정신성 발달에 대한 프로이트의 이론에는 성 정체성(gender identity) 개념이 빠져 있다. 그의 글 곳곳에서 남성성과 여성성에 대한 언급을 볼 수 있지만, 이런 개념들에 대한 그의 공식화는 유아 성욕설을 기반으로 하고 있으며, 대상관계, 자기감, 초자아, 자아 등의 발달과 관련하여 의미 있는 내용을 담고 있지는 않다. 성 정체성의 개념은 이 모든 것을 고려한 것이며, 비교적 최근에 나왔다. 즉, 그것은 발달에 영향을 미치는 여러 요소를 더 많이 알게 되면서 나온 것이다.

성(gender)* 발달을 추적하면서, 우리도 Stoller처럼 성적 정체성(*sexual identity*)이라는 용어보다 덜 모호한 성 정체성(*gender identity*)이라는 용어를 사용하고 싶다. 왜냐하면 성(sex)은 남성 혹은 여성을 뜻하는 생물학적 명칭이며, 성 정체성(gender identity)이 더 넓은 개념이기 때문이다. 그것은 개인적 정체성과 생물학적 성이 결합하고 통합된 심리적 상태를 말하며, 대상관계, 초자아 이상, 문화적 영향이 그것에 큰 영향을 미친다. 게다가, 성(sex)이라는 용어는 흔히 성적 환상이나 행동을 말할 때 쓰이므로, 정체성보다는 정신 성욕에 더 가깝다.

---

* 이 장에서 '성'은 거의 gender를 뜻하며, sex를 뜻하는 경우는 영어를 함께 적었다.(역주)

구애, 결혼, 자녀 양육 양식과 관련된 매우 다양한 느낌, 사고, 환상, 믿음, 행동은 어떤 식으로든 성과 관련되어 있다.(Meyer, 1980) 여러 기여 요소 때문에, 그리고 이런 요소와 연결된 여러 형태의 정신병리 때문에, 우리는 성 정체성(*gender identity*), 성 역할 정체성(*gender-role identity*), 성적 상대 지향성(*sexual-partner orientation*)을 구별하는 것이 유익하다고 본다. 넓은 의미로는 셋 다 성 발달과 관계있지만, 서로 다른 요소가 각각에 영향을 미치며 발달상의 형태도 서로 다르다. 각각의 임상적 특징을 더 자세히 구별함으로써, 우리는 특정한 임상 상황에서 그것에 관계된 정신병리적 요소뿐만 아니라 발달이 미치는 영향을 더 구체적으로 알 수 있다.

도입 형식으로 추가 : 정신분석 저자들은 흔히 남성 발달에 대한 이해에 기초하여 여성성(femininity)의 발달을 일반화하는 경향이 있었다. 다음에서 우리는 이론적 개관을 위해 관련 개념을 정의한 후에, 명료하게 할 목적으로 남성과 여성에서 성 발달 감각의 서로 다른 경로를 분리하여 현재의 지식을 최대한 활용하여 토의할 것이다. 그렇게 분리하면 내용이 중복될 위험이 있지만, 한 성과 다른 성을 대조하여 이해하려는 경향을 상쇄해 줄 것이다.

성 정체성

성 정체성(*gender identity*)은 각 개인이 가진 남성성과 여성성의 조합에 들어 있는 모든 특징을 포함하는 광범위한 개념이며, 이 조합은 매우 다양한 생물학적, 심리적, 사회적, 문화적 요소에 의해 정해진다.(Stoller, 1968a, 1976) Stoller는 발달과정 동안 동성의 대상과 이성의 대상 둘 다를 동일시하기 때문에, 그 사람의 최종적인 성 정체성, 즉 생물학적인 성과 결합한 개인의 정체성에는 남성성과 여성성이 혼합되어 있다고 강조하였다. Stoller는 남성성 혹은 여성성에 대한 정의조차도 사람에 따라 다르다고 말한다. 문화의 영향이 있을 수 있지만, 개개인은 자신에 대한 복잡한 믿음 체계를 형성하며, 그것은 자신에 대한 남성적 혹은 여성적 감각을 포함한다.(1976, 1985)

성 정체성은 Stoller가 핵심 성 정체성(core gender identity)(1968a, 1968b)이라고 말한 것의 바탕 위에 세워진다. 핵심 성 정체성은 한 성에 속하며 다른 성에 속해 있지 않다는 가장 원초적이며 의식적·무의식적인 감각이다. Stoller는, 그것은 기본적으로 "남성은 남자다운 것으로, 여성은 여자다운 것으로 우리가 우리의 성에 대해 가지는 감각이다 …… 그것은 (더 광범위한 성 정체성의) 일부이기는 하지만 동일한 것은 아니다."라고 정의하였다.(1976, p.61) 핵심 성 정체성의 형성에 이바지하는 여러 요소는 생리적이며 생물학적인 힘, 심리적 요인, 대상관계, 자아 기능, 인지 능력 등이며, 이에 대해서는 Greenacre(1950, 1958), Kohlberg(1966, 1981), Stoller(1968a, 1976), Money와 Ehrhardt(1972), Roiphe와 Galenson(1981) 등이 논의하였다.

Stoller(1976)는 핵심 성 정체성이 태아 때의 생물학적 힘에서부터 시작된다고 제안했다. 즉, 태아 때 노출되는 성호르몬이 중요한 역할을 한다. 외부 성기의 해부와 생리는 정상적인 환경에서 성 배정(sexual assignment)이 이루어지는 기초가 되며, 핵심 성 정체성의 형성을 도와준다.

이런 생물학적·해부학적인 요인들에 덧붙여, 사회적·심리적인 요인들도 영향을 미친다. 출생 때의 성 배정은 부모가 유아를 특정한 방식으로 다루게 한다. 부모는 그 가족이 규정한 남자답다거나 여자다운 것의 의미를 전하는 여러 언어적·비언어적 메시지를 유아에게 보낸다. 즉, 여러 의식적·무의식적 환상뿐 아니라 그 성(sex)을 가진 아이에 대한 부모나 형제자매의 태도도 이런 신호 속에 반영될 것이다. 실제로, 일단 부모가 (출생 전후에) 유아의 해부학적 성을 알게 되면, 유아가 남아냐 여아냐에 따라 부모의 태도는 독특한 색채를 띠게 된다.

임신 중에 어머니가 가지는 환상과 기대는 유아에 대한 그녀의 최초 반응에 영향을 미치는 것으로 보인다. 임신 시의 신체적 변화에 따른 감각과 기분은 퇴행을 부르기 쉬워서, 임산부가 자신과 어머니 사이에 있었던 예전의 그리고 현재의 갈등을 해결할 기회를 줄 뿐 아니라, 이전에 가졌던 환상을 현재 아기에게 가지게 된 환상과 통합할 기회를 준다. 임신은 초기 소아기 때부터 가졌던 소원 중에서 최고의 정점이며, 이제는 초기와 후기 소아기 때의 소원과 환상이 청소년기의 수정과 정교화를 거쳐 현재의 현실과 통합된다. 게다가 임신은 어머니와의 동일시를 확인해 주며, 모든 발달 단계에서 그 동일시를 둘러싸고 전개된 양가감정과 갈등들이 다시 나타난다. 그 여성이 자신의 어머니와 갈등에 찬 관계였을 때, 여아 혹은 남아를 낳을 것이라는 생각은 특별히 강한 감정을 불러일으킬 수 있다.

여성이 이전의 갈등을 해결하고 이전의 소원과 환상을 통합할 수 있는 능력은 그녀가 아기에게 가지는 최초의 반응과 양육에 깊은 영향을 미친다. 예를 들어 유아가 여아라면, 그 여성은 자신의 딸과 대립하는 관계가 반복될까 봐 두려워할 수 있다. 최악의 경우, 어머니가 딸을 어머니 자기 표상의 폄하했던 부분과 동일시할 수도 있다. 그럴 때 어머니는 투사 기제를 사용하여 아기의 행동을 해석할 것이다. 예를 들어, 한 어머니는 "내가 딸을 처음 안았을 때, 그 아이는 차갑고 냉담하게 나를 응시하면서 등을 돌려버렸다!"고 말했다. 이는 방임이나 학대로 이어질 수도 있다.(Steele, 1970, 1983; Steele & Pollock, 1968) 또한 어떤 여성은 여아의 출산을 옛날 자신의 어머니와 자기 사이에 있었던 갈등을 재작업하는 기회로 여길 수도 있다. 즉 상상 속에서 이상적이었지만 지금은 잃어버린 초기 유아기의 공생적 상태를 되찾거나 되살리는 기회로 여기는 것이다. 불행히도 그녀는 아이를 완전히 사로잡아 독립성과 자율성을 가로막고, 어린 여아가 어머니의 지배를 벗어나기 어렵게 만들 수도 있다. 유아가 남아라면, 갈구하던 남근을 얻는 것과 관련된 환상, 혹은 아버지나 남자 형제와 관련된 환상, 혹은 심지어 그녀가 믿기에는 여아라면 함께 누렸을 일치감을 되살릴 수 없다는 실망감 등이 유아에 대한 여성의 반응과 양육 방식에 영향을 미친다.

여러 가지 해결되지 않은 갈등과 병리적인 환상 때문에 여성들은 때로 유아의 생물학적 성에 관계없이 모성과 피학증을 동의어로 여긴다.(Blum, 1976) 그런 경우에 그 여성은 아기의 출생을 자신의 자율성과 독립성의 상실로 여길 수도 있으며, 이것은 여러 가학 피학적 상호작용이 일어나는 기반이 된다.

아버지의 역할이 신생아에 대한 어머니의 반응에 직간접적으로 영향을 미칠 수도 있다. 일부 증거는 남편의 지지가 있을 때 여성이 임신에 잘 적응한다는 것을 보여 준다.(Shereshefsky & Yarrow, 1973) 또한, 남편과의 관계는 심하게 퇴행하려는 어머니의 경향을 완충해 줄 수도 있다.

유아의 성 정체성에 관한 아버지의 역할 또한 고려해야 한다. 출산 전에 아버지가 가졌던 환상은 어머니에서와 같이 나중에 유아를 양육하는 방식에 영향을 미친다. 만약 아기가 남자아이라면, 아버지는 자신의 관심사를 아들과 함께 나누고 싶어 하거나, 혹은 자신의 아버지와 함께 나누었던 의미 있는 경험을 아들과 반복하는 것을 상상하거나, 혹은 아버지와 나누지 못했던 것을 아들과 함께 경험하기를 희망할 수 있다. 만약 아기가 여자아이라면, 아버지는 딸의 외모에 대해 상상할 것이다. 딸이 매력적이고, 많은 구혼자의 마음을 끌기 바라며, 가장 중요하게는 자신의 사랑에 반응해 주길 바랄 수도 있다.(Burlingham, 1973) 때때로 남성은 어떻게 딸과 상호작용해야 할지 걱정하느라 자신이 어릴 때 아버지와 나누었던 상호작용을 딸과 재경험하는 것은 상상도 못한다. 이런 불안의 무의식적 표현으로 모호한 이름을 선택하는 경우가 자주 있는데, 이것은 여성형의 이름이 남성형의 약칭을 가지는 경우로서, 예를 들어 베로니카는 로니로, 안드레아는 앤디로 불린다.

유아가 출생할 때부터 아버지는 어머니와 다른 방식으로 유아와 상호작용한다. 아버지는 더 자극하고 흥분시키며, 아들과 딸 모두와 활동적으로 어울리는 경향이 있다. Herzog(1982)는 이것이 궁극적으로 아이가 공격적 충동을 조절하는 데 중요한 역할을 한다고 말한다. 우리는 아버지가 아이를 흥분시킬 뿐만 아니라 흥분된 상태에서 더 차분한 상태로 옮겨가도록 도와줄 수 있다면, 아이의 성적 충동 조절에도 중요하다고 말하고 싶다. 덜 '오염된' 대상으로서 아버지는 독점적인 어머니-유아 간의 결속이 끊어지도록 도움으로써 화해기 갈등의 궁극적인 해결을 적절하게 촉진하여, 결국 항문-화해기의 갈등이 성(gender)의 발달에 미치는 해로운 영향을 줄여 줄 수 있다. 또한, 아버지는 아들이 이상으로 여기게 될 남성성에 대한 관점을 전달한다. 아버지의 관점은 남성성에 대한 어린 남아의 관점에 영향을 미쳐서, 남아는 자신이 이 이상과 부합하는 정도에 따라 남성적인 자신감에 영향을 받는다. 어머니는 딸이 점점 여자다워지는 데 대해 약간의 양가감정을 가질 수도 있지만, 아버지는 더 쉽게 자부심을 표현하고(Ticho, 1976) 어머니에 대한 딸의 여성적 동일시를 격려한다. 어머니는 어린 딸이 성기를 탐색하는 것에 대해 혐오감과 수치스럽다는 비난을 전할 수도 있지만, 아버지는 덜 비판적인 경향이 있다.(Herzog, 1984)

아버지가 자녀에게 끌리고 흥미가 생기는 '중요한 시기(critical period)'가 있을 수도 있겠다는 약간의 증거가 있다. 첫 몇 개월 동안 유아와 접촉하지 않았던 아버지는 나중에 아이에게 애정을 표현하기가 어려울 수도 있다.(Greenberg & Morris, 1974) 반면에, 아버지가 일차적인 양육자가 되면, 보통은 어머니에게 향하던 정상적인 애착과 갈등이 아버지에게 향한다.(Pruett, 1983, 1984, 1987)

핵심 성 정체성, 혹은 일차적 여성성(primary femininity)이나 일차적 남성성(primary masculinity)은 또한 유아가 자신의 신체에 대해 느끼는 감각이 모여 형성된다. 유아는 수유, 기저귀 갈기, 목욕, 놀이 등 어머니나 일차 양육자와 친밀하면서 정동적인 상호교환에서 경험하는 구강, 항문, 요도, 성기의 다양한 감각을 통합하여 신체상을 형성한다. 출생 시에 유아의 지각, 운동, 인지 기능은 이전에 알려졌던 것보다 더 성숙해 있으며, 유아는 이런 기능의 도움으로 성기를 포함한 신체 부위를 구별하고, 여러 신체 경험과 감각을 '신체 자기(body self)'로 통합한다. 출현하는 신체상에 기초한 이런 초기의 자기감은 핵심 성 정체성 형성에 크게 이바지한다.

자기감이 정신적으로 표상되는 동안, 유아가 구강, 요도, 항문, 성기 등의 신체 부위를 어느 정도 인식한다는 것을 시사하는 보고들이 있다.(Mahler 등, 1975; Roiphe & Galenson, 1981) 이것은 너무 명백해 보여서 우리는 남자 혹은 여자라는 기본적 혹은 핵심적 감각이 처음부터 자기 표상의 필수적인 부분이라고 결론을 내렸다. Fast(1978, 1979)는 생의 아주 초기에는 미분화된 성 모체(undifferentiated gender matrix)라고 제안했지만,* 지배적인 의견은 자기감이 출현한다는 증

* Fast는, 초기의 경험은 미분화되어 있고, 아이의 성(sex)에 대한 감각과 성(gender) 잠재력은 실제의 성(sex)에 의해 제한받지 않는다는 견해를 가진다. 성(gender)과 관계된 경험은 처음부터 어느 정도 남아와 여아에서 차이가 있으며, 생물학적 요소와 양육 방식에

거가 있는 15~18개월까지는, 남성이나 여성의 성기를 가진, 남성이나 여성이라는 인식 또한 생긴다고 본다.(Kleeman, 1965, 1966, 1971; Stoller, 1976; Roiphe & Galenson, 1981) 2~3세 사이에 성(gender)을 인식한다는 조짐을 더 뚜렷이 볼 수 있는데, 이때 남아는 남성적 특징을 갖게 되고 여아는 여성적 특징을 갖게 된다. 이 시기가 되면, 핵심 성 정체성은 아주 잘 확립되어 보통 변하지 않는 것으로 생각된다.(Money 등, 1955a, 1955b; Stoller, 1985)

핵심 성 정체성은 첫 몇 년 동안에 확립되지만, 더 넓은 의미의 성 정체성은 발달 과정을 거치면서 계속 더 정교해진다. 여러 발달 단계마다 각 부모를 선택적으로 동일시하는 데서 오는 이점들이 있다. 그와 함께, 탈동일시(disidentification)를 위한 시도도 발달에 영향을 미친다. 후기에 이루어진 동일시 때문에 초기의 동일시 또한 정교해진다. 따라서 최종적인 결과는 여러 발달 단계의 많은 요소가 혼합되어 이루어지는 성 정체성이다.

성 역할 정체성

핵심 성 정체성과 중첩되면서도 다른 성 역할 정체성(gender-role identity)은 다른 사람과 의식적 · 무의식적으로 상호작용할 때의 성에 기초한 패턴을 말한다. 자기 표상의 이런 측면은 출생 때부터 부모와 아이 간의 미묘한 상호작용 위에 형성된다. 이런 상호작용은 아이의

의해 영향을 받는다는 것은 인정하지만, 최초의 자기 표상은 성에 따른 구별이 없다고 주장한다. 한 살 반이 되면 아이는 자신과 타인의 남자다움과 여자다움에 관해 알 수 있지만, 그때에도 각 성의 특징이 가지는 한계를 인식하기란 쉽지 않다. Fast의 생각에 장점도 있지만, 관찰된 행동에 의미를 부여하기도 어렵고, 아이가 남성성과 여성성에 대한 독특한 감각을 정의할 때 영향을 받게 되는 많은 요소 중에 가장 중요한 것이 어떤 것인지 구별하기도 어렵다.

생물학적 성에 대한 부모의 태도뿐만 아니라, 각 부모의 남성 혹은 여성으로서의 자신에 대한 인식, 그리고 각 부모가 타인과 상호작용하는 방식에 의해 영향을 받는다. 유아는 자기와 대상에 관한 가장 초기의 표상과 함께, 대상과의 상호작용, 대상과의 관계, 대상과의 대화에 관한 표상을 만든다.(Sandler & Sandler, 1978, p.239) 이러한 '역할 관계(role relationship)' 표상은 성 자각의 다른 측면과 융합하여, 결국 자기 표상에는 자신의 성 정체성에 관한 요소가 들어 있게 되며, 또한 다른 사람과의 관계에서 자신의 남성성이나 여성성에 따라 맡는 역할이나 습관적인 상호작용 방식도 함께 들어 있다.

여기서 말하는 성 역할 정체성은 사회적으로 정해지고 학습되는 역할과 혼동해서는 안 된다. 그것은 오히려 정신 내적인 것이며, 상호작용할 때의 표상을 뜻한다. 아이가 성숙하는 동안, 동성의 대상을 동일시하고 역할 관계를 정신 내적으로 표상하는 것은, 사실 문화적이며 사회적인 영향을 받게 된다. 따라서 성 역할 정체성에는 결국 문화적으로 결정된 학습된 행동이 많이 들어 있게 된다. 이런 점에서, 인지능력이 중요하다. 형제자매, 또래, 부모에서 동성과 이성 간의 신체적인 그리고 행동상의 차이점과 유사점을 아이가 지각하게 되면서, 자신을 분류하게 되기 때문이다. 자신을 남성 혹은 여성으로 분류하는 것은 성(gender) 경험에 대한 조직자로 작용하며, 이런 자기 식별(self-labeling)은 아이가 동일시할 역할 모델로서 '자기와 닮은 대상'을 찾도록 이끌어 준다.(Kohlberg, 1966, 1981, p.439)

성적 상대 지향성

Green(1975)은 성적 상대 지향성(sexual-partner orientation)을 성과 관련된 경험의 다른 측면들과 구별했다. 성적 상대 지향성은 사랑의 대상을 선택할 때 그 대상의 성(sex)에 대한 선호도를 말한다. 이 지향성의 기원은 생의 초기에 가졌던 전오이디푸스기와 오이디푸스기 대상관계에 있다. 그러나 그 선택은 성적으로 성숙해지고 청소년기 과정의 일부로서 초기 대상관계를 재정비하는 청소년기까지는 완전히 확정되지 않을 수도 있고 갈등을 일으키지 않을 수도 있다.

대개 양성애 문제와 양성애 갈등이 생기는 것은 성적 상대 지향성과 관계된 것이다. 프로이트(1905b)는 양성애를 인간 심리 구조의 정상적인 부분으로 보았는데, 특히 양성(positive)과 음성의 오이디푸스 콤플렉스와 관계하여 분명히 드러난다고 하였다. 양성(*bisexual*)이라는 용어는 발달과정 동안의 양쪽 부모에 대한 동일시에 사용되지만, 양쪽 성 모두를 지향하는 성적 목표를 말할 때도 사용되기 때문에 (Moore & Fine, 1968), 그 용어는 성적 상대 지향성을 포함한 (광의의) 성 정체성을 모호하게 한다. 그럴 때 부정확한 것에서 오는 어려움이 생긴다. 우리 생각에는 대상 선택에 관계된 문제와 성 정체성에 이바지하는 동일시와 관계된 문제를 따로 구별하는 것이 더 유용할 것 같다.

토의

성 정체성, 성 역할 정체성, 성적 상대 지향성을 이렇게 구별함으로써 우리는 발달의 형태를 더 정확히 이해하게 된다. 발달 과정에 각자가 기여하는 부분을 구별할 때, 잠재적인 위험이 더 분명해질 수 있다. 게다가, 성과 관계있는 여러 느낌과 행동의 의미가 포괄적 용어로 기술할 때보다 더 분명해진다. 또한, 남성과 여성 발달의 차이점도 더 명백해진다.

예를 들어, 여아의 정신성 발달은 오이디푸스 콤플렉스에 진입하기 위해 사랑의 대상을 바꾸어야 하는 필요성 때문에 남아보다 훨씬 더 복잡하다고 알려졌었다. 여기서 주제는 성적 상대 지향성이다. 여러 가지 소원, 환상, 대상과 관계된 경험들이 여야가 여성성에 대한 감각(sense of feminity)에 자기애적으로 투자하는 것을 잠식할 수도 있지만, 여성이라는 안정된 핵심 감각의 확립은 대체로 순조로운 과정이다. 반면에, 남성에게서 더 어려운 문제는 안정된 성 정체감을 확립하는 것이다. 즉, 남아가 일차적인 사랑의 대상을 동일시하는 것은 자신의 남성성의 대한 감각(sense of masculinity)을 잠식할 수도 있어서, 남아는 안정된 남성적 자기감을 형성하기 위해 어머니를 탈동일시해야만 한다.(Greenson, 1954, 1968) 여아와 비교할 때, 남아는 오이디푸스기로 진행하는 것이 순조로울 수도 있지만, 남아의 정체성 형성은 대상을 바꾸어야 하므로 더 복잡하다고 말할 수 있다. 성 역할 정체성 또한 이런 과정이 일어나는 것에 달려 있다. 그럴 때 남아가 오이디푸스 콤플렉스에 진입하는 것은 대상의 변화가 아니라 대상과 관계된 역할의 변화가 있는 것이다. 그런 역할 변화는 남자라는 남아의 감각이 안정된 경우에만 가능한 수도 있다.

성 정체성, 성 역할 정체성, 성적 상대 지향성을 구별하는 것은 임상적으로도 유용하다. 적당한 사랑의 대상을 찾지 못하고 성적으로 무능함을 호소하는 한 성인 남자를 생각해 보자. 분석적 조사에서 그 남자는 성 정체성이 안정적이며 성적 상대 지향성도 이성애적이라고 나올 수 있다. 그러나 만약 그 남자가 아버지를 동일시할 수 없어서 남성의 성 역할을 동일시할 수 없었다면, 계속 '성인의 세계에 있는 어린 소년'처럼 느낄 것이며, 그 때문에 여성과의 성적 관계에서 무능함을 느끼게 될 것이다. 그러므로 주된 병리는 성 역할 동일시의 영역에 있다. 따라서 지시적 개입이 임상적으로 유익할 수 있다. 만약 병리가 남성성의 감각이 불안정한 데 있다면 다른 시나리오가 생길 수 있는데, 그런 경우 남성은 어떤 여성이든 자신을 침범하고 거세할 거라고 두려워할 수도 있다. 비록 드러나는 증상은 같을 수도 있지만, 다른 개입이 요구될 것이다. 예를 들어, 자신이 남근적 전능함과 힘을 부여받았다고 믿는 남성을 생각해 보자. Person(1986, p.3)은 여자들을 욕망으로 미치게 할 수 있는 크고, 힘세고, 지치지 않는 남근을 가진 남자라는 이런 종류의 마초적 이상을 기술했다. 그 남성은 자신을 그렇게 보면서도 조루증을 호소했다. 좀 더 자세한 조사에서, 그 남성은 많은 여성을 정복하는 환상을 가졌지만, 무의식적인 거세 불안이 있어 성교 중에 남근을 잃을까 봐 두려워했고, 자신의 주된 쾌락을 자위행위에서 얻은 것으로 보였다. 따라서 그의 남근적 전능함의 이상화는 거세 불안이 안정된 남성적 자기감의 형성을 잠식했기 때문에, 불안정한 남성성의 감각을 방어하기 위한 것이었다.

요약

우리가 이끌어 낸 성 정체성, 성 역할 정체성, 성적 상대 지향성 간의 개념상 구별은 성의 발달상 진화를 이해하기 위한 기틀을 제공한다. 다음 장에서, 우리는 성 발달의 이러한 세 가닥이 동시에 발달하는 아이의 다른 정신체계와 상호작용하고 영향을 주고받는 방식들을 기술할 것이다.

16장

성의 발달 : 여성

이제 우리는 여아의 핵심 성 정체성 혹은 일차 여성성의 확립을 검토해 본 후, 둘째 해와 셋째 해의 대상관계와 초자아 형성이 넓은 의미의 성 정체성에 어떻게 이바지하는지 고찰해 볼 것이다. 다음으로, 여아 성 역할 정체성의 출현을 살펴볼 것이다. 그리고는 성 정체성과 성 역할 정체성이 나중의 성적 상대 지향성의 기반을 이루면서, 어떻게 오이디푸스기 형태에 이바지하는가 하는 것을 토의할 것이다. 그런 다음 잠복기와 청소년기 동안의 발달을 추적할 것이다.

핵심 성 정체성

여아에서 여성성의 감각은 자신의 핵심 성 정체성의 융합에 달려 있다. Stoller는, 일단 확립되면 일차 여성성은 "생활의 어떤 변화도 거의 그것을 파괴할 수 없을 만큼 확고한 정체성의 일부"가 된다고 하였다.(1968b, p.48)

앞에서 기술했던 호르몬이나 부모의 양육 방식 등의 요소와 함께, 유아기 여아가 초기에 어머니를 동일시하는 것도 여성이라는 일차적 감각에 크게 이바지한다. 특히 많은 어머니가 아주 쉽게 유아기 여아의 몸을 동일시하기 때문에(Bernstein, 1983) 어머니에게 자신과 딸이 하나라는 환상은 흔히 나타난다.(Chodorow, 1978) 때로 어머니의 환상은 유아기 여아를 완전히 에워싸서 소유하려는 경향을 동반한다. 이런 환상과 경향은 잠재적으로 유해하지만, 강력한 정동적 '환경(surround)'이 되며(Spitz, 1965), 어머니에 대한 유아기 여아의 원초적 동일시를 촉진한다. 신체 자기에 대한 감각과 그 후 정신적으로 표상되는 자기에 대한 감각이 출현하면서, 이런 동일시들은 여성이라는 원초적 감각에 이바지한다.

신체상의 형성은 여성성에 대한 일차적 감각에 중요하게 이바지한다. 오래전부터, 여아의 질 인식에 대해서, 그리고 여아가 어느 정도 성기 감각을 자신의 신체상 속에 정신적으로 표상하고 통합할 수 있는가 하는 논쟁이 있어 왔다.(Greenacre, 1950, 1958; Kestenberg, 1956b, 1961, 1968; Barnett, 1966; Moore, 1976; Silverman, 1981) 프로이트는 여아가 사춘기까지 자신의 질에 대해 모른다고 믿었고, Plaut와 Hutchinson(1986) 같은 일부 현대의 저술가들도 그에 동의했다. 그러나 성기를 인식하고 표상하는 것에는 질을 인식하는 것 이상의 것이 들어 있다. 여성 성기에는 쾌감을 주면서 외부에서 보고 만질 수 있는 몇몇 부위가 있는데, 치구, 음순, 음순 사이 부위, 그리고 입구다. 여아는 쉽게 이것들의 위치를 알 수 있으며, 실제 유아기 여아들은 기저귀를 갈 때 자주 성기를 만지고 탐색하는데, 그것은 그들이 어느 정도 성기를 인식하고 성기의 감각을 경험한다는 것을 시사한다. Mayer는 이런 경험을 통해, 어린 여아가 자신의 성기를 '구멍과 내부 공간이 가능한 것'으로 경험하게 된다면, 이런 외부 성기의 정신적 표상이 질의 개념화에 대한 초기 전구체가 될 수도 있다고 말한다.(1985, p.334) Barnett(1966)의 제안을 언급하면서 Mayer가 생각한 것은, 궁극적으로 질에 대한 정신적 표상을 획득하는 다음 단계는 입구를 인식하는 것이며, 입구는 그 구멍 너머에 공간이 있음을 시사하기 때문에 질을 인식하기 위한 예비 단계라는 것이다. 즉, 여아가 자신의 성기를 내부에 공간을 가진 구멍과 연결하는 것이 질에 대한 표상의 예비 단계이다.

여아의 성기와 그것에 관련된 감각은 처음부터 여아의 신체와 신체 경험에서 중요하며 보호받는 부위이기 때문에, 여아의 발달하는 신체 이미지에는, 장소는 분명치 않거나 모호하더라도 성기 인식에 대한 감각이 들어 있을 거라고 결론 내릴 수 있다. 초기 자기 인식이 불연속적이고 단편적이라도, 유아기 여아의 자기 표상이 출현할 때, 그것에는 여성 성기를 가진, 여성이라는 다소 원초적인 감각이 들어 있다.(Silverman, 1981, & Person, 1983, 유사한 관점을 가졌음)

여아의 성기는 외견상 잃기 쉬울 것 같은 부속기관이 아니므로, 신체 자기 중 성기가 온전하고 확실하다는 감각을 형성하는 것이 남아보다 여아에서 더 쉬울 수도 있다는 것은 아주 분명하다. 나중에는 자위에 따른 죄책감 때문에 성기 손상에 대한 불안이 나타날 수도 있다. 그러나 관련된 갈등 때문에 여아가 매 맞고, 관통되고, 다른 상처를 입는 성적 환상을 떠올린다 하더라도, 보통 성기 손상에 대한 불안이 신체 자기에 대한 통합된 감각을 파괴하진 않는다.(맞는 환상은 여아의 발달 과정 중에는 드문 편이 아니지만, 남아에게서는 아주 드물다. 때리는 환상과 피학증 발달의 관계에 대해서는, Glenn, 1984; Galenson, 1988; J. Novick & K. K. Novick, 1972, 1990; K. K. Novick & J. Novick, 1987. 참고)

자기애와 성 정체성

자기 신체와 자신을 여성스럽다고 여기는 것에 대한 자부심이나 수치감, 즉 넓은 의미의 성 정체감과 관련된 궁극적인 자기애적 투자는 초기 소아기 때부터 시작된다. 둘째 해와 셋째 해에, 분리-개별화 갈등, 초기 초자아 형성, 남근 선망, 아버지의 역할 등의 융합은, 어린 여아의 여성인 것에 대한 자기애적 투자에 큰 영향을 미친다.

아직 의존 상태에 있으면서도 자율성을 위해 투쟁해야 하는 딜레마에 빠져, 어린 여아는 자주 어머니에 대한 적개심과 분노를 느낀다. 이런 느낌이 강렬할 때, 그것은 여아가 어머니를 이상적으로 보는 관점과 어머니를 동일시하는 즐거움을 방해할 수 있다. 그 결과로 생기는 대단히 양가감정적인 모녀관계는 여성성에 대한 여아의 즐거움과 자부심을 방해한다. 그러나 공격적인 현상들이 압도적이지 않으면, 그것들은 여아가 어머니와 분리하고 선택적으로 동일시하는 것에 적응하도록 도와줄 수도 있다. 이렇게 여아는 개별성을 확립하고(Mahler, 1981), 또한 자신의 여성성이 즐겁다는 자신만의 독특한 감각을 확립할 수 있다.(P. Tyson, 1986a)

15~24개월이 되면 여아는 해부학적 차이를 분명히 알고 있음을 보여 준다.(Burlingham & A. Freud, 1944; Greenacre, 1953b; Mahler 등, 1975; Kleeman, 1976; Roiphe & Galenson, 1981) Dorothy Burlingham과 Anna Freud는 어린 여아 두 명이 남자아이의 성기를 의식하고는 둘 다 뚜렷하게 불편함의 신호를 보였다고 보고했다. 그들은 아이들이 처음 이런 것을 보게 될 때 흔히 부정하는 반응을 보인다고 하였다. 즉, 아이들은 그들이 알게 된 성기의 차이점에 주목하기보다, 신체 다른 부분의 유사점에 주목하는데, 예를 들어 서로의 배꼽이나 젖가슴에 특히 관심을 보인다.(1944, pp.626-627)

해부학적 차이를 발견한 여아의 반응은 보통 거세나 남근 선망에 대한 감각을 시사하는 것으로 해석되었다.(Mahler 등, 1975; Roiphe & Galenson, 1981) 물론 그런 반응도 일어나지만, 그것들이 프로이트

(1940)가 주장한 것처럼 정상적인 여성 발달의 토대인지는 의문이다. 여아가 보이는 반응의 의미를 이해하려면 부모와 여아의 관계를 고려해야 하는데, 그것은 어머니 자신의 여성성의 감각뿐만 아니라, 아버지의 성적(sexual)이 아닌 감정적 이용 가능성을 포함한다. 어머니-아이 관계가 '참 좋았고(good enough)', 어머니가 자신의 여성성을 편하게 느낄 때, 어린 여아는 해부학적 차이를 발견하고 놀라워할 수도 있다. 심지어 여아는 남근에 일시적으로 매혹되거나 감탄할 수도 있고(Greenacre, 1953b), 남근 때문에 흥분하여 그것을 볼 기회를 놓치지 않으려 하며, 하나 갖고 싶다는 소원을 표현할 수도 있다. 그러나 동시에 여아는 여성인 것에도 자부심을 품는다. 아버지를 리비도적으로 이용할 수 있을 때, 이런 열망은 아버지에 대한 약간의 초기 동일시를 가져올 수도 있다. 남근 열망은 어린 여아가 서서 소변 보는 것을 실험해 볼 때처럼, 흔히 배뇨 기능에 대한 것일 수도 있다. 이것은 남근 선망을 표현하는 것일 수도 있고, 남아의 소변 보는 기술에 대한 부러움의 표현이면서 비슷하게 신체를 통제하고 싶은 소원의 표현일 수도 있다. Kestenberg가 강조한 것처럼, 어린 여아는 "쾌락을 위한 기관이 아닌 통제를 위한 도구로서 남근을 원한다."(1975, p.223; Horney, 1924 참고)

그러나 만약 초기의 분리-개별화 시기에 문제가 있다면, 여아는 해부학적 차이의 발견에 대해 강한 남근 선망으로 반응할 수도 있다. Galenson과 Roiphe(1976)는 이 나이의 일부 여아들에게서 기분 변화가 있음을 보고하였는데, 그들은 그것이 성별(sexual) 차이의 발견에서 온다고 보았다. Mahler와 그 동료(1975)도 비슷한 기분 변화를 관찰했지만, 그것이 화해기 위기에서 온다고 보았는데, 화해기 동안의 우울 기분은 이상화된 일치의 느낌에 대한 상실감의 표현이다. 이때 남근을 갖고 싶다는 소원은 분리-개별화 과정의 일부인 대상 상실의 불안을 방어하려는 시도를 뜻할 것이다.

남근 선망은 다양한 형태로 여아의 자신감을 잠식하고 어머니-아이 간의 관계에 긴장을 주어, 항문기와 화해기 문제를 악화시킨다. 예를 들어, 만약 여아가 남근을 가지면 어머니가 자신을 더 잘 받아들이고 초기의 어머니-아이 간 친밀감이 다시 확립될 가능성이 있다고 믿는다면, 남근 선망은 화해기 갈등을 나타내는 수단이 될 것이다. Grossman과 Stewart(1976)는 그럴 때 남근 선망이 전반적인 무가치감, 자기애적 취약성, 부적절감, 박탈감, 손상당한 느낌 등을 표현하는 발달상의 은유로 이해할 수 있다고 하였다. 즉, 그것은 화해기의 모든 갈등을 나타내며, 남자아이라면 어머니가 더 좋아했을 거라는 기저의 환상이 들어 있다.

해부학적 차이를 발견한 유아기 여아의 반응을 이해하려면, 여러 발달선에서의 여아의 진행을 고려해야 한다. 예를 들어, 욕동 충동뿐만 아니라 대상관계에서 나타나는 갈등과 초자아 출현의 초기 단계 등도 큰 영향을 미치며, 그것을 고려하지 않으면 단순히 남근 선망의 징후로만 보게 되는 수도 있다.

또한, 남근 선망에 덧붙여, 거세 불안이 여성 발달의 중요한 특징인지 아닌지를 지금 다시 고려해 보는 것도 좋겠다. 흔히 성인 중심의 시작으로 여성의 열등감을 해석하는데, 어린 여아가 성기의 차이를 알게 될 때 자신이 거세 된 것으로 반응한다는 것이다. 이런 생각의 기원을 찾는 것은 어렵지 않다. 1920년에 쓴 '성욕에 관한 세 편의 에세이' 각주에서 프로이트는 "우리가 여자 또한 거세 콤플렉스가 있다고 말하는 것은 정당하다. 남자아이와 여자아이 모두 여자는 …… 거세로 그것을 잃어버렸다는 이론을 만들어 낸다."(1905b, p.195)라고 단정적으로 말했다. 거의 같은 시기에 Abraham(1920)은 여성의 거세 콤플렉스에서 오는 정신병리를 기술했다.

현재 우리가 가진 지식으로는 그렇게 단정적으로 말하기가 망설여진다. 초기 외상 그리고 신체 손상을 경험하거나 목격하는 것은 혼란을 가져와서, 신체상(body image)의 안정성을 침해할 수 있다고 알려졌다.(Greenacre, 1953a) 게다가, 분리-개별화 과정 중에 어머니나 아버지에 대한 경험과 관련된 소원, 환상, 갈등, 공포 때문에 여아는 쉽게 대상 상실에 대한 불안을 경험한다. 프로이트는 초기의 분리 불안이 신체 온전성에 관한 불안으로 쉽게 일반화되는 것을 관찰했다.(1926, pp.136-139) Settlage(1971)는 초기 대상관계의 붕괴, 강한 분리 불안, 자신의 몸에 대한 집착과 신체 손상에 대한 두려움 사이에 분명한 연결 고리가 있는 여아의 증례를 보고했다. 그와 비슷하게, 우리는 어머니가 정규직 일터로 돌아간 후 곧 양쪽 탈장 수술을 받았던 2세 여아를 알고 있는데, 그 아이는 긴 시간 동안 어린이집에 있어야 했다. 혼란스러운 신체 손상, 어머니와의 분리, 어머니가 오빠를 더 좋아한다는 확신이 합쳐져서, 그 여아는 수술로 자신의 남근이 없어졌다고 상상하게 되었다. 그 아이는 그것이 다시 자랄 거라고 확신하면서, 그동안 다른 소중한 신체 부위를 잃지 않기 위해 대변을 참았다.

Mayer(1985)는 그런 환상들과, Horney(1924)가 여성 성기 불안이라고 기술했던 성기 손상이나 상실에 대한 여성 특유의 공포를 구별한다. Mayer는, 어떤 여성들은 자위나 삽입의 결과로 성기 손상을 입을까 봐 두려워할 뿐이지만, 어떤 여성들은 마치 그것이 닫히고 다시는 열리지 않아 받아들이지 못할 수도 있는 것인 양 자신의 성기를 이용하지 못할까 봐 두려워하는 것처럼 보인다고 지적한다.

여성 성기에 특유한 이런 우려들은 발달 과정 동안 진화하고 변하는 것으로 여성 성기 불안의 발달선을 제시한다. 이것은 여아의 내, 외부 성기에 대한 초기의 호기심에서 시작하여(Kestenberg, 1976), 그 후 자위에 의한 손상의 공포로 이어지며, 더 후에는 출산에 대한 혼동에서 오는 내부 손상의 공포, 청소년기에는 삽입에 의한 손상의 공포, 임신부라면 뱃속의 아기로부터 내부 손상을 입을 거라는 불안으로 진행할 수도 있다.* 우리는 성기에 관한 그런 관심이 일차 여성성의 확립을 앞서기보다 뒤따라 나타나며, 그 자체는 열등감을 일으키지 않는다는 것을 강조하고 싶다.

여아의 발달에서 아버지는 여성성에 대한 아이의 감각 성장에 큰 역할을 한다. 아버지는 에워싸는 어머니의 위협에 대한 보호자로서 그 중요성이 강조되었다. 둘째 해의 여아는 흔히 새롭고, 분명히 성적인 방식으로 아버지를 가까이하며, 스트레스를 받을 때만 어머니를 찾는다. 초기 어머니-아이 관계의 질이 나빴을 때는 이런 발달 모습이 나타나지 않는다. 초기 관계의 질이 나빴을 때에는 성적인 차이를 알게 되면서 어머니에 대한 여아의 적대적 의존성이 흔히 매우 심해지며, 아버지는 침입자로 여겨질 수도 있다. 이렇게 아버지를 가까이하는 것이 조숙한 오이디푸스기 개입으로 오해받을 수도 있지만(예, Ogden, 1987), 삼자 관계의 다른 조짐을 동반하지 않기 때문에, 그것은 아마도 어린 여아가 어머니와 분리하려 애쓰면서 어머니에게 퇴행적으로 끌리는 것을 막기 위한 방어적 행동일 거라고 우리는 믿고 있다.(Mahler 등, 1975; Parens 등, 1976; Roiphe & Galenson, 1981 참고) 그렇

---

* 앞에서 언급했듯이, 삽입에 대한 성인 여성의 공포는 성교에 대한 초기 소아기 환상에서 온다는 자동적인 가정이 있는데, 이런 가정은 후기의 환상에는 초기의 기원이 있다는 발생적 오류 이상의 것이다. 만약 여아가 성추행을 겪지 않았거나 (대개 성교를 이해하기보다 성과 공격성을 혼동시키는 경우가 더 많은) 원초경에 노출되지 않았다면, 어린 여아가 성교와 그것의 번식 기능을 완전히 이해하는 경우는 아주 드물다. 예를 들어, 한 6세 여아는 그 주제에 관한 이야기를 들은 후에, 어떻게 정자가 남근에서 뿜어져 나와 난자로 가는지를 신나게 묘사했다. 그 아이는 큰 날개를 가진 작은 정자가 마치 어미 새처럼 난자를 찾을 때까지 날아간다고 상상하였다. 그 정보가 가진 성교 측면을 전혀 파악하지 못한 것이다. 그렇지만 훨씬 뒤, 아버지의 아기를 갖고 싶은 유아기 소원에는 근친상간의 성적 의미가 있다는 것을 여아가 이해하게 될 때, 신경증적 고통을 겪을 수도 있다.

더라도 아버지의 역할은 어린 여아에게 여성성의 감각을 강화시켜 주기 때문에 중요하며, 아이가 해부학적 차이를 발견할 때 느끼는 열등감을 극복하도록 도와줄 수 있다.

유아 성기기와 확대되는 여성성의 감각

대략 셋째 해가 시작되면서 여아는 여러 가지 새로운 행동을 보인다. 과시행동의 증가, 해부학적인 것에 몰두하거나 양쪽 성의 신체와 성기에 대한 열광, 훔쳐보기, 성기 자위의 증가 등은 유아 성기기가 확실히 우세해졌음을 시사한다.

정신성욕을 논할 때 언급했듯이, 최적의 발달을 위해 어린 여아는 유아 성기기의 초기 혹은 전오이디푸스기 동안 두 가지의 중요한 과제를 완수해야 한다. 여성적 성 역할을 맡아야 하고(아래 참고), 또 자기애적으로 가치 있는 신체상을 강화해야 하는 것이다. 후자는 성 정체성에 대한 전반적 감각이 확장됨에 따라 핵심 성 정체성 위에 세워진다. 그 과정 중에 과시행동이 뚜렷해진다. 많은 여아들은 달리기, 점프하기, 춤추기, 텀블링 같은 활동에서 운동이 주는 쾌락을 즐기고, 어떻게든 자신의 신체를 자랑하는 것을 즐긴다. 그들은 양쪽 부모의 칭찬을 원하고 즐기는데, 그런 칭찬은 여성이 되는 것에 대한 자기애적 즐거움을 키워 준다.* 대개 이런 활동들은 여아가 여성적이며 자기애적으로 가치 있는 성 정체성을 형성하도록 촉진한다. 동시에, 여아

---

* 꿈에 관한 책에서 프로이트(1900)는, 사람들이 때때로 몸이 남근을 상징한다는 것을 암시하는 방법으로 자신의 몸을 이용한다는 생각을 소개하였다. 그 뒤를 이어 Lewin(1933)은 신체-남근의 상징적 등가물을 다른 영역으로 확장하였다. 일부 남녀 성인 환자를 분석한 자료에서, 무의식적 몸-남근 환상이 소아기부터 있을 수도 있다고 나왔지만, 우리가 알기로는, 그런 환상이 여성 발달의 보편적이거나 일상적인 부분이라는 증거는 없다.

는 전형적으로 어머니처럼 되는 것에 대한 지속적이고도 자세한 관심을 보인다. 그래서 어머니를 흉내 내고 자신을 여성으로 규정하는 구체적 표현으로서, 특별한 장신구로 자신을 꾸미고 싶은 소원을 표현하는 경우가 많다.

아마 질과 음핵 둘 다를 자극하는 성기 자위가 성적 흥분의 중요한 초점이 되면서, 자신의 성기에 관한 흥미, 호기심, 관심 또한 뚜렷해진다. 음핵에 대해 알려진 유일한 기능이 성적 자극을 위한 성감 부위라고 한다면(Masters & Johnson, 1966; Clower, 1976), 가끔 여아가 질 속에 손가락이나 물건을 넣기도 하지만, 주로 음핵 자위를 한다는 것이 놀라운 일은 아니다. 또한, 여아는 허벅지를 죄기도 하고 자신의 발 위나 아버지의 무릎 위에서 몸을 흔들기도 하는, 간접적이고 위장된 형태의 자위를 하기도 한다.

남근 선망은 유아 성기기의 보편적인 현상으로 보인다. 그것은 훨씬 일찍 시작될 수도 있지만, 이 시기에는 남아에 대한 단계-특이적인 경쟁심의 표현일 수 있으며, 그 후 자기애적으로 가치 있는 여성 신체상을 규정하는, 지속적인 과정의 일부가 되는 경향이 있다. 그것이 과장되고 열등감과 자존심의 저하를 동반할 때는, 자기애적 취약성을 가져오는 초기 대상관계의 문제가 흔히 발견된다.(Grossman & Stewart, 1976) 그런 경우, 여성성에 대한 안정되고 즐거운 감각의 발달이 어려워지고, 양성 오이디푸스적 발달이 지연될 수 있다. 여아가 이 시기를 성공적으로 헤쳐 나가려면, 남근 선망에 맞서서 자신의 여성 신체를 자기애적으로 가치 있게 볼 수 있어야 한다.

남근 선망에 덧붙여, 여아는 어머니의 젖가슴에 열광하며 부러워한다. 이것은 어머니의 성숙한 몸에 대한 이상화와 어머니에 대한 선망, 경쟁심을 보여 주는 것으로, 오이디푸스기의 정교화에서 더 분명해질 수도 있으며, Greenacre(1950)가 말했듯이, 사춘기 이후에는 환상에 지나지 않는 우월성에 대한 기대로 이어질 수도 있다. 여성 발달의 이 측면은 Melanie Klein만이 충분히 이해했는데, Klein은 이 부분이 아주 어린 유아의 젖가슴 선망과 관련된 환상과 갈등에서 온다고 제시했다.(1952b, 1957) 잠복기 전의 여아들을 분석해 보면, 젖가슴 선망(혹은 사실 아이들의 보편적 특징인, 자신이 갖고 있지 않은 어떤 것에 대한 선망)의 영향을 볼 수 있는 확실한 증거가 있다. 젖가슴 선망은 남근 선망과 같거나 더 클 수도 있다.(P. Tyson, 1989b)

성 역할 정체성

이미 언급했듯이, 성 역할 정체성은 다른 사람과 상호작용할 때 자신의 성 정체성을 나타내는 의식적 그리고 특히 무의식적 방식을 말한다. 우리가 여성적 역할 동일시라고 분류할 수 있는 것들은 매우 어린 나이에 시작한다. Stoller(1976)의 관찰에 의하면, 틀림없이 여성적인 버릇, 몸짓, 상호작용은 어린 여아가 걷기 전부터도 볼 수 있었다. 이것들은 여성성에 대한 일차적 감각이 일찍 확립됨을 보여 줄 뿐 아니라, 여성적인 성 역할 동일시도 일찍 시작됨을 시사한다.

성 역할 정체성의 또 다른 중요 징후는 아기를 키우고 싶은 소원이다.(P. Tyson, 1982a) 그런 소원의 증거는 특히 인형놀이에서 분명히 나타나며, 빠르면 12~18개월에 관찰된다. 프로이트는 아기에 대한 어린 여아의 소원을 남근의 대체물로 보았고, 유아 성기기 동안 남근 선망을 다루는 전형적인 방법이라고 생각했다. 그는 또한 아기를 가지는 환상을 항문기 투쟁과 연결하여 언급하기도 했다.(1916~1917, pp.318-319) 아기를 갖고 싶은 여아의 소원을 항문기와 유아 성기기에 비롯된 소원과 갈등이 표현된 것이라고 볼 수도 있지만, 현재의 분석적 견해는 여성성의 기본적 표현이라고 생각한다. 실제로,

Kestenberg(1956a)는 모성 '본능(instinct)'의 존재를 제안한다. Parens와 그 동료(1976)는 아기를 갖고 싶은 여아의 소원이 타고난 성(gender) 특징이라고 생각한다. McDevitt(1975)은 그것이 어머니에 대한 동일시이며, 분리에 대한 인식과 화해기의 갈등을 극복하는 한 방법이라고 설명했다.

우리는 아기를 갖고 싶은 소원 또한 성 역할 동일시의 징후라고 생각하는데, 이 개념은 방금 언급한 제안들과 전적으로 일치한다. 그것은 성 역할 정체성의 한 표현으로서, 가장 먼저 나타나는 것에 속하며, 유아 성기기와 오이디푸스기의 삼자 간 대상관계보다 훨씬 먼저 출현한다. 실제로, 일차 여성성의 감각이 출현하고 유아기 여아가 자신이 여성임을 점차 인식하게 되면서, 아이는 어머니가 다른 사람과 상호작용하는 (흔히 무의식적인) 방식을 동일시하기 시작하며 어머니가 자신을 양육하고 돌보는 상호작용을 동일시하기 시작한다. 그럴 때 양자 관계에서 아기를 가진 어머니가 된다는 소원 가득한 환상은 그 아이의 자아 이상이 될 뿐 아니라 여성적인 성 역할의 핵심이 된다. 따라서 이 시기의 어린 여아가 성적인 방식으로 아버지를 가까이 하거나(Abelin, 1971) 아기를 갖고 싶은 소원을 표현하는 것은 삼자 간 오이디푸스기 역동의 징후라기보다 양자 간 전오이디푸스기 수준의 성 역할 동일시의 징후일 수 있다.

일단 여아가 유아 성기기로 들어가면, 오이디푸스기로 진행하기 위해 여성적인 성 역할을 강화할 필요가 있다. 즉, 아버지와의 관계에서 어머니의 자리를 차지한다는 소원과 환상을 품으려면, 여아는 어머니처럼 여자다워지는 것에 자부심을 느낄 뿐 아니라 아버지와의 관계에서 어머니의 역할을 동일시해야 한다. 여아는 아기 혹은 아빠의 어린 딸 대신에, '집안의 안주인', 아빠에게 선택받은 사랑의 대상이 되고 싶어 한다. 이때 흔히 신부 환상이 나타난다. 다시 한 번 말하지만 신부 환상이 오이디푸스기 소원을 나타낸다고 자동으로 생각해서는 안 된다. 즉, 신부 환상이 처음 나타날 때, 신부 환상은 이상화된 어머니와 여성의 일을 공유하는 즐거움을 시사하며, 여성 성 역할이 정교해짐을 시사하는 경우가 더 많다. 아버지의 유일한 사랑의 대상이 되고 싶은 소원은 이런 환상으로부터 진화한다. 이런 환상을 통해 여성적인 성 역할이 더 견고해지고, 어린 여아는 더 성숙한 여성적 태도로 아버지와 상호작용하려 애쓰며, 동시에 어머니에 대한 동일시의 폭과 깊이가 확장된다.

여성적 성 역할의 표현으로서, 아기를 갖고 싶은 소원과 양육하고 보살피는 놀이가 계속된다. 유아 성기기 동안 이런 환상들은 더 정교해지는 경우가 많은데, 그것은 (상상할 수 있는 능력이 풍부해질 뿐 아니라) 어머니를 더 많이 동일시하기 때문이며, 또한 아버지와의 관계에서 역할이 변하기 때문이다. 이제 여아는 아버지의 아기를 원한다. 4세 5개월 된 한 여아는 어머니가 여동생을 출산한 후에, "그렇지만 나는 아버지가 나에게 아기 인형 다섯 개를 주는 꿈을 꾸었어요."라고 말했다.

오이디푸스 콤플렉스와 성적 상대 지향성의 기반

여아에게서 오이디푸스기의 진행은 아이가 점점 더 아버지를 사랑의 대상으로 삼고 '자신의 남근적 아버지의 멋진 모습'에 대해 정교한 환상을 구축한다는 것을 의미한다.(Jacobson, 1964, p.114) 그렇게 할 때 어린 여아는 궁극적인 이성애적 지향을 향해 중요한 첫발을 내딛는다.

프로이트에 따르면, 여아의 오이디푸스기 진행은 여아가 자신의 열등한 거세 상태를 아는 것에서 시작되고, 여아는 실망하고 분노하여 어머니를 거부하게 되어 아버지를 사랑의 대상으로 선택하는 것이며, 그에 따라 어머니를 성적 경쟁자로 보게 되는 것이다. 우리는 여성의 오이디푸스 콤플렉스를 성 정체성 발달과 관련지어 좀 더 폭넓게 본다. 여아가 어머니를 전적으로 거부한다(이러한 현상은 병적인 상황에서만 생기며 여아가 아버지에 대한 오이디푸스기 애착을 포기하여 제대로 추구하지 못하게 할 수 있다)고 강조하기보다, 어머니에 대한 아이의 애착이 어떻게 옮겨가고 변화하는지를 이해하는 것이 중요하다고 믿는다.

이런 변화들은 전오이디푸스 유아 성기기의 발달 과업 위에 이루어지는데, 이 발달상 과업에서 (열등한 것이 아닌) 자기애적으로 가치 있는 여성성에 대한 감각과 여성의 성 역할이 발달한다. 이것들은 전오이디푸스기 어머니에 대한 애착 위에 형성된다. 여아가 어머니에 대한 전오이디푸스기 양가감정을 충분히 해결하고 필요한 만큼의 리비도적 대상 항상성을 성취했을 때, 아이는 자신이 다정하게 기댈 수 있는 내적 어머니를 가졌다고 느낀다. 이제, 여성 자아 이상의 인도 아래 여성의 성 역할을 넓히고 싶은 소원에서, 여아는 아버지에게 선택받는 환상에 몰두할 수 있고, 어머니가 자신을 버릴 거라는 두려움에 구애받지 않으며 어머니의 지속적인 사랑을 확신한다. 여아가 삼자 간 대상관계 능력을 획득하면서, 어머니와의 배타적인 애착 관계가 느슨해진다. 아이는 어머니를 거부하는 것이 아니다. 어머니와 가졌던 것과는 다른 관계를 아버지와 갖고 싶을 뿐이다. 이제 불안은 어머니 사랑의 상실뿐만 아니라 아버지 사랑의 상실에 대한 공포에서도 온다.

어린 여아는 환상 속에서 자신을 아버지 사랑의 대상으로 상상함으로써 어머니를 대신하지만, 그래도 계속 요정 대모와 같은 이상화된 어머니상의 지지를 기대한다. 사실, 아이의 환상은 그런 이미지와 연결되어 정교해지며, 아버지에 대한 리비도적 소원이 어머니에 대한 의존적 애착을 위태롭게 할 거라고 믿는 때에는 불안해한다. 3세 8개월 된 여아가 자신은 '결혼한 아기(baby-married)'가 되고 싶다고, 즉 다 자랄 때까지 기다리고 싶지 않다고 공표했던 것은 이를 말해 준다. 그 아이는 때때로 어머니와 경쟁했지만, 어머니가 비난할 거라고 여기는 것이 아니라 오히려 자신의 여러 정교한 환상을 어머니가 지지해 줄 것이라고 기대했다. 그 아이가 어머니에게 웨딩드레스를 보여 달라고 하면서, 자신이 나중에 결혼할 때 그 옷을 입도록 약속해 달라고 했을 때, 어느 정도 포기와 해결이 나타나기 시작했다.

이런 설명이 암시하는 것처럼, 여아의 양성 오이디푸스기 진행이 항상 순조로운 것은 아니다. 이제 아이에게 삼자 관계에 대한 능력이 생겼기 때문에, 그것은 부분적으로 딸에 대한 아버지 반응의 성질과 정도에 달려 있다. 딸에 대한 아버지의 감탄이 딸의 자부심과 자존심을 높여 주고, 딸이 여성적 자아 이상을 동일시하는 것을 도와주며, 오이디푸스적 통합을 촉진한다. 그러나 만약 아버지가 감탄하기보다 유혹한다면, 어린 여아는 지나치게 흥분하면서도 충성 갈등과 죄책감에 빠지고 퇴행하여, 다시 어머니에게 애착을 보일 수도 있다. 부녀관계에서 나타날 수 있는 다른 문제 중에는(Leonard, 1966 참고) 상대적으로 아버지가 없거나, 무반응이거나, 비판적일 때, 여아가 아버지(혹은 일반적으로 남성)를 이상화하거나 혹은 아버지를 너무 가학적이거나 처벌적이라고 보는 경향들이 있다.

여아의 오이디푸스기 진행을 가로막는 또 다른 장애물은 어머니에 대한 느낌이다. 화해기 갈등 해결에 문제가 있었다면 오이디푸스기 진행이 늦어질 수 있다. 일단 진행이 시작되더라도, 이전 시기에 갈등이 많았으면 쉽게 퇴행이 일어날 수 있다. 그럴 때 여아는 오이디푸스적 추구에 참여하는 대신, 어머니에 대한 선망이나 오이디푸스적 소원에 대한 의식적인 죄책감 때문에, 어머니의 사랑을 잃지는 않을

까 두려워하게 된다. 게다가 여아에게서는 화해기 갈등을 해결하려는 노력의 하나로 초자아 형성이 더 일찍 시작되기 때문에, 어머니에 대한 이상화와 가혹한 내사물에서 오는 자기-비난이 여성성에 대한 자신감을 침해할 수 있다. 이런 요소들이 합쳐져서 여아는 오이디푸스적 경쟁에서 후퇴하고 어머니에 대한 초기 애착으로 퇴행하여, 어린애 같은 의존 상태에 머물러 버릴 수도 있다. 그래서 복종적이고 순종적이며 피학적인 성격 경향이 우세해진다. 한 동성애 여성에 대한 프로이트의 매우 섬세한 기술에서 일부 이런 주제를 볼 수 있다.(P. Tyson, 1989b에 상술)

양성 오이디푸스기 전에 음성 오이디푸스 콤플렉스를 가정하는 것이 정신분석적 공식화에서는 필수적인 부분이었다. 여아는 아버지를 동일시하고, 어머니에 대한 관계에서 적극적인 남근 역할을 맡고, 삼자 간 대상관계 속에서 어머니의 사랑을 얻기 위해 아버지와 경쟁한다.(Lampl-de Groot, 1927; Deutsch, 1930, 1932, 1944, 1945; Freud, 1931; Brunswich, 1940; Nagera, 1975 참조) 프로이트는 아버지에 대한 여아의 애착에 선행하는 것이 "음성 콤플렉스가 지배하는 기간이며", 즉 "똑같이 강렬하고 열정적으로 어머니에게 배타적으로 애착하는 시기다. 사랑의 대상이 바뀌는 것을 제외하면, 두 번째 시기에 그녀의 성생활에 새로운 특징이 보태지는 것은 거의 없다."고 말하였다.(1931, pp.225-226)

대상 선택과 관계된 동요와 갈등은 양성애 개념의 일부이지만, 어린 여아가 전오이디푸스기에 아버지를 성가신 침입자로 보면서, 어머니에 대해 가지는 양자 간의(dyadic) 양가적인 결속은 삼자 간의(triadic) 소위 음성 오이디푸스적 애착과 구별되어야 한다. Edgcumbe와 그녀의 동료(1976)는, 전오이디푸스기의 모녀관계는 '강렬하고 열정적일' 수 있지만, 그 강도와 열정은 전-성기기적이고, 통제에 대한 투쟁이

중심 주제이며, 대상에 대한 삼각관계 경쟁이 아니라는 분석적 연구를 보고했다. 그래서 그들은, 음성 오이디푸스적 자리는 여성 발달의 필수적인 시기가 아니라고 결론 내렸다. 우리도 그 의견에 동의하지만, 하나의 단서를 붙이고 싶다. 우리는 어머니에 대한 음성 오이디푸스적 애착이 생긴다면, 그것은 양성 오이디푸스기에 선행하기보다 그 후에 오며, 대상관계의 장애를 시사한다고 본다.(P. Tyson, 1986a에 상술)

프로이트(1925b)는, 여아에게서 오이디푸스기 해소는 남아에게서처럼 절박하지 않다고 하였다. 오이디푸스기 소원들은 매우 천천히 포기되거나 억압될 수 있고 혹은 무한정 지속할 수 있다. 여아는 양성 오이디푸스적 자리로 들어가기 전에 해결해야 할 갈등이 많아서, 일단 그것이 성취되면, 삼자 간 이성애적 양상이 지속될 수 있다는 것에 우리는 동의한다. 그러나 자기애적 굴욕이나 어머니 사랑의 상실에 대한 공포, 초자아에서 오는 죄책감이 커지는 것 등은 여아가 아버지에 대한 오이디푸스기 리비도 소원을 억압하는 동기가 된다. 그런 방식으로 여아는 양쪽 부모와 애정 어린 관계를 유지한다. 그러나 여아가 아버지의 관심과 사랑을 계속 추구하는 것은 드물지 않다. 이것은 자신의 여성성에서 느끼는 즐거움을 강화해 줄 뿐 아니라, 아버지를 선택적으로 동일시하는 것을 도와 결국 아이의 성 정체성이 확장된다. 어머니의 시기심이 지나친 죄책감을 불러일으키지 않는다면, 그리고 그 애정이 적절한 균형을 유지하고 무의식적 근친상간 소원이 의식화되지 않는다면, 여아는 청소년기까지 양성 오이디푸스적 형태를 유지할 수 있다. 청소년기에는 아마 성적 충동의 분출 때문에, 여아는 아버지의 애정을 거절하는 반동형성을 사용하고 가족 외의 대상을 찾을 수도 있다.

그러나 우리는 양성 오이디푸스적 이성애 상태에 남아 있으려는 여아의 경향을 초자아 형성의 실패로 혼동해서는 안 된다. 프로이트는 남성과 여성의 초기 발달을 구별하지 못하여 이 둘을 혼동하였다. 초자아에 대한 토의에서 상세히 설명했듯이, 여아가 초자아를 형성하는 경로는 남아와 다르다. 그것은 일찍 시작되며, 오이디푸스 콤플렉스에 들어가기(enter) 위해 어머니에 대한 양가감정을 해결하려는 욕구가 핵심적인 역할을 한다. 여아가 오이디푸스 콤플렉스를 성공적으로 진행하고 해결하는 정도에 따라 이후의 수정이 일어나며, 그 과정 동안 여아는 아버지를 선택적으로 동일시한다.

잠복기

잠복기 동안 여아는 이전의 문제를 다시 작업하면서 성 발달의 모든 측면을 정비하고 정교화한다. 잠복기가 진행함에 따라 성 정체성이 확대되고 더 확고해진다. 사회적 관계가 확장되면서, 여아의 또래 집단이 넓어지며, 이상화하고 동일시할 수 있는 새로운 대상을 만날 기회가 많아진다. 또래 관계는 경쟁적이 되어 초기의 불안정감을 다시 불러올 수도 있기 때문에, 여아는 여성성의 감각에 대한 자신감을 북돋우기 위해, 여성성의 전형적이고 다소 피상적인 측면을 받아들이고 과장할 수 있다. 반면, 일부 잠복기 여아에게서 남자아이 같은 행동이 흔히 나타나는데, 이것은 남성적 동일시가 정교해진 것을 나타낸 것일 수도 있다. 그것은 또한 어떤 이유로 자신의 여성성의 감각이 불안정하거나 평가절하된 여아에게서 그것을 보상하는 수단이 될 수 있다.

프로이트(1933)는 여아가 성인의 여성성을 획득하려면 남근에 대한 유아적 소원을 포기하고, 성기 쾌락에 대한 인식을 억압해야 한다—즉, 자위를 포기해야 한다—고 믿었다. 이 생각은 음핵 자극이 남근 선망을 악화시킨다는 잘못된 믿음에서 나왔는데, 프로이트는 음핵을 '작은 남근'으로 생각했다. 그러나 임상적 경험을 보면, 건강한 잠복기 여아에게서 자위도 사라지지 않고 성기 감각의 능력도 사라지지 않는다는 것이 명백하다.(Bornstein, 1953; Fraiberg, 1972; Clower, 1976) 초자아의 강한 금지 때문에 성기를 직접 자극하는 것은 줄어들 수 있지만, 간접적 성기 자극을 포함한 여러 위장술이 있다. 예를 들어, 자전거나 말을 탈 때, 난간 위에서 미끄럼 탈 때, 혹은 소변을 자주 볼 때 등의 율동이나 접촉 자극이다. 자위에 대한 무의식적 죄책감과 성기 손상에 대한 공포는 전치될 수도 있어서, 때로 일부 잠복기 여아에게서 보이는, 신체 손상에 대한 건강염려증적 걱정을 설명해 준다. 여아는 의식적 · 무의식적 자위 환상과 자위행위를 분리하기도 하는데, 이것은 전오이디푸스기와 오이디푸스기 갈등, 소원, 그리고 성과 관련된 주제들을 위장된 모습으로 해결하면서, 여성성의 감각을 정교하게 하고 강화시키는 중요한 수단이 된다.

성 역할 정체성은 성 역할을 연습하는 시기인 잠복기 동안에 더 정교해진다. 이 시기 동안 여아들은 자신들이 아는 정도만큼 어머니, 보모, 주부, 여주인, 교사, 여자 사업가, 댄서, 연인 등을 흉내 내는데, 이때 그들의 성 역할 동일시는 사회적으로 학습된 행동 측면들을 갖추기 시작하며 어머니 외의 다른 여성들을 동일시하게 된다. 요즘의 부모들이 자주 옹호하는 유니섹스의 이상이나 태도는, 여아 자신의 개인적 정체성과 성 정체성이 아직 그렇게 안정적이지 않기 때문에, 잠복기 여아를 편안하게 해 주기보다 오히려 불안하게 할 수도 있다.

성적 상대 지향성은 잠복기 동안의 중요한 문제는 아니며, 또래 관계는 양성애적 지향을 가지는 경향이 있다. 여아는 특정 남아에게 홀딱 반하기도 하지만, 또래 여자아이들에게 주의를 집중하는데, 이것은 전오이디푸스기와 음성 오이디푸스기 대상관계 측면을 반영하는 것이다. 여아들은 작은 패거리나 단짝 친구 관계를 형성한다. 그래서 만약 그 양자 관계가 경쟁자 때문에 방해받으면, 큰 불행과 고통이 뒤따를 수 있다. 삼인조를 만들려는 시도는 실패하는 경우가 많다.

청소년기

예상할 수 있는 청소년기 발달상의 갈등이 해결되면서, 여성에서 남성성과 여성성의 궁극적인 혼합, 성 역할, 성적 상대 지향성 등이 통합된다. 이 모든 요소의 최종적인 혼합이 확립되는 것은 대개 청소년기가 끝날 무렵이다.

여성이 만족스럽고 자기애적 가치가 있는 여성성의 감각을 찾고 성적 쾌락을 경험할 수 있는 최종적인 능력은, 초경에서 시작된 발달 과제에 그녀가 어떻게 반응하느냐가 큰 영향을 미친다. 사실 Ritvo(1976)는, 초경에는 정상적인 발달상의 위기가 가지는 모든 특징이 있으며, 초경은 발달을 자극할 수도 있고 방해할 수도 있다고 말하였다. 초경은 여성성의 감각이 더 성숙해지도록 하는 조직자이며, 그것 주위로 수정된 신체상이 만들어지는 근원이다. 수정된 신체상은 여성적이고, 성적으로 활발하며, 아이를 가질 수 있는 그런 신체를 수용하고 그런 신체가 주는 쾌락을 통합해야 한다.(많은 사람이 이 점에 관해 기록했지만, 특히 Kestenberg, 1961; Blos, 1967; Hart & Sarnoff, 1971 참고)

소녀의 초경에 동반하여 자신의 신체상에 대한 중요한 수정이 일어난다. 잠복기의 어린 소녀였던 그 청소년은 거의 하룻밤 만에 젖가슴을 가진 성숙한 신체를 얻는다. 아니, 그렇게 보일 수도 있다. 어린 소녀는 이런 신체 변화에 맞추기 위해, 자신과 자신의 몸에 대한 관점을 조절해야 한다. 비교적 짧은 기간에, 이런 신체 변화는 여성과 남성, 소아와 성인 간의 더욱 분명해진 차이점에 집중하게 한다. 이런 영역

중 어디라도 해결되지 않은 갈등이 있으면 곧 분명해지는데, 흔히 소녀는 자신의 몸과 '이상적인' 몸 사이의 불일치에 실망하여 그것을 다루어 보려고 애쓰며 몸에 집착하는 모습을 보인다.

성인의 신체를 갖는 것은 어린 소녀에게 있어 자신이 이제는 어머니와 분리되어 있지만, 그녀와 비슷하다는 것을 강하게 상기시킨다. 의식에서든 전의식에서든, 이렇게 상기하는 것은 모든 발달 단계에서 있었던 어머니-아이 간의 해결되지 않은 소원과 갈등을 되살린다. 이 갈등의 해결이 어렵다는 것은, 다른 지표도 있지만, 성인이 된 자신의 신체를 바꾸려 애쓰는 청소년기 소녀에게서 식이장애가 유행하는 것을 보면 명백하다.

초경은 통과 의례일 수도 있지만, 새로운 발달에 대한 자부심, 자신감, 자기-확신, 타당성 등과 함께 비밀스러움, 열등감, 수치심, 불안정감 등 여러 가지 태도가 있을 수도 있다. 생리는 보통 항문기와 관련되어 해결되지 않은 갈등을 자극한다. 소변이나 대변과 달리, 생리가 나오는 것은 자의적인 괄약근 운동으로 통제할 수 없다. 자신도 모르는 사이에 생리혈이 묻을 수 있기 때문에 무력감, 수동성, 수치심, 창피당할 수 있다는 공포심 등이 생기며, 이에 대한 반동형성은 부가적인 스트레스가 된다. 어린 소녀는 생리하는 어머니나 자신의 젖가슴, 혹은 그냥 어머니나 자기 자신의 신체 산물과 냄새에 대하여 경멸감을 가지는 수도 있다. 그러나 소녀가 자신의 성숙한 신체 기능을 수용하고 그에 대처하려면, 이러한 반동형성을 수정해야 한다.

신체 손상에 대한 공포도 초경과 함께 생길 수 있다. 생리를 처리할 때 혹은 생리가 불규칙적일 때 불안이 생기는데, 아마 임신 가능성 때문이지만, 신비스러운 내적 과정의 불확실성 때문인 경우가 더 흔하다. 소녀가 탐폰을 사용한다면, 상당한 불안이 나타나는 경우가 많은데(Shopper, 1979), 그때는 자신의 질을 직접 경험해야 하기 때문이다.

이 불안은 더 초기의 성기 손상 공포와 관계된 것일 수도 있고, 탐폰 사용의 복잡성 때문에 새로 공포가 생겼을 수도 있다.

몸에 관하여 사춘기 때 겪는 강한 불안 때문에 Plaut와 Hutchinson (1986)은, 여아의 정신성 발달에는 사춘기 사건들이 오이디푸스기보다 훨씬 더 중요하다는 견해를 갖고 있다. 그들의 관점으로는, 사춘기 전의 여성 신체상에는 남근이 남성에게 제공하는 것과 같은 일관된 구조가 없다. 질을 볼 수 없다는 점 때문에 신비롭고, 불완전하고, 불안하고, 열등하다는 느낌들이 생긴다. 초경이 시작되면서, 질을 더 많이 자각하게 된다. 질의 감각을 더 의식하고, 위치를 더 분명히 알게 되어서 여성 신체상 속에 통합될 수 있게 된다. 이런 관점은 어떤 소녀들의 발달 경험을 정확히 반영하지만, 모든 소녀가 그렇지는 않다. 왜냐하면 일부 소녀는 초기에 질의 감각을 더 잘 구별할 수 있어서 초경 전에 여성적인 신체 표상을 확립할 수 있기 때문이다. 어쨌든 소녀들 대부분이 생리가 시작되면서부터 질을 더 잘 알게 되고 신체상의 통합이 더 잘 이루어져 득을 보게 되는 것 같다.

초경은 여성이라는 것을 구체적으로 확인하는 것이기 때문에, 때때로 박탈감, 자기애적 취약성, 어떤 신체상을 받아들여야 하는지에 관한 불확실성뿐만 아니라 남근 선망을 되살린다. 해로울 수도 있는 이런 느낌들은, 최소한 이상적인 여성 신체에 근접한 발전을 이룬 데 대해 여자 청소년이 새로운 즐거움과 자부심을 느낄 때 상쇄될 수 있다. 예를 들면, 남근 선망에 집착하는 대신 어머니나 다른 우러러보던 여성의 가슴과 비교한 자신의 가슴 크기에 집착하게 된다. 그럴 때 그 소녀는 이전에 즐겼던 남자아이 같던 행동을 빠르게 바꾸는데, 아마 생리를 경험하고 가슴이 발달하는 것이 여성적 정체성에 대한 소녀의 자부심을 강화하는 것 같다.(Jacobson, 1964)

생물학적 변화 또한 소녀의 성적 욕구를 되살리고 강화시킨다. 다른 사람과 하는 일부 성적 행위뿐 아니라 자위행위도 증가하는데, 초자아가 재조직되기 전이라서 이런 행위들은 보통 불안, 수치심, 죄책감을 불러일으킨다. 게다가, 성교에 대한 호기심과 환상은 흔히 불안을 가져오는데, 삽입 시에 겪는 통증과 손상에 대한 환상이 아주 흔하기 때문이다.

성 역할 정체성도 청소년기 동안 수정되고 마무리된다. 성숙해진 성(sexuality)은 다른 사람, 특히 연인이 될 수 있는 사람과는 새로운 방식으로 상호작용하도록 압력을 가한다. 사춘기에 도달했을 때, 흔히 소녀는 새로운 자신감을 갖게 된다. 그래서 조심성 있고 수줍어하던 태도가 거만하고 경박하게 바뀌어, 때로 이성, 즉 또래 남자뿐만 아니라 아버지를 대할 때도 거세하는 가학적 태도를 보일 수 있다. 초기 단계에서, 소년이나 남자를 대하는 소녀의 스타일은 풍자만화의 여성 역할처럼, 기저의 불안을 드러내는 수도 있다. 그러나 여성이 사랑의 대상을 대할 때 맡게 될 궁극적인 역할은 초기 청소년기에 이미 그 최종적인 형태를 갖추기 시작한다.

아기를 갖고 싶은 소원 또한 여자 청소년에게서 다시 나타나는데, 이 소원은 오이디푸스기 근친상간 소원의 부활이며 또한 더 초기의 성 역할 동일시에 수정과 첨가가 이루어진 것이다. 실제로, 어린 여자 청소년의 임신은, 의식적으로는 원하지 않았지만 무의식적으로 희망했던 경우가 드물지 않으며, 자신의 아기를 계속해서 키우려고 애쓰는 많은 소녀에게서 자신의 아이를 양육하여 최종적인 여성 성 역할을 맡고 싶어 하는 소원을 뚜렷이 볼 수 있다. 그렇지만 10대 임신은 단순히 성 역할 정체성을 강화하는 것 이상의 아주 복잡한 문제이다. 남자 친구는 자주 어머니의 대리자가 되며, 성적 관계는 주로 초기의 의존 갈망이 표현된 것일 수도 있다. 흔히 남자 친구는, 아기가 태어나기 전은 아니라도 아기가 태어나면 사라지며, 소녀는 자신의 어머니에게 돌아간다. 일부 소녀들에게서 이것은 아기를 갖고 싶은 무의식적 소원을 만족시키는 수단이다. 그러나 이것은(이제 그들은 동등하니까) 퇴행한다고 여기지 않으면서 어머니에게 돌아갈 수 있는 방법이면서, 아기에 대한 밀접한 애착을 통해 환상하고 이상화하고 바라던 모녀간 일치를 처음으로 되찾거나 창조하는, 무의식적 · 퇴행적 시도로서의 수단이다.

여자 청소년이 더 넓은 사회와 접하게 되면, 초기의 성 역할 동일시에 사회적으로 학습된 여러 역할과 교육으로 고무된 가능성 등이 추가될 수 있다. 여자 청소년이 직업을 가지려고 할 때는, 더 많은 남성상이나 여성상에 대한 동일시가 분명히 드러난다. 요즘에는 한때 남성의 영역이었던 여러 직업을 여성이 선택할 수 있고, 자신만의 여성적인 방식으로 그렇게 하며 여성으로서 다른 사람과 관계할 수 있기 때문에, 직업 선택을 근거로 어떤 여성의 성 역할을 판단하는 것은 조심해야 한다. 그럼에도 사회적으로 학습되었거나 고무된 역할들은 영향을 미친다. 따라서 우리는, 여성의 최종적인 성 역할 정체성은 초기 소아기와 청소년기의 동일시와 열망이 합친 것을 나타낸다고 결론을 내린다.

성적 상대 지향성은 주로 청소년기 문제이다. 대상 선택에 관한 갈등은 오이디푸스 콤플렉스와 함께 시작된다. 물론 초기 소아기에도 대상과 관련하여 상충하는 소원들이 있지만, 그때는 특히 고통스럽거나 시끄럽지 않게 공존할 수 있다. 그러나 청소년기에는, 소녀의 정체감이 자신의 성적 선호와 연결되기 때문에, 사랑의 대상을 선택하는 것에 관한 갈등 해결은 중요한 과제가 된다.

초기 청소년기 소녀가 소년에게 반할 때, 로맨스에 대한 노골적인 관심이 나타나는 경우가 많다. 그런 열병은 여성적인 관심사를 충족시키려는 노력과 이성애적 대상 선택을 하려는 소원을 시사할 수도 있다. 근친상간적 욕구가 억압된 정도만큼 이런 관계에 공들이게 되어, 이것이 즐거움과 사랑의 근원이 될 수 있다. 만약 이성애적인 활동이 오이디푸스적 충족이라는 무의식적 환상을 불러일으키면, 죄책감 때문에 소녀는 재빨리 그것을 포기할 수도 있다. 조숙한 이성애적 활동이 전오이디푸스기 어머니에게 돌아가려는 퇴행적 힘에 대한 방어를 뜻하는 것일 수도 있다. 단짝 친구 관계의 친밀함은 이런 퇴행적 힘이 전치될 수 있게 하며, 처음에는 이 관계가 두 소녀에게 이성애적 일탈에 대한 정교한 환상의 기회를 주지만, 그 양자 간 일치가 동성애적 갈망과 실험으로 이어지는 수도 있다. 그런 경우 이 관계는 너무나 강렬하고 만족스러운 것이 되어 이성애적 자리로 진행하는 것이 지연되거나 완전히 멈춰 버릴 수 있다.(Blos, 1979)

여자 청소년이 대상 선택에 대한 갈등을 해결하는 방법은 자아 이상을 통해서다. 자기와 대상에 대한 유아적 이미지는 수정되고 탈이상화되어야 한다. 좋기만 하고, 양육해 주며, 소녀의 상상에는 완전한 공생적 일치를 이룬 적이 있는 어머니의 이미지(혹은 박탈하고 학대하는 어머니와, 갈망하고 좋기만 한 요정 대모라는 분리된 이미지)는, 그런 환상에 포함된 즐거움이 그렇듯이, 사실이라기보다 신화에 가깝다. 이런 신화를 깨트릴 때 소녀는 성숙한 자아 이상을 통합할 수 있다. 이 성숙한 자아 이상의 근거가 되는 것은 새롭게 보게 된 어머니에 대한 동일시와 다른 존경스런 여성에 대한 동일시가 결합된 것이다. 그럴 때 자아 이상과의 동일시는 자기애적 만족을 주며, 동시에 여성성의 감각이 강화된다. 이제 소녀는 자유롭게 이성애의 대상을 선택한다.

요약

편안한 여성성의 감각, 혹은 여성의 성 정체성 확립은 일차 여성성

(핵심 성 정체성)으로부터 시작된다. 여성적 특징뿐만 아니라 약간의 남성적 특징을 포함하는 더 넓은 의미의 성 정체성은 긴 발달 과정을 거친다. 실제로, 첨가와 수정은 평생 일어날 수 있다. 다른 중요 생활 사건들도 그렇지만, 구애, 결혼, 임신, 출산, 어머니가 되는 경험 등은 모두 더 큰 영향을 미친다.

성 역할 정체성에는 그 자체의 독립된 발달 과정이 있다. 흔하게 나타나는 초기 징후는 아기를 갖고 싶다는 소원으로, 다른 사람을 양육하고 보살피는 어머니에 대한 동일시를 반영한다. 하지만 다른 더 미묘한 역할과 관계된 동일시 또한 여성의 성 역할 정체성의 일부이다. 이것들은 의식적 혹은 무의식적으로 여성의 대인관계 상호작용의 형태에 영향을 미친다. 임신, 출산, 모성애 또한 우리 사회가 여성성에 대해 부과하는 전형적인 성 역할에 해당한다. 사회적으로 학습된 역할들이 궁극적인 성 역할 동일시의 중요한 일부가 되긴 하지만, 문화적으로 정해지고 학습된 성 역할에 근거하여 어떤 여성의 여성성에 대한 감각을 판단할 때는 조심하는 것이 좋다.

성적 상대 지향성은 성 정체성 그리고 성 역할 정체성과 관계있긴 하지만, 별개의 문제이다. 그리고 그 자체의 발달 과정을 따라 최종 결과물이 나온다. 대상 선택에 대한 갈등은 초기 소아기의 오이디푸스 콤플렉스 동안 삼자 간 대상관계를 확립하면서부터 시작된다. 청소년기에는 대상 선택에 대한 유아기와 청소년기의 갈등을 해결해야 하는 압력이 생긴다. 최종의 지향은 청소년기 동안 갈등이 해결되는 과정에 달려 있다. 대상 선택에 대한 갈등은 완전히 해결되지 않을 수도 있고, 상당히 늦은 나이에 자신의 지향을 바꾸는 사람도 있지만, 보통 여성이 사랑의 대상을 선택할 때의 그 성(sex)은 후기 청소년기나 초기 성인기에 확실히 정해진다.

17장

성의 발달 : 남성

남아의 성 정체성과 안정된 남성성의 감각은 여아와 비슷한 과정을 거쳐 확립된다. 이 장에서 우리는 서로 다른 문제와 갈등을 기술할 것이다.

핵심 성 정체성

출생 시의 성별 배정, 부모의 환상, 부모의 성 호르몬 등이 남성의 핵심 성 정체성 확립의 초기 단계에 기여한다. 그 다음에 남아는 자신의 신체 자기를 규정해야 하는데, 그것에는 자신의 남근 발견이 들어 있다. 대부분의 증례 보고, 예를 들면 Loewenstein(1950), Kleeman(1965), Roiphe와 Galenson(1981)의 증례에서, 이 발견은 생후 첫해의 후반기에 일어나는데, 이 시기는 분리-개별화의 초기 단계이며 Piaget의 감각운동 발달 4단계에 해당한다. 그때 유아는 쓸만한 대상 영속성을 가지기 시작한다(즉, 대상이 숨겨져 있거나 바로 보이지 않더라도, 그것이 여전히 존재한다고 생각한다). 이 과정의 일부로서, 일반적인 신체 탐색, 성기 감각, 성기 만지기 등을 통해 알게 된 즐거운 촉각 · 운동 · 시각 경험들이 통합되면서 자기 표상이 출현한다.

Loewenstein(1950)은 한 어머니가 10개월 된 아들이 자신의 고추를 발견하는 것을 관찰한 것에 대한 중요한 기록을 남겼다. 그 어린 남아는 발가벗은 채 아기 침대에 누워서 팔과 다리로 놀다가는, 앉아서 발을 앞뒤로 차고 있었다. 발꿈치가 몇 번 고추에 닿았고 아이는 그 감각을 일으킨 것이 무엇인지 보려고 유심히 내려다보았다. 볼록 나온 배 때문에 자신의 고추를 볼 수 없자, 아이는 배꼽을 안으로 밀면서 놀기 시작했다. 그러다가 배를 밀기 시작했고 갑자기 자신의 고추를 보게 되었다. 아이는 천천히 손가락을 고추에 갖다 대었고, 환하게 웃으며 어머니를 올려다보았다. 다음 몇 분 동안 몇 차례 그 동작을 반복했는데, 기어보고, 앉아보고, 배를 밀어보고, 약간 반신반의하며 고추를 만져보았다. 그 아기는 몇 분 후에 고추가 정말 자기 신체의 일부이며 자신에게 속한 것이라는 것을 깨달았다.

고추를 발견한 후 대개 어머니를 다정하게 쳐다보는 것과 함께 의도적인 접촉과 자기-자극을 하기 때문에(Kleeman, 1965; Roiphe & Galenson, 1981), 몇몇 분석가들은 신체 경계를 정하고 성기 자각을 확립하는 과정에 필요한 구성요소로서 중요한 것이 어머니-유아 간의 상호성임을 강조한다.(Greenacre, 1953a, 1958; Spitz, 1962; Kleeman, 1965; Francis & Marcus, 1975)

두 번째 해에, 연습기의 아이는 자기 신체 기능의 모든 측면을 더 잘 통제하는 것에서 자부심을 경험하게 되는데, 특히 괄약근 통제가 가능해짐에 따라 배뇨기능에 자부심이 생긴다. 어린 남아가 배뇨 시에 느끼는 즐거움은 어머니와의 즐거운 상호교환의 일부였지만, 이제 아버지와 아버지의 오줌 줄기에 대한 관심이 점점 많아진다.(Loewenstein, 1950; Kleeman, 1966; Roiphe와 Galenson, 1981)

남아가 보통 성별 간의 차이를 발견하는 것은 두 번째 해의 배뇨에 관한 관심, 그리고 그에 밀접하게 관련된 성기 각성[Ferenczi(1924)는 그 조합을 요도 성애라고 명명했음]과 관계 있다.(Fenichel, 1945) 아이가 형제자매, 또래, 부모와의 관계에서 그 차이를 발견하든 못하든 간에, 아이는 점차, 최소한 가끔은, 자신의 성기 신체상이 어머니의 것과 다르다는 것을 인식하게 된다. 이 초기 단계에서는 남아 자신의 신체상이 다소 불안정해서, 해부학적인 차이를 발견할 때 흔히 거세에 대한 공포가 따른다. 이 나이 아이의 생각은 자기중심적이므로, 보통 남아는 모든 사람이 고추를 가졌다고 여기고 그래서 여성 성기는 고추를 잃어버린 결과라고 잘못 이해한다. 예를 들면, 18개월 된 남자아이가 어린이집에서 여아의 기저귀 가는 것을 보게 되었다. 아이는 일상적으로 그 과정을 보아 왔지만, 어느 날은 그 반응이 달랐다. 교사가 그의 차례라고 말하자, 기저귀를 꽉 잡고 "안 돼! 안 돼!" 하고 울부짖으며 도망갔다. 기저귀를 가는 동안에도, 그는 "안 돼! 안 돼!" 하고 울면서 자신의 고추를 계속해서 잡고 있었다. 교사가 해부학적 차이점을 설명해 주었지만, 며칠 동안 그는 기저귀를 갈 때 분명히 불안해 보였다.

항문-화해기에 전형적으로 나타나는 공격성의 투사도 남아의 거세 이론에 신빙성을 더해 준다. 기대도 받고 금지도 내려지면서, 아이는 처벌로서의 거세를 두려워할 수 있고, 그래서 이런 금지를 부과한 어머니를 두려운 존재로 상상할 수도 있다.

대소변 가리기의 노력 또한 초기의 거세 반응을 불러일으킬 수 있다. 어머니의 소원과 걸음마기 아이의 소원 간에 생기는 발달상 갈등 때문에 생긴 불안에 덧붙여, 대변을 볼 때 성공적으로 유아용 변기를 사용함으로써 불안이 생길 수 있는데, 이것은 자기애적으로 투자된 자신의 산물이 버려지고 없어지는 것을 아이가 보기 때문이다.(Heimann, 1962) Kleeman(1965)은 성기 자각과 아버지의 배뇨에 관한 관심이 컸던 시기 동안, 유아용 변기 사용에 성공했을 때마다 "떨어졌어!" 혹은 "부서졌어!"라고 말하면서 자신의 고추를 세게 잡아당

겼던 남아에 관해 기술하고 있다.(Roiphe & Galenson, 1981 참고)

Greenacre(1953a, 1958)는 남아의 첫 18개월이 궁극적인 성 정체성의 안정성에 중요하다고 강조했다. 남근기 훨씬 이전부터 성기가 관심, 쾌락, 불안의 근원이 되는 것을 관찰하면서, Greenacre는 외상을 입거나, 여성 성기에 장기간 노출되거나, 모자 관계에 심각한 장애가 있으면 신체상의 혼란과 불확실성을 가져올 수 있고, 남아는 심한 거세 반응을 보이기 쉽다고 생각하게 되었다. 그러나 초기 거세 불안의 출현은 남아가 자신이 남자라는 것을 안다는 점에서, 핵심 성 정체성을 향해 한 걸음을 내디딘 증거로 주목받아야 한다.

유아용 변기 사용을 완강히 거부했던 2살 반 된 남아의 예가 있다. 아이는 옷을 벗었을 때면 음낭을 펼쳐서 날개처럼 펄럭이며 "나비다! 나비다!" 하면서 뛰어다니곤 하였다. 모자관계는 대부분의 영역에서 좋아 보였음에도 불구하고, 어머니는 그 아이에게 배변 훈련시키는 것이 힘들다고 느꼈다. 더 조사해 보니 그 남아는 부모의 벗은 모습을 반복해서 보았을 뿐 아니라 최근에는 남동생의 할례 의식을 목격한 것이 드러났다. 아이가 좋아하는 이야기 중 하나가 자고 일어나 보니 나비가 되어 날아가 버린 애벌레에 관한 이야기였다. 분석을 통해, 여성 성기에 노출된 것, 할례를 목격한 것, 어머니와 항문기 투쟁을 벌인 것 등이 거세 불안을 중심으로 구조화되어 있음이 드러났다. 미숙한 인지 능력 때문에, 그는 어머니에 대해 화내고 저항한 것에 대한 처벌로서, 자신의 고추가 나비처럼 날아가 버릴까 봐 두려워했다. 그 아이에게 배변은 신체 일부를 상실할 가능성이 있다는 증거가 되었다.

아버지가 남아의 초기 거세 불안을 최소화하고 핵심 성 정체성이 안정되도록 돕는 것이 바람직하다. 아버지는 화해기 갈등의 해결을 도울 뿐 아니라 아이를 꼼짝 못하게 하는 어머니의 경향이 갖는 영향력을 줄일 수 있어서, 이런 갈등에 들어 있는 거세의 위협을 약화시킨다. 점차 자신이 남성임을 알게 되고 동일시할 남성을 찾는 남아에게, 아버지는 동일시할 남성으로서 훨씬 더 중요해진다. 즉, 남아가 아버지를 동일시하게 되면, 어머니를 탈동일시(Greenson, 1954)하기가 더 쉬워진다. 아버지를 동일시하는 것은 남성성의 감각과 온전한 성기에 대한 자신감을 길러 주며, 따라서 남아의 신체상은 더 안정된다.

남아가 안정된 남성성의 감각을 확립하는 데 있어 핵심적인 아버지의 역할을 축소하면 안 된다. 프로이트는 "해부학적 구조는 운명이다."라고 선언했는데, 이것은 남근을 갖는 것이 남성다움의 감각을 보장해 준다는 의미였다.(1912, p.189; 1924a, p.178) 그러나 Stoller(1985)는 안정된 남성성에 대한 감각은 성취하는 것이라고 결론 내린다. 자기감은 부분적으로 어머니와의 동일시를 통해 누적되기 때문에, 남아에게는 취약성이 내재한다. 남성다움에 대한 자신감을 확립하려면, 아이에게 어머니와 다르다는 감각, 동일시할 수 있는 남성이 있을 때 향상되는 어떤 감각이 생겨야 한다. 아버지에게 쉽게 접근할 수 없으면, 아버지를 동일시하는 것이 지연되거나 불가능하게 되어 남아의 일차적 남성성에 대한 안정된 감각의 확립이 어려워진다.

아버지상을 이용할 수 없을 때 어머니에 대한 동일시를 상쇄하기 어렵다는 것을 보여 주는 전형적인 예를 한 3세 아이의 심리 평가 장면에서 볼 수 있었다. 어린 남아의 사진을 보며 모든 신체 부위를 잘 가리킨 후, 아이의 홀어머니는 아이의 셔츠 밑으로 손을 넣어 아이가 아이의 '젖가슴(boobies)'을 가리켜야 한다고 주장했다. 어머니는 아들이 입고 있는 꽃무늬 재킷이 친구 딸의 물림 옷이라고 설명했다. 불행히도—그 옷은 그에게 맞았다! 그 어머니는 아들의 긴 곱슬머리가 아들을 여자처럼 보이게 하기는 하지만, 너무 예쁘다며 자르기 싫어했다.

남성 정체성에서 특별히 중요한 한 가지 표현은 서서 소변을 보는 것이다. 남아는 일반적으로 아버지를 모방해서 그것을 배우는데, 직접 보기도 하고 어머니나 아버지의 "남자는 서서 보는 거야, 아빠처럼"이라고 하는 말을 듣기도 한다. 자신이 만들 수 있는 소변 줄기에 대한 자부심이 남아가 대소변 가리기 투쟁에 타협하도록 도와준다. 아버지가 없거나 개입하지 않을 때, 소변 보는 기능에 관한 관심이 늦어지는 것으로 보였고(Roiphe & Galenson, 1981), 그래서 서서 소변 보는 것 또한 늦어질 수 있다. 이것은 흔히 남성성의 감각이 불안정하다는 것을 시사한다.(P. Tyson, 1982b)

남근기 자기애와 성 정체성

성숙하게 하는 힘은 결국 성기 우위로 이끄는데, 이때는 성기에 관한 관심과 성기에서 오는 쾌락이 지배적이며 성기 자위가 우선적인 자기성애 활동이 된다. 앞서 말했듯이, 유아 성기기의 초기, 즉 Edgcumbe와 Burgner(1975)가 남근-자기애기라고 불렀던 시기에 일부 단계 고유한 과제가 성취되어야 한다. 첫째, 남아는 온전한 남성적 신체와 자신의 남성성의 감각을 자기애적인 가치가 있는 것으로 볼 수 있어야 한다. 둘째, 남성 성 역할을 맡아야 한다.

남아가 자기애적으로 가치 있는 남성성의 감각을 찾는—핵심 성 정체성을 강화하는 데 중요하게 기여하는 자기애적 투자(Stoller, 1968a)를 하는—과정에서, 남근이 최고라는 것과 실제로 남근에 대한 이상화가 나타난다. 이것은 4세 남아가 "알아요, 슈퍼맨의 힘은 고추에서 와요."라고 말한 것에서 드러난다. 남근 성욕이 최고조에 다다르면서, 크고 강한 남근을 가지는 것이 남성 자아 이상의 바라는 측면이 되며, 그런 이상에 도달하려는 시도가 분명해진다. 이제 직접적인 성기 과시든 파생적 형태든 간에, 성기를 노출하면서 벌이는 대단한 과시가 흔해진다. 남아는 자신의 성기, 또래의 성기, 그리고 성인 남성, 특히 아버지의 성기에 큰 관심을 보인다. 많은 남자아이가 큰 남근을 가진 사람을 부러워한다.

남근 선망과 남근 집착 외에, 남아는 일반적으로 양성 모두의 해부학적 구조에 매혹되어 여성의 젖가슴, 자궁, 아기를 갖는 능력에 대한 선망을 표현한다.(Kestenberg, 1965a; Van Leeuwen, 1966; Ross, 1975) 남아는 심지어 여아가 되고 싶은 소원을 표현하기도 한다. 남아는 그런 소원을 말로 표현할 수도 있지만, 자신의 성기 또한 소중히 여긴다. 이 시기에 거세 불안이 부활하면서 성기를 다치거나 잃는 것에 대한 걱정이 커진다. 더 어린 남아는 인지 기능의 미숙으로 해부학적 차이를 부정할 수 있지만, 부정이나 혼돈이 이 시기까지 계속되는 것은 거세 불안이 높아지는 것에 대한 방어 과정임을 시사한다.

유아 성기기 동안, 남아의 자존심은 흔히 취약해진다. 이것은 부분적으로는 전능감의 감소, 거세 불안의 부활과 관계있고, 일부는 노출 행동, 남근 선망, 희망에 비해 자신의 성기가 작다는 인식 등에서 생긴 성기 열등감과 관계있다. 부모가 아들의 기량에 대해 눈에 띄게 자부심을 보일 때, 그의 남근, 남성 신체상, 그리고 남성성의 감각에 대한 적절한 자기애적 투자가 현저하게 향상된다. 그때 아이는 부모의 자부심을 내재화하고, 남성성에 대한 자신감이 강화된다.

이 시점에서, 아버지의 역할이 특히 중요하다. 다른 곳에서 강조했듯이, 아버지는 남아가 공격적인 행동을 조절하도록 돕는다.(Herzog, 1982) 이것이 중요한 것은 거세 불안과 남근 열등감을 방어하려고 남아는 공격성을 사용하는 경우가 많기 때문이다. 만약 아버지가 아이가 공격성을 조절하도록 도와주는 대신에 엄격한 훈육관이 되면, 아이의 거세 불안을 강화시키고, 아버지에 대한 적대적 경쟁심을 자극하며, 아들이 아버지를 이상화하는 것을 방해하게 될 수도 있다. 흔히, 그런 아버지는 아이의 적대적 경쟁심에 대해 자신도 적대적이고 경쟁적으로 반응하며, 자신을 강인하고 남성적이고 마초적인 이상으로 설정하면서 아이를 '강하게' 만들기 위해 아이를 비하하고 놀린다. 그런 행동은 아이의 방어적인 적개심을 고조시킬 뿐이다. 아버지가 없거나 수동적인 경우든, 혹은 아버지가 적대적 경쟁심을 자극하는 경우든 간에, 남아가 (공격자를 동일시하여) 남근적 힘을 계속 과장되게 과시하는 것은 자신의 남성성에 대한 자신감보다 불안정감을 시사하는데, 이것은 거세에 대한 공포가 남아 있음을 드러낸다.

성전환에 대한 소원은 무엇보다 남근-자기애 시기의 과제를 성취하지 못한 것과 관계 있을 수 있다. 남성의 성 역할(아래 참고)을 맡지 못할 뿐만 아니라, 남성 신체상과 남성성의 감각에서 자기애적 가치를 발견하지 못하면 '잘못된 신체에 갇혔다'라고 기술해도 될 감정 상태가 된다. 그런 성전환 상태는 발달상의 정신병리와 부분적인 발달 정지 때문이거나, 혹은 이상과 동일시가 핵심 성 정체성의 것과 반대되는 지점까지 방어적 퇴행(Socarides, 1978)이 일어났기 때문일 수도 있다.

성 역할 정체성

첫 2년간, 남아는 대개 어머니나 여성 양육자와 중요한 관계를 맺으며, 그들이 아이의 첫 역할 모델이 된다. 따라서 초기 소아기에는 어머니와 여성 역할에 대한 동일시가 일반적이다. 남아는 일상의 집안일을 하는 어머니를 모방하며, 어머니처럼 아기를 낳고 키우고 싶다는 소원이 분명하다는 증거도 자주 드러나는데, 특히 항문과 성기의 감각이 아기를 가졌다는 환상으로 연결되는 항문기가 그렇다.(Ross, 1975) 프로이트는 꼬마 한스의 증례에서 "환상 속에서 그는 어머니였으며, 자신이 받았던 애정을 다시 나눌 수 있는 아이를 가지고 싶어 했다"고 적었다.(1909a, p.93)

남아는 어머니에 대한 동일시와 어머니의 성 역할에 대한 동일시를 여러 방식으로 이용할 수도 있다. 그것은 분리에 대한 인식이 점차 커지면서 생기는 대상 상실의 감정을 다루거나, 어머니처럼 됨으로써 어머니를 향한 양가감정을 해결하는 데 도움이 될 수도 있다. 어린 남아에게서 아기를 갖는 환상과 태도는 그 시기에 적절한 것으로 여겨질 수 있는 경우가 많지만, 남아가 남성의 성 역할을 확립하려면, 어머니에 대한 동일시를 아버지에 대한 동일시로 바꾸어야 한다. 확고한 남성성의 감각을 갖추는 데에 중요한 것은 남아가 어머니를 성공적으로 탈동일시하는 것이다.(Greenson, 1968) 한 어린 남아에게서 탈동일시의 시도와 그에 따른 역할 혼동을 볼 수 있었는데, 그 아이는 챙이 넓은 꽃무늬 모자를 쓰고 아기 인형을 가지고 놀다가 인형과 모자를 휙 던져 버리고는 카우보이 모자를 썼다.

아버지는 남자다운 태도를 북돋우는 데 아주 중요해서(Stoller, 1979) 역할 모델로서 아버지의 이용 가능성은 결정적이다. 일차 남성성이 제자리를 잡고, 감각운동 지능이 새로 생기는 표상 지능의 도움을 받게 되면, 이제 남아는 남성과 여성을 구별할 수 있는 인지 기술을 가진다. 이 시점이 되면, 아이는 동일시하기 위한 역할 모델로서 '자기 같은 대상(self-like objects)'(Kohlberg, 1966)을 찾기 시작할 수 있다.

남아가 남근기에 다가감에 따라 점차 자신의 아버지를 흠모하는 이상으로 여기게 된다. 아이는 이상화된 아버지와 함께 있으면서 아버지가 자신을 만족시켜 주기 바라며, 스스로 마음속에 창조한 이 최고의 완벽함을 모델로 자신에 대해 바라는 모습을 만든다. 프로이트는 아버지에 대한 이런 이상화와 동일시가 오이디푸스기로 진입하기 위한 전제 조건이라고 보았다.(1921, p.105) 남아는 아버지가 다른 사람을 대하는 방식을 동일시하면서, 자신이 어머니를 다르게 대했으면 하고 소원하기 시작한다.

남아가 남성의 성 역할을 동일시하려면, 분명히 아들이 여러 활동에서 아버지를 쉽게 이용할 수 있어야 한다. 아버지를 이용할 수 없을 때 혹은 아버지가 지나치게 공격적이거나 경쟁적일 때, 여러 가지 잠재적으로 부적응적인 결과들이 따를 수도 있다.(Tyson, 1982b, 1986b 참고) 또한, 남아가 출산에서 아버지의 역할을 알게 되는 것도, 자신을 대하는 어머니의 방식보다 아버지의 방식을 동일시하는 데에 도움이 된다. 이것은 남아가 아기를 가질 수 없다는 실망감을 이겨 내어 어머니를 탈동일시하도록 하고(Ross, 1982a, 1982b; P. Tyson, 1980; 1982b), 또한 남성적 동일시를 촉진한다. 이제 남아는 아버지처럼 자신도 아버지가 될 거라고 기대한다. 어머니에 대한 탈동일시가 완전하지 못할 수도 있고, 아기를 갖고 싶은 소원이 완전히 사라지는 일은 없을 수도 있지만, 아버지를 이상화하고 그 이상을 동일시함으로써 근본적인 남성 성 역할이 확고해진다. 그때 모성적 동일시의 흔적들은 주로 보살피고 지지해 주는 자질에서 드러날 수 있으며, 남성적 성향과 동시에 있을 수도 있다.

부모 사이 관계의 질은 남성성에 대한 남아의 자기애적 투자와 남성 역할 획득을 위해 중요하다. 아버지가 없거나 아버지를 신뢰할 수 없어서 혹은 어머니가 아버지를 무시해서, 부모 사이가 잠식되고 그 관계가 양가감정으로 차 있으면, 남아는 남성으로서 자신도 역시 무시받을 거라고 두려워할 수도 있다. 그때 아이는 어머니에 대한 동일시에서 아버지와 남성 성 역할에 대한 동일시로 적절하게 전환하지 못할 수도 있다.

오이디푸스 콤플렉스와 성 정체성

어머니를 성공적으로 탈동일시하여, 성기 우위, 가치 있고 안정된 남성성의 감각, 그리고 남성의 성 역할을 확립하게 되면, 남아는 양성 오이디푸스기로 이동한다. 이제 아이는 어머니와의 관계를 다르게 추구하기 시작한다. 아이는 어머니에게 더 남성적으로 보이고 싶어 한다. 무력한 의존상태에서 어머니의 아기로 남아 있는 대신, 남아는 어머니한테 아버지의 위치를 취하고 어머니와 독점적인 관계를 맺고 싶어 한다.(Freud, 1921)

한 5세 남아의 공상놀이는 그런 소원과 그에 따른 위험을 보여 준다. 어느 날 아이는 여자 인형, 남자 인형, 그리고 작은 남자 인형을 가지고서 여자가 사자를 마주친 놀이를 한다. 남아는 사자를 죽이고 여자를 구한 후에, 마구간 뒤에 그녀를 데려가서 안고 키스한다. 그때 여자의 남편이 나타나서 남아를 혼내 주고는 그녀를 집에 데려가서 함께 발가벗고 잔다. 아이는 낄낄거리며 좋아한다. 어떤 날은, 공주가 붙잡혀서 지하 감옥에 갇히는 놀이를 한다. 왕은 그녀를 죽일 계획이다. 그러나 남아가 어릿광대인 척 분장하여 왕을 속이고 그녀를 구하려고 한다. 아이가 공주와 함께 몰래 떠나려던 바로 그때, 진짜 어릿광대가 나타나서 남아가 사기꾼이며 그냥 아이라는 것을 폭로한다. 자신을 붙잡은 사람에게 아이는 "그래요, 나는 그냥 모든 사람을 즐겁고 행복하게 해 주려고 했어요."라고 설명한다. 그러자, 그 사기꾼은 살해된다.

남아가 오이디푸스기로 이동하는 것은 외부적으로 사랑의 대상이 변하는 것이 아니라 사랑의 대상에 관한 환상과 역할이 변하는 것을 의미한다. 성기 충동의 강도가 커지면서 성기가 우세해지는데, 이것은 한 남아가 말을 가지고 놀면서 '어떤 것이 말을 길들일까?' 하고 궁금해할 때 나타난다. 남아는 아마 기수가 도와줄 것으로 생각했다.(그는 아직 프로이트를 읽지 않았다!) 이런 충동은 어머니에 대한 남아의 리비도적 갈망을 강화시킨다. 연관된 환상과 함께 성기 자위가 많아지는데, 그것은 이 시기의 남아가 이용할 수 있는 유일하고 적절한 성적 발산 수단이다. 전오이디푸스기의 양자 간 경쟁에서, 아버지는 그냥 경쟁자며 남아는 계속 어머니의 관심을 받기 위해 혹은 중심 무대를 탈환하기 위해 경쟁한다. 이와 달리 오이디푸스기 삼자 관계에서는 자신이 경쟁자를 대신하고 싶어 한다. 이제 남아는 남성성의 외적 상징인 아버지의 큰 남근을 갖고 싶어 하고, 그러면 어머니에게 자신이 남편이자 연인의 역할을 할 것으로 여기며, 그 배타적 관계를 확인하기 위해 아버지를 제거하고 싶어 한다. 다시 말해, 남아는 경쟁자를 대신하고 싶어 할 뿐 아니라 동일시한다.

어머니에 대한 고조된 성적 흥분과 '인정할 수 없는 충동'(Freud, 1924a)* 때문에, 남아는 큰 죄책감을 느끼게 된다. 거세 불안이 다시 나타나지만, 이제 아이가 무서워하는 것은 어머니가 아니라 아버지이다.

미숙한 인지기능 때문에 거세 불안이 고조된다. 남아는 강력한 아버지가 마술적으로 자신의 생각과 환상을 알아내어 복수할 거라고 두려워한다. 그는 남근의 손상이나 상실을 두려워한다. 당혹스러운 발기와 수축이 이런 공포를 키울 수 있다. 남아는 아직 자동적인 발기를 성적 흥분과 연결 짓지 못할 수도 있으며, 그것을 통제할 수 없어서 불안해할 수도 있다. 남근의 수축 시에, 남아는 그것이 점점 작아

---

*남아가 성적 충동에 연관된 환상과 어머니의 연인이 되는 환상을 가지긴 하지만, 앞서 말했듯이 이런 초기 소아기 환상에는 성교에 대한 사실적이거나 정확한 묘사는 들어 있지 않다. 아이가 세운 성 이론은 혼동된 것으로 아이를 혼란스럽게 한다. 아이의 감정은 너무 강렬해서, 아이의 인지와 정서 능력 이상으로 자세하게 받아들이고 이해하도록 '교육하려는' 노력은 흔히 왜곡을 불러온다. 이런 사실은 소아 분석의 초기 시절에 밝혀졌다.

져서 완전히 사라질까 봐 두려워하기도 한다.(Solnit, 1979) 실제로, 남아는 수축을 아버지의 무서운 마술적 처벌과 연결하는 수도 있다. 이렇게, 거세에 대한 공포는 부적응적인 강박적 자위의 악순환을 낳을 수도 있는데, 그것은 거세 불안과 긴장을 키울 뿐이다.

발달 시기별로 남성성의 감각을 약화시킬 가능성이 있는 여러 요소를 고려해 보면, 거세 불안은 프로이트가 말한 것처럼 남근기에 번성하다가 끝나는 것이라기보다, 발달 단계에 따라 의미가 다르며 변화를 거치는(P. Tyson, 1989b) 남근 선망처럼, 발달상의 은유로 생각하는 것이 더 나을 수도 있다.(Grossman & Stewart, 1976) 그런 공식화를 따라 우리는 거세 불안이 생기는 세 단계를 기술할 수 있다.

유아기에는 신체 온전성, 동일시, 어머니에 대한 탈동일시의 욕구 등이 중요한 발달상의 과제들이다. 이 초기 시기에 생기는 거세 불안은 어머니-아이 관계에 근본적인 장애가 있음을 보여 주며, 이것은 분리와 다름에 대한 불안정, 신체 온전성 감각의 불안정, 온전한 남성 자기감의 불안정으로 표현된다.

초기 유아 성기기(혹은 남근-자기애 시기)에는 자기애적 가치가 부여된 온전한 신체상의 강화와 남성 성 역할의 설정이 중요한 과제이다. 이 시기에 생기는 거세 불안은 남근 노출, 관음증, 여성을 비하하는 태도, 마초적 성에 대한 지나친 이상화 등으로 표현될 수 있는데, 이것은 대상관계의 어떤 장애뿐 아니라 남성 신체에 대한 적절한 자기애적 투자가 이루어지지 않아 불안정이 계속된다는 것을 시사한다.

오이디푸스기에 주로 생기는 거세 불안은 아버지나 다른 남성과의 방어적 경쟁으로, 그리고 사랑의 상실이나 굴욕, 아버지의 처벌 등에 대한 공포로 표현된다. 아이가 성장하면서, 오이디푸스기 거세 불안의 파생물은 초자아 처벌의 공포로 표현될 수도 있다.

발달상의 은유로 보면, 거세 불안은 남근 상실에 대한 불안만은 아니다. 발달하면서 자아 이상처럼 되려고 노력할 때, 거세 불안은 자신의 남성성이 잠식되는 것에 대한 공포와 연결되기도 하는데, 이것은 실제 성기의 손상이나 상실에 대한 공포가 자신의 효율성이나 능력에 대한 염려, 그리고 이상에 부합하는지에 대한 염려로 일반화되기 때문이다. 그럴 때 임상적으로 중요한 것은 거세 불안이 무엇을 나타내는지 구별하는 것으로, 계속되는 초자아 위협과 해결되지 않은 오이디푸스 갈등을 나타내는 거세불안, 남근-자기애의 취약성과 남성의 성 역할을 맡지 못한 것을 나타내는 거세불안, 혹은 온전한 남성 자기감의 근본적인 불안정이 있으면서 초기 대상관계의 심각한 장애를 나타내는 거세불안 등이 있다.

성적 상대 지향성

어린 남아는 아버지를 이상화하고 동일시하는 과정에서 아버지에 대한 밀접한 애착을 형성하게 된다. 이 때문에 음성 오이디푸스 소원—아버지를 향한 리비도적 갈망이 있으면서 일차적 사랑의 대상으로 아버지를 차지하고 싶은 소원—이 출현하여, 양성 오이디푸스 소원, 어머니를 향한 리비도적 갈망과 갈등을 일으키기도 한다. 이것이 성적 상대 지향성에서 갈등을 일으키는 토대이다.

대개 남아는 부모 모두에 대한 리비도적 갈망(양성 그리고 음성 오이디푸스기 욕구)을 경험한다는 증거가 있으며, 자신이 부모 중 어느 한쪽에게 남성 역할이나 여성 역할을 한다고 상상할 수 있다. 남아가 의식적으로 자신을 여성으로 그려 보는 음성 오이디푸스 상태는 대개 양성의 상태보다 짧다. 이것은 흔히 남아가 가지는 거세 불안 때문이라고 받아들여진다. 만약 남아가 계속 어머니의 자리를 차지하려고 하면서 어머니의 성 역할을 동일시한다면, 즉 환상 속에서 여성이 되려 한다면, 그 아이는 소중한 남근을 잃게 될 것이며 자아 이상의 남근-자기애적 목표를 이루지 못함을 의미할 것이다. 게다가, 아버지와의 밀접한 관계는 남성다움에 대한 이상화와 아버지에 대한 동일시에 근거하여 세워졌기 때문에, 여성 동일시는 남아가 아버지의 찬사와 사랑을 얻기보다는 잃게 할 수 있다.

음성 오이디푸스적 열망은 아버지의 사랑을 잃을 위험과 이상에 도달하지 못한다는 위험을 무릅쓰게 할 뿐 아니라, 어머니의 자리를 차지하게 하여 어머니에 대한 전오이디푸스적 의존 애착을 위태롭게 할 것이다. 이 나이의 남아는 신체적 욕구, 안전감, 긍정적인 자기존중을 위해 어머니에게 계속 의존하기 때문에, 이것은 추가적인 위협이 된다. 그래서 남아는 자신의 남근에 열렬한 관심을 기울이며, 모든 여성적 소원을 부정하고, 자신에게서 여성적일 수 있는 것은 모두 거부하여, 이상에 도달하려 애쓰는 등의 노력으로 아버지를 더욱 동일시하게 된다. 그러나 이것은 대상 선택에 관한 갈등의 일시적 해결일 뿐이고, 궁극적인 해결은 청소년기까지 연기된다.(Blos, 1979)

양성 오이디푸스적 자리도 결국 불가피하게 남아를 실망시킨다. 어머니는 남아의 양성 오이디푸스적 리비도 소원을 모두 만족시켜 주지 않기 때문에, 아이는 보통 환상에서만 만족한다. 사실, 남아는 부모 중 누구도 자신의 리비도적 제의에 충분히 반응하지 않으며 자신의 갈망을 심각하게 여기지 않을 수도 있다는 것을 알게 된다. 오히려 부모는 남아를 '귀엽게' 여길 수도 있다. 부모의 놀림이나 무반응은 남아에게 자신이 부족하고 자아 이상을 따라 살고 있지 않다는 의미가 되어, 오이디푸스 콤플렉스의 충분한 전개를 억제할 수도 있다.

리비도적 열망이 정당하다고 인정받을 때조차도, 남아가 자기애적으로 매우 취약한 시기에는 오이디푸스적 좌절을 자존심에 대한 타격으로 경험할 수 있다. 게다가, 리비도적 소원이 지속하는 한 거세의 위협도 계속된다. 이 시기의 거세 위협에는 남근 상실의 공포, 아버지 사랑의 상실, 점점 중요해지는 초자아 처벌이 들어 있다. 자기-가치감과 자기애적 균형을 유지하기 위해, 또 적절한 발달을 위해 남아는, 오이디푸스적 만족은 환상에서만 가능하다는 현실과 타협해야 한다. 거세공포에서 벗어나고 자기애적 통합과 균형을 유지하기 위해, 남아는 점차 오이디푸스기 소원을 물리친다.

오이디푸스적 소원의 포기는 초자아의 발달, 자아 이상의 은근한 정교화, 부모 지시의 내재화 등으로 이용할 수 있는 방어 목록이 증가하면서 그리고 리비도적 소원을 전치할 수 있는 사회적 접촉이 늘어나면서 좀 더 쉬워진다. 결국, 오이디푸스적 소원은 억압되거나 수정되거나 승화되어, 남아가 양쪽 부모와 다정한 관계를 유지하는 것이 가능해진다.

아버지와의 동일시

프로이트는 남성의 오이디푸스 콤플렉스를 논하면서, 아버지와의 동일시가 갖는 역할은 오이디푸스 콤플렉스가 시작되는 한 단계이자 그것을 해결하는 하나의 수단이라고 하였다. 그 첫 번째 단계는 충분한 주목을 받지 못하는 경우가 많았고 그 과정도 잘못 해석되어 아버지와의 동일시는 투사된 적대적 오이디푸스 소원에서 남아를 보호하기 위한 방어적 입장이며, 오이디푸스 갈등을 해결하기 위한 수단을 의미한다고 보았다. 그러나 방어적이 아닌, 아버지에 대한 동일시가 아주 어릴 때부터 시작된다고 여러 저자가 언급했고, 어린 아이에 대한 자세한 관찰도 방어적이 아닌 동일시를 보여 준다.(예, Loewald, 1951; Abelin, 1971, 1975; Edgcumbe & Burgner, 1975; Stoller, 1979; P. Tyson, 1982a, 1986b) 프로이트는 동일시를 '다른 사람과의 정서적 결속의 가장 초기 표현'이라고 보았다.(1921, p.105) 따라서 동일시 그 자체는 방어적이지 않다. 게다가, 아버지와의 동일시는 오이디푸스 콤플렉스가 시작되기 위한 전제 조건이다. 남아가 스스로 남성의 성 역할 정체성을 획득하고 공상 속에서 어머니의 아기에서 연인으로 전환하는 것은 아버지가 하는 남성 성 역할을 동일시한 것이다. Abelin(1971)이 지적했듯이, 오이디푸스기 경쟁은 경쟁자인 아버지에 대한 공감적 동일시를 전제로 한다. "아버지와의 동일시가 적대적 색채를 띠면서 어머니에 관해서 아버지를 대신하고 싶은 소원과 같아지는 것"은 나중에 아버지가 양성 오이디푸스 환상을 방해한다는 것을 남아가 알게 될 때이다.(Freud, 1921, p.105)

아버지와의 동일시는 유아 성기기 동안 계속된다. 프로이트는 초자아가 발달하는 과정에서 아버지를 자아 이상으로 삼고 그 이상을 동일시함으로써 오이디푸스기가 해결되는 방식을 기술하였다.(1921, 1924a) 우리는 아버지가 그렇게 중요한 역할을 한다는 것을 자아 이상 형성에서 이미 기술하였다. 이제 인지 기능의 발달로 남아는 타인과 타인의 소원을 더 자주 고려할 수 있다. 즉, 자기중심의 생각에서 다소 벗어나게 된다. 그럼으로써 남아는 점점 아버지의 소원을 공감할 수 있고 아버지에게는 아들뿐 아니라 아버지 자신에 관한 규칙도 있다는 것을 알게 된다. 초자아가 더 정교하고 복잡해지면서, 아버지의 규칙과 도덕적 기준은 점차 이상화되고 내재화되며, 그 이상을 동일시하는 데서 자기애적 만족이 생긴다. 거세와 죄책감에 대한 공포는 남아가 어머니에 대한 리비도적 소원을 포기하고 부모의 내사물을 동일시하게 하는 강한 동기를 부여한다. 그렇게 함으로써, 남아는 부모 모두와 애정 어린 관계를 유지하고 오이디푸스 콤플렉스의 추가적인 해결은 훗날로 유예된다.

잠복기

남아가 잠복기에 도달할 때, 기본적인 정신구조는 갖추어져 있어야 한다. 이상적인 경우, 남아는 이제 성 정체성을 포함하여 정신적 통합과 강화의 시기로 들어간다. 확고한 남성성의 감각은 아버지와 이룬 동일시를 기반으로 세워져 있다. 그러나 불안정한 부분과 거세 공포가 남아 있는 것도 분명하다. 그 전형적인 예를 남근 자기애가 군림하는 방식에서 보는데, 잠복기 남아는 경쟁적으로 자신의 남성적 기량을 과시하며 여아를 집적거리면서도 피하려는 경향을 보인다. 이 시기에는 사회적 기회가 더 많아지므로 남아는 또래, 더 큰 아이, 다른 남성들과 다양한 관계를 경험할 수 있어서 남성성의 감각이 더욱 통합된다. 이런 인물들에 대한 이상화가 자아 이상 속에 포함되고 지속되며 그리고 남아가 이런 이상화를 성공적으로 동일시할 때, 자기애적 만족을 얻게 된다. 이렇게 더 넓은 사회와 접촉하는 것은 남아가 자신의 성 정체감을 확장시킬 기회가 된다.

잠복기의 사회적 관계는 본질에서 남근-자기애적이고 이상화된 아버지-아들 간의 애착을 반영한다. 이 시기에는 그 관계가 대립적이지 않고, 오이디푸스 소원의 잔재를 계속 억압하며, 여성적 소원과 동일시를 막고, 추가적인 거세의 위협을 없애 준다. 잠복기는 또한 남아가 여러 형태의 남성 역할을 연습할 수 있는 시기이다. 이렇게 더 초기에 형성된 정신 내적 역할 관계들이 사회적, 문화적 영향으로 정교해지며, 더 넓은 의미의 성 역할이 생겨난다.

청소년기

전-청소년기와 청소년기의 생물학적 변화는 소년의 남성성의 감각, 성 역할 정체성의 감각, 그리고 사랑의 대상 선택에 관한 이전의 입장 등을 시험하게 된다. 욕동 압력이 증가하면서, 이전의 모든 발달 단계에서 있었던 갈등이 되살아날 수도 있다. 전오이디푸스기의 수동적 갈망은 능동적 남성 동일시와 갈등을 빚고, 여성적 동일시는 남성 이상화와 갈등을 빚는다. 근친상간적 갈등은 거세 불안을 야기하고 초자아 온전성을 위협하며, 대상 선택에 대한 갈등은 남성성의 감각을 위협한다. 이런 상반된 경향들 때문에 내적 부조화가 커져서, 정상과 병리 간의 경계가 자주 모호해진다. 소년은 근친상간적 소원이 억압되는 한, 양성 오이디푸스적 애정의 부활은 견딜 수도 있지만(Shengold, 1980 참고), 음성 오이디푸스적 소원의 부활은 남성 간의 우정에 대한 갈망과 동성애에 대한 공포를 동시에 불러일으킨다. 상호 간의 자위처럼, 가끔 동성애적 접촉을 하게 되면 성 정체성에 관한 여러 의문, 불안, 문제가 생기기 쉽다. 청소년은 다른 소년에 대한 애착이나 성적 활동이 고착된 동성애적 상태를 뜻하는 것일까 봐 두려워할 수도 있다. 소년은 불안해져서 전오이디푸스기 애착으로 퇴행할 수도 있다.

그러나 그런 퇴행은 양성애적 갈등을 더 복잡하게 만든다. 초기의 여성적 동일시가 부활하는 것은 불안정한 남성성의 감각을 잠식할 수 있고, 항문-화해기 갈등이 부활하는 것은 거세 불안, 특히 거세하는 어머니에 대한 공포를 다시 불러일으킨다. 남근이 되어 거세하는 어머니의 표상이 모든 여성으로 일반화되면서, 소년은 여성과 접촉하는 것을 완전히 피해 버릴 수도 있다. 이 나이의 일부 소녀는 상당히 거칠고 적극적인 경향이 있으며, 특히 소년을 '귀찮게 쫓아다니기' 때문에, 민감한 소년들에게 위협적이고 여성에 대한 공포와 남성에 대한 찬사를 강화시킬 수 있다.

일부 소년은 남성에 대한 찬사가 기본적인 남성성의 감각을 위태롭게 하므로, 자신의 남성적 자기감을 증명하기 위해 조숙하게 이성애적 행동을 시작할 수도 있다. 이런 관계는 남근-자기애적 추구를 위한 것이므로 그 방어적 성질 때문에 피상적이고 짧게 끝나 버리기 쉽다(돈 주앙 타입이라고 불리기도 한다). 이런 관계는 남성성의 감각을 확립하고 대상 선택에 대한 갈등을 해결하도록 돕기보다, 주로 동성애에 대한 방어로서 기능한다. 일단 확립되면, 그런 관계 양상은 궁극적으로 성숙하게 주고받는 이성애적 관계의 성취를 방해한다.

대상 선택에 관한 갈등으로 일부 동성애적 행동이 있었을 때, 그런 일회성 사건이 외상으로 경험되어 '이차적 청소년기 고착(secondary adolescent fixation)'(Blos, 1979, p.478)을 낳는 경우도 있다. 이럴 때 그 소년은 선택한 것이 아니라고 느끼면서도 고착된 동성애적 상태에 머무른다. 동성애적 지향에는 여러 요소가 관계하며, 청소년기에 문제가 드러나지만 그 뿌리는 더 초기에 있는 경우가 많다. 그리고 우리는 이런 요소의 다양성을 이제 겨우 알아 가기 시작했다.(Green, 1980; Isay, 1989; Friedman, 1988) 어떤 경우든 사춘기 성(pubertal sexuality)의 동성애적 요소와 타협하는 것은 모든 청소년의 발달 과제에 내포되어 있다. 최종적인 성적 상대 지향성은 주로 이 시기에 어떤 해결이 이루어지는가에 따라 정해질 것이다.

자아 이상이 성공적으로 재조직되는 것은 남자 청소년의 성 정체성과 관련된 불안과 갈등의 해결에 중요하다. 청소년기에는 유아기 대상에 대한 애착에서 벗어나려는 압력이 생기는데, 이 압력 때문에 청소년은 아버지에 대한 사랑을 표현할 다른 곳을 찾아야 한다. 따라서 청소년은 아버지의 자아 이상의 특징 중 일부를 지닌 소년이나 남성을 찾는다. 결과적으로, 대상 선택에 대한 갈등의 해결은 초기 소아기의 해결과 유사한 방식으로 일어난다. 즉, 대상의 존경할 만한 특징들이 성숙하는 자아 이상의 일부가 된다. Spruiell은 "금지하는 초자아가 오이디푸스 콤플렉스의 타다 남은 불씨에서 태어났던 것과 똑같이, 성인에서 볼 수 있는 자아 이상은 초기 청소년기의 타다 남은 불씨에서 태어난다."고 말했다.(1979, p.327) 이런 방식으로 유아기의 남성적 자아 이상은 수정을 거치면서 더 성숙한 남성적 자아 이상으로 굳어진다. 그러면서 소년은 이상처럼 되려고 노력하고, 남성성의 감각이 뚜렷해지면서 자유롭게 이성애 대상을 선택하게 된다.

소년이 대상 선택에 관한 갈등의 해결에서 상당한 진전을 보고, 더 성숙한 자아 이상으로 잘 통합해 가는 동안, 성 역할에 관한 의문이 다시 시작된다. 중기와 후기 청소년기 동안 어느 정도 성적 실험을 하고 이성애 관계가 가족 외부로 확대되면서, 이런 문제는 더 분명히 드러난다. 만약 소년이 남성적 기량을 입증할 필요성 때문에 과도한 부담을 지지만 않으면, 이런 관계는 능력을 시험하는 시험대 역할을 하며, 성숙한 이성애적 관계를 형성하는 기반이 되어 청년의 성 역할 정체성은 더욱 확고해진다.

보통 성인기에 도달할 무렵이면, 청년은 자신의 전반적인 성 정체성에 대해 상당한 안정감을 가진다. 적절하게는, 어느 정도 남성성과 여성성을 함께 지니게 된다. 성적 선호에 관한 그의 입장은 흔들리지 않는데, 원하는 사랑의 대상이 가져야 할 성에 대한 생각이 분명하기 때문이다. 그리고 그런 사랑의 대상에 대한 성 역할 정체성도 다소간 확고해진다.

요약

남아가 안정된 남성성의 감각을 확립하는 것은 핵심 성 정체성이 형성되는 유아기부터 시작되는 긴 과정이다. 안정된 남성성의 감각은 다른 어떤 요소보다도 남아가 어머니를 탈동일시하고 아버지를 동일시하는 것에 달려 있다. 그것은 또한 남아가 거세 불안에 대해 얼마나 성공적으로 대응하는지에 달려 있다. 우리는 거세 불안이 발달상의 여러 시기에 나타나는 일반적인 발달상의 문제이기 때문에, 그것을 발달상의 은유로 생각할 수도 있다고 제안했다. 특정한 경우의 눈에 띄는 징후뿐만 아니라 역동적인 기저의 갈등도 거세 불안의 발달상 기원 시기에 대한 단서를 제공한다.

어떤 경우든 성 발달에 관한 토론을 완전하게 하려면, 성 정체성뿐만 아니라 남성의 성 역할 정체성도 고려해야 한다. 우리가 말하고자 하는 것은, 남성의 초기 발달에는 어머니와 어머니의 역할을 동일시하는 것이 보편적이지만, 오이디푸스기 개입과 궁극적인 남성성의 감각을 위해서는 어머니를 탈동일시하고 남성의 성 역할 정체성을 지니는 것이 필수적이라는 것이다. 즉, 이는 남아가 어머니와의 오이디푸스적 관계로 들어가기 위한 예비 단계이다. 따라서 남아가 오이디푸스기로 이동한다는 것은 대상이 변하는 것이 아니라 대상에 대한 역할이 변하는 것이다.

우리는 성적 상대 지향성은 그 자체의 발달궤도를 가지는 독립된 주제임을 지적하였다. 대상 선택에 대한 갈등은 초기 소아기에 시작되는데, 그때 남아는 남근-자기애 시기의 아버지를 이상화하고 동일시하는 과정 동안에, 아버지와 친밀한 관계를 형성한다. 오이디푸스기 소원이 정교해질 때, 이 이상화는 아버지가 일차적인 리비도 대상이 되길 바라는 소원의 바탕이 될 수도 있다. 대상 선택에는 여러 다른 요소들이 개입할 수 있고 그중 일부는 불충분하게 이해된 상태지만 그것이 동성애든, 이성애든, 양성애든 간에 최종 지향성은 청소년기 갈등이 어떻게 해결되느냐에 달려 있다. 갈등이 결코 완전히 해결되지 않을 수도 있지만, 한 남성의 성적 상대 지향성은 보통 후기 청소년기 무렵까지는 정해진다.

끝으로, 우리는 성 정체성, 성 역할 정체성, 성적 상대 지향성을 각각 토의했지만, 성 발달에서 그 가닥들이 서로 얽혀 있다는 점 또한 강조했다. 합성하고 통합하는 자아 기능은 발달의 모든 단계에서 그들 간에 적응적인 역동적 평형이 유지되도록 작용하여, 그들은 함께 전체적으로 완전한 성 정체감을 이루게 된다.

8부　자아

THE EGO

18장

자아의 발달

우리의 핵심 전제는 우리가 기술해 온 성격의 여러 다양한 측면들이 동시에 성장하고 발달한다는 것이다. 외견상 무질서한 이런 여러 기능 사이의 모든 관계와 통합은 자아 기능 때문에 일어난다. 자아 기능은 구조, 즉 정신 요소들 사이에 일종의 질서를 제공하여 우리 마음에 일관성을 준다.

앞서 말했듯이, 프로이트는 초기 작업에서 자기 자신에 대한 경험적 감각을 언급하면서 das Ich('자아(ego)'로 번역됨)라는 용어를 사용했다. 구조 이론을 제시하면서, 자아는 '정신 과정들의 일관성 있는 조직'으로 생각할 수 있으며, 그 정신 과정들은 욕동을 조절하고 현실에 적응하기 위한 그런 모든 기능으로 이루어져 있다고 그는 덧붙였다.(1923a, p.17) 다시 말하면 여기에는 두 가지 수준의 추상화가 내포되어 있는데, '경험적' 수준에서는 자기 표상과 대상 표상이 형성되며 '비경험적' 수준에서는 성격의 조직자, 합성자, 조절자로서 기능하는 것이다. 우리는 이미 경험적 수준을 기술하였다. 이제 비경험적 수준으로 넘어갈 텐데, 몇 가지 개념상의 문제를 논의한 후에, 조직하는 구조로서의 자아 발달에 관한 공식화를 제시할 것이다.

우리가 제일 먼저 고려할 것은 자아의 기능이다. 프로이트는 내부 세계에 관여하여 정신적 균형을 유지하게 하면서, 동시에 외부의 현실 세계에 적응하는 과제를 맡은 그런 기능들은 자아에 속한다고 보았다. 내부와 외부를 향한 이런 기능들은 끊임없이 상호작용하며, 발달이 진행하면서 자아는 내부와 외부 세계를 다루는 다양한 수단을 갖춘다. 방어 기제들이 진화하여 본능적 만족이나 기타 위압적인 욕구의 통제나 지연을 돕는다. 이미 살펴보았듯이, 정동은 그것이 욕동 충동과 관계된 것이든 외적 현실과 관계된 것이든 간에, 위험을 예견하는 신호 기능으로 작용한다. 내재화와 동일시 과정을 통해 형성된 초자아는 자아가 내부와 외부 현실의 요구에 적응하는 과제를 잘하도록 돕는다.

성격을 조직하고 하나로 통합하는 경향은 자아의 가장 중요한 기능 중 하나이다. 프로이트는 자아 강도가 커지면서 이렇게 합성하는 힘이 강해지는 것에 주목했다.(1926, p.98; Nunberg, 1931 참고) Hartmann(1956)은 프로이트가 자아의 적응하고 조절하는 기능과 함께 합성하는 기능(Hartmann은 이것을 자아의 강력한 삼대 기능이라고 불렀다)을 알게 되면서, 자아를 조직(organization)이면서 동시에 성격의 세 가지 체계에 대한 조직자(*organizer*)와 조화 인자(*harmonizer*)라고 묘사했다고 말하였다. 우리는 자기감의 속성인 일관성과 지속성은 자아의 이런 시너지 기능에서 오는 것임을 추가하고 싶다. 〔Neubauer(1980, p.33)는 자아의 조직하고, 합성하고, 통합하는 기능 간의 차이점을 기술했는데, 그것은 아주 중요한 구별이지만 명확히 하기 위해 여기서는 구별하지 않는다.〕

우리가 자아를 성격의 조직자로 생각할 때, 그것의 발달을 어떻게 보아야 하는가에 관한 문제가 생긴다. 만약 우리가 자아를 단순히 유사한 기능들의 집합으로 이해한다면, 프로이트가 갈등과 적응에서 그 기능에 따라 정신과정들을 정리했다는 것을 상기하면서 여러 가지 자아 기능의 진화를 추적하는 것도 자아 발달을 평가하는 한 방법이 될 것이다. 그러나 우리는 다르게 접근하고 싶다. 우리는 자아의 내부 조직을 강조한 Loewald의 견해를 따라 여러 가지 자아 기능의 연결이라는 기반 위에 자아 발달 단계를 개념화할 것이다.(1978, p.210) 다시 말해, 여러 개별 기능들의 진화를 강조하기보다, 통합된 기능의 진화에 초점을 맞출 것이다. 왜냐하면 자아는 질서 있게 조직된 체계가 되는 쪽으로 발달하기 때문이다.

어떤 사람들은 Hartmann의 '갈등과 무관한 영역(conflict-free sphere)'이라는 개념을 이런 통합적 관점과 상충하는 것으로 해석한다. Hartmann은 갈등의 결과로 생기는 것이 아닌 자아 기능—예를 들어, 인지기능—이 있다고 말하였고 그것은 유용한 개념이지만, 이처럼 어떤 기능은 '일차적 자율성(primary autonomy)'을 가진다는 Hartmann의 개념에 대해 일부 사람들은 그런 기능이 다소간 고립되어 성격의 다른 부분과 무관하게 작용한다는 뜻이라고 생각한다.

여러 자아 기능이 우리가 믿는 것처럼 서로 연결되어 있다면, 인지 기능은 고립되어 작용하지 않을 것이며, 어떤 식으로든 그렇게 자율적이거나 서로 연결된 것에서 무관하지 않을 것이다. 인지 기능이 갈등과 관계없이 발달한다 하더라도, 이 능력이 가장 잘 출현하려면 (적당하고 적절한 감각 자극이 들어 있는) 적당한 보살핌과 욕동 발달이 있어야 하며, 그렇더라도 후기의 갈등 때문에 손상받을 수 있다. 인지 기술이 향상되면 쾌락을 주지만, 점차 더 정교해져서 욕동과 기타 위압적인 욕구를 채우는 데에도 쓰인다. 이처럼 정동도 갈등에서 생기는 것은 아니지만, 나중에 갈등과 관련해서 위험을 알리는 신호 기능을 맡는다. 기능들의 상호연결성을 강조하게 되면 어떤 기능이 갈등에서 생기며 어떤 기능이 갈등과 무관한가 하는 논쟁은 별 의미가 없다. 그 대신 욕동, 자아 기능, 환경 요소들이 발달 과정 동안 상호작용하며 서로에게 영향을 미치는 방식이 중요해진다.

Spitz(1959)의 관심을 끈 것도 자아 기능의 통합과 조직에 관한 그런 의문들이었다. 앞서 기술했듯이, Spitz는 별개의 과정이 연결되어 질서 있는 단위를 형성하게 되면, 자아가 더 통합되고 구조화된 것을 반영하는 어떤 패턴이 나타난다고 생각했다. 그렇게 되면 구조화의 연속적인 각 단계에서, 경험에 대한 반응은 서로 관계없는 별개의 구성과정에 관한 것이 아니라 단위 전체의 통합된 기능에 관한 것이 될 것이다.

Spitz는, 새로 출현하는 정동과 행동은 점차 조직의 일관성이 커지고 조직이 변하는 것을 시사한다고 했는데, 우리는 그 제안이 자아 발달의 순차적인 단계를 이해하는 데 유용하다는 것을 알게 되었다. 따라서 우리는 이 장을 그의 도식을 근거로 구성하겠다. Spitz 자신은 생후 첫 2년에만 관심이 있었지만, 발달상의 변화는 청소년기 동안에도 눈에 띈다. 이 때문에 우리 중의 한 사람(P. Tyson, 1988)은 정신 조직자에 대한 Spitz의 도식을 최소한 오이디푸스 콤플렉스까지 유용하게 연장할 수 있다고 제시한 적이 있는데, 이제 우리는 그의 도식을 잠복기와 청소년기까지 연장할 것이다.

우리는 새 정동 표현과 새 행동의 출현을 자아의 조직, 복잡성, 일관성에 점진적 변화가 있다는 지표로 사용할 것이다. 우리가 논의할 지표들은 사회적 미소, 낯선 사람에 대한 고통, 몸짓과 말을 통한 거부증, 갈등의 내재화에서 오는 불안과 수치심, 자기 위로 반응과 신호로서의 정동 사용을 동반한 리비도적 대상 항상성, 유아 신경증과 죄책감, 잠복기 통합과 함께 나타나는 근면성에서의 즐거움, 청소년기의 정신 내적 변화를 알리는 정동의 불안정, 그리고 본능적 충동과 고태적 초자아 지시에 대한 자아 우위를 반영하는 청소년기가 끝나갈 때의 기분 안정성 등이다.

이 시점에서 약간의 주의가 필요할 것 같다. 확실히 자아는 가설적이고 비경험적인 개념인데도, 항상 인격화하려는 유혹을 받게 된다. 만약 우리가 때때로 이드, 자아, 초자아를 다투고, 협상하고, 합의하고, 만족을 방해하는 등으로 언급한다면, Anna Freud가 한때 말했듯이, "그냥 그런 척한다"고 이해해 주길 바란다. "그 순간 자아라는 개념을 의인화하는 것에 대해, 자아는 문제 삼지 않을 것이고 …… 자아가 문제 삼는 것은 의식되는 내용일 것이다."(Sandler & Freud, p.33)

미분화기

생의 시작은 '미분화(undifferentiated)' 시기(Hartmann, Kris, Loewenstein, 1946) 혹은 '비분화(nondifferentiation)' 단계(Spitz, 1959)로 명명되었다. 왜냐하면 이드와 자아가 정신 체계로서 작동한다거나 쾌락과 불쾌의 구별이 있다는 추론을 입증할 관찰이 없었기 때문이다. Hartmann(1939)은 환경에 대한 유아의 '전적응(preadaptiveness)' 상태가 정신 내적 조직의 지배를 받는 것이 아니라 주로 생리적 욕구와 환경에서 오는 정동적 그리고 감각적 피드백의 영향을 받는다는 것을 알았다.

여러 학문 분야의 최근 연구 결과는 유아를 보는 우리의 견해에 변화를 가져왔고, 유아에게 가능한 전적응성에 대하여 우리의 지식을 넓혀 주었다. 백지상태(tabula rasa)이거나, 혹은 일차 자기애(Freud, 1914)나 '정상 자폐기(Mahler 등, 1975)'가 계속되어 '윙윙거리는 혼동의 바닥(bed of buzzing confusion)'(W. James, 1890)일 거라고 여겨졌던 것과는 반대로, 신생아는 능동적이고, 자극을 추구하며, 인지적으로 유능하고, 사회적으로 상호작용한다. 신생아는 복잡한 조직을 가지는데, 그 조직은 내인성으로 결정된 행동으로 이루어지며, 이 행동들은 체계를 조절하고 생리적 항상성을 유지하는 기능을 한다.

신생아는 심리적으로 기능하는 방향으로 꾸준히 발전하지만, 아직은 자아에 대해 행동을 조절하며 심리적으로 작동하는 체계라고 말할 수 없다. 신생아가 타고나는 고도로 조직된 행동 목록은 아이의 내적 상태의 동조화(synchronization)와 관계있다.(Emde, 1980c; Sander, 1983) Spitz와 그의 동료가 강조했듯이, "본성이 환경에 대응하는 생리적 방법은 정신이 하는 방법과 같지 않다."(Spitz, Emde, Metcalf, 1970, p.433)* 이 초기의 통합하는 동조화는 어머니-유아 간의 상호성이라는 정동적 분위기에 의해 촉진되며, 이것은 결국 적절히 '조율(attunement)'(Stern, 1984)된 어머니와 온전한 유아에 의해 가능해진다. 이 동조를 생리적 기반으로 하여 합성하는 자아가 출현한다. 그러나 예를 들어 (생리적 장애, 어머니-유아 간 동조의 붕괴, 욕구 만족의 반복적인 지연이나 불충분 중의 어느 것 때문이든) 생체의 고통이나 강한 긴장 상태 때문에 이렇게 통합하고, 조절하고, 동조하는 기능이 압도당하면, 자아 기능의 여러 결함이나, 조직하고 합성하는 자아의 능력에서 결핍, 조숙함, 불균형이 올 수 있다.(Spitz, 1959; Sander, 1962, 1969; Spitz & Cobliner, 1965; Sander 등, 1970; Weil, 1970, 1978)

James(1960)는 생후 첫 3개월 동안 계속해서 수유를 충분히 받지 못했던 여아의 발달에 관해 기술했는데, 이것은 조숙하지만 균형을 이루지 못한 자아 발달의 예이다. 이 유아를 주로 보살폈던 보모는

---

* 출생 시에 작동하고 내인성으로 정해진 이런 기능들의 복잡성 때문에, Stern(1985)은 미분화기라는 생각에 반대한다. 신생아는 안과 바깥, 즉 자기와 타인을 지각하여 구별할 수 있기 때문에, 출생 시에 어떤 형태의 핵심 자기(core self)가 틀림없이 있다고 Stern은 생각한다. 그러나 Mandler는 지각해서 구별하는 능력에 표상이라는 개념적 형태가 필요 없다고 지적한다.(1988, pp.117-118) 지각 혹은 보이는 것과 개념 혹은 생각되는 것 사이에는 큰 차이가 있다. 자기에 대한 원초적 개념, 혹은 자기감조차도 개념이 필요하다. 게다가 우리는 자아가 행동을 조절하는 정신적 체계라고 보기 때문에, 자아는 생리적 상태의 조절로부터 진화하지만 그것과 같을 수는 없는 어떤 것이라고 이해한다. 따라서 Hartmann이 생각했던 정도의 미분화는 아니라도, 미분화기라는 개념은 여전히 유용하다고 생각한다.

정해진 시간표에 따라 수유하였고 수유 전에 냅킨으로 유아의 손을 묶었다. 유아는 과도한 경계상태에다 긴장해 있고 예민해 보였으며, 만성적으로 굶주리고 불안한 상태에서 냅킨으로 묶인 손을 입에 넣었다. James는 그 후 수년간 이 아이의 발달을 추적하여 여러 영역에서 조숙성과 불안정을 관찰했는데, 그것을 초기 경험의 파괴적인 영향 때문이라고 보았다. 3개월 때 차분한 상태의 아기 표정은 당황하거나 낙담하거나 우울하게 보인다고 묘사되었다. 이것은 자극에 과민한 상태와 교대로 나타났다. 8개월 무렵에 그 아이에게는 사람을 끌어당기는 뭔가가 있었는데, James는 그것이 대상 갈망(object hunger)을 시사한다고 생각했다. 첫 걸음마를 시작할 때부터 유아는 미세한 운동장애가 있었지만 흔치 않은 정신적 적응성을 보였다. 2세 때는 학교에 다니는 언니를 모방하여 알파벳을 독학하면서 읽고 쓰려고 노력하였으나, 운동 능력에서는 늦되는 경향이 있었다. 5세 때에는 자신이 접촉하는 다른 사람들의 태도, 자세, 관심사를 흉내 내어 매력적인 '대중적 성격'을 발달시켰지만, 정동이 빠져 있었다. 8세 때에 그 아이는 모직 페티시(fetish)를 가졌는데, 엄지손가락을 빨면서 모직 이불로 자신의 손을 감싸고, 이불을 깨물어 뜯었으며, 뜯은 모직으로 코와 윗입술을 간질였다. 이것은 그 아이가 유아 때에 냅킨으로 묶인 손을 빨았던 방식을 연상시켰다. James는 초기의 정신적 외상이 된 수유 상황과 대리모에 의한 양육이 적절한 대상관계의 형성을 방해하였고, 이런 방식으로 아이의 성격 통합이 잠식되었으며, 그 결과 심한 자기애적 장애를 낳았다고 결론 내렸다.

사회적 미소

Spitz(1959)에 따르면 정신 조직화에서 식별할 수 있는 첫 번째 변화는 2~3개월 사이에 일어나며 그 증거는 사회적 미소의 출현이다. (정동을 논할 때 말했던 것처럼, 더 초기에 나타나는 '내인성' 미소는 다른 특징을 가졌으며, 사회적 상호작용과는 관계없다.) 사회적 미소는 타고난 능력을 넘어선 전진을 뜻하며, 외부 자극에 대해 반응함을 의미한다. 어머니는 미소에 자극받아서 아기를 더 자극하게 되고, 곧 이 미소를 가장 잘 유도하는 사람이 된다. 그 후 나중에 이루어질 의사소통의 기초가 되는 대화가 출현하면서 이 미소 짓는 반응은 신호 교환의 일부가 된다. 또한, 미소 짓는 반응은 예견하는 능력이 나타남을 시사하며, 어머니-유아 간 상호작용에서 중요한 역할을 하게 된다.

초기의 어머니-유아 간 상호작용에서 많은 부분이 영양과 관계없이 즐겁게 빨거나 놀면서 수유를 경험하는 것이다. 이런 활동에 내재한 즐거운 경험을 반복하려는 유아의 욕구는 이드와 자아의 분화를 가져오고, 동시에 유아의 구강 쾌락에 심리적 의미가 생기면서, 원시적 동기체계의 일부, 결국 이드의 일부를 형성하게 된다.(Loewald, 1978)

게다가 유아는 수유 이외의 장난스러운 상호작용을 경험하게 되는데, 이런 경험이 자기-조절적 자아 기능의 구조화에 점차 중요해진다. 처음에는 대부분 어머니가 상호작용을 조절한다. 이런 상호작용에서 만족과 좌절이 적절한 균형을 이루게 되면, 유아는 어머니의 조절하는 기능을 더 잘 내재화하고 동일시한다. 그러나 앞서 언급했듯이, 여러 연구가 말해 주는 것은 사회적 미소가 상호작용을 위한 준비가 되어 있음을 뜻한다는 것이다. 즉, 유아는 상호교환을 기대하며 어느 정도 그것을 조절할 수 있는 것이다.(Brazelton 등, 1974; Stern, 1974b, 1977; Beebe & Stern, 1977; Tronick 등, 1977; Beebe, 1986) 그래서 우리는 어머니-유아 간 상호작용이 자아 발달에 크게 이바지한다고 생각한다.

Mahler가 공생적(*symbiotic*)이라는 단어를 사용한 것은 이 시기에 적절한 정동적 관계를 강조한다. 즉, 어머니와 유아가 '조화를 이루는(in tune)' 것이다. 만약 이 동조가 이루어지지 않거나, 혹은 어머니와 갑작스럽게 분리하는 것, 배고픔이나 빨기 욕구 충족의 지나친 지연, 신체적 학대와 같은 극심한 고통을 유아가 겪게 된다면 정신적 외상을 입게 된다. 다시 말해, 이런 상황들은 확실한 외상적 상황—흥분의 축적이나 강한 자극에 직면하여 (출현하는) 자아가 무력감을 경험하는 상황—이 된다. 이런 외상적 상황에는 결핍되어 있거나, 불안하거나, 불안정하고 예측할 수 없는 환경에 노출되는 것, 배고픔이나 빨기 만족이 만성적으로 좌절되거나 지연되는 것, (선천성 정형외과 질환으로 치료받은 유아의 경우처럼) 운동과 운동감각 표현의 좌절 등이 있는데, 만약 이런 고통이 지속되면, '긴장성 외상(strain trauma)'(Kris, 1956, p.224)이나 '누적 외상(cumulative trauma)'(Khan, 1963)이 미치는 영향 때문에 자아 조직화, 욕동 분화, 대상에 대한 애착이 파괴되거나 왜곡될 수도 있다. 결과적으로 유아는 과도한 불안과 분노 중 하나 혹은 둘 다를 느끼기 쉬운 성향으로 될 수도 있다.(Greenacre, 1941; Weil, 1970, 1978) 또한, 원초적 자기-조절 기능이 약해져서, 자아 발달이 조숙하거나 지연되거나 균형이 맞지 않을 수도 있다.(Bergman & Escalona, 1949; A. Freud, 1967; Call, 1983)

미숙아였던 조이는 태어나자마자 4주간 입원해 있었다. 4개월 때는 성장장애 증후군으로 다시 입원했다. 조이의 유아기는 많은 질병과 방임 학대로 점철되었다. 3세 8개월 때 조이는 아직도 단어를 합쳐 문장을 만들 수가 없었고, 정신연령은 2.9세(Stanford Binet 검사의 I.Q. 64수준) 정도로 기능했다. 더구나 조이는 공격적이고 제멋대로여서 조이의 어머니는 가죽끈과 채찍으로 조이를 통제하였다. 여러 유전적, 사회경제적 요소를 고려해야겠지만, 조이는 취약한 생리적 상태와 아이의 특별한 요구에 맞추지 못하는 어머니의 무능력이 합쳐져서 어머니에 대한 애착 형성이 어려운 아이가 된 것 같다. 상호성의 실패가 탐색하려는 힘을 잠식하고 출현하는 인지 기능과 합성 기능에 문제를 일으켜 심각한 발달상의 장애를 일으킨 것이다.

출현하는 자기감을 논할 때 기술했듯이, 3개월에서 6개월 사이에 유아는 자신에 관한 아주 기본적이지만 지속적인 개념이 발달한다는 신호를 보인다. 곧이어 '원시적인 자기 느낌(primitive self-feeling)'이 있는 것으로 추측된다.(Mahler & Furer, 1968) 여러 운동감각, 촉각, 시각, 후각 등이 운동 능력, 인식 기억과 결합하여 신체상(body image)을 형성하는데, 이렇게 결합하는 것은 합성하고 통합하는 자아 기능의 초기 예이다.(Hoffer, 1949, 1950b; Greenacre, 1969) 실제로 프로이트도 똑같은 제안을 했는데, "자아는 무엇보다도 먼저 신체 자아다."라고 말하여(1923a, p.26) 혼동의 원인이 되기도 했지만, 이 말 속의 자아가 정신 체계를 의미한다고 읽는다면 분명해질 것이다. 이것은 조직하는 체계가 아닌, 경험하는 자기감을 의미하는 예 중의 하나일 것이다. 만약 우리가 그 구절을 다시 번역하여 "자기감(sense of self)은 무엇보다도 먼저 신체 자기다."라고 읽는다면, 그것은 신체 감각이 합쳐지면서 자기감이 처음 출현한다는 의미가 될 것이다.

낯선 사람에 대한 고통

자아 조직화에서 두 번째로 중요한 발달상의 변화는 7~9개월 사이에 일어난다. 지각, 기억, 사고 과정(수단과 목적의 연결), 이동 능력, 판단이 점차 통합되는 과정에서, 낯선 것에 대한 공포와 고통이 갑자기 나타난다. 유아는 아는 사람과 모르는 사람을 구별하게 되면서, 이제 낯선 사람을 만나면 무서운 어떤 것을 예상하며 고통을 표현하는 능력이 생긴다. 또 이제 어머니가 안심시켜 주거나 경고할 때 그것을 받아들이는 능력도 생긴다.

Spitz(1959)는 이런 불편감의 출현을 어머니가 '고유의 리비도적 대상(libidinal object proper)', 즉 다른 누구보다도 선호하는 사람이 되었다는 정동적 지표로 보았다. 어머니가 리비도적 대상으로 확립되는 것은 자아 발달을 위해 중요한데, 이 시기에 어머니가 사회적 참조자로 기능하기 때문이다. 이제 유아는 (정동에 관한 토론에서 기술했던) 안전이나 위험의 신호가 된 어머니의 정동 표현에 반응하며, 이런 방식으로 어머니는 새로운 자극에 유아가 적응하는 반응을 하도록 이끌어 주고 영향을 미친다. 안심시키는 어머니의 정동 신호는 유아의 자기조절 기능을 격려하고 적응하는 탐색을 하도록 북돋우며, 이것은 지적인 지평을 넓히는 데 필수적이다. 게다가 위험 상황에서 어머니가 적절하게 개입하는 것은 파괴적인 공포로부터 유아를 보호하는 동시에 유아의 방어가 점진적으로 발달하여 신호 기능을 사용하도록 최적화시켜 준다. 결국, 자아의 합성하고 조직하고 조절하는 기능은 위험을 피하려는 신호로서 정동을 사용하고 방어를 가동하는 등 그 자체 활동의 도움을 받을 것이다.

몸짓과 말에서 나타나는 거부증

발달상 그 다음 변화가 왔다는 정동적 지표는 15~18개월에 나타나며, 몸짓과 말로 '싫어'라고 표현하는 거부증이 출현하는 것이다. 이 단계의 발달상 재조직은 언어와 언어에 동반된 표상적 사고와 상징 조작의 능력을, 정신적으로 표상되고 성별이 구별된 자기감과 타인감에 연결하는 것을 포함한다. 이런 연결을 통하여 자기반성과 타인을 고려하는 능력이 출현하고 방어 능력이 시작된다.

Spitz(1957)는 이것을 설명하면서, 몸짓과 바로 이어서 '싫어'라고 말하는 것은 언어를 유용하게 쓰기 시작했다는 것을 시사하며, 유아가 의사소통으로 행동을 대신하는 최초의 예라고 생각했다. 일단 언어를 사용하게 되면, 언어는 독립적으로 기능하는 힘을 길러 준다. 즉 언어는 의사소통을 가능하게 할 뿐 아니라 사고 과정과 정신 작용을 조직한다. 언어는 생각하고 조직하고 반성하고 숙달하는 도구가 된다. 그에 따라, 자기는 남성 혹은 여성이고, 어머니와 별개이며, 전능하기보다 작고 의존적이라는 인식이 나타나기 시작한다. 게다가 인지를 논할 때 말했듯이, 말은 정신적 현실이라는 내부 세계와 객관적 현실이라는 외부 세계를 구별하기 시작했다는 추론을 가능하게 한다. 그래서 걸음마기 아이는 소원과 간단한 환상을 만들어 내고 이것들을 외부 세계의 요구와 구별하기 시작한다. 이런 구별에 대한 인식 때문에 이제 외고집, 거부증, 양가감정, 그리고 대상관계 발달에 따른 갈등과 복잡성이 나타나는 시기가 열린다.

Spitz는 또한 유아가 몸짓과 말로써 '싫어'라고 하는 것은 공격자에 대한 동일시이며, 따라서 방어 기제라고 믿었다.* 자아 발달에서 주목할 만한 전진은 방어 기제의 사용에서 뚜렷이 나타난다. 발달의 더 초기 단계에서는 방어 기제를 유발하는 사건을 정확하게 지각하고 돌아보고 통합하는 데 필요한 내적 구조가 아직 발달하지 않는다. 부정, 도피, 회피를 시사하는 반응이 분명히 있지만, 이러한 반응의 근거는 사회적 참조자로 이용된 어머니다. 즉, 유아의 반응은 그 상황에 대한 어머니의 평가를 나타내는 정동 신호에 근거한 것으로, 자신의 내적 평가에 근거한 것이 아니다.(Stolorow & Lachmann, 1978; Fraiberg,

* 방어 기제는 정상 발달의 필요한 부분이며 그 자체가 병리적인 것은 아니다. 일부에서는 병리적 수단이 아닌 방어와 병리적인 수단으로 쓰이는 방어를 구별하기 위해 '대처 기제(coping mechanism)'라는 말을 선호한다.

1982; Wallerstein, 1983) 정신적 능력에 표상 지능이 갖추어지면, 이제 걸음마기 아이는 사건을 돌아보면서 자신의 내적 평가에 따라 방어 기제를 동원할 수 있다. 아이들이 사용할 수 있는 방어 기제는 공격자와의 동일시, 반복, 수동에서 능동으로의 전환 등이 있는데, 이것들은 환상 생활과 상징 놀이가 시작되면서 비로소 가능해진다. 부정, 도피, 회피 또한 흔한 초기 방어들이다.

언어의 출현은 발달을 촉진하며, 따라서 자기와 대상, 남성과 여성, 사랑과 미움, 의식과 무의식, 일차 과정과 이차 과정이 더 분화하게 된다. 표상 지능과 방어 기제가 기능하는 것을 통해, 자아 내부의 통합과 조직화의 진전을 추측할 수 있다. 이런 발전은, 자아 형성의 다음 단계이자 초자아 기능의 시작으로 볼 수 있는, 갈등의 내재화를 위한 토대가 된다.

갈등의 내재화 : 초자아 형성

24~30개월 무렵에 불안과 수치심이 출현하는 것은 갈등이 내재화되면서 초자아 형성이 시작된 것을 시사한다. 초자아 기능이 최종적으로 확립되면 안정적인 대인관계와 정신 내적 조화가 가능해진다. 앞서 기술했듯이, 일단 표상적 사고 능력이 가능해지면 초자아 형성의 초기 단계가 시작되는데, 이것은 부모의 규칙과 훈계에 대한 정신적 표상 형성에서 분명해진다. 그러면 권위의 소리는 외부뿐만 아니라 내부에도 있게 되고, 갈등은 점차 내면화된다. 즉, 내적 지시와 내적 소원이 서로 갈등을 빚게 된다. 상충하는 소원 때문에 불안이 생기며, 욕동의 표현 후에 수치심이 뒤따르는 것을 종종 볼 수 있다. 이처럼 초자아가 형성되면 자아의 통합하고, 조직하고, 조절하는 기능에 대한 요구가 많아지므로, 초자아가 형성되기 시작했다는 것은 자아

기능이 발전했다는 뜻이다.

따라서 초자아 구조화의 초기 단계를 반영하는 갈등의 내재화는 또 다른 수준의 자아 조직화가 이루어졌음을 시사한다고 우리는 제안한다. (정동을 논할 때 기술했던, 낯선 사람에 대한 고통과는 다른) 불안과 (외부의 비난에 대한 반응으로 생기는 후회, 당혹감, 굴욕과는 다른) 내부의 비난에 대한 반응으로 생기는 수치심은, 이 새로운 수준의 정신적 조직과 통합을 시사하는 정동 표현들이다.

약간의 상세한 설명이 도움될 수도 있겠다. 상징적 사고는 감정을 생각에 연결할 수 있게 한다. 그때 정동은 여러 측면을 가진, 즉 복합 구조로서의 심리적 경험을 나타낸다. 이 복합구조는, 정동을 논할 때 기술했듯이, 동기 유발적, 신체적, 표현적, 의사소통적, 정서적, 관념적 요소들이 서로 연결된 것이다. 상징화는 또한 자기반성을 가능하게 하므로, 걸음마기 아이는 어머니가 자신의 안녕을 지켜 주는 근원이라는 것을 알게 되는 동시에 어머니의 사랑에 조건이 있다는 것도 알게 된다. 이제 대인관계의 갈등은 무서운 결과를 가져오는 환상들과 결합한다. 아이는 프로이트(1926)가 개략적으로 그린 모든 위험 상황을 상상하고 무서워할 수도 있다. 내적 소원과 외적 요구 사이의 갈등을 인식할 때 생기는 감정적 격동은 위협적이며, 아직은 비교적 약한 합성하고 조절하는 자아 기능을 잠식할 수 있다. 공격성의 조절과 관리는 분명히 둘째 해에 이루어야 하는 중요한 발달상의 주제로서, 아이의 공격성의 대상과 걸음마기 아이의 미숙한 자아 둘 다 시련을 맞게 된다.(Mahler, 1972b) 이 시기의 배경을 이루는 단계에 고유한 갈등은 초기 정신 발달 단계의 미숙한 자아와 아직 길들지 않은 이드 공격성 간의 대립이 그 특징이다.(Loewald, 1974; Ritvo, 1974; Settlage, 1975, 1980) 갈등을 해결하려고 노력하는 동안에 반동 형성, 취소, 외재화, 축약, 전치, 투사, 정동의 역전, 자신에 대한 공격성 등 더 다양한 방어가 나타남을 알 수 있다. 이런 방어들이 성공적이지 못할 때, 적대적 공격성은 항문 성애와 합쳐지는 경우가 많고, 가학피학적 상호작용과 성격 경향이 나타나서 지속할 수도 있다.(예, Galenson, 1986)

어머니와 걸음마기 아이 간의 발달상 갈등은 딜레마를 가져온다. 걸음마기 아이는 어머니가 계속 사랑해 주기 바라면서 동시에 그 사랑을 상실할 위험이 있는 본능적 만족을 원한다. 걸음마기 아이는 양립할 수 없는 감정이 동시에 생기는 것을 못 견디기 때문에(McDevitt & Mahler, 1980; Settlage, 1980), 어머니의 규칙에 순응하여 그것을 내재화함으로써 어머니의 사랑을 보장받는다. 이렇게 되면 걸음마기 아이의 소원과 어머니의 소원 간의 발달상 갈등은 정신 내적 갈등으로 변한다.

삶의 다른 영역도 예외는 아니지만, 대소변 가리기는 이런 사건들이 뚜렷이 펼쳐지는 무대이다. 어머니의 소원과 걸음마기 아이의 소원이 충돌하면서 대소변 가리기는 시작되는데, 잘 순응하면 자부심과 성취감을 공유하지만, 거부하고 다투게 되면 분노와 불행감이 뒤따른다. 적절하게는, 순응함으로써 내사물을 형성하고 나중에 그 내사물을 동일시하게 되어, 대소변 가리기에 대한 어머니의 기준이 유아 자신의 것이 된다. 그런 초기의 초자아는 어머니의 위협하고 처벌하는 기능을 일부 맡게 되어, 유아기 아이는 '실수'했을 때 수치심을 느낀다. 즉시 이용할 수 있는 변기가 옆에 없으면 불안해지고, 냄새나거나 더러운 것이 주위에 있어도 반동 형성으로 불안해할 수 있다. 불안과 수치심이라는 새로운 정동은 대상이 보내는 신호 반응이나 처벌 반응과는 무관한 것으로, 정신 구조화가 이만큼 진행했다는 지표가 된다.

적절한 경우라면, 어머니에 대한 동일시는 일관되게 조직하고 조절하고 조화시키는 어머니의 기능을 동일시하는 것을 포함한다. 이런 동일시는 어린아이의 자아 능력을 향상시켜 갈등과 고통스러운 감정을 적응적으로 다룰 수 있게 한다. 그리하여 본능적 쾌락에 관한 부모의 태도를 동일시함으로써 새로운 수준의 자기조절과 자기 통제가 가능해진 아이는 항문기 과제를 성공적으로 숙달하고, 이제 자부심, 숙달의 즐거움, 더욱 자기-조절적인 자존감을 갖게 된다.

내사물과 이상이 형성되면 정신 내적 갈등이 생길 가능성은 커지지만, 그것은 또한 대인관계의 조화를 회복하게 하는 도구가 되고, 자기를 조절할 수 있는 새로운 잠재력을 키워 준다. 자아의 이런 조절하고 통합하는 노력은 이제 초자아 기능에 의해 강화되고, 새로운 방어들은 어린 소아가 강한 리비도적 충동이나 공격적 충동에 대처하도록 돕는다. 불안과 수치심 같은 정동이 표현되는 것은 발달의 이런 진행을 알려준다.

리비도적 대상 항상성과 신호로서의 정동

만약 모든 것이 순조로우면, 대략 30~36개월 사이에 아이는 어느 정도 유용한 리비도적 대상 항상성을 획득한다. 즉 아이는 어머니의 돌봄 기능을 잘 내재화하여, 어머니가 잠시 자리를 비울 때 위로, 활력, 사랑을 얻기 위해 어머니에 대한 자신의 정신적 표상에 의지할 수 있게 된다. 우리는, 자신의 정동을 신호로 여겨서 이용하며 스스로 위로하고 조직하며 보호하는 방식으로 반응하는 것은, 발달이 이렇게 진행했다는 정동적, 행동적 지표라고 제안한다.(P. Tyson, 1988)

따라서 어머니는 아이가 정동을 신호로 사용하도록 도와줌으로써 아이의 자아 기능에 중요하게 이바지하는 것 같다. 우리가 대상관계와 정동에 관련하여 토의했듯이, 정동을 신호로 사용하는 것은 유아의 정서적 표현에 대해 어머니가 지속적으로 위로하고, 조화를 이루고, 조절하고, 조직하는 반응을 보임으로써 시작된다. 그때 어머니를 동일시하는 것에는 정서 표현에 대한 어머니의 반응을 동일시하는 것도 들어 있다.

이렇게 보면, 어린아이가 어느 정도 리비도적 대상 항상성을 획득한다는 것은 아이가 자아 발달에서 중요한 한 걸음을 내디뎠다는 뜻으로, 정동적 신호에 반응하는 어머니의 기능이 이제 내재화된 자아 기능이 된 것을 의미한다. 만약 그렇다면, 아이는 정동을 더 잘 감지하고 평가하여, 적절한 방어를 이용하여 감당할 수 있을 정도로 정동을 제한할 수 있다. 그렇게 함으로써 자기조절을 잘하게 되고 더 자주 자기통제가 가능해진다.

그 결과, 갈등에 수반되는 불안이나 다른 감정을 더 쉽게 조절할 수 있기 때문에, 양측 모두 무언가 포기해야 하는, 대인관계상의 혹은 정신 내적인 갈등에 대한 내적 타협(Loewald, 1974)이 더 자주 이루어진다. 그럴 때 이루어지는 타협에는 숙달의 즐거움이 따르며, 보통 대상에게서 강화를 받게 된다.

8장에서 언급했던 조니의 증례에서 또 다른 예를 들어 보자. 어느 날 조니는 분석가에게 분노를 터뜨린 후, 강도에게 붙잡혀 감옥에 갇혀 있고 불쌍해 보이는 남자를 그렸다. 그러고는 경찰이 강도를 체포하여 감옥에 집어넣고 그 남자를 풀어주어 이제 남자는 행복해졌다. 임상 자료는 늘 다양한 해석이 가능하다. 예를 들어, 조니가 겪는 분노 발작 조절의 어려움은 구조적 결함을 반영하는 것일 수도 있다. 혹은 경찰과 강도에 대한 환상은 좋고 나쁜 어머니 혹은 아버지 표상이 통합되지 않은 증거일 수도 있다. 혹은 조니의 슬픔은 전이 속의 분석가가 충분한 공감적 보살핌을 주지 못해서 생긴 자기애적 손상을 반영하는 것일 수도 있다. 이런 모든 해석이 가능하지만, 한편으로 조니가 자신에 대한 경험뿐만 아니라 공격적 욕구 때문에 생긴 갈등을 기술하는 것으로도 보인다. 조니는 자신이 '강도 느낌'이라고 부르게 된 본능적 욕구를 조절하지 못하였고, '경찰관 느낌'으로부터 충분한 도움을 받지 못했기 때문에, 분석가를 포함하여 자신에게 중요한 사람과의 관계를 위태롭게 할 뿐 아니라 심각한 자존감 저하로 고통받고 있었다. 또 조니의 그림에는, 대인관계뿐 아니라 내면의 조화를 유지하기 위해 본능적 욕구를 감시하고 다스리는, 효과적 내적 통제를 발달시키려는 시도가 들어 있다. 이런 주제들을 해석하자 조니는 종이비행기를 접어서 분석가에게 던지는 척하는 것으로 반응하였고, 던지는 대신 웃으면서 "내 경찰이 나를 세웠어요!"라고 말했다.

아이의 불안 상태에 대해 어머니가 조절하고 위로하고 조직하는 반응을 아이가 내재화하는 것은 자아 강도와 안정성의 증진에 도움이 된다. 이것은 아이가 갈등과 그에 수반하는 감정들을 견디는 능력이 향상되는 것으로 나타난다. 오이디푸스기 갈등이 생겼을 때 해결이냐, 퇴행이냐, 일탈이냐가 정해지는 것은 아이의 자아가 그 갈등과 관련된 정동들을 어떻게 신호로서 잘 이용하여 방어와 타협을 이끌어 내는가에 달려 있다.

(앞서 토의했던 조니와 비교하여) 수지의 증례에서 또 다른 예를 들어 보자. 어느 날 수지는 신데렐라가 되어 요정대모가 자신에게 멋진 드레스를 주고 무도회에 가서 왕자와 결혼하게 도와준다고 상상하였다. 환상 속에서 수지는 흥분하여 눈을 반짝이며 들뜬 태도를 보였다. 그러다 갑자기 죄책감을 느끼면서 자기-비난을 투사하여, 자신의 분석가가 사악한 계모가 되어 신데렐라를 죽이고 대신 왕자와 결혼할 거라고 상상하였다. 불안에 압도되는 수지의 경향 때문에, 갈등에 대응하는 내재화와 내적 타협이 지연되었고, 그래서 수지는 소원이 좌절될 때마다 어머니를 조종하려고 애쓰면서 분노발작을 터뜨렸다. 그러다 보니 오이디푸스기 소원 앞에서는 퇴행과 일탈만이 유일한 선택

이었는데, 수지판의 라푼젤 이야기에서 이것을 볼 수 있다. 수지는 자신이 라푼젤이라고 상상하였고, 왕자가 준 사탕이 마녀가 먹으라고 주었던 뼈나 쥐보다 훨씬 더 좋다고 마녀에게 말하면서, 마녀를 정말 나쁜 엄마라고 놀렸다. 전래동화에서처럼 마녀는 경쟁자에 관한 이야기를 듣자 격분하여 라푼젤의 머리카락을 자른 후 사막에 추방하고는 왕자의 눈을 멀게 하였다. 그러나 라푼젤이 눈먼 채 사막을 헤매는 왕자를 발견하고서 자신의 눈물로 왕자의 시력을 찾아 주었을 때, 수지판 동화의 수지-라푼젤은 진짜 어머니를 찾기 위해 왕자를 포기하였다. 그 어머니는 유아기의 잃어버린 어머니, 상상 속에서 모든 것을 주고 양육하는 어머니이다.

수지와 같은 아이들은 신호 기능을 내재화하지 못하고 자기조절적 반응을 할 수 없다 보니, 반복해서 파괴적 정동에 압도되기 쉬운 상태로 남게 된다. 자기애적 증후군과 경계성 증후군을 포함한 많은 병리적 결과물에서, 그렇게 해서 생긴 구조상의 결함을 볼 수 있다.

우리의 이런 언급과 이런 임상 증례들은 아이의 자아 발달에서 어머니의 역할을 지나치게 단순화하는 경향에 대한 Hartmann(1952)의 경고와 연관이 있다. Hartmann은 어머니-아이 간 관계가 좋아 보이는데도 아이가 반복해서 격렬한 정동에 휩싸이고, 불안을 신호로 이용하지 못하며, 어머니를 보조 자아로서 계속 의지하고 지내는 경우들을 지적하였다. 그리고 어떤 경우든 관계의 적절성에 관한 판단은 아이의 자아 기능에 관한 평가를 포함해야 한다고 제안했다.

오이디푸스 콤플렉스와 유아 신경증 : 죄책감

정신성 발달의 유아 성기기에 몰입하게 되는 것은 어린 자아에게 추가적인 도전이다. 성 정체성 과업과 자기애적 관심 때문에 아이는 이상화된 동성 부모를 새로 동일시한다. 이런 동일시는 오이디푸스 콤플렉스로 가는 길을 열어 주며, 오이디푸스 콤플렉스는 그에 수반하는 환상, 공포, 자존심의 동요와 함께 전형적으로 갈등을 불러일으킨다.

오이디푸스 갈등에는 가능한 많은 변형이 있는데, 아이는 리비도적이고 공격적이며 그 외 위압적인 욕구들을 충족하기 위해, 충동 조절 수단을 얻기 위해(Lustman, 1966), 출현하는 초자아 기준에 맞추기 위해, 자기애적 가치가 부여된 성 정체성을 강화하기 위해, 충족되지 않은 환상에 직면하여 자존심을 유지하기 위해 투쟁하기 때문이다. 오이디푸스 갈등에 반응하고 대처하기 위해 자아가 이용할 수 있는 자원들은 이후 아이의 발달에 매우 중요하다.

오이디푸스 콤플렉스는 프로이트가 유아 신경증이라고 불렀던 것의 핵심 갈등을 이룬다.(1909a, 1918) 그 용어는 마음의 특별한 구조와 조직을 말하며, 내재화된 갈등과 초자아가 기능한다는 것이 특징이다. 초자아 발달을 논할 때 기술했듯이, 초자아 형성의 첫걸음은 내사물과 이상을 형성하고 갈등을 내재화하면서 시작된다. 그러나 이런 초기 조각들은 아직 처벌을 집행하고 효과적인 통제를 수행하는, 잘 조직되고 질서 있으며 내구성 있는 체계로 작동하지 않는다. 그러나 아이가 오이디푸스 갈등을 해결하기 위해 부모의 도덕 규칙과 윤리 기준을 동일시하고 이제 내적 기준이 된 이것들을 고수하게 되면 더 많은 내적 타협이 일어나면서, 초자아는 더 질서가 갖춰지고 통합되며 기능적인 체계가 된다. 따라서 갈등의 근원, 죄책감이라는 고통스러운 정동을 통해 처벌하는 근원, 자존심의 근원이 모두 내부에 있게 되어, 외부에서 영향을 미치거나 수정하려고 해도 접근할 수 없게 된다.

그러므로 유아 신경증은 새로운 종류의 통합된 정신 조직을 의미한다. 새로운 정신 조직으로서의 유아 신경증은 이전(전오이디푸스기)의 발달, 현재(오이디푸스기)의 발달, 내적(능동적-수동적, 남성적-여성적) 갈등, 신경증적인 갈등을 단일하고 더 현실 적응적이며 사회적으로 수용할 수 있는 조직으로 구성해 보려는 시도를 나타낸다. 그것은 어린아이가 도달할 수 있는 최고 수준의 정신 조직을 나타낸다.

이를 위해 아이는 대가를 치른다. 프로이트의 꼬마 한스 증례는 가능한 고통의 정도를 보여 준다.(1909a) 프로이트는 비록 유아 신경증이 자기보존의 이익과 리비도의 요구 사이에 일어나는 투쟁의 결과를 나타내고, 그 투쟁에서 자아가 승리하지만, 그 대가는 심한 고통과 포기라고 언급하였다. 프로이트는 "우리가 문명화로 전진하기 위해 치르는 대가는 죄책감이 고조되면서 행복을 잃는 것이다."라고 말했다.(1930, p.134)

유아 신경증에 동반될 수 있는 강렬함과 고통을 콜린의 사례에서 볼 수 있다. 아버지에 대한 콜린의 오이디푸스적 경쟁심은 항상 자신과 어머니 사이를 방해하는 것 같은 형제들에게로 전치되었다. 그런 후에 콜린은 죄책감 때문에 형제들에 대한 죽음 소원을 다른 아이들에게로 전치하였고, 어느 날은 "집에 있는 저 애들만 빼고 세상의 모든 아이를 죽이고 싶다."는 소원을 말하였다. 콜린은 플라스틱 인형을 씹었는데, 우연히도 그 인형은 콜린의 남자 형제와 이름이 같았다. 하지만 그는 형제들에 대한 적개심을 부정하였고, 창문 쪽으로 뛰어가 밖에서 놀고 있는 아이들에게 욕하며 죽이겠다고 소리쳤다. 분석가가 전치를 해석해 주자, 콜린은 "그러면 나는 엄마를 나 혼자만 가질 거예요. 그리고 엄마도 죽일 거예요."라고 반응하였다. 곧 콜린은 불안감에 휩싸였고, 죽음 소원을 분석가에게 전치해서 분석가를 공격하려 하였다. 그렇게 못 하도록 붙잡자 창문 밖으로 뛰어내리겠다는 자기 파괴적 환상을 드러냈다. 분석가는 콜린이 방어 수단으로 공격성을 사용한다고 해석해 주었고, 콜린이 바라는 것은 다른 사람들로부터 사랑받는 것이라고 설명하였다. 콜린은 침통하게 "내 안은 너무 나빠서 아무도 나를 사랑할 수 없을 거예요."라고 대답하면서, "제발 나의 무시무시한 걱정 좀 없애 주세요!"라고 애원하였다.

Anna Freud는 유아 신경증이 심각하여 발달을 방해할 수 있고 고통스러운 증상을 동반할 수도 있지만, 그 기저에 있는 갈등은 정상적이라고 말했다. 그래서 자신의 아버지와 상당히 비슷하게 유아 신경증은 "더 높은 단계의 인간 발달을 위해 지불해야 할 대가"라고 생각했다.(1970a, p.202)

초기 소아기에 유아 신경증이 가지는 중심적 지위 때문에, 그리고 유아 신경증은 자아 기능과 조직에서 현저한 전진을 의미하기 때문에, 우리는 유아 신경증을 여섯 번째 정신 조직자로 정하였다. 이때 자아 조직의 이런 전진을 알리는 관련된 정동은 죄책감이다. (강화를 위해 외부 세계의 도움이 필요할 때도 있지만) 갈등, 인정과 불인정의 근원, 해결을 위한 수단 모두가 이제 거의 내면적이기 때문에, 유아 신경증은 자아가 점차 더 자율적으로, 즉 외부의 지원을 덜 받고 기능함을 의미한다.

잠복기와 근면성에서 오는 즐거움

6~7세가 되면, 잠복기와 관계있는 또 다른 중요한 발달상 변화가 일어난다. 그때의 특징적인 정동은 '근면성에서 오는 즐거움'으로 그것은 아이가 내부와 외부 세계를 최종적으로 숙달하였음을 시사하며, 이런 숙달은 주로 승화하는 능력으로 얻게 되는 성취이다.

프로이트(1905b)는 원래 잠복기가 유아 성욕이 외부로 표현되는 것이 줄고, 욕동 충동을 승화하는 능력이 나타나는 시기라고 기술했다. 오늘날 우리는 또한 아이가 어느 정도 오이디푸스적 갈등을 해결하는 것과 초자아의 영향을 받아 자아의 방어 구조가 재조직되는 것을 포함하고 싶다. 이런 정신적인 성취는 생물학적 나이와 구별되어야 하는데도, 기저의 정신적 변화가 일어났는지는 고려하지 않은 채, 7~11세 아이를 '잠복기 시기의 아이'라고 부르는 경우가 흔하다.

잠복기는 절대 일정하지 않고, 시기에 따라 중요한 과제가 달라지며, 그 기간이 수년에 걸친 것이기 때문에, 이론가들은 이 발달 시기를 세분화하려고 노력했다.(Alpert, 1941; Bornstein, 1951; Williams, 1972; Sarnoff, 1976) 우리는 잠복기를 초기와 후기로 나누어 기술한 Bornstein의 분류를 선호하는데, Bornstein은 아이의 행동에 나타난 자아와 초자아 기능의 변화를 기준으로 삼았다.

인지 기능을 논할 때 기술했듯이, Shapiro와 Perry(1976)는 7세경에 인지적, 신경학적, 도덕적, 사회적, 그리고 성숙 과정에서 오는 기능들 영역에서 중요한 변화가 동시에 일어난다는 것을 발견했다. 구체적인 조작적 사고가 시작되고 이차 과정이 우세해진다. 즉, 일차 과정이 점차 무의식적인 것이 되고 사적 생활에 국한되면서, 이제 합리적 사고와 환상 생활이 더 분명히 구별된다. 그 결과, 태도와 생각은 내면세계의 요구에 영향을 덜 받으면서, 더욱 현실-지향적, 논리-지향적으로 바뀐다. 아이는 사물을 타인의 관점으로 보는 것을 더 잘하게 되어(탈중심화), 타인을 더 객관적으로 평가할 수 있게 된다. 이것은 사회적 인식과 개인적 자각을 촉진하여, 충동적 행동을 줄이는 동기가 된다.

아이가 7세가 될 무렵에는 외부 세계가 더 넓어진다. 학교 활동은 숙달과 창의성을 위한 기회가 되고, 운동, 사회, 지적 활동의 범위를 넓혀 줄 새로운 도전을 접하는 기회가 된다. 더 커진 또래 집단은 조직적인 게임에 열중하는데, 이것은 공격성을 발산하고 초자아 지시를 안정시키는, 사회적으로 허용된 통로가 된다. 그 집단이 대개 규칙을 매우 중요시하여, 가족 이외에도 나이가 같거나 많은 아이를 행동 기준의 모범으로 삼을 수 있기 때문이다. 또 또래와 교사 덕분에 오이디푸스적 소원과 환상을 전치할 기회가 많아지는 것도 잠복기 아이의 방어 목록 범위를 넓혀 준다.(A. Freud, 1979)

욕동의 압력은 잠복기에도 사라지지는 않는다. 많은 아이가 어느 정도까지 자위를 계속하지만, 흔히 자위행위와 그에 관련된 환상은 분리된다. 그럴 때 환상 자체가 욕동 만족의 중요한 통로가 되며, 가족 로맨스 환상과 괴물에 대한 공포에서 알 수 있듯이, 금지된 소원은 상징적 형태로 표현되어 오이디푸스적 주제나 대상으로부터 점점 전치된다.

잠복기 자아의 또 다른 부가적인 과제는 내부 감시자, 심판관, 비평가로서의 초자아에 적응하고 익숙해지는 것이다. 욕동 충동과 다른 위압적인 욕구들이 자아의 조절 기능보다 강하기 때문에, 새로 확립된 초자아는 초기 잠복기에 매우 가혹하고 완고한 경향이 있다. 자기-비난의 고통을 피하려고 아이는 그것을 투사하여 다른 사람들이 자신을 지켜보고 심판한다고 여긴다. 따라서 아이는 자신의 잘못된 행동에 대해 다른 사람을 비난하는 경향이 있다.

초기 잠복기에는 자아의 조직하는 기술이 당면한 과제에 비해 아직 약해서, 약간의 정신적 부조화가 나타나기 마련이다. 잠복기가 진행하면서, 더 정교한 대응 기제와 방어가 출현한다. 환상의 주제는 상상 속의 이상화된 인물에서 실제 대상으로 바뀌게 된다. 초자아 내용물도 점차 수정되어 원시적이고 다소 왜곡된 부모의 내사물에서 더 현실에 입각한 기준이 된다. 이제 세 가지 정신 구조 간에 더 조화로운 관계가 가능하다.

더 큰 자기애적 만족이 승화에서 얻어지는데, 이런 만족과 승화는 조화가 커지는 것을 시사하며 또한 조화를 촉진한다. 이전 시기에도 그것들을 관찰할 수는 있지만(Harries, 1952), 본능적 만족이라면 어떤 형태라도 그냥 방어하다가(Gross & Rubin, 1972), 관련된 만족을 누리면서 승화시킬 수 있는 능력이 생긴 것은 적절한 잠복기 발달의 중요한 구성 요소이다. 승화가 성공했는가는 잠복기 아이가 새로운 관심과 성취를 많이 보일 때 알 수 있다. 아이의 능력이 향상되면, 그 능력은 주관적으로 그리고 사회적으로 인정받게 해 주는 근원이면서 자신에게서 나오기 때문에, 아이는 자존심 유지를 위해 점점 부모에게 덜 의존하게 되고 동시에 부모와 더 조화로운 관계를 확립한다.

내부 세계가 더 조화를 이루면 방어가 통합되고 기분과 정동이 더 안정된다. 자아 기능이 퇴행할 가능성이 줄면서, 욕동과 부모 대상으로부터 더 독립하게 된다. Buxbaum이 지적했듯이, 자아 기능 강화는 욕동 억제와 통제를 도울 수 있고, 반면 욕동의 생물학적 감소는 자아 기능 강화를 촉진할 수 있다. 즉, "그것은 우선순위의 문제가 아니라, 어떤 영향을 주고받는지의 문제다."(1980, p.123)

Erikson(1959)은 환상을 넘어서 무엇인가를 만드는 유용한 사람이 되고 싶은 잠복기 아이의 욕구를 기술하면서 "근면성(sense of industry)"이라고 말한다. 이 나이의 아이가 나이에 적합한 기본적 기술을 익히지 못할 때, 행동상의 문제와 자존심 저하가 나타나는 것을 보면서, 우리는 Erikson의 용어에서 한 걸음 더 나아가 근면성에서 오는 즐거움(pleasure)을 강조하고 싶은데, 이것은 승화하는 능력을 통하여 가능해진다. 새로운 정동의 출현을 더 높은 수준의 조직이 이루어졌다는 지표로 이용할 때, 우리는 '근면성에서 오는 즐거움'이 아이가 잠복기의 내부와 외부 세계를 성공적으로 숙달하였음을 시사한다고 제안한다.

청소년기 : 정동적 불안정과 정신의 재구조화

커지는 욕동의 압력과 함께 급속한 신체적, 인지적, 사회적 변화를 동반하는 사춘기의 생물학적 성숙은 청소년기 자아의 방어하고 통합하는 기능에 도전한다. 후기 잠복기에 이루어진 정신 체계들 간의 상대적인 평온과 조화는 청소년기의 피할 수 없는 변화, 긴장, 불균형으로 대체된다. 이제 자아의 중요한 과업은 정신적 균형을 회복하여, 통합되고 안정된 성격 구조를 가진, 독특하고 개성적이고 자율적인 정체성이 출현하게 하는 것이다.

이런 불균형과 재구조화의 과정 동안, 예측 불가능하고 통제할 수 없는 기분변화가 흔히 생긴다. 청소년은 의기양양한 기분에서 우울감까지, 자기애적 팽창 혹은 Jacobson(1961)이 말한 '자기애적 급등(narcissistic boom)'에서 자기 증오와 절망까지, 같은 대상에 대해서도 너무나 자주 사랑에서 미움까지, 남자친구나 여자친구에 대한 열정적인 사랑과 헌신에서 쌀쌀한 무관심으로까지 쉽게 기분이 변한다. 이런 정동의 변화와 연관된 불안의 정도는 욕동, 초자아, 외부 세계에서 오는 압력에 대한 자아의 강도와 관계있다. 기분의 급변, 행동 변화, 일시적인 병적 증상들은 자주 정상과 병리의 경계를 모호하게 하면서, 여러 정신 구조들 사이에서 그리고 구조 내부에서 일어나는 중요한 갈등뿐만 아니라, 타협 형성을 통해 갈등을 해결하려는 시도를 드러낸다.

정서적 동요는 생물학적, 심리적 불균형과 재구조화 과정의 외적 징후이기 때문에, G. Stanley Hall(1904)은 청소년기를 질풍노도의 시기라고 불렀다. 사실 초기의 정신분석 저자들은 청소년기 병리의 가능한 범위와 강도를 지나치게 강조하는 경향이 있었다.(Aichhorn, 1925; Bernfeld, 1938; Deutsch, 1944; Katan, 1951; Fraiberg, 1955 참고) 이에 대응하여 Offer(1969)는 청소년기 발달이 반드시 격동을 동반하는 것은 아니라고 주장하였다. 우리는 이 주장 역시 타당하지 않다고 본다. 청소년기 동안에 성취해야 하는 성숙 과정과 발달상의 과제는 정신 체계들 사이에 중요한 변화를 가져오고, 이 변화는 내적 혼란(turmoil)과 스트레스 없이는 일어나지 않는다. 내적 격동이 외부 관찰자에게 명백할 정도로 꼭 '요란(noisy)'할 필요는 없지만, 그럼에도 그것은 청소년기 과정의 필요한 부분이다. Geleerd(1957)와 A. Freud(1958)는, 어느 정도의 혼란은 정신적 재구조화 과정이 진행 중이라는 지표라고 말하였다. 그래서 혼란이 없는 것이 오히려 병리의 징후일 수도 있다. 혼란은 청소년기의 중요한 특징이기 때문에, 새로운 정동의 출현은 발달상의 변화를 알려 준다는 우리의 가설에 따라, 이 정동적 불안정(*affective lability*)을 여덟 번째 정신 조직자로 명명하자고 제안한다. 그리고 그것의 출현은 청소년기 과정을 특징짓는 정신적 불균형을 시사한다.

각 청소년이 호르몬 분비의 증가, 욕동 압력의 증가, 정신구조 사이의 불균형 등의 충격에 대응하는 방식은 잠복기 동안에 자아가 통합되고 안정화되고 자율성을 가지게 된 정도(즉, 자아의 기능이 갈등 때문에 방해받지 않고 성인의 강화에 의지하지 않는 정도)에 따라 거의 결정된다. 잠복기에 이것이 이루어진 만큼, 이전 문제들의 부담을 벗고 청소년기 고유의 갈등과 주제들이 나타나게 될 것이며, 이전 것의 요구 때문에 각자의 자원이 감소하지는 않을 것이다. 개인의 발달이 이런 이상에 미치지 못한 만큼, 청소년기 과제에는 이전 시기에 통합되지 못한 잔재들도 포함하고 설명하고 적절한 해결책을 찾기 위해 노력해야 한다는 것들이 들어 있게 된다.(Blos, 1958; Harley, 1961)

진정한 청소년기에 도달하기 직전 시기를 전청소년기(preadolescence)라고 하는데, 이때는 이차 성징과 최초의 사춘기 변화가 오려는 것에 대해, 또 그것이 막 왔을 때에 심리적으로 적응하는 시기이다. 전청소년기는 막연한 불안, 퇴행, 불안정한 기분과 괴팍함을 특징으로 하는 과도기로서, 그 시기에는 정동과 행동이 더 가변적이 되고 예측하기 어렵다. 전진하려는 힘과 퇴행하려는 힘 그리고 새로운 생물학적, 심리적 요구들이 정신 내적 불균형을 일으킨다. 그래서 Erikson은 전청소년기가 규범적 위기(*normative crisis*)의 시작, 즉 외견상 자아 강도의 변동이 뚜렷하면서 갈등이 증가하지만 또한 성장 잠재력이 높은 정상 시기의 시작을 나타낸다고 제시했다.(1956, p.116) 이 규범적 위기는 청소년기가 진행되면서 더 분명해진다.

전청소년기의 발달 과제는 신체 내부의 생리적 변화에 대한 심리적 숙달, 자기 표상의 변화, 가족 관계와 또래 관계의 변화에 대한 숙달 등에 초점을 맞춘다. 정동적 불안정과 기분 변화가 현저하게 많아지고 어느 정도의 시무룩함과 방어적인 모습은 이 시기에 거의 보편적인 것으로, 이 과정의 정신적 스트레스를 보여 준다. 전청소년기에는 새로운 사랑의 대상도 새로운 본능적 목표도 확인할 수 없다. 갈등은 주로 퇴행적인 욕동 충동, 부모에 대한 퇴행적 욕구, 그리고 이런 퇴행에 대한 방어에 집중되어 있다.

전청소년기의 자아는 큰 스트레스를 받는다. 생물학적으로 성숙하면서 성적, 공격적 충동의 강도가 커져서, 이전의 방어와 적응 수단으로는 충분하지 않을 수도 있다. 빠르게 진행되는 신체 변화 때문에 신체상과 자기 표상을 계속 수정해야 한다. 이상적인 자기상이 지각된 신체 변화와 맞지 않을 수 있기 때문에, 자기애적 투쟁은 신체 변화와 밀접하게 연결된다. 그 결과, 신체에 관한 정동적 반응은 자부심과 희열에서 수치심과 열등감까지 다양하다.

생물학적 변화와 신체적 성숙은 대상과 관계된 기존의 갈등을 첨예화한다. 신체적 성숙은 아이가 동성의 부모를 닮아 간다는 외적 표시이다. 과거의 동일시와 이상화가 되살아나면서 성 정체성 과제가 출현하지만, 부모에 대한 동일시의 강화가 갈등 때문에 어려워지면서 의존성이 부활할 기세를 보일 수도 있다. 또한, 퇴행하려는 힘에 저항하기 위한 시도로, 탈동일시를 향한 뚜렷한 노력이 있을 수도 있다.

사춘기의 성숙은 전청소년기의 끝과 초기 청소년기의 시작을 나타낸다. Blos(1979)는 청소년기를 초기, 중기, 후기의 세 시기로 나누었는데, 그렇게 나누는 것이 우리가 다루고 있는 자아의 과제를 조직하는 데 유용하다고 생각한다. 일단 생물학적 성숙에 도달하면(이것은 보통 소녀가 소년보다 2년 이상 빠르다), 소년과 소녀 모두 전-성기기의(pregenital) 퇴행 욕구를 포기하게 되며 결국 성기 우위를 확립한다. 그 이후로 전-성기기 충동은 보통 성기 활동과 관련하여 표현된다.

여러 면에서 초기 청소년기는 전청소년기에 시작된 과정을 계속한다. 그러나 사회적 그리고 정신 내적 압력 때문에 자아가 퇴행하려는 욕구를 극복하려 할 때 스트레스가 늘어난다. 신체가 성장하여 성적으로 성숙하고 성 기능이 가능한 어른의 신체를 가지면서도, 자기 자극 외에는 분출구가 거의 없다는 것을 고려하면, 성호르몬 분비의 증가에 직면하여 퇴행하려는 욕구를 이긴다는 것은 엄청난 과제일 수도 있다.

그와 동시에, 정신성 발달을 논할 때 기술했듯이, 청소년기 자위행위에는 강한 불안과 수치심이 따를 수도 있으며, 신체와 신체 기능에 관한 수많은 환상, 갈등, 불안이 표면화될 수도 있다. Harley(1961)는 성기적인 힘(genital forces)을 가동하는 동시에, 지적 활동이나 다른 자아 활동을 과도하게 리비도화(over-libidinization)할 수도 있으며, 이것은 관심사와 취미가 계속 바뀌면서 거기에 지나치고 불안정하게 에너지를 투자하는 것으로 표현된다는 것에 주목하였다.

본능적 욕구는 강하지만 자아가 상대적으로 약하기 때문에, 초기 청소년기는 종종 약물, 술, 성적 실험의 시기가 되며, 그것은 부모에 대한 충성과 초자아 기준의 고수와 관련하여 극심한 갈등을 일으킬 수 있다. 흔히 초자아 기준은 다시 의인화되어, 이전에 초자아가 하던 역할을 또래가 맡게 된다.

아마 어린 청소년에게 가장 중요한 과제는 확실한 성 정체성 과제를 완수하는 것이다. 이것에는 신체-자기상을 수정하는 것, 동성 부모와 동일시하는 것이나 탈동일시를 받아들이는 것, 자아 이상을 수정하는 것이 들어 있다. 이것은 청소년이 새로운 사랑의 대상을 찾으면서 중기 청소년기에 접근할 때, 새로운 정체감의 형성을 용이하게 한다.

실제로 중기 청소년기 무렵은, 대개 어느 정도의 성적 실험이 시작된 상태다. 해결되지 않은 양성애적 갈등, 즉 남성적 그리고 여성적 동일시에 관한 갈등과 대상 선택에 관한 갈등은 불안을 불러온다. 청소년이 이런 갈등을 해결하게 되면 가족 밖에서 새로운 사랑의 대상을 찾아 적응하는 움직임이 좀 더 쉬워진다.

이제 이차 개별화 과정이 시작된다.(Blos, 1967) 사랑의 대상이면서 권위의 대상이었던 부모에게서 분리되는(disengaging) 과정에서, 초자아 내부가 재조직되면 청소년은 또 다른 과제에 직면한다. 즉, 자아와 초자아 사이에 새로운 균형을 이루는 것이다. 이런 여러 가지 과제는 자아의 조직적이고 자기-조절적이며 적응적인 능력에 추가 압력이 된다. 따라서 충동에 대한 방어뿐 아니라 대상에 대한 여러 가지 단계-특이적 방어가 나타난다.(A. Freud, 1958)

Blos(1967)는 이 시기에 이전에 경험한 대상 관련 갈등이 퇴행적으로 부활하여 외재화되면, 이제는 청소년기 자아의 자원이 확대되었기 때문에 유아기 외상, 갈등, 고착의 잔재들을 수정할 수 있다고 지적한다. 예를 들어, 더 성숙한 자아는 버림받는 데 대한 공포와 사랑의 상실에 대한 공포를 재평가할 수 있고, 대상(혹은 내사물)의 소원에 순응하지 않더라도 무력하고 의지할 곳 없는 처지가 되지는 않을 거라고 결심할 수 있다. 그래서 어릴 적 이상적인 부모 표상을 포함한 초기의 내사물과 이상은, 그들이 강요하는 힘을 (이상적으로) 일부 잃어가는 그런 과정에서 재평가된다.

대상관계와 초자아 내부의 이런 중요한 수정 외에도, 청소년기 개별화 과정은 자아와 초자아 사이의 관계에 변화를 일으킨다. 초자아가 강화되는 잠복기 초기에는 욕동을 조절하는 자아 능력이 약하다. 그래서 초자아 지시는 구속하는 것이 되기 쉽고, 처벌은 가혹하다. 그러나 청소년이 적응적으로 기능하기 위해서는, 자기 신체와 신체의 성(sexuality)에 대해 주인 의식을 가지고 자신과 자신의 행동에 대해 책임지는 것이 필요하다. 그러려면 유아기적 이상의 탈이상화뿐 아니라 초기의 내사물과 이상보다 자아가 우위에 있어야 한다. 그리하여 청소년은 성적으로 활발하면서 자녀의 성적 탐닉을 인정하는 부모를 새롭게 동일시할 수 있고(Jacobson, 1961), 동시에 이런 성적 활동을 책임질 수 있게 된다. 청소년은 초자아의 요구에 자동적으로 순응하기보다 현재의 현실을 고려하면서 더 큰 선택의 자유를 행사한다. 점차 청소년의 자아는 초자아의 지시를 덜 받으면서 초자아가 하던 일을 더 떠맡게 된다. 그리하여 청소년은 본능의 자유, 대상 선택의 자유, 그리고 사고, 느낌, 행동의 자유를 얻는다. 즉, 청소년도 외부의 영향, 고태적 이드와 초자아의 압력으로부터 더 독립하게 된다. 자아가 성인의 현실과 일치하여 안정적이고 지속적인 통제 체계를 유지할 수 있는 자율성과 힘을 획득하는 정도만큼, 이런 자유를 누릴 수 있다.

청소년기 개별화 과정은 긴 과정이며, 청소년기의 아주 후기 혹은 초기 성인기까지 끝나지 않을 수도 있다. 그러나 그 과정은 인지 능력이 성숙하면서 도움을 받는다. 인지 능력의 성숙은 현실 지향을 도와

주고, 죄책감, 수치심, 초기 내사물과 이상이 가지는 권위 등의 지배에서 벗어나게 한다. 이 새로운 사고방식은 청소년이 자신을 의식하도록 돕는데, 즉 자기중심적이 되는 대신에, 자신을 인식하고 스스로를 사고의 대상으로 삼을 수 있다는 것이 명백해진다. Erikson(1956)이 자세히 기술한 것처럼, 이렇게 함으로써 청소년은 새로운 개인적 정체감을 갖게 된다.

정체성의 확립은 청소년기에 시작되지도 않고 끝나지도 않는다. 평생 자기 표상의 다양한 측면이 추가되거나 버려지기 때문이다. 청소년기 정체성 과정이 특별한 것은 그 과정이 처음으로 신체와 논리적 사고 능력이 성숙한 상태에서 일어난다는 것이다. 과거의 표상, 동일시, 이상 그리고 미래의 목표와 가능성에 대한 표상을 이런 성숙한 감각과 통합하는 것은 확고한 성인 성격을 준비하는 정신 구조화의 또 다른 단계이다.

후기 청소년기 : 자아 우위와 기분 안정성

Blos(1968, 1976)는 청소년기가 언제 어떻게 끝나는지 연구해서 명확하고 통합되고 자율적인 성인 성격 구조가 출현하려면 각 개인은 네 가지 과제를 완수해야 한다고 결론 내렸다. 첫째는 이차 개별화 과정의 일부로서, 드디어 부모와 초자아로부터 권위를 떠맡는 것이다. 이제 청소년은 '그가 무엇을 하며 어떤 사람인지'(Blos, 1967, p.148)에 대해 더 큰 책임을 지게 된다. 둘째는 대상 상실의 결과나 독특한 감수성이나 신체적 장애의 영향과 같은, 돌이킬 수 없는 소아기 사건이나 외상에 대한 원한을 받아들이고 포기하는 것이다. 청소년의 셋째 과제는 과거와의 역사적 연속성을 확립하는 것이다. 자신이 누구이며 어디에서 왔는지를 알게 됨으로써, 파괴적인 중단 없이 어른이 돌봐 주던 환경에서 분리할 수 있게 된다. 넷째 과제는 양성애적 갈등을 마침내 해결함으로써, 성 정체성과 성적 선호를 견고하게 하는 것이다. 그때야 각 개인은 성인으로서 적절한 사랑의 대상을 자유롭게 찾을 수 있다.

우리가 기술했던 여러 정신 체계에서 청소년기 과제를 성공적으로 완수하면, 적절하게는 자아가 새로운 수준의 통합, 강화, 다른 정신 체계에 대한 우월성을 갖게 된다. 자아 기능이 어린 시절의 고태적 초자아 영향에서 벗어나, 위압적인 본능적 욕동을 지배하며, 환경의 힘에 무관심하지는 않지만 비교적 자유로워진다. 이런 수준의 자아 우위에 도달하면, 정동과 그 표현은 더 견딜 만한 범위에서 변하며(Zetzel, 1965; Blos, 1968), 더 잘 참고 조절할 수 있는 것이 된다. 내부와 외부 세계 사이 그리고 내부 세계 속에서 새로운 조화가 이루어지며 더 안정적이 된다. 자기 조절적이고 적응적이고 조직하고 합성하는 자아의 양상은 더 예측할 수 있게 되고, 반응 양상이 더 자동으로 되면서 분명한 성격 혹은 스타일이 갖추어지며, 자존심은 더 확실한 양상으로 조절된다.(Reich, 1958) 정체성의 안정을 성취하면서(Erikson, 1956), 통합된 성인 성격이 나타난다. 기분이 더욱 안정된 것이 바로 이런 조화가 이루어진 것을 반영해 준다. 따라서 우리는, 기분의 안정성(mood stability)이 출현하는 것은 새 수준의 정신적 안정에 도달했으며 청소년기 과정이 완수되었다는 신호라고 제안한다.

요약

Spitz를 따라, 우리는 새로운 정동이나 정동의 새로운 성질의 출현을 활용하였고, 그것은 자아 기능 간에 새로운 수준의 협응과 통합이 생긴 것을 시사하며, 새로운 수준의 자아 조직과 발달이 이루어진 것을 암시한다고 보았다. 생의 초기에 새로운 정동의 출현은 극적이어서 관찰하기 쉽다. 그러나 발달이 진행하면서 각각의 사건은, 알아볼 수는 있지만 좀 더 미묘해진다.

따라서 우리는 새로운 수준의 조직화와 합성을 알려 주는 신호를 다음과 같이 제안한다. 사회적 미소의 출현(2~3개월)은 타고난 능력을 넘어선 심리적 기능이 시작되어 진행함을 알려 준다. 낯선 사람에 대한 고통(7~9개월)은 리비도적 대상이 확립되었음을 뜻한다. 거부증(15~18개월)은 자기반성 능력과 언어의 출현을 알려 준다. 불안과 수치심(24~30개월)은 갈등이 내재화된 것을 알려 주며 초자아 형성이 시작된 것을 나타낸다. 위험과 갈등을 알리는 신호로서 정동을 사용한다는 것은 리비도적 대상 항상성(30~36개월에 시작)이 이루어졌다는 것이다. 죄책감(3~5세)은 초자아 통합과 유아 신경증을 시사한다. 근면성에서 오는 즐거움(잠복기)은 자아와 초자아 기능의 자율성이 더 커진 것을 시사한다. 불안정한 기분(청소년기)은 청소년기의 정신적 재조직 과정을 시사한다. 기분 안정성(후기 청소년기)은 욕동과 다른 위압적 충동에 대한 자아의 우위, 그리고 초자아 지시에 대한 자아 우위를 나타내고, 따라서 청소년기 과정을 완수했음을 보여 준다.

후기

정신분석적 발달 이론의 통합을 제시하면서, 우리는 성격의 많은 체계가 동시에 상호의존적으로 성장하고 발전한다는 핵심 전제를 고수하였다. 각 체계는 다른 모든 체계와의 관계 속에서 정의되며, 전체로서 단일한 복합 체계를 이룬다. 이것이 평생 우리 마음이 놀라울 정도로 일관되게 기능하는 이유이다.

발달 과정을 기술하기 위해 우리는 많은 주제를 토의하였는데, 일부는 자세히 기술하고 일부는 축약하였다. 특히 이처럼 통합적 개관일 때는 각 주제가 지니는 미묘한 느낌을 모두 고려할 수 없는 데서 오는, 축약할 때의 과잉 단순화 위험을 우리는 알고 있다. 그러나 우리는 이 개관에서 드러난 어떤 행동 뒤에 얼마나 많은 의미가 있을 수 있는가 하는 것뿐만 아니라 발달 과정의 복잡성 또한 분명해졌기를 바란다. 우리가 잘 해 내는 정도만큼, 외부의 사건이나 정신 내적인 힘 중의 어느 하나로만 설명하는 경향을 피할 수 있을 것이다.

이 개관에는 몇 가지 주제가 빠져 있다. 가족 체계 안에서 아이가 부모 외의 다른 사람과 맺는 관계, 사회적 상호작용의 발달, 우리 이론이 정신병리에서 갖는 의미 등이 그 예가 된다. 이 주제들은 정말 중요하지만, 우리는 우리가 기술할 수 있는 만큼 정상 발달의 정신 내적 측면에 집중하였다.

또한, 우리는 때때로 이 이론이 온전한 가정에서 성장하는 아이에게만 해당하는 것처럼, 부모의 역할을 이야기할 때 어떤 이상적인 모습을 제시하였다. 임상가에게는 온전하게 기능하는 가족이 매년 줄어드는 것처럼 보이지만, 양쪽 부모가 제공하는 발달상의 역할을 이해하는 것은, 적절한 발달을 상세히 설명하고 개념화하는 데에, 또 대안적인 상황에서 성장하는 아이가 겪을 수 있는 여러 종류의 취약성에 접근하는 데에 유익하다고 생각한다.

책을 읽다 보면, 어떤 가설은 너무 일반적으로 받아들여져서 마치 그것이 인정된 사실인 것처럼, 확실하고 종결된 것이라는 인상을 받을 때도 있었을 것이다. 만약 우리가 그런 인상을 주었다면, 지금 고치고 싶다. 정신분석적 이론은 지금도 해결되지 않은 의문과 논란의 여지가 많은 것이 특징이며, 우리가 다루고 있는 발달 모델처럼 진화 중이며 수정 가능한 이론으로, 새로운 자료가 나타나면 언제든지 변화하고 진화할 수 있다.

그럼에도 우리는 발달 과정에 관해 우리가 제시한 관점이 충분히 논리적이어서 그 통합성을 지킬 수 있고, 충분히 유연하여 새 지식을 수용할 수 있게 되기를 희망하다. 또 발달 과정의 복잡성을 전달할 뿐 아니라, 인간의 마음에 관한 유용한 사고방식을 제공한다는 자세로 우리의 생각들을 제시했기를 바란다.

용어 해설

정신분석에서 흔히 사용되는 많은 용어들이 점점 여러 가지 의미를 지니게 되었다. 여기 이 용어 해설은 우리가 이 책에서 특정 용어를 쓸 때 그 의미를 명료화하려는 것으로, 정신분석적 용어에 관해 종합적으로 권위 있게 안내하려는 의도가 있는 것은 아니다. 대신에 이런 용어에 익숙하지 않은 사람이 다른 자료를 찾아보지 않고도 충분히 책을 계속 읽어 나갈 수 있도록 설명해 주기 위한 것이다. 용어에 대해 더 많이 찾아보고 싶은 분들께는 다음 네 권의 책을 추천한다.

L. E. Hinsie and R. J. Campbell, Psychiatric Dictionary, 4th ed.(NewYork : Oxford University Press, 1970),*

J. LaPlanche and J.-B. Pontalis, The Language of Psycho-Analysis(London : Hogarth Press, 1973),

B. E. Moore and B. D. Fine, eds. Psychoanalytic Terms and Concepts(New Haven and London : Amer. Psychoanal. Assn. and Yale Univ. Press, 1990),

C. Rycroft, A Critical Dictionary of Psychoanalysis(Middlesex : Penguin, 1972).**

---

* 더 최신 개정판으로, R. J. Campbell, *Campbell's Psychiatric Dictionary*(Oxford University Press, 2009)를 참고할 수도 있다.(역주)

** 개정판인 C. Rycroft, *A Critical Dictionary of Psychoanalysis,* 2nd ed.(Penguin, 1995)이 출간되어 있다.(역주)

조절(Accommodation) : 환경에서 오는 새로운 정보에 반응하여, 새로운 '내적 스키마(internal scheme)'를 만드는 것. 자기-변형적 적응과 유사한 Piaget 학파의 개념이다. 아이가 원숭이를 보았을 때, 그것이 고양이가 아니라는 것을 알고서 새로운 범주를 만드는 것이 예가 될 것이다. 즉, 동물에는 고양이도 있을 수 있고 원숭이도 있을 수 있다.

적응(Adaptation) : 외적 혹은 내적 현실에 대응하는 능력. 이것은 흔히 자신의 내적 욕구를 환경에 맞추도록 요구한다. 그러나 또한 어떤 방어기제의 사용을 요구하는 수도 있는데, 예를 들면 내부의 정신적 현실을 다루는 경우다.

정동(Affect) : 동기 유발적, 신체적, 감정적(혹은 느낌), 표현적, 의사소통적 요소와 그것과 관련된 생각이나 인지 요소를 포함하는 다면적 심리 현상을 말한다. 감정이나 느낌과 구별해야 한다.

정동-외상(Affect-trauma) : 흔히 프로이트가 제시한, 마음에 대한 최초의 모델을 가리키는 이름(욕동-방출 모델 참고)

환경-변형적(Alloplastic) : 내적 요구나 소원을 충족하려고 환경에서 반응을 끌어내고, 주로 이런 요구나 소원의 측면에서 환경과 관계하는 개인의 능력을 뜻하는 적응 방식. 이런 능력은 아주 어린 유아에게 중요한데, 그때 유아는 살아남기 위해 환경으로부터 반응을 끌어낼 수 있어야 한다. 그러나 자신의 내적 욕구를 충족시키거나 갈등을 해결하기 위한 유일하거나 주된 수단으로써 계속 환경을 조작하는 것은 부적절한 것으로 여겨지며 정신병리를 시사할 수도 있다.

양가감정(Ambivalence) : 같은 사람에게 강하면서도 대립되는 감정(예를 들면, 사랑과 증오)을 동시에 느끼는 것

의존적(Anaclitic) : 기본적 요구를 충족하거나 신체적 혹은 심리적 요구

의 만족을 위해 한 사람이 다른 사람에게 의지하는 의존적인 형태의 관계. 어머니에 대한 유아의 관계는 항상 의존적이다.

항문기(Anal phase) : 항문 부위의 기능에 가장 즐겁게 주의를 집중하는 리비도 발달 단계. 이것은 주로 변을 보거나 참을 때의 즐거움을 말한다.

불안(Anxiety) : 불쾌하고, 불편하고, 고통스러운 감정으로 구성된 정동 상태이며, 주관적으로는 실제적인 위험에 대한 공포와 비슷하게 염려나 심한 불안으로 경험된다. 내적 혹은 외적 힘에 압도될 거라는 예상이 따르며, 그 감정은 한 개 혹은 그 이상의 환상이나 생각과 연결되어 있다.

동화(Assimilation) : Piaget학파의 개념으로, 이미 알고 있는 정보를 가지고서 환경과 관계하는 방식 혹은 Piaget가 '내적 스키마(internal scheme)'라고 언급한 것을 말한다. 아이가 원숭이를 처음 보았을 때, 자신이 알고 있는 고양이와 크기가 같다고 원숭이를 고양이로 생각하는 것이 한 예가 될 것이다. 환경-변형적 적응과 유사한 Piaget의 개념이다.

자폐증(Autism) : 기질적 원인이 있는 심한 발달 장애로서, 서로 주고받는 사회적 상호작용에 결함이 생기며, 보통 언어적 · 비언어적 의사소통의 질적인 결함을 동반한다. Mahler는, 후기에 비해서 유아가 양육자와 상호작용이 적은 것처럼 보이는 생후 첫 몇 주를 언급하기 위해, 병리학에서 이 용어를 빌려 왔다.

자기성애(Autoerotism) : 외부의 자극 없이 생겨나는 성적 자극과 만족. 모든 형태의 자위행위를 예로 들 수 있다.

자율성(Autonomy) : 독립적으로 기능하는 성질. 정신체계를 보면, 예를 들어 초자아 기능이 갈등 때문에 방해받지 않으며 성인의 강화에 의지하지 않을 때 자율적으로 기능한다고 말할 수 있다. Hartmann(1958)은 자아 기능과 관계하여 정신분석 이론에 이 용어를 도입했다.(일차 자율

성, 이차 자율성 참고)

자기-변형적(Autoplastic) : 환경을 지각하고 그것에 반응하여 내적으로 혹은 정신적으로 수정할 수 있는 능력. 이런 능력을 갖추려면 현실 검증력이 있어야 하며, 대부분은 내적 타협을 이루고 만족을 지연시키는 능력을 의미한다.

보조 자아(Auxiliary ego) : 어머니나 다른 양육자가 보살피고 보호하고 위안을 주거나, 혹은 과도한 내 · 외부의 자극으로부터 유아나 소아를 보호할 때, 그녀는 보조 자아로 기능한다고 말할 수 있다. 이 용어는, 어떤 자아 기능은 이미 갖추고 있지만, 아이가 마침내 자신을 보호할 수 있기까지 어느 정도 외부의 도움이 필요하다는 것을 가정한다.

양성애(Bisexuality) : 자신의 성(sex)과 그 반대 성에 속하는 성격 경향과 성적(sexual) 소원의 혼합. 자신이 남성의 특징과 여성의 특징을 둘 다 가졌다고 간주하여, 양쪽 성 모두와 성적 관계를 갖고 싶어 하는 사람을 예로 들 수 있다. 발달상 이것은 양쪽 부모의 여러 특징을 동일시하고 그들 각자를 향한 리비도적 감정을 유지하려는 어린 시절의 경향에서 유래한다. 이것이 정신적 갈등의 바탕이 될 수도 있다.

신체 자아(Body Ego) : 신체 감각이 합쳐지면서, 처음 출현하는 자기감을 말한다. 프로이트는 자아가 기능한다는 최초의 증거를 언급하기 위해 이 용어를 사용했다.

신체상(Body Image) : 점차 진화하는 신체에 대한 정신 표상이며, 성장하고 성숙하고 발달하면서 수정된다. 객관적 신체와 꼭 일치할 필요는 없다.

거세 불안(Castration anxiety) : 초기 소아기에 나타나며, 실제적인 성기 손상에 대한 남성의 공포를 뜻하는 용어. 초기 소아기 이후에는 신체의 어떤 부분이든 손상에 대한 지나친 공포 혹은 능력 상실에 대한 공포를 뜻하는 말로 광범위하게 쓰인다. 우리는 이 용어를 남성 심리에만 사용하도록 제안하지만, 이 용어는 이미 일반화되어 양쪽 성 모두에 적용되며, 성기 손상이나 모든 신체 손상에 대한 두려움을 언급하는 것으로 광범위하게 쓰인다.

리비도 부착(Cathexis) : 가설적인 정신에너지의 양. 외부 대상이나 자신, 혹은 외부 대상이나 자신의 정신적 표상 같은 것에 부착되거나 투입된다.

총배설강 이론(Cloacal theory) : 항문과 질이 같은 곳이라고 여겨 항문이 배변, 성교, 출산의 장소라고 추측하는 소아기의 성적 믿음

구성요소 본능(Component instinct) : 특정한 충동들이 결합하여 단일의 욕동 표현을 형성하는 현상. 주로 전성기기 충동과 활동을 뜻하며, 정상 발달 과정 동안에 서로 결합하여 성기 성감대 우위에 종속되게 된다. 여러 구강, 항문, 요도 기능이 서로 결합하여 (절시증의) 훔쳐보기와 같은 특정한 행동으로 표현될 수 있다. 때로 서로 상충하는 욕동이 함께 결합하는데, 예를 들면 가학증과 피학증에서는 공격성과 성욕이 결합하여 행동증상으로 표현된다.

갈등과 무관한 자아 영역(Conflict-free ego sphere) : 자아 기능의 한 영역으로, 정신 내적 갈등과 관계없이 시작되고 지속하며, 대개 그것에 포함되지 않는다. 운동, 인지, 언어가 그 예가 될 것이다. Hartmann이 도입한 것으로, 일차 자율성과 이차 자율성이라는 개념과 관계있다.

정신 내적 갈등(Conflict, intrapsychic) : 대립하는 마음속 체계들 간의 갈등. 개인과 외부 세계 사이에 서로 대립하는 힘들과는 대조된다.

체계 내적 갈등(Conflict, intrasystemic) : 한 체계 속에서 서로 대립하는 면들 간의 갈등. 예를 들면, 초자아 내부의 상충하는 이상들 사이의 갈

등을 말한다.

의식(Consciousness) : 외부 세계에서 오거나 신체나 마음 내부에서 오는 지각들을 인식하는 것을 말한다.

핵심 성 정체성(Core gender identity) : 다른 쪽 성(sex)이 아니라 한쪽 성에 속해 있다는, 가장 원초적이고 갈등이 없는 기본적인 감각

누적 외상(Cumulative trauma) : 시간이 지나면서 어린아이의 발달에 바람직하지 않고 해로우며 손상을 입히게 되는 모든 상황

방어 기제(Defense mechanism) : 위험에서 자아를 보호하기 위해 자아가 취하는 여러 시도. 위험은 대개 정신 내적 갈등을 말하며 억압된 소원이 의식에 표출되려는 위협 때문에 생기고, 이 소원의 충족은 실제의 혹은 가상의 처벌을 연상시킨다. 그런 소원의 분출이라는 위협을 알려 주는 것은 불안이나 죄책감 같은 고통스러운 감정이며, 이런 감정이 느껴지면 자아가 움직여 소원이나 욕동을 막는다. 방어는 무의식적으로 작동하기 때문에 당사자는 방어를 사용한다는 것을 모른다. 방어 기제는 발달과 정신 기능의 정상적인 부분이다.

부정(Denial) : 방어 기제의 하나로, 현실의 어떤 고통스러운 측면을 알게 되는 것에 대한 자아의 회피가 특징이다. 분명히 알 수 있는 해부학적 차이를 어린 남아가 모를 때 부정이 작용하고 있다.

발달(Development) : 성숙이 주는 영향, 환경이 주는 영향, 개인적 경험들 사이의 상호작용을 통해 성격이 형성되는 과정

전치(Displacement) : 방어 기제의 하나로, 원래의 대상을 다른 대상으로 바꾸거나 신체의 한 부분을 다른 부분 대신에 사용하는 것이다. 어떤 소년이 아버지에게 분노를 느끼는 대신 다른 남자 권위자에게 분노와

적대감을 느끼는 경우이다.

욕동(Drive) : '본능(instinct)'이라고 번역된 *Tribe*라는 용어는 프로이트 저서의 표준 번역판 곳곳에서 발견된다. 그러나 하등 동물에서 본능이 정형화된 자동적 행동을 의미하는 것과는 달리, 정신분석적으로 사용할 때는 심리적 현상을 가리킨다. 그것은 동기를 유발하는 힘을 가진 생물학적 힘의 정신적 표현으로 여겨진다. 즉 그것은 마음을 움직이게 하는 힘이 있다. 동물에서 흥분에 이어 운동 반응이 생기는 것과는 달리, 인간에서는 욕동 충동 후에 뒤따르는 행동을 자아가 중재한다. 이점 때문에 욕동에 대한 반응은 미리 정해져 있기보다 유연하고 다양하며, 경험과 반성으로 수정된다. 따라서 본능(*instict*)이라는 용어는 더 자주 본능적 욕동(*instictual drive*)이나 간단히 욕동(*drive*)으로 언급된다.

욕동 파생물(Drive derivative) : 욕동 자체는 의식되지 않기 때문에, 욕동이 가지는 동기유발적 힘의 결과는 정신 기능에 대한 그것의 효과를 통해서만 의식된다. 그래서 욕동 파생물은 생각, 충동, 소원, 행동으로 나타날 수 있다.

욕동-방출 모델(Drive-discharge model) : 마음에 대한 프로이트의 첫 모델. 수압 모델(hydraulic model)과 비유적인 정신 에너지를 기반으로 작동한다. 프로이트는 정신 기구가 그 내부의 에너지를 가능한 한 낮게 또 일정하게 유지하려는 경향이 있다고 생각했다. 그 양이 지나치게 많아지면, 그것은 방출되어야 한다. 환경, 특히 성적 유혹과 같은 초기의 압도적인 소아기 경험 때문에 생긴 불편한 정서는 정신 에너지를 상승시켜서, 정신 기구의 불균형을 만든다고 여겨졌다. 이 불균형에서 일정한 상태로 복원되려는 '방출하려는 압력'이나 '요구'가 생긴다. 이 정동을 억압하면 그와 관련된 에너지가 막히며, 그것은 정신기구가 부드럽게 기능하는 것을 방해한다. 억압된 에너지의 양이 많을수록 정신기능이 더 많이 차단되며, 손상을 더 많이 받게 된다. 그래서 정신 에너지는 (감정의) 자극이나 방출로 증가하거나 감소하는 것으로 여겨지며, 이런 이유로 당시의 치료는 정화(catharsis)가 기반이었다. 프로이트는 이 모델이 정신병리에 대한 신경학적 기초를 제공한다고 생각했다.

자아(Ego) : 독일어로 *das Ich*이며, 경험하는 자기에 대한 감각과 성격을 조직하고 합성하는 기능이 있는 가설적 정신 체계를 나타내기 위해 프로이트가 사용한 용어. 프로이트가 제시한 마음에 대한 첫 두 모델에서 이 용어는 주로 경험되는 것으로서의 자기에 대한 감각을 뜻했지만, 그가 구조 모델을 공식화한 후로는 주로 가설적 체계를 언급하기 위해 흔히 사용된다.

자아이질적(Ego-dystonic) : 자신이 원하는 기준에 일치하지 않거나, 양립할 수 없거나, 조화를 이루지 못하는 소원이나 충동이나 생각. 일탈적인 성적 생각이나 강박적인 행동이 예가 된다.

자아 이상(Ego ideal) : 각자가 의식적 · 무의식적으로 열망하고, 그것에 견주어 자신을 평가하는, 자신에 대한 이상적인 이미지. 주로 부모와의 동일시에 기초하지만, 청소년기에 다른 인물을 동일시 대상으로 삼으면서 수정된다. 자아 이상은 초자아의 일부를 구성한다.

자아동조적(Ego-syntonic) : 자신의 기준과 양립 가능한 것으로 경험되는 행동. 다른 사람에게는 불쾌할 수 있지만, 자신에게는 불편을 일으키지 않는 성격 경향이 예가 된다.

정신 에너지(Energy, psychic) : 정신 기능이 가지는 가설적이고 은유적인 힘으로, 정신 생활의 어떤 요소가 가지는 외견상 양적인 측면을 설명하기 위해 도입되었다. 그것은 물리학에서 쓰이는 에너지의 개념과 유사하지만 항상 같지는 않다고 여겨졌다.

후성설(Epigenesis) : 발생학에서 가져온 발달 원칙. Erikson(1959)이 정신분석 이론에 처음 적용했으며, 성격의 성장은 성장하는 모든 것에 공통된 어떤 법칙을 따른다고 제시한다. 모든 유기체에는 기본 계획이 있으며, 모든 부분이 합쳐져 전체로서 기능할 때까지 기본 계획에 따라 어떤 한 부분이 특히 우세해지는 시기가 있다. 따라서 성격이 성장하는 동안 펼쳐지는 발달상의 사건들은 정해진 속도와 순서에 따라 나타난다.

성감대(Erogenous zones) : 자극하면 성적 쾌락이나 흥분감이 생기는 신체 부위. 성기 이외의 다른 신체 부위도 그런 작용을 할 수 있다. 구강 부위에서 시작해 항문과 성기 부위로 이어지는 일련의 발달 순서가 있으며, 리비도 발달과 정신성 발달 이론의 기초를 이룬다.

노출증(Exhibitionism) : 다른 사람에게 보여진다는 인식과 보는 사람의 반응을 통해 본능적 만족을 얻으려고 자신을 노출하거나 드러내는 것

외재화(Externalization) : 방어 기제의 하나로 자기 자신의 본능적 소원, 갈등, 기분, 사고방식을 자신의 외부에 두려는 경향이 특징이며, 이런 것들이 다른 누군가로부터 생긴다고 지각한다. 투사(projection)와 구별해야 한다.

환상(Fantasy) : 다소간 연결된 일련의 정신적 이미지들로 의식할 수도 있고 무의식에 있을 수도 있다. 환상 속에서 이미지나 생각이나 수정된 외부의 지각들이 배열되거나 재배열되어서 충족되지 않은 소원이나 욕구를 만족시킨다. 환상은 생각을 연결할 수 있는 능력이 있음을 전제한다.

고착점(Fixation point) : 리비도 이론에서, 고착은 유아기 발달의 특정 단계에서 리비도 에너지의 흐름이 막히기 때문에 생긴다. 그것은 그 시기에 겪은 외상, 갈등, 좌절, 혹은 현저한 만족감 때문에 생길 수 있다. 이것이 일어나는 장소나 시간이 고착점이며, 고착점이 발생하면 이후의 발달이 더욱 어려워질 수도 있다. 나중에 장애물을 만나면, 고착점까지 퇴행이 일어난다. 예전에는 고착점을 에너지가 남겨져 있어서 정신이 그 남겨진 에너지를 모으기 위해 되돌아가야 하는 연속선 상의 어떤 점으

로 이해했지만, 오늘날에는 쾌락이나 고통과 관련된 어떤 생각, 소원, 행동으로 본다. 이 생각, 소원, 행동은 정서적으로 그 개인에게 계속 중요한 것이어서, 특히 스트레스 시기에는 그 지속적인 영향력을 볼 수도 있다. 이렇게 볼 때, 고착점이라는 용어의 유용성은 줄고 있지만, 고착점의 발생은 정상발달의 일상적인 부분이다.

성 정체성(Gender identity) : 심리 형태로 개인적인 정체성, 생물학적 성, 대인관계 경험, (동일시와 같은) 정신 내적 결과, 사회적 · 문화적 영향들이 합쳐져서 각자의 남성성이나 여성성에 대한 전반적 감각을 형성한 것이다.

성 역할 정체성(Gender-role identity) : 어떤 사람이 다른 사람과의 상호작용에서 의식적 혹은 무의식적으로 특징적으로 맡고 있다고 여겨지는 성(gender)에 근거한 역할

성기기(Genital phase) : 정신성 발달의 최종 단계. 사춘기에 시작되며 오르가즘을 위한 생물학적 능력을 갖추었음을 의미한다. 어떤 사람이 성기기에 이르면, 정신성 발달 초기 단계의 구성요소 욕동들은 전희 때 성적 흥분을 위해 사용될 수도 있지만, 대개 최종적인 성기 만족을 위해 조직된다.

이드(Id) : 본능적 욕동을 포괄하는 가설적 정신 체계. 위압적인 성질이 있으며 마음이 만족을 찾아 움직이게 하는 동기유발적인 힘이다. 구조이론에서 정신을 구성하는 삼요소 중 하나이며, 다른 두 가지는 자아와 초자아이다.

동일시(Identification) : 존경하는 사람이나 그 사람의 어떤 측면을 지각하여 그것과 더 비슷해지도록 자기 표상의 형태를 변화시키는 것. 이 용어는 그렇게 변화하는 과정을 뜻하기도 하며 변화 그 자체를 뜻하기도 한다. 부모와의 동일시는 어릴 때 나타나며, 정상 발달의 필수적인 요소

다. 동일시에는 방어적 측면이 있을 수도 있지만, 방어가 우선이라고 보면 안 된다. 내재화, 합일화, 내사와 구별된다.

모방(Imitation) : 발달상으로, 존경하거나 미워하는 대상을 똑같이 따라 하는 행동. 동일시와 비슷하지만, 모방은 보통 일시적이며 대부분 의식적이다.

합일화(Incorporation) : 대상의 어떤 면이나 성질을 전용하기 위해, 입, 항문, 귀, 코 등 이런저런 구멍을 통해 어떤 것을 자신의 몸속에 집어넣는 원시적 환상. 또한, 이 용어는 대상이 자신을 관통하게 하여 대상을 파괴하거나 즐거움을 얻는다는 의미로도 사용된다. 동일시, 내재화, 내사와 구별된다.

개별화(Individuation) : 생후 첫 3년 동안 일어나는 발달과정으로서, 이 시기에 유아는 대상(대개 어머니) 표상과는 구별되는, 자신만의 개인적 특성이 있는 별개의 독특한 정체감을 구축하려고 시도한다.

유아 성기기(Infantile genital phase) : 정신성 발달의 한 단계로, 항문기 후에 오며, 이때 아이의 성적 관심은 대부분 성기에 집중되고 구강과 항문의 쾌감은 배경으로 사라진다.(남근기 참고)

유아 신경증(Infantile neurosis) : 정신 내적 조직을 말하며 불안을 일으키는 내재화된 갈등과 불안 신호에 대해 적절한(즉, 환경을 조작하는 대신 내적으로 수정하는) 방어와 타협으로 반응할 수 있는 자아 구조가 특징이다. 유아 신경증은 갈등이 내재화되면서 시작되고 초자아가 기능함을 의미한다. 일련의 기준이 내재화되고 처벌과 보상의 근원이 내재화되면서, 욕동 소원은 내적 비난과 처벌(죄책감)을 불러일으킨다. 따라서 유아 신경증이 의미하는 것은 내적 혼란과 타협을 통한 해결이 외부의 영향을 받지 않게 되었다는 것과 자아와 초자아가 비교적 외부의 강화 없이도 기능한다는 것이다.

본능(Instinct) : 욕동 참고

본능적 욕동(Instinctual drive) : 몰아가는('drives') 혹은 마음이 움직이도록 강제하는 위압적 성질을 가진 생각, 소원, 충동으로 경험되며, 아마도 신체적 기원을 가진 동기를 유발하는 가설적 힘의 정신적 표현이다. 원래 프로이트는 욕동이 특정한 신체부위에서 생긴다고 생각했지만, 오늘날 우리가 강조하는 것은 여러 요소가 결합하여 본능적 욕동을 형성하기 때문에, 신체적 요소에 덧붙여 정동적 경험과 환경의 영향도 함께 기여한다는 것이다. 본능적 욕동에는 또한 특징적으로 목적, 대상, 강도가 있지만, 그 결과로 생기는 행동은 자아가 중재하며, 따라서 심리적 현상임이 강조되고 있다. 이 때문에 그 반응은 하등동물에서처럼 미리 정해지고 반복되는 대신에, 융통성 있고 다양하며, 경험과 반성을 통해 수정될 수 있다.

내재화(Internalization) : 합일화, 내사, 동일시의 모든 과정을 포함하는 일반적 용어. 실제 혹은 상상 속 대상들의 상호작용은 내재화를 통해 내적 혹은 정신적인 표상, 기능, 구조, 규칙, 특징이 된다.

내재화된 갈등(Internalized conflict) : 대인관계에서 시작된 갈등이 정신구조들 사이의 갈등으로 된 것. 본능적 욕구와 초자아 금지 사이의 갈등이 그 예가 되며 때로 신경증적 갈등이라 불린다.

체계 간의(Intersystemic) : 이드, 자아, 초자아는 삼요소 모델에서 마음의 체계들이다. 서로 다른 체계 간의 소원과 충동 사이에 갈등이 있을 때, 그것을 체계 간의 갈등이라 부른다. 대표적인 체계 간 갈등은 욕동만족을 얻으려는 이드 충동과 현실을 고려하여 그것을 연기하려는 자아 소원 사이의 갈등이다.

체계 내적(Intrasystemic) : 마음의 삼요소 모델에서는, 이드, 자아, 초자아를 체계라고 부른다. 한 체계 안에서 충동이나 소원 사이에 갈등이 있을 때, 그것을 체계 내적 갈등이라고 부른다. 이상들 사이의 갈등은 대표적인 초자아 내부의 체계 내적 갈등이다.

내사물(Introject) : 내사 과정에서 누적되는 정신적 표상. 특히 초자아 형성 과정에서 점점 권위를 갖게 되는 정신적 표상—즉, 해야 하는 것과 하지 말아야 할 것—을 말할 때 이 용어를 쓴다. 일단 형성되면, 그것은 원래 대상이 상상이나 현실에서 가졌던 모든 권위와 힘을 가진 것으로 느껴진다. 동일시, 합일화, 내재화와 구별된다.

내사(Introjection) : 원래 Ferenczi(1909)가 도입할 때는 투사의 반대명제 즉, 외부세계의 어떤 면을 즐겁게 받아들이는 것(taking-in)을 뜻했다. 그 이후로 동일시의 동의어로도 쓰이고, 원시적 형태의 내재화, 때로 자신과 대상 표상의 경계가 뚜렷하지 않을 때의 '정신병적 동일시'와 관련된 원시적 형태의 동일시, 방어의 한 종류 등의 뜻으로 쓰인다. 내사는 또한 아이가 대상의 요구를 받아들여 그것을 자기 마음의 일부로 만들어서, 대상이 있건 없건 그 방식으로 반응하게 될 때에도 사용된다. 이것이 우리가 그 용어를 사용하는 구체적인 방식이다.

잠복기(Latency) : 유아 성욕의 외적 표현이 상대적으로 감소하는 것이 특징인 발달 단계. 오디이푸스기 갈등이 억압되었거나 성공적으로 해결되었고, 따라서 초자아 발달의 영향을 받아 자아의 방어 구조가 재조직되었음을 의미한다.

리비도(Libido) : 성 욕동을 불러일으키는 힘으로 생각되는 비유적이고 가설적인 정신 에너지

리비도 이론(Libido theory) : 아주 어린 유아기부터 성적 욕구가 정신기능의 동기가 되며, 성적 관심의 초점은 발달 과정 동안 한 성감대에서 다른 성감대로, 즉 구강에서 항문, 성기로 옮겨간다는 이론이다. 이 이론은 성적 본능의 근원들이 신체 과정에서 오며, 이 근원들은 대상에 대한 환

상과 관련하여 관능적 쾌락을 가져왔던 어떤 목적이나 소원과 연결되어 있다고 가정한다.

피학증(Masochism) : 의식적 혹은 무의식적으로, 성적 흥분이나 만족을 얻기 위해 정신적 혹은 신체적 고통을 받고자 하는 욕구

자위(Masturbation) : 성적 쾌락이 느껴지는 성감대를 스스로 자극하는 것

성숙(Maturation) : 유전적으로 이미 정해진 발달상의 변화. 예를 들어, 정신성 단계의 순차적 진행이나 서서 걷기, 언어 등의 기능이 출현하는 시기는 타고난 생물학적 요인에 의해 정해진다.

정신 기구(Mental apparatus) : 마음을 이론적으로 여러 체계나 기능의 집단으로 나눈 것. 구조 모델에 따르면, 이렇게 나눈 집단에는 이드, 자아, 초자아가 있다.

정신적 표상(Mental representation) : 외부 세계의 대상이나 사물에 대한 어느 정도 안정되고 지속적인 이미지가 마음속에 형성된 것. 정신적 표상은 대상이나 사물에 대한 다중 결정적 지각이나 인상이 결합하여 만들어진다. 예를 들어, 아이에게 있는 어머니의 정신적 표상은 어머니와 상호작용하는 아이 자신의 이미지뿐 아니라, 어머니에 대한 매우 다양한 이미지와 인상에서 만들어진다.

초심리학(Metapsychology) : 정신분석을 지능이나 지각 같은 의식적 정신활동에 기반을 둔 심리학과 구별하기 위해 프로이트가 도입한 용어로서, 의식 너머의 것을 다루는 심리학을 말한다. 프로이트는 어떤 임상 현상에 대해 정신분석이 제시해야 하는 가장 완벽한 서술을 '초심리학적 설명'이라고 불렀다.(1915, p.181) 나중에 그 용어는 정신분석적 지식의 일반적인 이론적 토대를 뜻하게 되었다. 1950년대 자아 심리학 이론화의 절정기에, 초심리학은 임상경험과 동떨어져 추상화되는 경향이 있

었지만, 오늘날에는 덜하다. 따라서 우리는 초심리학을 인간 마음의 기능을 이해할 수 있게 하는 개념적 도구로 본다. 근본적으로, 이 개념적 도구들은 임상관찰에서 오기 때문에, 마음을 더 이해하게 되면서 그 도구들은 주기적으로 개정되어야 하고, 그래서 초심리학은 계속 진화하게 된다.

자기애(Narcissism) : 프로이트의 원래 개념으로 보면, 자기애란 자아(자기)가 리비도 욕동의 대상이 되어 그것에 리비도적 투자를 하는 것이었다. 자기애는 성도착, 발달의 한 단계, 대상 선택의 한 형태, 환경과 관계하는 방식, 자존심의 측면을 뜻하는 여러 가지 의미를 지니게 되었다.

음성 오이디푸스 콤플렉스(Negative oedipus complex) : 사진 인화와 유사하게 붙여진 이 이름은 아이가 반대쪽 성의 부모를 동일시하고 동성 부모에게 리비도적 관심을 두는 것을 말한다.

신경증적(Neurotic) : 하나 혹은 그 이상의 정신 체계들 사이에 생기는 갈등의 형태(내재화된 갈등과 유아 신경증 참조)

중립화(Neutralization) : 정신 에너지라는 개념과 연결된 가설적인 정신 과정. 이것은 욕동 추진력의 성적 혹은 공격적 측면이 줄거나 비활성화되어서, 탈성애화(desexualization) 혹은 비공격성화(disaggressivization) 될 것이라고 가정한다.

비경험적(Nonexperiential) : 방어 기제와 같은 정신 기능이나 이드, 자아, 초자아와 같은 정신 체계의 가설적 측면. 정신 기능에 대한 개념은 정신분석 이론에서 중요하며, 행동의 기저에 있는 기전을 이해하는 데 임상적으로 유용하지만, 우리가 경험할 수 있는 부분은 아니다. 그것은 무대를 지지하는 틀과 같아서, 우리는 연극을 관람할 수는 있지만, 하부의 지지 구조나 가설물을 볼 수는 없다.

대상(Object) : 정신분석적 용법에서 대상은 사람을 뜻한다. 이 불운한 명칭은 프로이트가 리비도적 욕동의 대상—그 사람을 통해 쾌락을 얻고자 할 때의 그 사람—을 언급하면서 흔히 쓰이는 용어가 되었다.

대상 선택(Object choice) : 가장 중요한 사랑의 대상으로 선택된 사람. 리비도 이론에서는 리비도 욕동의 대상으로 선택된 사람이다. 그 선택은 보통 무의식적 결정 요인과 발달 단계의 영향을 받는다.

대상 항상성(Object constancy) : Hartmann(1952)이 도입한 개념으로, 관계가 성적 혹은 공격적 충동으로 파괴되거나 깨지지 않는 대상관계의 한 단계. 이 개념은 혼동을 일으키는데, Piaget학파의 개념과 유사했기 때문에, 또 Spitz, Anna Freud, Mahler가 거의 같은 용어를 전혀 다른 정의와 기준으로 사용했기 때문이다. Spitz는 어머니가 다른 모든 사람보다 우선임을 유아가 명백히 하는 시기(6~8개월)에 나타나는 '일정한 리비도 대상(constant libidinal object)'에 대해 말했다. Anna Freud는 어머니가 유아의 욕구를 만족시키든 좌절시키든 변함없이 유아에게 계속해서 가장 중요한 사람이 되는 시기(역시, 대략 6~8개월)를 언급하면서 대상 항상성(object constancy)이라는 용어를 사용했다. 인지적 대상 영속성(cognitive object permanence), 혹은 '사물' 항상성("thing" constancy)은 대인관계나 그 관계의 내재화라는 의미를 함축하고 있지는 않다. 오히려 그것은 그것을 지각한 시점을 지난 후에도 정신적 표상이 지속되는 것을 말한다. 인지적 대상 항상성은 통합된 표상이 기억에 남아서 자의로 떠올릴 수 있는 것으로, 대략 18개월에 이루어진다. Mahler는 리비도적 대상 항상성(libidinal object constancy)이란 용어를 썼고, 그것은 점진적인 과정을 거쳐서 얻어진다고 보았다. 그 과정은 어머니에 대한 확고한 애착에서 시작하여, 떠올릴 수 있는 인지적 어머니의 표상을 만들고, 마침내 사랑과 미움의 감정을 어느 정도 해결하여 근본적으로 사랑을 주는 어머니로 볼 수 있어야 한다는 것이다. 그렇게 되면 어머니의 정신적 표상은 어머니가 없어도 편안함과 지지를 제공해 주고 사랑하는 사람이 되어, 아이가 떨어져서 기능하고 더 나은 방식으로 관계를 맺을 수 있게 한다.

대상 리비도(Object libido) : 외부에 있는 사랑의 대상을 향한 리비도적 에너지나 심리적 관심을 뜻한다. 대상 리비도는 관심이 자신에게 집중된 자기애적 리비도와 대조된다.

대상 상실(Object loss) : 사랑하는 사람을 이별로 실제 상실하거나 혹은 어떤 정신 내적 과정 때문에 상실의 감정을 갖는 것

대상관계(Object relations) : 대인관계 상호작용에서 발달이 진행하면서 만들어지는, 대상에 대한 무의식적 정신 표상 그리고 그것과 상호작용하는 자기감. 중요한 관계의 표상과 소아기 경험을 대상관계에서 알 수 있으며, 대상관계는 그 사람의 대인관계 상호작용과 대상 선택에 엄청난 영향을 미친다. 정신 내부에 있다는 것을 강조하기 위해 내재화된 대상관계라고 부르기도 한다.

대상 표상(Object representation) : 외부 대상에 대한 정신적 표상으로, 외부 대상이 내면세계에 자리 잡아 만들어진 것이다. 그 표상은 실제 대상에 부합할 수도 있지만, 흔히 대상에 대한 애정이나 분노, 혹은 여러 환상이나 이상화 등의 무의식적 과정에 의해 변한다.

오이디푸스 콤플렉스(Oedipus complex) : 보통 유아 성기기의 절정기 동안에 발달하는 환상을 기반으로, 아이가 그 부모를 대하는 관계의 양상. 구체적으로, 아이가 동성 부모를 동일시하고 반대 성 부모에게 리비도적 관심을 갖는 것을 말한다. 다른 부모와의 관계에서 한 부모의 역할을 하기 위해 그 부모를 대신한다는 이런 환상은 흔히 여러 갈등을 동반하는데, 그것은 동성 부모에 대한 충성과 존경 때문에, 또 자신이 대신한 부모가 응징할 거라는 공포 때문에 생긴다.

조작(Operations) : Piaget가 사용한 용어로, 신체 동작을 거치지 않고서

행동에 대해 생각할 수 있는 인지 능력. Piaget는 소아의 사고를 발달에 따라 몇 단계로 기술했다.

1. **전조작**(Preoperations) : 행동에 대해 정신적으로 생각할 수 있는 최초의 단계. 이 초기 단계의 생각은 자기중심적 생각과 논리 전 단계의 사고가 우세하다. 논리보다 지각이 아이의 판단에 영향을 미친다.
2. **구체적 조작**(Concrete operations) : 구체적이고 존재하는 대상에 관해 생각하는 것. 이 단계의 아이는 행동에 대해 정신적으로 생각할 수는 있지만, 아직 정신적으로 가설을 세우거나 가능성을 고려하지는 못한다.
3. **형식적 조작**(Formal operations) : 가설만으로 추론할 수 있고 생각을 정신적으로 검증할 수 있는 인지 능력

구강기(Oral phase) : 리비도 발달의 첫 단계로, 대략 생후 1년에 해당한다. 이 시기에 유아 리비도 만족의 주된 근원은 빨기, 깨물기 같은 구강 활동이며 그것에서 쾌락을 느낀다고 여겨진다.

남근 선망(Penis envy) : 남성의 성기를 갈망하는 태도 때문에 생기며, 종종 자존심 저하를 동반하는 불쾌한 느낌. 프로이트는 이것을 여성 심리의 근간으로 생각했다. 이런 생각은 비판을 받아 왔으며, 소년도 남근 선망으로 고통받는다는 것을 관찰할 수 있는데, 더 나이 많은 남성이 자신의 것보다 더 큰 성기를 가졌다는 것을 알게 될 때이다.

남근 어머니(Phallic mother) : 어머니가 남근을 가졌다는 환상. 종종 남근 여성(*phallic woman*)이라는 용어가 이른바 남성적 성격 경향이 있는 여성을 기술하기 위해 막연히 사용된다.

남근기(Phallic phase) : 남자아이에서 항문기를 잇는 정신성 발달 단계이며, 이때 성적 관심은 주로 성기에 집중된다. 중요한 흥미와 불안을 일으키는 기관이 소년의 성기인 것 같았기 때문에 남근(*phallic*)이라고 명

명되었다. 우리는 유아 성기기(*infantile genital phase*)라는 프로이트의 원래 용어를 선호하는데, 그것이 남아와 여아 둘 다에서 이 발달 시기의 중요한 측면을 더 쉽게 고려할 수 있게 하기 때문이다.

양성 오이디푸스 콤플렉스(Positive oedipus complex) : 아이가 동성 부모를 동일시하고 반대성 부모에게 리비도 관심을 갖는 것

전의식(Preconscious) : 거의 의식에 이용될 수 있지만, 그 순간은 인식 밖에 있는 모든 정신 과정, 내용, 기억들. 이 용어는 지정학적 모델에서 마음의 한 체계를 표기하기 위해서 쓰이기도 했다.

전오이디푸스기(Preoedipal phase) : 대상관계에서 오이디푸스 콤플렉스의 형성에 선행하는 단계들. 첫 사랑의 대상인 어머니에 대한 애착이 주된 특징이다.

일차 자율성(Primary autonomy) : 외부 영향과 관계없이 발달 과정 중에 성숙하는 타고나는 특징들. 이런 능력은 갈등이나 퇴행 때문에 방해받을 수도 있다. 인지와 운동 능력이 예가 된다.

일차 대상(Primary object) : 유아의 생활에서 누구보다도 중요한 인물로, 보통 어머니이다.

일차 과정(Primary process) : 주관적인 내면세계, 혹은 무의식 체계와 관계있는 사고방식. 연상 사고, 구체화, 축약, 전치, 형상화, 상징화가 특징적으로 나타난다. 꿈, 환상, 말실수 등이 예가 된다.(이차 과정 참고)

투사(Projection) : 방어 기제의 하나로 받아들일 수 없는 충동이나 느낌을 외부 대상의 책임으로 돌린 후, 그것이 다시 자신을 향한다고 느낀다.(외재화 참고)

투사적 동일시(Projective identification) : Melanie Klein이 도입한 용어로서, 유아가 환상 속에서 자신과 어머니에게로 향하는 공격적 느낌을 다룰 때 쓰는 기제다. 그 개념의 적용은 후기 단계까지 확장되어서 공격성을 외부로 전치하는 것, 박해받는 느낌과 관련하여 그 공격성을 자신에게 되돌리는 것, 대상을 통제하고 소유하려는 소원, 역전이 기제 중의 하나, 대상의 내적 상태와 자기 표상의 실질적 변화 등을 포함한다.

정신적 현실(Psychic reality) : 프로이트는 마음속에 있는 어떤 것이든 외부의 객관적이고도 물질적 현실의 힘을 띠기 시작한다는 것을 명시하기 위해 이 용어를 사용하였다. 엄격한 의미로 그것은 무의식적 소원과 그와 관계된 환상을 말하지만, 외부현실과 상응하는지 여부는 고려하지 않은 채 의식적·무의식적 생각, 느낌, 꿈, 환상, 기억, 지각을 포함하는 것으로 더 광범위하게 쓰일 수도 있다. 정신적 현실에 관한 예로는, 어떤 소원이나 환상이 있을 때 그것이 마치 실제 일어난 것처럼 죄책감을 느끼고 기억을 왜곡하여 반응하는 경우이다.

정신분석(Psychoanalysis) : 인간 심리 기능과 행동에 대한 연구이며, 특히 무의식적 정신활동에 초점을 맞춘다. 정신분석에는 세 가지 측면이 있는데, 마음을 조사하는 방법, 인간 행동에 대한 체계화된 지식, 정서질환을 치료하는 방법 등이다.

정신성 발달(Psychosexual development) : 연속적인 발달 단계를 따라 진화하는 성격 조직화이며, 점진적인 성감대 성숙을 기반으로 한다. 정신성 발달이 일어날 때는 대상관계 발달, 초자아 발달, 인지 발달, 자아 발달과 관련하여 그에 동반하는 환상이나 갈등도 함께 생긴다.

화해(Rapprochement) : 프랑스어 용어로, 어떤 관계에서 조화를 회복하기 위한 재조정 작업을 의미한다. Mahler는 둘째 해의 후반에 걸음마기 아이와 어머니 사이의 발달상 갈등을 말하기 위해 이 용어를 썼다. 걸음마기 아이는 앞선 연습기의 특징이었던 전능감이 사라지면서, 어머니와 어느 정도 분리를 느끼기 시작한다. 그래서 아이는 어머니와 맺고 있는 관계를 재조정해야 한다. 갈등은 둘째 해에 시작되지만, 새 발달 단계마다 관련 주제들이 나타나며, 부모와 아이 관계는 이런 단계마다 재조정되어야 한다.

반동 형성(Reaction formation) : 방어 기제의 하나로, 반대되는 본능을 나타내는 성격 경향을 형성하여 유아적 소원을 물리치는 것. 예를 들면, 지나친 결벽이 지저분한 항문기 상태를 대신한다.

퇴행(Regression) : 더 초기 발달 시기에 특징적이었던 쾌락을 추구하거나 행동 양식을 사용하는 과정. 그런 행동은 스트레스나 불안을 느낄 때 볼 수 있다. 정신분석 이론의 초기에는, 행동의 그런 변화를 연속선 상에서 에너지가 남겨졌던 고착점에 '돌아가는(going back)' 것으로 생각했다.

표상적 세계(Representational world) : Sandler와 Rosenblatt(1962)이 제안한 개념으로, 외부 세계 대상에 대한 이미지나 표상의 집합을 말한다. 그것은 내재화 과정을 통해 내부 세계에 자리 잡으며, 그것이 각 개인의 마음에 존재하는 동안 객관적 현실의 현상들에 대한 일종의 경험적 지도가 된다.

억압(Repression) : 원래 프로이트의 초기 저술에서는 모든 방어 활동을 뜻했던 용어지만, 개인이 의식하지 못하는 어떤 과정에 의해 소원, 환상, 초기 소아기 사건에 대한 심리 활동이나 그 내용이 의식에서 제외되는 특정한 방어로 한정되었다.

이차 자율성(Secondary autonomy) : 갈등이 있는 영역에서 기원했지만, 갈등과 무관하게 독립된 기능을 획득한 자아 기능 상태. 청결이 그 예가 된다.

이차 과정(Secondary process) : 합리성, 질서, 논리가 특징인 사고. 언어의 상징성에 많이 의지하며, 주로 현실에 적응하도록 기능한다. 의식적이거나 무의식적일 수 있다.(일차 과정 참고)

자기상(Self-image) : 개인이 특정한 상황과 시간에서 자신에 대해 갖는 이미지. 그것은 자신의 신체상과 그 당시 내면 상태의 표상으로 구성된다. 자기 표상에서 오며 자기 표상의 일부가 된다.

자기대상(Selfobject) : Heinz Kohut과 자기 심리학 이론의 핵심 개념. 자기대상이란 파편화하는 힘을 가진 자극이나 정동에 저항하도록 안정된 구조를 제공하는, 자기의 기능적 부분으로 이용되는 사람을 말한다.

자기 표상(Self-representation) : 자기상보다 더 포괄적이며, 개인이 여러 시기에 가졌던 여러 가지 현실적이거나 왜곡된 자기상, 경험, 상호작용, 그리고 그와 관련된 느낌으로 만들어진 자기의 정신적 표상이다. 그것은 또한 그 개인이 의식적으로 자신을 지각할 때의 그 자신에 해당한다.

감각운동(Sensorimotor) : 감각 지각과 운동 활동을 기반으로 하는 사고의 종류. Piaget에 따르면, 출생부터 대략 18개월까지의 유아만 이용하는 사고의 종류이며, 그 때문에 Piaget는 이 시기를 감각운동기라 불렀다. 이 시기에 유아는 지각상 존재하는 대상과 관련하여 행동하고, 전적으로 실제적이며, 지각하면 행동한다. 즉 행동에 결부된 형태의 지적 기능을 보인다.

구조화(Structuralization) : 정신 구조의 형성. 즉, 다양한 기능이 연결되어 일관되고 견고한 체계를 만드는 과정이다.

구조 이론(Structural theory) : 프로이트가 1923년에 내놓은 정신 기능에 대한 이론이다. 여기에서 프로이트는 갈등과 적응에서 그들이 하는 기능에 따라, 정신 과정을 세 체계, 즉, 자아, 이드, 초자아로 묶을 것을 제안했다. 이 체계들은 상대적인 안정성과 느린 변화 속도, 목적의 항상성, 작동 방식의 일관성 때문에 구조라고 불려 왔다.

구조(Structure) : 천천히 변하고 진화하며, 비교적 안정된 체계를 기술하는 개념상의 용어. 구조이론의 자아나 초자아가 그 예다.

승화(Sublimation) : 성적 충동의 방향을 자아와 초자아가 더 잘 수용할 수 있도록 무의식적으로 바꾸는 것. 예를 들면 잠복기 아이는 자위하면서 관련된 환상에 몰두하는 대신에, '그럴듯한' 이야기를 만들거나 수공예를 즐긴다.

초자아(Superego) : 도덕 기준과 바라는 목표, 이상을 설정하고 유지하도록 기능하는 가설적인 정신 체계. 적절히 기능할 때는 정신 내적 조화와 대인관계에서의 조화를 돕고 사회적응을 촉진한다. 초자아가 기능한다는 것을 특히 경험하게 되는 것은 자존심의 고양이나 고통스러운 죄책감을 통해서다.

공생(Symbiosis) : 생물학 용어로서, 분리되어 있지만 서로 의존하는 두 유기체를 뜻한다. Mahler는 2개월에서 4~5개월 사이의 유아에게서 특징적인 대상 관계 형태를 기술할 때 이 용어를 적용했다. Mahler는 유아가 아직 어머니와 분리되어 있다는 느낌이 없다고 믿었다. 지금은, 유아가 날 때부터 내부와 외부, 자기와 남을 구별하는 인지 기술과 지각 기술들을 가지고 있고, 사회적 상호작용에 전적응된 채 태어난다는 것을 알기 때문에, Mahler의 관점은 그 시기의 적절한 정동 관계(즉, 밀접한 조화를 이루는 어머니와 유아 관계)에 관한 표현으로 보는 것이 더 낫다. 이런 의미에서 공생은 어머니와 유아 간에 일종의 정동적 일치가 있다는 정동적 이상을 언급하는 은유로서 유용하게 남는다. 유아기는 모든 욕구가 충족되는 공생 상태라는 환상이 아이들에게 드물지 않으며, 임신한 여성도 흔히 유아와 어머니 사이의 공생적 일치 환상을 가진다. 유사하게, 어떤 사람이 어머니와 생의 초기에 그런 경험을 가졌다고 상상하여 그것을 다른 사람과 재경험하려 할 수 있다.

체계(System) : 서로 역동적 상호작용을 하는 연관 요소들의 조직

지형학적 모델(Topographical model) : 마음에 대한 프로이트의 두 번째 모델로서, 정신 기구를 세가지 체계, 즉 무의식, 전의식, 의식으로 구분한다.

이행기 대상(Transitional object) : Winnicott이 도입한 용어로서, 유아가, 어머니가 없을 때 위로해 주는 기능을 하는, 자신이 좋아하는 소유물(예, 담요나 인형)을 이용하는 것을 말한다. 이행기 대상은 유아와 어머니 사이의 연결을 상징하는 것으로 보이며, 그 속에 어머니와 유아 모두의 속성이 들어 있다.

외상(Trauma) : 조직하고 조절하는 자아 능력을 압도하는 것으로 경험되어, 그 결과 무력한 상태가 되는 상황

삼요소 모델(Tripartite model) : 1923년에 프로이트가 도입한 마음의 모델에 적용되는 용어로, 마음은 중요한 삼요소 즉 이드, 자아, 초자아로 구성되어 있다는 모델이다. 구조 모델이라고도 한다.

무의식(Unconscious) : 주어진 순간에 의식의 인식 밖에 있는 마음의 내용과 과정이다. 정신분석 이론에서는 두 종류의 무의식이 있다고 알려져 있다. 서술적 무의식(unconscious)은 인식하지 못하는 모든 내용을 말한다. (대문자 U로 구별되는) 역동적 무의식(Unconscious)은 지형학적 모델의 무의식 '체계'("system" Unconscious) 속에 있는 정신 내용물과 과정을 말하며, 억압과 다른 방어들의 저항하는 힘 때문에 의식에 접근하거나 도달할 수 없다.

참고문헌

참고문헌에서 사용한 약자

Amer. J. Orthopsychiat. : *American Journal of Orthopsychiatry*
Amer. J. Psychiat. : *American Journal of Psychiatry*
Am. Pediatrics : *American Pediatrics*
Ann. Psychoanal. : *Annual of Psychoanalysis*
Archs. Sexual Behavior : *Archives of Sexual Behavior*
Brit. J. Med. Psychol. : *British Journal of Medical Psychology*
Bull. Anna Freud Centre : *Bulletin of the Anna Freud Centre*
Bull. Hampstead Clin. : *Bulletin of Hampstead Clinic*
Bull. Johns Hopkins Hosp. : *Bulletin of the Johns Hopkins Hospital*
Bull. Phila. Assn. : *Bulletin of the Philadelphia Association for Psycho-analysis*
Child Develop. : *Child Development*
Child-Fam. Digest : *Child and Family Digest*
Cogn. Develop. : *Cognitive Development*
DHHS : Department of Health and Human Services
Genetic Psychol. Mono. : *Genetic and Psychology Monographs*
Int. J. Psychoanal. : *International Journal of Psychoanalysis*
Int. J. Psychoanal. Psychother. : *International Journal of Psychoanalysis and Psychotherapy*
Int. Rev. Psychoanal. : *International Review of Psychoanalysis*
Int. Univ. Press : International Universities Press
J. Amer. Acad. Child Psychiat. : *Journal of the American Academy of Child Psychiatry*
J. Child Psychother. : *Journal of child Psychotherapy*
J. Amer. Acad. Psychoanal. : *Journal of the American Academy of*

Psychoanalysis

J. Amer. Psychoanal. Assn. : *Journal of the American Psychoanalytic Association*

J. Communication : *Journal of Communication*

J. Comp. Neurol. : *Journal of Comparative Neurology*

J. Nerv. Ment. Dis. : *Journal of Nervous and Mental Disease*

J. Personal. Soc. Psychol. : *Journal of Personality and Social Psychology*

J. Phila. Assn. Psychoanal. : *Journal of Philadelphia Association for Psychoanalysis*

J. Psychosom. Res. : *Journal of Psychosomatic Research*

Merrill-Palmer Q. : *Merrill-Palmer Quarterly*

Psychoanal. Contemp. Science : *Psychoanalysis and Contemporary Science*

Psychoanal. Contemp. Thought : *Psychoanalysis and Contemporary Thought*

Psychoanal. Inq. : *Psychoanalytic Inquiry*

Psychoanal. Psychol. : *Psychoanalytic Psychology*

Psychoanal. Q. : *The Psychoanalytic Quarterly*

Psychoanal. Rev. : *Psychoanalytic Review*

Psychoanal. Study Child : *The Psychoanalytic Study of the Child*

Psychosom. Med. : *Psychosomatic Medicine*

Psychother. Psychosom. : *Psychotherapy and Psychosomatics*

S.E : *The Standard Edition of the Works of Sigmund Freud*

WHO : World Health Organization

Abelin, E. L. (1971). The role of the father in the separation-individuation process. In *Separation-individuation: Essays in honor of Margaret S. Mahler*, ed. J. McDevitt and C. Settlage. New York: Int. univ. Press, pp. 229-252.

Abelin, E. L. (1975). Some further observations and comments on the earliest role of the father. *Int. J. Psychoanal.*, 56:293-302.

Abend, S. M. (1982). Serious illness in the analyst: Countertransference considerations. *J. Amer. Psychoanal. Assn.*, 30:365-379.

Abraham, H. C., and Freud, E. L., eds. (1965). A *psycho-analytic dialogue: The letters of Sigmund Freud and Karl Abraham, 1907-1926*. New York: Basic Books.

Abraham, K. (1916). The first pregenital stage of the libido. In *Selected papers on psycho-analysis*. New York: Basic Books, 1953, pp. 248-279.

Abraham, K. (1920). Manifestations of the female castration complex. In *Selected papers on psycho-analysis.* New York: Basic Books, 1953, pp. 338-369.

Abraham, K. (1924a). The influence of oral erotism on character formation. In *Selected papers on psycho-analysis*. New York: Basic Books, 1953, pp. 393-406.

Abraham, K. (1924b). A short study of the development of the libido, viewed in the light of mental disorders. In *Selected papers on psycho-analysis*. New York: Basic Books, 1953, pp. 418-501.

Abrams, S. (1977). The genetic point of view: Historical antecedents and developmental transformations. *J. Amer. Psychoanal. Assn.*, 25:417-426.

Aichhorn, A. (1925). *Wayward youth*. New York: Viking Press, 1965.

Ainsworth, M. D. (1962). The effects of maternal deprivation: A review of findings and controversy in the context of research strategy. In *Deprivation of maternal care: A reassessment of its effects*. Public Health Papers No. 14. Geneva: WHO, pp. 97-165.

Ainsworth, M. D. (1964). Patterns of attachment behaviour shown by the infant in interaction with his mother. *Merrill-Palmer Q.*, 10:51-58.

Ainsworth, M. D.; Blehar, M.; Waters, E.; and Wall, S. (1978). *Patterns of attachment*. Hillsdale, N.J.: Erlbaum.

Alpert, A. (1941). The latency period: Re-examination in an educational setting. *Amer. J. Orthopsychiat.*, 11:126-132.

Als, H.; Lester, B. M.; and Brazelton, T. B. (1979). Dynamics of the behavioral organization of the premature infant: A theoretical perspective. In *infants born at risk: Behavior and development*, ed. T. M. Field, A. M. Sostek, S. Goldberg, and H. H. Shuman. New York: Spectrum, pp. 173-192.

Amsterdam, B. K. (1972). Mirror self-image reactions before age 2. *Developmental Psychology*, 5:297-305.

Anders, T. F. (1978). Home-recorded sleep in two- and nine-month-old infants. *J. Amer. Acad. Child Psychiat.*, 17:421-432.

Anders, T. F. (1982). Biological rhythms in development. *Psychosom. Med.*, 44:61-72.

Anders, T. F., and Zeanah, C. H. (1984). Early infant development from a biological point of view. In Frontiers of *infant psychiatry*. Vol. 2, ed. J. Call, E. Galenson, and R. L. Tyson. New York: Basic Books, pp. 55-69.

Anthony, E. J. (1957). Symposium on the contribution of current theories to an understanding of child development, the system makers: Piaget and Freud. *Brit. J. Med. Psychol.*, 30:255-269.

Anthony, E. J. (1982). Normal adolescent development from a cognitive view-point. *J. Amer. Acad. Child Psychiat.*, 21:318-327.

Anthony, E. J., and Cohler, B. J., eds. (1987). *The invulnerable child*. New York: Guilford Press.

Arlow, J. A. (1969). Unconscious fantasy and disturbances of conscious experience. *Psychoanal. Q.*, 38:1-27.

Arlow, J. A. (1977). Affects and the psychoanalytic situation. *Int. J. Psychoanal.*, 58:157-170.

Arlow, J. A., and Brenner, C. (1964). *Psychoanalytic concepts and the structural theory*. New York: Int. Univ. Press.

Balint, M. (1959). *Primary love and psycho-analytic technique*. London: Tavistock.

Balint, M. (1968). *The basic fault: Therapeutic aspects of regression.* London: Tavistock.

Balint, E. (1973). Technical problems found in the analysis of women by a woman analyst: A contribution to the question "What does a woman want?" *Int. J. Psychoanal.*, 58:289-300.

Barnett, M. C. (1966). Vaginal awareness in the infancy and childhood of girls. *J. Amer. Psychoanal. Assn.*, 14:129-141.

Basch, M. F. (1976). The concept of affect: A re-examination. J. *Amer. Psychoanal. Assn.*, 24:;759-778.

Basch, M. F. (1977). Development psychology and explanatory theory in psychoanalysis. *Ann. Psychoanal.*, 5:229-263.

Beebe, B (1986). Mother-infant mutual influence and precursors of self- and object-representations. In *Empirical studies of psychoanalytic theories*. Vol. 2, ed. J. Masling. Hillsdale, N.J.: Erlbaum, pp. 27-48.

Beebe, B., and Stern, D. (1977). Engagement-disengagement and early objective experiences. In *Communicative structures and psychic structures*, ed. N. Freeman and S. Grand. New York: Plenum Press, pp. 35-550.

Bell, A. (1961). Some observations on the role of the scrotal sac and the testicles. *J. Amer. Psychoanal. Assn.*, 9:261-286.

Bell, R. Q. (1974). Contributions of human infants to caregiving and social interaction. In *The effect of the infant on its caregiver*, ed. J. M. Lewis and L. A. Rosenblum. New York: Wiley, pp. 1-19.

Bell, R. Q., and Harper, L. V. (1977). *Child effects on adults*. Hillsdale, N.J.: Erlbaum.

Benedek, T. (1959). Parenthood as a developmental phase: A contribution to the libido theory. *J. Amer. Psychoanal. Assn.*, 7:389-417.

Benjamin, J. D. (1961a). Some developmental observations relating to the theory of anxiety. *J. Amer. Psychoanal. Assn.*, 9:652-668.

Benjamin, J. D. (1961b). The innate and the experiential in child development. In *Lectures on experimental psychiatry*, ed. H. W. Brosin. Pittsburgh: Univ. of Pittsburgh Press, 1961, pp. 19-42.

Benjamin, J. D. (1963). Further comments on some developmental aspects of anxiety. In *Counterpoint*, ed. H. S. Gaskill. New York: Int. Univ. Press, pp. 121-133.

Beres, D. (1958). Vicissitudes of superego functions and superego precursors in childhood. *Psychoanal. Study Child*, 13:324-352.

Beres, D. (1981). Self, identity, and narcissism. *Psychoanal. Q.*, 50:515-534.

Bergman, D., and Escalona, S. K. (1949). Unusual sensitivities in very young children. *Psychoanal. Study Child*, 3/4:333-352.

Bernfeld, S. (1938). Types of adolescence. *Psychoanal. Q.*, 7:243-253.

Bernstein, D. (1983). The female superego: A different perspective. *Int. J. Psychoanal.*, 64:187-201.

Bertalanffy, L. von (1968). *General system theory: Foundations, development, applications*. New York: George Braziller.

Bettelheim, B. (1976). *The uses of enchantment: The meaning and importance of fairy tales*. London: Thames and Hudson.

Bibring, E. (1947). The so-called English School of psychoanalysis. *Psychoanal. Q.*, 16:69-93.

Bibring, G. L.; Dwyer, T. F.; Huntington, D. S.; and Vallenstein, A. F. (1961). A study of the psychological processes in the pregnancy and earliest mother-child relationship. *Psychoanal. Study Child*, 16:9-72.

Blos, P. (1958). Preadolescent drive organization. *J. Amer. Psychoanal. Assn.*, 6:47-56.

Blos, P. (1962). *On adolescence: A psychoanalytic interpretation*. New York: Free Press.

Blos, P. (1967). The second individuation process of adolescence. *Psychoanal. Study Child*, 22:162-186.

Blos, P. (1968). Character formation in adolescence. *Psychoanal. Study Child*, 23:245-263.

Blos, P. (1970). *The young adolescent: Clinical studies*. New York: Free Press.

Blos, P. (1974). The genealogy of the ego ideal. *Psychoanal. Study Child*,

29:43-88.

Blos, P. (1976). How and when does adolescence end? In *Adolescent psychiatry*. Vol. 5, ed. S. C. Feinstein and P. Giovacchini. New York: Aronson, pp. 5-17.

Blos, P. (1979). *The adolescent passage*. New York: Int. Univ. Press.

Blum, H. P. (1976). Masochism, the ego ideal, and the psychology of women. *J. Amer. Psychoanal. Assn*., 24 (Suppl.):157-191.

Blum, H. P. (1978). Symbolic processes and symbol formation. *Int. J. Psychoanal*., 59:455-471.

Blum, H. P. (1982). Theories of the self and psychoanalytic concepts: Discussion. *J. Amer. Psychoanal. Assn*., 30:959-978.

Blum, H. P. (1985). Superego formation, adolescent transformation, and the adult neurosis. *J. Amer. Psychoanal. Assn*., 33:887-909.

Boesky, D. (1988). The concept of psychic structure. *J. Amer. Psychoanal. Assn*., 36 (Suppl.):113-135.

Bornstein, B. (1951). On latency. *Psychoanal. Study Child*, 5:279-286.

Bornstein, B. (1953). Fragment of an analysis of an obsessional child: The first six months of analysis. *Psychoanal. Study Child*, 8:313-332.

Bower, T. G. R. (1974). *Development in infancy*. San Francisco: Freeman Press.

Bowlby, J. (1958). The nature of the child's tie to his mother. *Int. J. Psychoanal*., 39:350-373.

Bowlby, J. (1960a). Grief and mourning in infancy and early childhood. *Psychoanal. Study Child*, 15:9-52.

Bowlby, J. (1960b). Separation anxiety. *Int. J. Psychoanal*., 41:89-113.

Bowlby, J (1961). Processes of mourning. *Int. J. Psychoanal*., 42:317-340.

Bowlby, J. (1969). *Attachment and loss*. Vol. 1, *Attachment*. New York: Basic Books.

Bowlby, J. (1973). *Attachment and loss*. Vol. 2, *Separation, anxiety, and anger*. New York: Basic Books.

Bowlby, J. (1980). *Attachment and loss*. Vol. 3, *Loss, sadness and depression*. New York: Basic Books.

Bowlby, J. (1981). Psychoanalysis as a natural science. *Int. Rev. Psychoanal.*, 8:243-256.

Brazelton, T. B. (1973). *Neonatal behavioral assessment scale*. London: Spastics International Medical Publications.

Brazelton, T. B. (1982). Joint regulation of neonate parent behavior. In *Social interchange in infancy*, ed. E. Z. Tronick. Baltimore: University Park Press, pp. 7-27.

Brazelton, T. B., and Als, H. (1979). Four early stages in the development of mother-infant interaction. *Psychoanal. Study Child*, 34:349-369.

Brazelton, T. B.; Koslowski, B.; and Main, M. (1974). The early mother-infant interaction. In The *effect of the infant on its caregiver*, ed. M. Lewis and L. Rosenblum. New York: Wiley, pp. 49-77.

Brazelton, T. B.; Tronick, E.; Adamson, L.; Als, H.; and Wise, S. (1975). Early mother-infant reciprocity. In *Parent-infant interaction*. Ciba Foundation Symposium 33. Amsterdam: Elsevier, pp. 137-154.

Brenner, C. (1959). The masochistic character: Genesis and treatment. *J. Amer. Psychoanal*. Assn., 7:197-226.

Brenner, C. (1974). On the nature and development of affects: A unified theory. *Psychoanal. Q.*, 43:532-556.

Brenner, C. (1979). The components of psychic conflict and its consequences in mental life. *Psychoanal. Q.*, 48:547-567.

Brenner, C. (1982). *The mind in conflict*. New York: Int. Univ. Press.

Brenner, C. (1987). Notes on psychoanalysis by a participant observer: A personal chronicle. *J. Amer. Psychoanal. Assn.*, 35:539-556.

Breuer, J., and Freud, S. (1893-1895). *Studies on hysteria. S. E.*, 2.

Brody, M. W., and Mahoney, V. P. (1964). Introjection, identification and incorporation. *Int. J. Psychoanal.*, 45:57-63.

Brody, S. (1980). Transitional objects: Idealization of a phenomenon. *Psychoanal. Q.*, 49:561-605.

Brody, S. (1981). The concepts of attachment and bonding. *J. Amer. Psychoanal. Assn.*, 29:815-829.

Brody, S. (1982). Psychoanalytic theories of infant development and its disturbances: A critical evaluation. *Psychoanal. Q.*, 51:526-597.

Brody, S., and Axelrad, S. (1970). *Anxiety and ego formation in infancy*. New York: Int. Univ. Press.

Brody, S., and Axelrad, S. (1978). *Mothers, fathers, and children: Explorations in the formation of character in the first seven years*. New York: Int. Univ. Press.

Broussard, E. (1984). The Pittsburgh firstborns at age nineteen years. In *Frontiers of infant psychiatry*. Vol. 2, ed. J. Call, E. Galenson, and R. L. Tyson. New York: Basic Books, 1984, pp. 522-530.

Bruner, J. S. (1974). From communication to language: A psychological perspective. *Cognition*, 3:255-287.

Bruner, J. S. (1977). Early social interaction and language acquisition. In *Studies in mother-infant interaction*, ed. H. R. Schaffer. London: Academic Press, pp. 271-289.

Brunswick, R. M. (1940). The preoedipal phase of libido development. In *The psychoanalytic reader*, ed. R. Fliess. New York: Int. Univ. Press, pp. 261-283.

Burgner, M. (1985). Oedipal experience: Effects on development of an absent father. *Int. J. Psychoanal.*, 66:311-320.

Burgner, M., and Edgcumbe, R. (1972). Some problems in the conceptualization of early object relationships: Part II, The concept of object constancy. *Psychoanal. Study Child*, 27:315-333.

Burgner, M., and Kennedy, H. (1980). Different types of sado-masochistic behavior in children. *Dialogue*, 4:49-58.

Burlingham, D. (1952). *Twins: A study of three pairs of identical twins*. London: Imago.

Burlingham, D. (1973). The preoedipal infant-father relationship. *Psychoanal. Study Child*, 28:23-47.

Burlingham, D., and Freud, A. (1944). Infants without families. In *The writings of Anna Freud*. Vol. 3. New York: Int. Univ. Press, 1973, pp. 543-666.

Burns, P.; Sander, L.; Stechler, G.; and Julia, H. (1972). Distress in feeding:

Short-term effects of caretaker environment of the first ten days. *J. Amer. Acad. Child Psychiat.*, 11:427-439.

Busch, F. (1974). Dimensions of the first transitional object. *Psychoanal. Study Child*, 29:215-229.

Buxbaum, E. (1945). Transference and group formation in children and adolescents. *Psychoanal. Study Child*, 1:351-366.

Buxbaum, E. (1980). Between the Oedipus complex and adolescence: The "quiet" time. In *The course of life*. Vol. 2, ed. S. I. Greenspan and G. H. Pollock. Publication No. (ADM) 80-999. Washington, D.C.: DHHS, pp. 121-136.

Calef, V., and Weinshel, E. (1979). The new psychoanalysis and psychoanalytic revisionism. *Psychoanal. Q.*, 48:470-491.

Call, J. D. (1964). Newborn approach behavior and early ego development. *Int. J. Psychoanal.*, 45:286-294.

Call, J. D. (1979). Introducion to normal development. In *Basic handbook of child psychiatry*. Vol. 1, ed. J. Noshpitz et al. New York: Basic Books, pp. 3-10.

Call, J. D. (1980). Some prelinguistic aspects of language development. *J. Amer. Psychoanal. Assn.*, 28:259-289.

Call, J. D. (1983). Toward a nosology of psychiatric disorders in infancy. In *Frontiers of infant psychiatry*. New York: Basic Books, pp. 117-128.

Call, J. D. (1984). From early patterns of communication to the grammar of experience and syntax in infancy. In *Frontiers of infant psychiatry*. Vol. 2, ed. J. D. Call, E. Galenson, and R. L. Tyson. New York: Basic Books, pp. 15-29.

Call, J. D., and Marschak, M. (1966). Styles and games in infancy. In *Infant psychiatry*, ed. E. Rexford, L. Sander, and T. Shapiro. New Haven: Yale Univ. Press, 1965, pp. 104-113.

Campos, J. J.; Barrett, K. C.; Lamb, M. E.; Goldsmith, H. H.; and Stenberg, C. (1983). Socioemotional development. In *Handbook of child psychology*. Vol. 2, ed. M. Haith and J. J. Campos. New York: Wiley, pp. 783-916.

Cath, S. H.; Gurwitt, A. R.; and Ross, J. M., eds. (1982). *Father and child: Developmental and clinical perspectives*. Boston: Little, Brown.

Chasseguet-Smirgel, J. (1970). *Female sexuality: New psychoanalytic views*. Ann Arbor: Univ. of Michigan Press.

Chess, S., and Thomas, T. (1986). *Temperament in clinical practice*. New York: Guilford Press.

Chodorow, N. (1978). *Reproduction of mothering: Psychoanalysis and the sociology of gender*. Berkeley: Univ. of California Press.

Clower, V. L. (1976). Theoretical implications in current views of masturbation in latency girls. *J. Amer. Psychoanal. Assn*., 24:109-126.

Colarusso, C. A., and Nemiroff, R. A. (1981). *Adult development: A new dimension in psychodynamic theory and practice*. New York: Plenum Press.

Compton, A. (1980). A study of the psychoanalytic theory of anxiety: Part III, A preliminary formulation of the anxiety response. *J. Amer. Psychoanal. Assn*., 28:739-774.

Compton, A. (1981a). On the psychoanalytic theory of instinctual drives: Part III, The complications of libido and narcissism. *Psychoanal. Q*., 50:345-362.

Compton, A. (1981b). On the psychoanalytic theory of instinctual drives: Part IV, Instinctual drives and the ego-id-superego model. *Psychoanal. Q*., 50:363-392.

Darwin, C. R. (1872). The *expression of the emotions in man and animals*. Chicago: Univ. of Chicago Press, 1965.

Decarie, T. G. (1965). *Intelligence and affectivity in early childhood*. New York: Int. Univ. Press.

Deese, J. (1973). Cognitive structure and affect in language in communication and affect. In *Language and thought*, ed. P. Piner, L. Krames, and T. Alloway. New York: Academic Press, pp. 91-113.

Demos, E. V. (1982). Facial expressions of infants and toddlers: A descriptive analysis. In *Emotion and early interaction*, ed. T. Field and E. Fogel. Hillsdale, N.J.: Erlbaum, pp. 118-129.

Deutsch, H. (1930). The significance of masochism in the mental life of women. In *The psycho-analytic reader*, ed. R. Fliess. New York: Int. Univ. Press, 1948, pp. 223-236.

Deutsch, H. (1932). On female homosexuality. In *The psycho-analytic reader*, ed. R. Fliess. New York: Int. Univ. Press, 1948, pp. 237-260.

Deutsch, H. (1944). *The psychology of women: A psychoanalytic interpretation*. Vol. 1. New York: Grune and Stratton.

Deutsch, H. (1945). *The psychology of women: A psychoanalytic interpretation*. Vol. 2, *Motherhood*. New York: Grune and Stratton.

Dewald, P. A. (1981). Adult phases of the life cycle. In *The course of life: Psychoanalytic contributions toward understanding personality development*. Vol. 3, ed. S. I. Greenspan and G. H. Pollock. Publication No. (ADM) 81-1000. Washington, D.C.: DHHS, pp. 35-53.

Dowling, S. (1977). Seven infants with esophageal atresia: A developmental study. *Psychoanal. Study Child*, 32:215-256.

Drucker, J. (1981). Cognitive and affective growth: Developmental interaction. In *Development: Concepts of cognition and affect*, ed. T. Shapiro and E. Weber. Hillsdale, N.J.: Erlbaum, pp. 240-261.

Edelson, M. (1975). *Language and interpretation in psychoanalysis*. New Haven: Yale Univ. Press.

Edgcumbe, R. M. (1984). The development of symbolization. *Bull. Hampstead Clin.*, 7:105-126.

Edgcumbe, R. M., and Burgner, M. (1975). The phallic narcissistic phase: A differentiation between preoedipal and oedipal aspects of phallic development. *Psychoanal. Study Child*, 30:161-180.

Edgcumbe, R. M.; Lundberg, S.; Markowitz, R.; and Salo, F. (1976). Some comments on the concept of the negative oedipal phase in girls. *Psychoanal. Study Child*, 31:35-62.

Eisnitz, A. J. (1980). The organization of the self-representation and its influence on pathology. *Psychoanal. Q.*, 49:361-392.

Ekman, P. (1984). Expression and the nature of emotion. In *Approaches to emotion*, ed. K. Scherer and P. Ekman. Hillsdale, N.J.: Erlbaum, pp.

35-55.

Ekman, P., and Friesen, W. V. (1975). *Unmasking the face*. Englewood Cliffs, N.J.: Prentice-Hall.

Emde, R. N. (1980a). Emotional availability: A reciprocal reward system for infants and parents with implications for prevention of psychosocial disorders. In *Parent-infant relationships*, ed. P. M. Taylor. Orlando, Fla.: Grune and Stratton, pp. 87-115.

Emde, R. N. (1980b). Toward a psychoanalytic theory of affect: Part I, The organizational model and its propositions. In *the course of life: Infancy and early childhood*. Vol. 1, ed. S. I. Greenspan and G. H. Pollock. Publication No. (ADM) 80-786. Washington, D.C.: DHHS, pp. 63-83.

Emde, R. N. (1980c). Toward a psychoanalytic theory of affect: Part II, Emerging models of emotional development in infancy. In *The course of life: Infancy and early childhood*. Vol. 1, ed. S. I. Greenspan and G. H. Pollock. Publication No. (ADM) 80-786. Washington, D.C.: DHHS, pp. 85-112.

Emde, R. N. (1981). Changing models of infancy and the nature of early development: Remodeling the foundations. *J. Amer. Psychoanal. Assn*., 29:179-219.

Emde, R. N. (1983). The prerepresentational self and its affective core. *Psychoanal. Study Child*, 38:165-192.

Emde, R. N. (1984). The affective self: Continuities and transformations from infancy. In *Frontiers of infant psychiatry*. Vol. 2, ed. J. D. Call, E. Galenson, and R. L. Tyson, New York: Basic Books, pp. 38-54.

Emde, R. N. (1985). From adolescence to midlife: Remodeling the structure of adult development. *J. Amer. Psychoanal. Assn*., 33 (Suppl.):59-112.

Emde, R. N. (1988a). Development terminable and interminable: Part I, Innate and motivational factors from infancy. *Int. J. Psychoanal*., 69:23-42.

Emde, R. N. (1988b). Development terminable and interminable: Part II, Recent psychoanalytic theory and therapeutic considerations. *Int. J.*

Psychoanal., 69:283-296.

Emde, R. N.; Gaensbauer, T.; and Harmon, R. J. (1976). *Emotional expression in infancy: A biobehavioral study*. Psychological Issues, Monograph 37. New York: Int. Univ. Press.

Emde, R. N., and Harmon, R. J. (1972). Endogenous and exogenous smiling systems in early infants. *J. Amer. Acad. Child Psychiat*., 11:177-200.

Emde, R. N., and Robinson, J. (1979). The first two months: Recent research in developmental psychobiology and the changing view of the newborn. In *Basic handbook of child psychiatry*. Vol. 1, ed. J. D. Call, J. D. Noshpitz, R. L. Cohen, and I. N. Berlin. New York: Basic Books, pp. 72-105.

Emde, R. N., and Sorce, J. F. (1983). The rewards of infancy: Emotional availability and maternal referencing. In *Frontiers of infant psychiatry*, ed. J. D. Call, E. Galenson, and R. L. Tyson. New York: Basic Books, pp. 17-30.

English, H. B., and English, A. C. (1958). *A comprehensive dictionary of psychological and psychoanalytical terms*. New York: David McKay.

Erikson, E. H. (1946). Ego development and historical change. *Psychoanal. Study Child*, 2:359-396.

Erikson, E. H. (1950). *Childhood and society*. New York: Norton.

Erikson, E, H. (1956). The concept of ego identity. *J. Amer. Psychoanal. Assn*., 4:56-121.

Erikson, E. H. (1959). *Identity and the life cycle: Selected papers*. Psychological Issues, Monograph 1. New York: Int. Univ. Press.

Erikson, E. H. (1968). *Identity: Youth and crisis*. New York: Norton.

Esman, A. H. (1983). The "stimulus barrier": A review and reconsideration. *Psychoanal. Study Child*, 38:193-208.

Eysenck, H. J.; Arnold, W. J.; and Meili, R., eds. (1972). *Encyclopedia of psychology*. Bungay, Suffolk: Richard Clay, The Chaucer Press.

Fairbairn, W. R. D. (1954). Observations on the nature of hysterical states. *Brit. J. Med. Psychol*., 29:112-127.

Fairbairn, W. R. D. (1963). Synopsis of an object-relations theory of the personality. *Int. J. Psychoanal.*, 44:224-225.

Fast, I. (1978). Developments in gender identity: The original matrix. *Int. Rev. Psychoanal.*, 5:265-274.

Fast, I. (1979). Developments in gender identity: Gender differentiation in girls. *Int. Rev. Psychoanal.*, 6:441-453.

Fast, I. (1985). *Event theory*. Hillsdale, N.J.: Erlbaum.

Fenichel, O. (1941). The ego and the affects. In *The collected papers of Otto Fenichel*. 2nd ser. New York: Norton, 1954, pp. 215-227.

Fenichel, O. (1945). *The psychoanalytic theory of neurosis*. New York: Norton.

Ferenczi, S. (1912). Symbolism. In *Sex in psychoanalysis*. New York: Basic Books, 1950, pp. 253-281.

Ferenczi, S. (1913). Stages in the development of the sense of reality. In *Sex in psychoanalysis*. New York: Basic Books, 1950, pp. 213-239.

Ferenczi, S. (1924). *Thalassa: A theory of genitality*. Albany: Psychoanalytic Quarterly, 1938.

Ferenczi, S. (1925). Psycho-analysis of sexual habits. In *Further contributions to the theory and technique of psycho-analysis*. New York: Basic Books, 1952, pp. 259-297.

Ferenczi, S. (1930). Notes and fragments, II. In *Final contributions to the problems and methods of psycho-analysis*. New York: Basic Books, 1952, pp. 219-231.

Flavell, J. H. (1977). *Cognitive development*. Englewood Cliffs, N.J.: Prentice-Hall.

Fogel, G. I. (1989). The authentic function of psychoanalytic theory: An overview of the contributions of Hans Loewald. *Psychoanal. Q.*, 58:419-451.

Fraiberg, S. H. (1955). Some considerations in the introduction to therapy in puberty. *Psychoanal. Study Child*, 10:264-286.

Fraiberg, S. (1968). Parallel and divergent patterns in blind and sighted infants. *Psychoanal. Study Child*, 23:264-300.

Fraiberg, S. (1969). Object constancy and mental representation. *Psychoanal. Study Child*, 24:9-47.

Fraiberg, S. (1972). Some characteristics of genital arousal and discharge in latency girls. *Psychoanal. Study Child*, 27:439-475.

Fraiberg, S. (1974). Blind infants and their mothers: An examination of the sign system. In *The effect of the infant on its caregiver*, ed. J. M. Lewis and L. A. Rosenblum. New York: Wiley, pp. 215-232.

Fraiberg, S. (1982). Pathological defenses in infancy. *Psychoanal. Q.*, 51:612-635.

Francis, J., and Marcus, I. (1975). Masturbation: A developmental view. In *Masturbation from infancy to senescence*, ed. J. Francis and I. Marcus. New York: Int. Univ. Press, pp. 9-51.

Freedman, D. G. (1965). Hereditary control of early social behavior. In *Determinants of infant behavior*. Vol. 3, ed. B. M. Foss. New York: Wiley, pp. 149-159.

Freud, A. (1922). Beating fantasies and daydreams. In *The writings of Anna Freud*. Vol. 1. New York: Int. Univ. Press, 1974, pp. 137-157.

Freud, A. (1936). *The ego and the mechanisms of defense*. Vol. 2 of *The writings of Anna Freud*. Rev. ed. New York: Int. Univ. Press, 1966.

Freud, A. (1941-1945). Reports on the Hampstead Nurseries. In *The writings of Anna Freud*. Vol. 3. New York: Int. Univ. Press, 1973, pp. 3-540.

Freud, A. (1949). Aggression in relation to emotional development: Normal and pathological. In *The writings of Anna Freud*. Vol. 4. New York: Int. Univ. Press, 1968, pp. 489-497.

Freud, A. (1951). Observation on child development. In *The writings of Anna Freud*. Vol. 4. New York: Int. Univ. Press, 1968, pp. 143-162.

Freud, A. (1952). The mutual influences in the development of ego and id. In *The writings of Anna Freud*. Vol. 4. New York: Int. Univ. Press, 1968, pp. 230-244.

Freud, A. (1955). The concept of the rejecting mother. In The writings of Anna Freud. Vol. 4. New York: Int. Univ. Press, 1968, pp. 586-602.

Freud, A. (1958). Adolescence. In *The writings of Anna Freud*. Vol. 4. New York: Int. Univ. Press, 1968, pp. 136-166,

Freud, A. (1960). Discussion of Dr. John Bowlby's paper (Grief and mourning in infancy and early childhood). In *The writings of Anna Freud*. Vol. 5. New York: Int. Univ. Press, 1969, pp. 167-186.

Freud, A. (1962). Assessment of childhood disturbances. *Psychoanal. Study Child*, 17:149-158.

Freud, A. (1963). The concept of developmental lines. In *The writings of Anna Freud*. Vol. 6. New York: Int. Univ. Press, 1965, pp. 62-87.

Freud, A. (1965). *Normality and pathology in childhood: Assessments of development*. Vol. 6 of The writings of Anna Freud. New York: Int. Univ. Press, 1965.

Freud, A. (1967). Comments on psychic trauma. In The writings of Anna Freud. Vol. 5. New York: Int. Univ. Press, 1969, pp. 221-241.

Freud, A. (1968). Panel discussion with J. Arlow (Mod.), J. Lampl-de Groot, and D. Beres. *Int. J. Psychoanal*., 49:506-512.

Freud, A. (1970a). The infantile neurosis. In *The writings of Anna Freud*. Vol. 7. New York: Int. Univ. Press, 1971, pp. 189-203.

Freud, A. (1970b). Child analysis as a subspecialty of psychoanalysis. In *The writings of Anna Freud*. Vol. 7. New York: Int. Univ. Press, 1971, pp. 204-219.

Freud, A. (1976). Changes in psychoanalytic practice and experience. In *The writings of Anna Freud*. Vol. 8. New York: Int. Univ. Press, 1981, pp. 176-185.

Freud, A. (1979). Foreword. *Psychoanal. Study Child*, 34:3-4.

Freud, A. (1983). Problems of pathogenesis: Introduction to the discussion. *Psychoanal. Study Child*, 38:383-388.

Freud, S. (1893). On the psychical mechanism of hysterical phenomena. In *S.E*., 3:25-39.

Freud, S. (1894). The neuropsychoses of defense. In *S.E*., 3:43-61.

Freud, S. (1895a). On the grounds for detaching a particular syndrome from neurasthenia under the description "anxiety neurosis." In *S.E.*, 3:87-

117.
Freud, S. (1895b). Project for a scientific psychology. In *S.E.*, 1:295-397.
Freud, S. (1896). Draft K. The neuroses of defense. In *S.E.*, 1:220-232.
Freud, S. (1900). The *interpretation of dreams.* Vols. 4 and 5 of *S.E.*
Freud, S. (1905a). Fragment of an analysis of a case of hysteria. In *S.E.*, 7:31-122.
Freud, S. (1905b). Three essays on the theory of sexuality. In *S.E.*, 7:125-243.
Freud, S. (1908). Character and anal erotism. In *S.E.*, 9:169-175.
Freud, S. (1909a). Analysis of a phobia in a five-year-old boy. In *S.E.*, 10:5-149.
Freud, S. (1909b). Family romances. In *S.E.*, 9:237-241.
Freud, S. (1911). Two principles of mental functioning. In *S.E.*, 12:213-226.
Freud, S. (1912). On the universal tendency to debasement in the sphere of love. In *S.E.*, 11:179-190.
Freud, S. (1913). Totem and taboo. In *S.E.*, 13:1-161.
Freud, S. (1914). On narcissism: An introduction. In *S.E.*, 14:67-102.
Freud, S. (1915a). Instincts and their vicissitudes. In *S.E.*, 14:111-140.
Freud, S. (1915b). Repression. In *S.E.*, 14:141-158.
Freud, S. (1915c). The unconscious. In *S.E.*, 14:161-215.
Freud, S. (1916-1917). *Introductory lectures on psycho-analysis*. Vols. 15 and 16 of S.E.
Freud, S. (1917). Mourning and melancholia. In *S.E.*, 14:237-259.
Freud, S. (1918). From the history of an infantile neurosis. In *S.E.*, 17:3-122.
Freud, S. (1920). Beyond the pleasure principle. In *S.E.*, 18:7-64.
Freud, S. (1921). Group psychology and the analysis of the ego. In *S.E.*, 18:67-143.
Freud, S. (1923a). The ego and the id. In *S.E.*, 19:3-66.
Freud, S. (1923b). The infantile genital organization. In *S.E.*, 19:141-145.
Freud, S. (1924a). The dissolution of the Oedipus complex. In *S.E.*,

19:172-179.
Freud, S. (1924b). The economic problem of masochism. In *S.E.*, 19:157-170.
Freud, S. (1924c). The loss of reality in neurosis and psychosis. In *S.E.*, 19:183-187.
Freud, S. (1925a). An autobiographical study. In *S.E.*, 20:3-77.
Freud, S. (1925b). Some psychical consequences of the anatomical distinction between the sexes. In *S.E.*, 19:243-258.
Freud, S. (1926). Inhibitions, symptoms and anxiety. In *S.E.*, 20:77-175.
Freud, S. (1927). Dostoevsky and parricide. In *S.E.*, 21:175-196.
Freud, S. (1930). Civilization and its discontents. In *S.E.*,21:59-145.
Freud, S. (1931). Female sexuality. In *S.E.*, 21:223-246.
Freud, S. (1933). New introductory lectures on psycho-analysis. In *S.E.*, 22:3-184.
Freud, S. (1939). Moses and monotheism. In *S.E.*, 23:3-137.
Freud, S. (1940). An outline of psycho-analysis. In *S.E.*, 23:141-207.
Friedman, L. (1980). The barren prospect of a representational world. *Psychoanal. Q.*, 49:215-233.
Friedman, R. C. (1988). *Male homosexuality: A contemporary psychoanalytic perspective*. New Haven: Yale Univ. Press.
Furer, M. (1967). Some developmental aspects of the superego. *Int. J. Psychoanal.*, 48:277-280.
Furer, M. (1972). The history of the superego concept in psychoanalysis: A review of the literature. In *Moral values and the superego concept in psychoanalysis*, ed. S. C. Post. New York: Int. Univ. Press, pp. 11-62.
Furman, E. (1974). A *child's parent dies: Studies in childhood bereavement*. New Haven: Yale Univ. Press.
Furman, E. (1985). On fusion, integration, and feeling good. *Psychoanal. Study Child*, 40:81-110.
Furman, R. A. (1975). Excerpts from the analysis of a prepuberty boy. In *Masturbation*, ed. I. M. Marcus and J. J. Francis. New York: Int. Univ. Press, pp. 223-229.

Gaensbauer, T. J. (1982). The differentiation of discrete affects: A case report. *Psychoanal. Study Child*, 37:29–66.

Galenson, E. (1964). Panel: Prepuberty and child analysis. *J. Amer. Psychoanal. Assn.*, 12:600–609.

Galenson, E. (1984). Influences on the development of the symbolic function. In *Frontiers of infant psychiatry*. Vol. 2, ed. J. D. Call, E. Galenson, and R. L. Tyson. New York: Basic Books, pp. 30–37.

Galenson, E. (1986). Some thoughts about infant psychopathology and aggressive development. *Int. Rev. Psychoanal.*, 13:349–354.

Galenson, E. (1988). The precursors of masochism: Protomasochism. In *Masochism: Current psychoanalytic perspectives*, ed. R. A. Glick and D. I. Meyers. Hillsdale, N.J.: Analytic Press, pp. 189–204.

Galenson, E., and Roiphe, H. (1971). The impact of early sexual discovery on mood, defensive organization, and symbolization. *Psychoanal. Study Child*, 6:195–216.

Galenson, E., and Roiphe, H. (1974). The emergence of genital awareness during the second year of life. In *Sex differences in behavior*, ed. R. C. Friedman. New York: Wiley, pp. 223–231.

Galenson, E., and Roiphe, H. (1976). Some suggested revisions concerning early female development. *J. Amer. Psychoanal. Assn.*, 24 (Suppl.):29–57.

Galenson, E., and Roiphe, H. (1980). The preoedipal development of the boy. *J. Amer. Psychoanal. Assn.*, 28:805–828.

Geleerd, E. R. (1957). Some aspects of psychoanalytic technique in adolescence. *Psychoanal. Study Child*, 12:263–283.

Gilligan, C. (1982). *In a different voice: Psychological theory and women's development*. Cambridge: Harvard Univ. Press.

Glenn, J. (1984). A note on loss, pain and masochism in children. *J. Amer. Psychoanal. Assn.*, 32:63–73.

Glover, E. (1945). Examination of the Klein system of child psychology. *Psychoanal. Study Child*, 1:75–118.

Golding, W. (1955). *Lord of the flies*. New York: Capricorn Press.

Goldings, H. I. (1974). Jump-rope rhymes an the rhythm of latency

development in girls. *Psychoanal. Study Child*, 29:431-450.
Gould, R. L. (1972). The phases of adult life: A study in developmental psychology. *Amer. J. Psychiat.*, 129:521-531.
Green, A. (1975). The analyst, symbolization and absence in the analytic setting. *Int. J. Psychoanal.*, 56:1-22.
Green, R. (1980). Patterns of sexual identity in childhood: Relationship to subsequent sexual partner preference. *In Homosexual behavior: A modern reappraisal*, ed. J. Marmor. New York: Basic Books, pp. 255-266.
Greenacre, P. (1941). The predisposition to anxiety. In *Trauma, growth and personality*. New York: Norton, 1952, pp. 27-82.
Greenacre, P. (1948). Anatomical structure and superego development. In *Trauma, growth and personality*. New York: Norton, 1952, pp. 149-164.
Greenacre, P. (1950). Special problems of early female sexual development. *Psychoanal. Study Child*, 5:122-138.
Greenacre, P. (1952a). Pregenital patterning. *Int. J. Psychoanal.*, 33:410-415.
Greenacre, P. (1952b). *Trauma, growth, and personality*. New York: Norton.
Greenacre, P. (1953a). Certain relationships between fetishism and the faulty development of the body image. In *Emotional growth*. Vol. 1. New York: Int. Univ. Press, 1971, pp. 9-30.
Greenacre, P. (1953b). Penis awe and its relation to penis envy. In *Emotional growth.* Vol. 1. New York: Int. Univ. Press, 1971, pp. 31-49.
Greenacre, P. (1958). Early physical determinants in the development of the sense of identity. In *Emotional growth.* Vol. 1. New York: Int. Univ. Press, 1971, pp. 113-127.
Greenacre, P. (1960). Considerations regarding the parent-infant relationship. In *Emotional growth*. Vol. 1. New York: Int. Univ. Press, 1971, pp. 199-224.
Greenacre, P. (1967). The influence of infantile traumas on genetic patterns. In *Emotional growth*. Vol. 1. New York: Int. Univ. Press, 1971,

pp. 260–299.

Greenberg, J. R., and Mitchell, S. R. (1983). *Object relations in psychoanalytic theory*. Cambridge: Harvard Univ. Press.

Greenberg, M., and Morris, N. (1974). Engrossment: The newborn's impact upon the father. *Amer. J. Orthopsychiat*., 44:520–531.

Greenson, R. R. (1954). The struggle against identification. *J. Amer. Psychoanal. Assn*., 2:200–217.

Greenson, R. R. (1968). Dis-identifying from mother: Its special importance for the boy. *Int. J. Psychoanal*., 49:370–374.

Greenspan, S. I. (1979). *Intelligence and adaptation: An integration of psychoanalytic and Piagetian developmental psychology*. Psychological Issues, Monograph 47/48. New York: Int. Univ. Press.

Greenspan, S. I. (1981). *Psychopathology and adaptation in infancy and early childhood: Principles of clinical diagnosis and preventive intervention*. New York: Int. Univ. Press.

Greenspan, S. I. (1988). The development of the ego: Insights from clinical work with infants and young children. J. Amer. Psychoanal. Assn., 36 (Suppl.): 3–55.

Grolnick, S. A., and Barkin, L., eds. (1978). *Between reality and fantasy: Transitional objects and phenomena*. New York: Aronson.

Gross, G. E., and Rubin, I. A. (1972). Sublimation: The study of an instinctual vicissitude. *Psychoanal. Study Child*, 27:334–359.

Grosskurth, P. (1986). *Melanie Klein*. New York: Knopf.

Grossman, W. I., and Stewart, W. (1976). Penis envy: From childhood wish to the developmental metaphor. *J. Amer. Psychoanal. Assn*., 24 (Suppl.):193–212.

Gunsberg, L. (1982). A selected critical review of psychological investigations of the father-infant relationship. In *Father and child*, ed. S. H. Cath, A. R. Gurwitt, and J. M. Ross. Boston: Little, Brown, pp. 65–82.

Guntrip, H. (1961). *Personality structure and human interaction*. New York: Int. Univ. Press.

Guntrip, H. (1969). *Schizoid phenomena, object relations and the self*. New York: Int. Univ. Press.

Guntrip, H. (1975). My experience of analysis with Fairbairn and Winnicott. *Int. Rev. Psychoanal.*, 2:145-156.

Guntrip, H. (1978). Psycho-analysis and some scientific and philosophical critics. *Brit. J. Med. Psychol.*, 51:207-224.

Haith, M. M., Bergman, T., and Moore, M. J. (1977). Eye contact and face scanning in early infancy. *Science*, 198:853-855.

Hall, G. S. (1904). *Adolescence: Its psychology and its relations to physiology, anthropology, sociology, sex, crime, religion and education*. New York: Appleton, 1916.

Hanly, C. (1978). Instincts and hostile affects. *Int. J. Psychoanal.*, 59:149-156.

Harley, M. (1961). Genitality and structural development of adolescence. *J. Amer. Psychoanal. Assn.*, 9:434-460.

Harley, M., and Weil, A. P. (1979). Introduction. In *Infantile psychosis and early contributions*. Vol. 1 of *The selected papers of Margaret S. Mahler*. New York: Aronson, pp. ix-xx.

Harlow, H. F. (1960a). Affectional behavior in the infant monkey. In *Central nervous system and behavior*, ed. M. A. B. Brazier. New York: Josiah Macy, Jr., Foundation, pp. 3-21.

Harlow, H. F. (1960b). Primary affectional patterns in primates. *Amer. J. Orthopsychiat.*, 30:676-684.

Harlow, H. F., and Zimmerman, R. R. (1959). Affectional responses in the infant monkey. *Science*, 130:421-432.

Harmon, R. J., and Emde, R. N. (1971). Spontaneous REM behaviors in a microcephalic infant: A clinical anatomical study. *Perceptual Motor Skills*, 34:827-833.

Harmon, R. M.; Wagonfeld, S.; and Emde, R. N. (1982). Anaclitic depression: A follow-up from infancy to puberty. *Psychoanal. Study Child*, 37:67-94.

Harries, M. (1952). Sublimation in a group of four-year-old boys.

Psychoanal. Study Child, 7:230-240.

Hart, M., and Sarnoff, C. A. (1971). The impact of the menarche. *J. Amer. Acad. Child Psychiat.*, 10:257-271.

Hartmann, H. (1939). *Ego psychology and the problem of adaptation*. New York: Int. Univ. Press, 1958.

Hartmann, H. (1950). Comments on the psychoanalytic theory of the ego. In *Essays on ego psychology*. New York: Int. Univ. Press, 1964, pp. 113-141.

Hartmann, H. (1952). The mutual influences in the development of ego and id. In *Essays on ego psychology*. New York: Int. Univ. Press, 1964, pp. 155-182.

Hartmann, H. (1953). Contribution to the metapsychology of schizophrenia. In *Essays on ego psychology*. New York: Int. Univ. Press, 1964, pp. 182-206.

Hartmann, H. (1955). Notes on the theory of sublimation. In *Essays on ego psychology*. New York: Int. Univ. Press, 1964, pp. 215-240.

Hartmann, H. (1956). Notes on the reality principle. In *Essays on ego psychology*. New York: Int. Univ. Press, 1964, pp. 241-267.

Hartmann, H., and Kris, E. (1945). The genetic approach in psychoanalysis. *Psychoanal. Study Child*, 1:11-30.

Hartmann, H.; Kris, E.; and Loewenstein, R. (1946). Comments on the formation of psychic structure. *Psychoanal. Study Child*, 2:11-38.

Hartmann, H., and Loewenstein, R. (1962). Notes on the superego. *Psychoanal. Study Child*, 17:42-81.

Hayman, A. (1969). What do we mean by "id"? *J. Amer. Psychoanal. Assn.*, 17:353-380.

Hayman, A. (1989). What do we mean by " phantasy"? *Int. J. Psychoanal.*, 70:105-114.

Heimann, P. (1962). Notes on the anal stage. *Int. J. Psychoanal.*, 43:406-414.

Heimann, P. (1966). Comments on Dr. Kernberg's paper (Structural derivatives of object relationships). *Int. J. Psychoanal.*, 47:254-260.

Herzog, E., and Sudia, C. (1973). Children in fatherless families. In *Review of child development research*. Vol. 3, ed. B. M. Caldwell and H. N. Ricciuti. Chicago: Univ. of Chicago Press, pp. 141-232.

Herzog, J. M. (1980). Sleep disturbance and father hunger in 18-to 28-month-old boys: The Erlkonig syndrome. *Psychoanal. Study Child*, 35:219-233.

Herzog, J. M. (1982). On father hunger: The father's role in the modulation of aggressive drive and fantasy. In *Father and child*, ed. S. W. Cath, A. R. Gurwitt, and J. M. Ross. Boston: Little, Brown, pp. 163-174.

Herzog, J. M. (1984). Fathers and young children: Fathering daughters and fathering sons. In *Frontiers of infant psychiatry*. Vol. 2, ed. J. D. Call, E. Galenson, and R. L. Tyson. New York: Basic Books, pp. 335-342.

Hoffer, W. (1949). Mouth, hand and ego integration. *Psychoanal. Study Child*, 3/4:49-56.

Hoffer, W. (1950a). Oral aggressiveness and ego development. *Int. J. Psychoanal.*, 31:156-160.

Hoffer, W. (1950b). The development of the body ego. *Psychoanal. Study Child*, 5:18-24.

Hoffer, W. (1952). The mutual influences in the development of ego and id: Earliest stages. *Psychoanal. Study Child*, 7:31-41.

Holder, A. (1982). Preoedipal contributions to the formation of the superego. *Psychoanal. Study child*, 37:245-272.

Holt, R. R. (1967). *Motives and thought: Psychoanalytic essays in honor of David Rapaport*. Psychological Issues, Monograph 18/19. New York: Int. Univ. Press.

Horney, K. (1924). On the genesis of the castration complex in women. In *Feminine psychology*, ed. H. Kelman. New York: Norton, 1967, pp. 37-53.

Horney, K. (1926). The flight from womanhood: The masculinity complex in women as viewed by men and women. *Int. J. Psychoanal.*, 7:324-339.

Horney, K. (1933). The denial of the vagina. In *Feminine psychology*, ed. H. Kelman. New York: Norton, 1967, pp. 147-161.

Horney, K (1967). *Feminine psychology*, ed. H. Kelman. New York: Norton.

Hughes, J. M. (1989). *Reshaping the psychoanalytic domain: The work of Melanie Klein, W. R. D. Fairbairn and D. W. Winnicott*. Berkeley: Univ. of California Press.

Inhelder, B. (1970). *Operational thought and symbolic imagery in cognitive development in children*. Chicago: Univ. of Chicago Press.

Inhelder, B., and Piaget, J. (1958). *The growth of logical thinking: From childhood to adolescence*. New York: Basic Books.

Isay, R. A. (1989). *Being homosexual: Gay men and their development*. New York: Farrar, Straus, and Giroux.

Izard, C. E. (1971). *The face of emotion*. New York: Appleton-Century-Crofts.

Izard, C. E. (1972). *Patterns of emotions*. New York: Academic Press.

Jacobson, E. (1937). Ways of female superego formation and the female castraion conflict. *Psychoanal. Q.*, 45:525-538.

Jacobson, E. (1946). The effect of disappointment on ego and superego formation in normal and depressive development. *Psychoanal. Rev.*, 33:129-147.

Jacobson, E. (1953). The affects and their pleasure-unpleasure qualities in relation to the psychic discharge processes. *In Drives, affects, behavior*, ed. R. Loewenstein. New York: Int. Univ. Press, pp. 38-66.

Jacobson, E. (1954). The self and the object world: Vicissitudes of their infantile cathexis and their influences on ideational and affective development. *Psychoanal. Study Child*, 9:75-127.

Jacobson, E. (1961). Adolescent moods and the remodeling of psychic structures in adolescence. *Psychoanal. Study Child*, 16:164-183.

Jacobson, E. (1964). *The self and the object world*. New York: Int. Univ Press.

Jacobson, J. G. (1983a). The structural theory and the representational world. *Psychoanal. Q.*, 52:514-542.

Jacobson, J. G. (1983b). The structural theory and the representational world: Developmental and biological considerations. *Psychoanal. Q.*, 52:543-563.

Jacobson, S. W. (1979). Matching behavior in the young infant. *Child Develop.*, 50:425-430.

James, M. (1960). Premature ego development. *Int. J. Psychoanal.*, 41:288-294.

James, W. (1890). *The principles of psychology*. New York: Holt, Rinehart and Winston.

Jaques, E. (1981). The midlife crisis. In *Adulthood and the aging process*. Vol. 3 of *The couse of life*, ed. S. I. Greenspan and G. H. Pollock. Publication No. (ADM) 81-1000. Washington, D.C.: DHHS, pp. 1-23.

Joffe, W. G. (1969). A critical review of the status of the envy concept. *Int. J. Psychoanal.*, 50:533-545.

Joffe, W. G., and Sandler, J. (1965). Notes on pain, depression and individuation. *Psychoanal. Study Child*, 20:394-424.

Joffe, W. G., and Sandler, J. (1967). Some conceptual problems involved in the consideration of disorders of narcissism. *J. Child Psychother.*, 2:56-66.

Johnson, A. M., and Szurek, S. A. (1952). The genesis of antisocial acting out in children and adults. *Psychoanal. Q.*, 21:323-343.

Jones, E. (1916). The theory of symbolism. In *Papers on psycho-analysis*. Boston: Beacon Press, 1961, pp. 87-144.

Jones, E. (1922). Some problems of adolescence. In *Papers on psycho-analysis*. Boston: Beacon Press, 1961, pp. 389-406.

Jones, E. (1926). The origin and structure of the super-ego. In *Papers on psycho-analysis*. Boston: Beacon Press, 1961, pp. 438-457.

Jones, E. (1927). The early development of female sexuality. In *Papers on psycho-analysis*. Boston: Beacon Press, 1961, pp. 438-457.

Jones, E. (1929). Fear, guilt and hate. *Int. J. Psychoanal.*, 10:383-397.

Jones, E. (1933). The phallic phase. In *Papers on psycho-analysis*. Boston: Beacon Press, 1961, pp. 452-484.

Jones, E. (1935). Early female sexuality. *Int. J. Psychoanal.*, 16:263-273.

Jones, E. (1947). The genesis of the super-ego. In *Papers on psycho-analysis*. Boston: Beacon Press, 1961, pp. 145-152.

Jones, E. (1953). The *life and work of Sigmund Freud*. Vol. 1. New York: Basic Books.

Kagan, J. (1978). *The growth of the child: Reflections on human development*. New York: Norton.

Kaplan, E. B. (1965). Reflections regarding psychomotor activities during the latency period. *Psychoanal. Study Child*, 20:220-238.

Katan, A. (1951). The role of "displacement" in agoraphobia. *Int. J. Psychoanal.*, 32:41-50.

Katan, A. (1961). Some thoughts about the role of verbalization in childhood. *Psychoanal. Study Child*, 16:184-188.

Katan, A. (1972). The infant's first reaction to strangers: Distress or anxiety? *Int. J. Psychoanal.*, 53:501-503.

Keniston, K. (1971). Youth as a stage of life. In *Adolescent psychiatry*. Vol. 1, ed. S. D. Feinstein, P. L. Giovacchini, and A. A. Miller. New York: Aronson, pp. 161-175.

Kernberg, O. F. (1969). A contribution to the ego-psychological critique of the Kleinian school. *Int. J. Psychoanal.*, 50:317-333.

Kernberg, O. F. (1974a). Barriers to falling and remaining in love. *J. Amer. Psychoanal. Assn.*, 22:486-511.

Kernberg, O. F. (1974b). Mature love: Prerequisites and characteristics. *J. Amer. Psychoanal. Assn.*, 22:743-768.

Kernberg, O. F. (1975). *Borderline conditions and pathological narcissism*. New York: Aronson.

Kernberg, O. F. (1976). *Object relations theory and clinical psychoanalysis*. New York: Aronson.

Kernberg, O. F. (1977). Boundaries and structures in love relations. *J. Amer. Psychoanal. Assn.*, 25:81-114.

Kernberg, O. F. (1980a). *Internal world and external reality: Object relations theory applied*. New York: Aronson.

Kernberg, O. F. (1980b). Adolescent sexuality in the light of group processes. *Psychoanal. Q.*, 49:27-47.

Kernberg, O. F. (1980c). Love, the couple, and the group; a psychoanalytic frame. *Psychoanal. Q.*, 49:78-108.

Kernberg, O. F. (1982). Self, ego, affects and drives. J. *Amer. Psychoanal. Assn.*, 30:893-917.

Kernberg, O. F. (1984). *Severe personality disorders: Psychotherapeutic strategies*. New Haven: Yale Univ. Press.

Kernberg, O. F. (1987). An ego psychology-object relations theory approach to the transference. *Psychoanal. Q.*, 51:197-221.

Kestenberg, J. S. (1956a). On the development of maternal feelings in early childhood. *Psychoanal. Study Child*, 11:257-291.

Kestenberg, J. S. (1956b). Vicissitudes of female sexuality. *J. Amer. Psychoanal. Assn.*, 4:453-476.

Kestenberg, J. S. (1961). Menarche. In *Adolescence: Psychoanalytic approach to problems and therapy*, ed. S. Lorand and H. Schneer. New York: Harper, pp. 19-50.

Kestenberg, J. S. (1968). Outside and inside, male and female. *J. Amer. Psychoanal. Assn.*, 16:457-520.

Kestenberg, J. S. (1975). *Children and parents: Psychoanalytic studies in development*. New York: Aronson.

Kestenberg, J. S. (1976). Regression and reintegration in pregnancy. *J. Amer. Psychoanal. Assn.*, 14:213-250.

Khan, M. (1963). The concept of cumulative trauma. *Psychoanal. Study Child*, 18:286-306.

Klaus, M. H., and Kennell, J. H. (1976). *Maternal-infant bonding*. St. Louis: C. V. Mosby.

Kleeman, J. A. (1965). A boy discovers his penis. *Psychoanal. Study Child*, 20:239-266.

Kleeman, J. A. (1966). Genital self-discovery during a boy's second year: A follow-up. *Psychoanal. Study child*, 21:358-392.

Kleeman, J. A. (1971). The establishment of core gender identity in normal girls. *Archs. Sexual Behavior*, 1:117-129.

Kleeman, J. A. (1976). Freud's views on early female sexuality in the light of direct child observation. *J. Amer. Psychoanal. Assn.*, 24 (Suppl.):3–27.
Klein, G. S. (1976a). Freud's two theories of sexuality. In *Psychology versus metapsychology: Psychoanalytic essays in memory of George S. Klein*, ed. M. M. Gill and P. S. Holzman. Psychological Issues, Monograph 36. New York: Int. Univ. Press, pp. 14–70.
Klein, G. S. (1976b). *Psychoanalytic theory: An exploration of essentials*. New York: Int. Univ. Press.
Klein, M. (1928). Early stages of the Oedipus conflict. In *The writings of Melanie Klein*. Vol. 1. London: Hogarth, 1975, pp. 186–198.
Klein, M. (1929). Infantile anxiety situations reflected in a work of art and in the creative impulse. In *The writings of Melanie Klein*. Vol. 1. London: Hogarth, 1975, pp. 210–218.
Klein, M. (1930). The importance of symbol-formation in the development of the ego. In *The writings of Melanie Klein*. Vol. 1. London: Hogarth, 1975, pp. 219–232.
Klein, M. (1933). The early development of conscience in the child. In *The writings of Melanie Klein*. Vol. 1. London: Hogarth, 1975, pp. 248–257.
Klein, M. (1935). A contribution to the psychogenesis of manic-depressive states. In *The writings of Melanie Klein*. Vol. 1. London: Hogarth, 1975, pp. 262–289.
Klein, M. (1940). Mourning and its relation to manic-depressive states. In *The writings of Melanie Klein*. Vol. 1. London: Hogarth, 1975, pp. 344–369.
Klein, M. (1946). Notes on some schizoid mechanisms. In *The writings of Melanie Klein*. Vol. 1. London: Hogarth, 1975, pp. 1–24.
Klein, M. (1948). A contribution to the theory of anxiety and guilt. In *The writings of Melanie Klein*. Vol. 3. London: Hogarth, 1975, pp. 25–42.
Klein, M. (1952a). On observing the behaviour of young infants. In *The writings of Melanie Klein*. Vol. 3. London: Hogarth, 1975, pp. 94–121.
Klein, M. (1952b). Some theoretical conclusions regarding the emotional life of the infant. In *The writings of Melanie Klein*. Vol. 3. London:

Hogarth, 1975, pp. 61-93.

Klein, M. (1957). Envy and gratitude. In *The writings of Melanie Klein*. Vol. 3. London: Hogarth, 1975, pp. 176-235.

Klein, M. (1958). On the development of mental functioning. In *The writings of Melanie Klein*. Vol. 3. London: Hogarth, 1975, pp. 236-246.

Klein, M.; Heimann, P.; Isaacs, S.; and Riviere, J. (1952). *Developments in psychoanalysis*. London: Hogarth.

Klein, Milton (1980). On Mahler's autistic and symbiotic phases: An exposition and evolution. *Psychoanal. Contemp. Thought*, 4:69-105.

Klein, Milton, and Tribich, D. (1981). Kernberg's object-relations theory: A critical evaluation. *Int. J. Psychoanal.*, 62:27-43.

Knapp, P. H. (1981). Core processes in the organization of emotions. *J. Amer. Acad. Psychoanal.*, 9:415-434.

Knapp, P. H. (1987). Some contemporary contributions to the study of emotions. *J. Amer. Psychoanal. Assn.*, 35: 205-248.

Kohlberg, L. A. (1963). The development of children's orientations toward a moral order. *Vita Humana*, 6:11-33.

Kohlberg, L. A. (1966). A cognitive-developmental analysis of children' s sex role concepts and attitudes. In *The development of sex differences*, ed. E. Maccoby. Stanford: Stanford Univ. Press, pp. 82-175.

Kohlberg, L. A. (1981). *The philosophy of moral development, moral stages, and the ideal of justice: Essays on moral development*. Vol. 1. San Francisco: Harper and Row.

Kohon, G., ed. (1986). *The British school of psychoanalysis: The independent tradition*. New Haven: Yale Univ. Press.

Kohut, H. (1971). *The analysis of the self: A systematic approach to the psychoanalytic treatment of narcissistic personality disorders*. New York: Int. Univ. Press.

Kohut, H. (1977). *Restoration of the self*. New York: Int. Univ. Press.

Kohut, H., and Seitz, P. F. D. (1963). Concepts and theories of psychoanalysis. In *The search for the self*. Vol. 1, ed. P. H. Ornstein. New York: Int. Univ. Press, 1978, pp. 337-374.

Kohut, H., and Wolf, E. S. (1978). The disorders of the self and their treatment: An outline. *Int. J. Psychoanal.*, 59:413-425.

Kramer, P. (1958). Note on one of the preoedipal roots of the superego. *J. Amer. Psychoanal. Assn.*, 6:38-46.

Kramer, S., and Akhtar, S. (1988). The developmental context of internalized preoedipal object relations: Clinical applications of Mahler's theory of symbiosis and separation-individuation. *Psychoanal. Q.*, 57:547-576.

Kris, E. (1952). *Psychoanalytic explorations in art*. New York: Int. Univ. Press.

Kris, E. (1953). The study of variations of early parental attitudes. In *The selected papers of Ernst Kris*. New Haven: Yale Univ. Press, 1975, pp. 114-150.

Kris, E. (1956). The recovery of childhood memories in psychoanalysis. In *The selected papers of Ernst Kris*. New Haven: Yale Univ. Press, 1975, pp. 301-340.

Kubie, L. S. (1966). A reconsideration of thinking, the dream process, and the dream. *Psychoanal. Q.*, 35:191-198.

Lacan, J. (1965). *The language of the self*, trans. A. Wilder. Baltimore: Johns Hopkins Press.

Lamb, M. E., ed. (1981). *The role of the father in child development.* 2nd ed. New York: Wiley.

Lamb, M. E. (1984). Mothers, fathers, and child care in a changing world. In *Frontiers of infant psychiatry*. Vol. 2, ed. J. Call, E. Galenson, and R. L. Tyson. New York: Basic Books, pp. 343-362.

Lampl-de Groot, J. (1927). The evolution of the Oedipus complex in women. In *The psycho-analytic reader*, ed. R. Fliess. New York: Int. Univ. Press, pp. 180-194.

Lampl-de Groot, J. (1962). Ego ideal and superego. *Psychoanal. Study Child*, 17:94-106.

Langer, S. (1942). *Philosophy in a new key*. Cambridge: Harvard Univ. Press.

Langer, S. (1957). *Problems of art*. New York: Scribner.

Laufer, M., and Laufer, M. E. (1984). *Adolescence and developmental breakdown: A psychoanalytic view*. New Haven: Yale Univ. Press.

Lax, R. T. (1977). The role of internalization in the development of certain aspects of female masochism: Ego psychological considerations. *Int. J. Psychoanal.*, 58:289-300.

Lazarus, R. S., Kanner, A. D., and Folkman, S. (1980). Emotions: A cognitive phenomenological analysis. In *Theories of emotion*. Vol. 1 of *Emotion: Theory, research and experience*, ed. R. Plutchik and H. Kellerman. New York: Academic Press, pp. 189-217.

Lecours, A. R. (1975). Myelogenetic correlates of the development of speech and language. In *Foundations of language development: A multidisciplinary approach*. Vol. 1, ed. E. H. Lenneberg and E. Lenneberg. New York: Academic Press, pp. 121-155.

Leonard, M. R. (1966). Fathers and daughters: The significance of "fathering" in the psychosexual development of the girl. *Int. J. Psychoanal.*, 47:325-334.

Lester, E. P. (1983). Separation-individuation and cognition. *J. Amer. Psychoanal. Assn.*, 31:127-156.

Levinson, N. A., and Call, J. D. (1987). New developments in early language acquisition. In *Basic handbook of child psychiatry*. Vol. 5, ed. J. D. Noshpitz et al. New York: Basic Books, pp. 51-61.

Lewin, B. D. (1933). The body as phallus. *Psychoanal. Q.*, 2:24-47.

Lewis, M., and Brooks-Gunn, J. (1979). *Social cognition and the acquisition of self*. New York: Plenum.

Lewis, M., and Rosenblum, L. A., eds. (1974). *The effect of the infant on his caregiver*. New York: Wiley.

Lichtenberg, J. D. (1975). The development of the sense of self. *J. Amer. Psychoanal. Assn.*, 23:453-451.

Lichtenberg, J. D. (1981). Implications for psychoanalytic theory of research on the neonate. *Int. Rev. Psychoanal.*, 8:35-52.

Lichtenberg, J. D. (1987). Infant studies and clinical work with adults.

Psychoanal. Inq., 7:311–330.
Lichtenberg, J. D. (1988). A theory of motivational-functional systems as psychic structures. *J. Amer. Psychoanal. Assn*., 36 (Suppl.):57–72.
Lichtenberg, J. D. (1989). *Psychoanalysis and motivation. Hillsdale*, N.J.: Analytic Press.
Loewald, H. W. (1951). Ego and reality. In *Papers on psychoanalysis*. New Haven: Yale Univ. Press, 1980, pp. 3–20.
Loewald, H. W. (1952). The problem of defense and the neurotic interpretation of reality. In *Papers on psychoanalysis*. New Haven: Yale Univ. Press, 1980, pp. 21–32.
Loewald, H. W. (1960). On the therapeutic action of psychoanalysis. In *Papers on psychoanalysis*. New Haven: Yale Univ. Press, 1980, pp. 221–256.
Loewald, H. W. (1965). Some considerations on repetition and repetition compulsion. In *Papers on psychoanalysis*. New Haven: Yale Univ. Press, 1980, pp. 87–101.
Loewald, H. W. (1971). On motivation and instinct theory. In *Papers on psychoanalysis*. New Haven: Yale Univ. Press, 1980, pp. 102–137.
Loewald, H. W. (1973). The analysis of the self. *Psychoanal. Q*., 42:441–451.
Loewald, H. W. (1974). Current status of the concept of the infantile neurosis: Discussion. *Psychoanal. Study Child*, 29:183–190.
Loewald, H. W. (1978). Instinct theory, object relations, and psychic structure formation. In *Papers on psychoanalysis*. New Haven: Yale Univ. Press, 1980, pp. 207–218.
Loewald, H. W. (1979). The waning of the Oedipus complex. In *Papers on psychoanalysis*. New Haven: Yale Univ. Press, 1980, pp. 384–404.
Loewald, H. W. (1985). Oedipus complex and development of self. *Psychoanal. Q*., 54:435–443.
Loewenstein, R. M. (1950). Conflict and autonomous ego development during the phallic phase. *Psychoanal. Study Child*, 5:47–53.
Luria, A. R. (1961). *The role of speech in the regulation of normal and*

abnormal behaviour. New York: Pergamon Press.
Lustman, S. L. (1966). Impulse control, structure, and the synthetic function. In *Psychoanalysis: A general psychology*, ed. R. M. Loewenstein, L. M. Newman, M. Schur, and A. J. Solnit. New York: Int. Univ. Press, pp. 190-221.
Maccoby, E. E., and Martin, J. (1983). Socialization in the context of the family: Parent-child interaction. In *Handbook of child psychology, socialization, personality and social development*. Vol. 4, ed. P. H. Mussen and E. M. Hetherington. 4th ed. New York: Wiley, pp. 1-101.
McDevitt, J. B. (1975). Separation-individuation and object constancy. *J. Amer. Psychoanal. Assn*., 23:713-743.
McDevitt, J. B. (1979). The role of internalization in the development of object relations during the separation-individuation phase. *J. Amer. Psychoanal. Assn*., 27:327-343.
McDevitt, J. B. (1983). The emergence of hostile aggression and its defensive and adaptive modifications during the separation-individuation process. *J. Amer. Psychoanal. Assn*., 31:273-300.
McDevitt, J. B., and Mahler, M. S. (1980). Object constancy, individuality, and internalization. In *Infancy and early childhood*. Vol. 1 of *The course of life*, ed. S. I. Greenspan and G. H. Pollock. Publication No. (ADM) 80-786. Washington, D.C.: DHHS, pp. 407-423.
Mckhann, G. M.; Coyle, P. K.; and Benjamins, J. A. (1973). Nutrition and brain development. *Assn. Research Nervous Mental Diseases*, 51:10-22.
Mahler, M. S. (1952). On child psychosis and schizophrenia: Autistic and symbiotic infantile psychosis. *Psychoanal. Study Child*, 7:286-305.
Mahler, M. S. (1961). On sadness and grief in infancy and childhood: Loss and restoration of the symbiotic love object. *Psychoanal. Study Child*, 16:332-351.
Mahler, M. S. (1963). Thoughts about development and individuation. *Psychoanal. Study Child*, 18:307-324.
Mahler, M. S. (1971). A study of the separation-individuation process and its possible application to borderline phenomena in the psychoanalytic

situation. *Psychoanal. Study child*, 26:403-424.

Mahler, M. S. (1972a). On the first three subphases of the separation-individuation process. *Int. J. Psychoanal*., 53:333-338.

Mahler, M. S. (1972b). Rapprochement subphase of the separation-individuation process. *Psychoanal. Q*., 41:487-506.

Mahler, M. S. (1975a). On human symbiosis and the vicissitudes of individuation. *J. Amer. Psychoanal. Assn*., 23:740-763.

Mahler, M. S. (1975b). On the current status of the infantile neurosis. *J. Amer. Psychoanal. Assn*., 23:327-333.

Mahler, M. S. (1981). Aggression in the service of separation-individuation: A case study of a mother-daughter relationship. *Psychoanal. Q*., 50:625-638.

Mahler, M. S., and Furer, E. (1968). *Infantile psychosis*. Vol. 1 of *On human symbiosis and the vicissitudes of individuation*. New York: Int. Univ. Press.

Mahler, M. S., and Gosliner, B. J. (1955). On symbiotic child psychosis: Genetic, dynamic, and restitutive aspects. *Psychoanal. Study Child*, 10:195-212.

Mahler, M. S., and McDevitt, J. B. (1968). Observations on adaptation and defense in statu nascendi. *Psychoanal. Q*., 37:1-21.

Mahler, M. S., and McDevitt, J. B. (1980). The separation-individuation process and indentity formation. In *Infancy and early childhood*. Vol. 1 of *The course of life*, ed. S. I. Greenspan and G. H. Pollock. Publication No. (ADM) 80-786. Washington, D.C.: DHHS, pp. 395-406.

Mahler, M. S.; Pine, F.; and Bergman, A. (1975). The *psychological birth of the human infant*. New York: Basic Books.

Mandler, G. (1980). The generation of emotion. *In Theories of emotion*. Vol. 1 of *Emotion: Theory, research and experience*, ed. R. Plutchik and H. Kellerman. New York: Academic Press, pp. 219-243.

Mandler, J. M. (1983). Representation. In *Handbook of child psychology*. Vol. 3, ed. P. H. Mussen. 4th ed. New York: Wiley, pp. 420-494.

Mandler, J. M. (1988). How to build a baby: On the development of an

accessible representational system. *Cogn. Develop*., 3:113-136.
Masters, W. H., and Johnson, V. E. (1966). *Human sexual response*. Boston: Little, Brown.
Mayer, E. (1985). "Everybody must be just like me": Observations on female castration anxiety. *Int. J. Psychoanal*., 66:331-347.
Meissner, W. (1980). A note in projective identification. J. *Amer. Psychoanal. Assn*., 28:43-68.
Meltzoff, A. N. (1982). Imitation, intermodal coordination and representation in early infancy. In *Infancy and epistomology*. ed. G. Butterworth. Brighton, England: St. Martin's Press, pp. 174-192.
Meltzoff, A. N. (1985). Perception, action, and cognition in early infancy. *Am. Pediatrics*, 32:63-77
Meltzoff, A. N. (1988). Infant imitation and memory: Nine-month-olds in immediate and deferred tests. *Child Develop*., 59:217-225.
Metcalf, D. R. (1979). Organizers of the psyche and EEG development: Birth through adolescence. In *Basic handbook of child psychiatry*. Vol. 1, ed. J. D. Noshpitz et al. New York: Basic Books, pp. 63-71.
Metcalf, D. R., and Spitz, R. A. (1978). The transitional object: Critical development period and organizer of the psyche. In *Between reality and fantasy*, ed. S. A. Grolnick and L. Barkin. New York: Aronson, pp. 99-108.
Meyer, J. K. (1980). Body ego, selfness, and gender sense: The development of gender indentity. *Psychiatric Clinics of North America*, 3:21-36.
Modell, A. H. (1969). *Object love and reality*. London: Hogarth.
Modell, A. H. (1975). A narcissistic defense against affects and the illusion of self-sufficiency. *Int. J. Psychoanal*., 56:275-282.
Modell, A. H. (1984). *Psychoanalysis in a new context*. New York: Int. Univ. Press.
Money, J., and Ehrhardt, A. (1972). *Man and woman, boy and girl*. Baltimore: Johns Hopkins Univ. Press.
Money, J.; Hampson, J. G.; and Hampson, J. L. (1955a). An examination

of some basic sexual concepts: The evidence of human hermaphroditism. *Bull. Johns Hopkins Hosp*., 97:301-319.

Money, J.; Hampson, J. G.; and Hampson, J. L. (1955b). Hermaphroditism: Recommendations concerning assignment of sex, change of sex and psychologic management. *Bull. Johns Hopkins Hosp*., 97:284-300.

Montagner, H. (1983). New data in the ontogeny of communications systems and biological rhythms in young children . In *Frontiers of infant psychiatry*, ed. J. D. Call, E. Galenson, and R. L. Tyson. New York: Basic Books, P. 456.

Moore, B. E. (1976). Freud and female sexuality. *Int. J. Psychoanal*, 57:287-300.

Moore, B. E., and Fine, B. D., eds. (1990). *Psychoanalytic terms and concepts*. New Haven and London: Amer. Psychoanal. Assn. and Yale Univ. Press.

Moran, G. S. (1987). Some functions of play and playfulness. *Psychoanal. Study Child*, 42:11-29.

Muller-Braunschweig, C. (1926). The genesis of the feminine super-ego. *Int. J. Psychoanal*., 7:359-362.

Muslin, H. L. (1972). The superego in women. In *Moral values and the superego concept*, ed. S. C. Post. New York: Int. Univ. Press, pp. 101-125.

Myers, W. (1976). Imaginary companions, fantasy twins, mirror dreams, and depersonalization. *Psychoanal. Q*., 45:503-524.

Myers, W. (1979). Imaginary companions in childhood and adult creativity. *Psychoanal. Q*., 48:292-307.

Nachman, P. A., and Stern, D. N. (1984). Affect retrieval: A form of recall memory in prelinguistic infants. In *Frontiers of infant psychiatry*. Vol. 2, ed. J. D. Call, E. Galenson, and R. L. Tyson. New York: Basic Books, pp. 95-100.

Nadelson, C. C.; Notman, M. T.; Miller, J. B.; and Zilbach, J. (1982). Aggression in women: Conceptual issues and clinical implications. In *Aggression, adaptations, and psychotherapy*. Vol. 3 of *The woman patient*, ed, M. T. Notman and C. C. Nadelson. New York: Plenum, pp. 17-28.

Nagera, H. (1966). *Early childhood disturbances, the infantile neurosis, and the adulthood disturbances*. New York: Int. Univ. Press.

Nagera, H. (1969). Imaginary companion: Its significance for ego development. *Psychoanal. Study Child*, 24:165-196.

Nagera, H. (1975). *Female sexuality and the Oedipus complex*. New York: Aronson.

Neubauer, P. B. (1960). The one-parent child and his oedipal development. *Psychoanal. Study Child*, 15:286-309.

Neubauer, P. B. (1980). The role of insight in psychoanalysis. In *Psychoanalytic explorations of technique*, ed. H. P. Blum. New York: Int. Univ. Press, pp. 29-40.

Neubauer, P. B. (1984). Anna Freud's concept of developmental lines. *Psychoanal. Study Child*, 39:15-27.

Neugarten, B. (1979). Time, age, and the life cycle. *Amer. J. Psychiat.*, 136:887-894.

Novick, J., and Novick, K. K. (1972). Beating fantasies in children. *Int. J. Psychoanal.*, 53:237-242.

Novick, J., and Novick, K. K. (1990). Some comments on masochism and the delusion of omnipotence from a developmental perspective. *J. Amer. Psychoanal. Assn.*, in press.

Novick, K. K., and Novick, J. (1987). The essence of masochism. *Psychoanal. Study Child*, 42:353-384.

Noy, P. (1969). A revision of the psychoanalytic theory of the primary process. *Int. J. Psychoanal.*, 50:155-178.

Noy, P. (1973). Symbolism and mental representation. *Ann. Psychoanal.*, 1:125-158.

Noy, P. (1978). Insight and creativity. *J. Amer. Psychoanal. Assn.*, 26:717-748.

Noy, P. (1979). The psychoanalytic theory of cognitive development. *Psychoanal. Study Child*, 34:169-216.

Noy, P. (1982). A revision of the psychoanalytic theory of affect. *Ann. Psychoanal.*, 10:139-186.

Nunberg, H. (1931). The synthetic function of the ego. *Int. J. Psychoanal.*, 12:123-140.

Nunberg, H. (1932). *Principles of psychoanalysis: Their application to the neuroses*. New York: Int. Univ. Press, 1955.

Offer, D. (1969). Adolescent turmoil. In *The psychological world of the teen-ager: A study of normal adolescent boys*. New York: Basic Books, pp. 174-192.

Ogden, T. H. (1987). The transitional oedipal relationship in female development. *Int. J. Psychoanal.*, 68:485-498.

Olden, C. (1953). On adult empathy with children. *Psychoanal. Study Child*, 8:111-126.

Oster, H. (1978). Facial expression and affect development. In *The development of affect*, ed. M. Lewis and L. A. Rosenblum. New York: Plenum, pp. 43-75.

Papousek, H., and Papousek, M. (1979). The infant's fundamental adaptive responsive system in social interaction. In *Origins of the infant's social responsiveness*, ed. E. Thoman. Hillsdale, N.J.: Erlbaum, pp. 27-32.

Papousek, H., and Papousek, M. (1981). How human is the human newborn, and what else is to be done? In *Prospective issues in infancy research*, ed. K. Bloom. Hillsdale, N.J.: Erlbaum, pp. 137-155.

Papousek, H., and Papousek, M. (1984). The evolution of parent-infant attachment: New psychobiological perspectives. In *Frontiers of infant psychiatry*. Vol. 2, ed. J. Call, E. Galenson, and R. L. Tyson. New York: Basic Books, pp. 276-283.

Parens, H. (1979). *The development of aggression in early childhood*. New York: Aronson.

Parens, H.; Pollock, L.; Stern, J.; and Kramer, S. (1976). On the girl's entry into the Oedipus complex. *J. Amer. Psychoanal. Assn.*, 24:79-107.

Pedersen, F. A., and Robson, K. S. (1969). Father participation in infancy. *Amer. J. Orthopsychiat.*, 39:466-472.

Peller, L. E. (1954). Libidinal phases, ego development and play. *Psychoanal. Study Child*, 9:178-198.

Peller, L. E. (1956). The school's role in promoting sublimation. *Psychoanal. Study Child*, 11:437-449.

Peller, L. E. (1958). Reading and daydreams in latency: Boy-girl differences. *J. Amer. Psychoanal. Assn.*, 6:57-70.

Person, E. S. (1983). The influence of values in psychoanalysis: The case of female psychology. *Psychiatry Update*, 2:36-50.

Person, E. S. (1986). Male sexuality and power. *Psychoanal. Inq.*, 6:3-25.

Person, E. S. (1988). *Dreams of love and fateful encounters*. New York: Norton.

Peterfreund, E. (1971). *Information, systems, and psychoanalysis: An evolutionary biological approach to psychoanalytic theory*. Psychological Issues, Monograph 25/26. New York: Int. Univ. Press.

Peterfreund, E. (1978). Some critical comments on psychoanalytic conceptions of infancy. *Int. J. Psychoanal.*, 59:427-441.

Petersen, A. C. (1979). Female to pubertal development. In *Female adolescent development*, ed. M. Sugar. New York: Brunner/Mazel, pp. 23-46.

Peto, A. (1967). Terrifying eyes. *Psychoanal. Study Child*, 24:197-212.

Piaget, J. (1932). Moral judgment: Children invent the social contract. In *The essential Piaget: An interpretive reference and guide*, ed. H. E. Gruber and J. Voneche. New York: Basic Books, 1977, pp. 159-193.

Piaget, J. (1936). *The origins of intelligence in children*. New York: Norton, 1963.

Piaget, J. (1937). *The construction of reality in the child*. New York: Basic Books, 1954.

Piaget, J. (1946). *Play, dreams and imitation in childhood*. New York: Norton, 1962.

Piaget, J. (1952). *The child's conception of number*. New York: Humanities.

Piaget, J. (1954). *Intelligence and affectivity: Their relationship during child development*. Palo Alto, Calif.: Annual Reviews, 1981.

Piaget, J. (1958). Equilibration processes in the psychobiological development of the child. In *The essential Piaget*, ed. H. E. Gruber and J. J. Voneche. New York: Basic Books, 1977, pp. 832–841.

Piaget, J. (1964). *Six psychological studies*. New York: Random House, 1967.

Piaget, J. (1967). *Biology and knowledge*. Chicago: Univ. of Chicago Press, 1972.

Piaget, J., and Inhelder, B. (1969). *The psychology of the child*. New York: Basic Books.

Piers, G., and Singer, M. B. (1953). *Shame and guilt*. Springfield, Ill.: Thomas.

Pine, F. (1971). On the separation process: Universal trends and individual differences. In *Separation-individuation: Essays in honor of Margaret S. Mahler*, ed. J. B. McDevitt and C. Settlage. New York: Int. Univ. Press, pp. 113–130.

Pine, F. (1974). Libidinal object constancy: A theoretical note. *Psychoanal. Contemp. Science*, 3:307–313.

Pine, F. (1985). *Developmental theory and clinical process*. New Haven: Yale Univ. Press.

Plaut, E. A. (1979). Play and adaptation. *Psychoanal. Study Child*, 34:217–234.

Plaut, E. A., and Hutchinson, F. (1986). The role of puberty in female psychosexual development. *Int. Rev. Psychoanal.*, 13:417–432.

Pollock, G. H. (1981). Aging and aged: Development on pathology. In *The course of life*. Vol. 3, ed. S. I. Greenspan and G. H. Pollock. Publication No. (ADM) 81–1000. Washington, D.C.: DHHS, pp. 549–581.

Prechtl, H. F. R. (1982). Assessment methods for the newborn infant: A critical evaluation. In *Psychobiology of the human newborn*, ed. P. Stratton. New York: Wiley, pp. 21–52.

Provence, S., and Lipton, R. C. (1962). *Infants in institutions*. New York: Int. Univ. Press.

Pruett, K. D. (1983). Infants of primary nurturing fathers. *Psychoanal. Study Child*, 38:258-280.

Pruett, K. D. (1984). Children of the father-mothers. In *Frontiers of infant psychiatry*. Vol. 2, ed. J. D. Call, E. Galenson, and R. L. Tyson. New York: Basic Books, pp. 375-380.

Pruett, K. D. (1985). Oedipal configurations in young father-raised children. *Psychoanal. Study Child*, 40:435-456.

Pruett, K. D. (1987). *Nurturing father: Journey toward the complete man*. New York: Warner.

Pulver, S. E. (1970). Narcissism: The term and the concept. *J. Amer. Psychoanal. Assn.*, 18:319-341.

Pulver, S. E. (1974). Unconscious versus potential affects. *Psychoanal. Q.*, 43:77-84.

Rakic, P., and Yakovlev, P. I. (1968). Development of the corpus callosum and cavum septi in man. *J. Comp. Neurol.*, 132:45-72.

Rangell, L. (1963). Structural problems in intrapsychic conflict. *Psychoanal. Study Child*, 18:103-138.

Rangell, L. (1968). A further attempt to resolve the "problem of anxiety." *J. Amer. Psychoanal. Assn.*, 16:371-404.

Rangell, L. (1972). Aggression, Oedipus, and historical perspective. *Int. J. Psychoanal*, 53:3-11.

Rangell, L. (1974). A psychoanalytic perspective leading currently to the syndrome of the compromise of integrity. *Int. J. Psychoanal.*, 55:3-12.

Rangell, L. (1980). *The mind of Watergate: An exploration of the compromise of integrity*. New York: Norton.

Rangell, L. (1982). The self in psychoanalytic theory. *J. Amer. Psychoanal. Assn.*, 30:863-891.

Rapaport, D. (1951). Toward a theory of thinking. In *Organization and pathology of thought*, ed. D. Rapaport. New York: Columbia Univ. Press, pp. 689-730.

Rapaport, D. (1953). On the psycho-analytic theory of affects. In *The collected papers of David Rapaport*, ed. M. M. Gill. New York: Basic

Books, 1967, pp. 476–512.

Rapaport, D. (1960). Psychoanalysis as a developmental psychology. In *The collected papers of David Rapaport*, ed. M. M. Gill. New York: Basic Books, 1967, pp. 820–852.

Rapaport, D., and Gill, M. M. (1959). The points of view and assumptions of metapsychology. In *The collected papers of David Rapaport*, ed. M. M. Gill. New York: Basic Books, 1967, pp. 795–811.

Reeves, J. W. (1965). *Thinking about thinking*. New York: George Braziller.

Reich, A. (1953). Narcissistic object choice in women. *J. Amer. Psychoanal. Assn.*, 1:22–44.

Reich, A. (1954). Early identifications as archaic elements in the superego. *J. Amer. Psychoanal. Assn.*, 2:218–238.

Reich, A. (1958). A character formation representing the integration of unusual conflict solutions into the ego structure. *Psychoanal. Study Child*, 13:309–323.

Reich, A. (1960). Pathologic forms of self-esteem regulation. *Psychoanal. Study Child*, 15:215–232.

Renik, O. (1972). Cognitive ego function in the phobic symptom. *Psychoanal. Q.*, 41:537–555.

Rheingold, H. L. (1969). The social and socializing infant. In *Handbook of socialization theory and research*, ed. D. Goslin. Chicago: Rand McNally, pp. 779–790.

Riess, A. (1978). The mother's eye: For better and for worse. *Psychoanal. Study Child*, 33:381–409.

Ritvo, S. (1974). Current status of the concept of infantile neurosis. *Psychoanal. Study Child*, 29:159–188.

Ritvo, S. (1976). Adolescent to woman. *J. Amer. Psychoanal. Assn.*, 24:127–138.

Ritvo, S. (1981). Anxiety, symptom formation and ego autonomy. *Psychoanal. Study Child*, 36:339–364.

Ritvo, S., and Solnit, A. J. (1960). The relationship of early ego

identification to superego formation. *Int. J. Psychoanal.*, 41:295-300.
Roiphe, H., and Galenson, E. (1981). *Infantile origins of sexual identity*. New York: Int. Univ. Press.
Rosenblatt, A. D. (1985). The role of affect in cognitive psychology and psychoanalysis. *Psychoanal. Psychol.*, 2:85-97.
Rosenblatt, A. D., and Thickstun, J. T. (1977). *Modern psychoanalytic concepts in a general psychology; Part 2: Motivation*. Psychological Issues, Monograph 42/43. New York: Int. Univ. press.
Rosner, H. (1972). "Of music, magic, and mystery": Studies in adolescent synthesis. *J. Amer. Psychoanal. Assn.*, 20:395-416.
Ross, J. M. (1975). The development of paternal identity: A critical review of the literature on nurturance and generativity in boys and men. *J. Amer. Psychoanal. Assn.*, 23:783-818.
Ross, J. M. (1982a). From other to father: The boy's search for a generative identity and the oedipal era. In *Father and child: Developmental and clinical perspectives*, ed. S. H. Cath, A. R. Gurwitt, and J. M. Ross. Boston: Little, Brown, pp. 198-203.
Ross, J. M. (1982b). Oedipus revisited: Laius and the "Laius Complex." *Psychoanal. Study Child*, 37:169-200.
Rothstein, A. (1980). *The narcissistic pursuit of perfection*. New York: Int. Univ. Press.
Rothstein, A. (1983). *The structural hypothesis: An evolutionary perspective*. New York: Int. Univ. Press.
Rothstein, A. (1988). The representational world as a substructure of the ego. *J. Amer. Psychoanal. Assn.*, 36:191-208.
Rycroft, C. (1956). Symbolism and its relationship to the primary and secondary process. *Int. J. Psychoanal.*, 37:137-146.
Rycroft, C. (1968). *Imagination and reality: Psycho-analytical essays*, 1951-1961. London: Hogarth.
Sachs, H. (1929). One motive factor in formation of super-ego in women. *Int. J. Psychoanal.*, 10:39-50.
Sander, L. W. (1962). Issues in early mother-child interaction. *J. Amer.*

Acad. Child Psychiat., 1:141-166.

Sander, L. W. (1964). Adaptive relationships in early mother-child interaction. *J. Amer. Acad. Child Psychiat.*, 3:231-164.

Sander, L. W. (1969). Regulation and organization in the early infant-caretaker system. In *Brain and early behavior*, ed. R. Robinson. London: Academic Press, pp. 311-332.

Sander, L. W. (1975). Infant and caretaking environment: Investigation and conceptualization of adaptive behavior in a system of increasing complexity. In *Explorations in child psychiatry*, ed. E. J. Anthony. New York: Plenum, pp. 129-166.

Sander, L. W. (1980). Investigation of the infant and its caretaking environment as a biological system. In *The course of life*. Vol. 1, ed. S. I. Greenspan and G. H. Pollock. Publication No. (ADM) 80-786. Washington, D.C.: DHHS, pp. 177-201.

Sander, L. W. (1983). Polarity, paradox, and the organizing process in development. In *Frontiers of infant psychiatry*, ed. J. D. Call, E. Galenson, and R. L. Tyson. New York: Basic Books, pp. 333-346.

Sander, L. W.; Stechler, G.; Burns, P.; and Julia, H. (1970). Early mother-infant interaction and 24-hour patterns of activity and sleep. *J. Amer. Acad. Child Psychiat.*, 9:103-123.

Sander, L. W.; Stechler, G.: Burns, P.; and Lee, A. (1979). Change in infant and caregiver variables over the first two months of life: Integration of action in early development. In *Origins of the infant's social responsiveness*, ed. E. Thoman. Hillsdale, N.J.: Erlbaum, pp. 21-28.

Sandler, A. -M. (1975). Comments on the significance of Piaget's work for psychoanalysis. *Int. Rev. Psychoanal*, 2:365-378.

Sandler, A. -M. (1977). Beyond eight-month anxiety. *Int. J. Psychoanal.*, 58:195-208.

Sandler, J. (1960a). On the concept of the superego. *Psychoanal. Study Child*, 15:128-162.

Sandler, J. (1960b). The background of safety. *Int. J. Psychoanal.*, 41:352-356.

Sandler, J. (1974). Psychological conflict and the structural model: Some clinical and theoretical implications. *Int. J. Psychoanal.*, 55:53-72.
Sandler, J. (1981). Character traits and object relationships. *Psychoanal. Q.*, 50:694-708.
Sandler, J. (1983). Reflections on some relations between psychoanalytic concepts and psychoanalytic practice. *Int. J. Psychoanal*., 64:35-45.
Sandler, J. (1985). Towards a reconsideration of the psychoanalytic theory of motivation. *Bull. Anna Freud Centre*, 8:223-244.
Sandler, J. (1987). The concept of projective identification. In *Projection, identification, projection identification*, ed. J. Sandler. Madison, Conn.: Int. Univ. Press, pp. 13-26.
Sandler, J., and Dare, C. (1970). The psychoanalytic concept of orality. *J. Psychosom. Res.*, 14:211-222.
Sandler, J.; Dare, C.; and Holder, A. (1972). Frames of reference: The historical context and phases in the development of psychoanalysis. *Brit. J. Med. Psychol.*, 45:133-142.
Sandler, J., and Freud, A. (1985). *The analysis of defense: The ego and the mechanisms of defense revisited*. New York: Int. Univ. Press.
Sandler, J.; Holder, A.; and Meers, D. (1963). The ego ideal and the ideal self. *Psychoanal. Study Child*, 18:139-158.
Sandler, J., and Joffe, W. G. (1969). Towards a basic psycho-analytic model. *Int. J. Psychoanal.*, 50:79-90.
Sandler, J., and Rosenblatt, B. (1962). The concept of the representational world. *Psychoanal. Study Child*, 17:128-145.
Sandler, J., and Sandler, A.-M. (1978). On the development of object relationships and affects. *Int. J. Psychoanal.*, 59:285-296.
Sarnoff, C. (1976). *Latency*. New York: Aronson.
Schafer, R. (1960). The loving and beloved superego in Freud's structural theory. *Psychoanal. Study Child*, 15:163-190.
Schafer, R. (1974). Problems in Freud's psychology of women. *J. Amer. Psychoanal. Assn.*, 22:459-485.
Schafer, R. (1976). *A new language for psychoanalysis*. New Haven: Yale

Univ. Press.

Scharfman, M. (1988). History of child analysis. Paper presented to workshop on the Significance of Child and Adolescent Analysis for Clinical Work with Adults. American Psychoanalytic Association, New York City, November.

Schulman, A. H., and Kaplowitz, C. (1977). Mirror-image response during the first two years of life. *Developmental Psychology*, 10:133-142.

Schur, M. (1960). Discussion of Dr. John Bowlby's paper. *Psychoanal. Study Child*, 15:63-84.

Schur, M. (1966). *The id and the regulatory principles of mental functioning*. New York: Int. Univ. Press.

Schur, M. (1969). Affects and cognition. *Int. J. Psychoanal.*, 50:647-653.

Schwartz, A. (1987). Drives, affects, behavior-and learning: Approaches to a psychobiology of emotion and to an integration of psychoanalytic and neurobiologic thought. *J. Amer. Psychoanal. Assn.*, 35:467-506.

Schwartz, L. (1978). Book review: *The restoration of the self. Psychoanal. Q.*, 47:436-443.

Segal, H. (1978). On symbolism. *Int. J. Psychoanal.*, 59:315-319.

Segal, H. (1979). *Klein: Theories and techniques of the pioneer of child analysis*. London: Harvester Press.

Settlage, C. F. (1971). On the libidinal aspect of early psychic development and the genesis of infantile neurosis. In *Separation-individuation: Essays in honor of Margaret S. Mahler*, ed. J. B. McDevitt and C. F. Settlage. New York: Int. Univ. Press, pp. 131-154.

Settlage, C. F. (1975). On the aggressive aspects of early psychic development and the genesis of the infantile neurosis. Unpublished paper.

Settlage, C. F. (1980). The psychoanalytic theory and understanding of psychic development during the second and third years of life. In *Infancy and early childhood*. Vol. 1 of *The course of life*, ed. S. I. Greenspan and G. H. Pollock. Publication No. (ADM) 80-786. Washington, D.C.: DHHS, pp. 523-539.

Settlage, C. F.; Curtis, Z.; Lozoff, M.; Silberschatz, G.; and Simburg, E. (1988). Conceptualizing adult development. *J. Amer. Psychoanal. Assn*., 36:347-370.

Settlage, C. F.; Kramer, S.; Belmont, H. S.; et al. (1977). Child analysis. In *Psychoanalytic education and research: The current situation and future possibilities*, ed. S. Goodman. New York: Int. Univ. Press, pp. 49-102.

Shapiro, T. (1979). *Clinical psycholinguistics*. New York: Plenum.

Shapiro, T., and Perry, R. (1976). Latency revisited. *Psychoanal. Study Child*, 31:79-105.

Shengold, L. (1980). Some reflections on a case of mother-adolescent son incest. *Int. J. Psychoanal*., 61:461-476.

Shengold, L. (1989). *Soul murder*. New Haven: Yale Univ. Press.

Shereshefsky, P. M., and Yarrow, L. J. (1973). *Psychological aspects of a first pregnancy and early postnatal adaptation*. New York: Raven Press.

Shopper, M. (1979). The (re)discovery of the vagina and the importance of the menstrual tampon. In *Female adolescent development*, ed. M. Sugar. New York: Brunner/Mazel, pp. 214-233.

Sifneos, P. (1974). A reconsideration of psychodynamic mechanisms in psychosomatic symptom formation in view of recent clinical observations. *Psychother. Psychosom*., 24:151-155.

Silverman, M. A. (1971). The growth of logical thinking: Piaget's contribution to ego psychology. *Psychoanal. Q*., 40:317-341.

Silverman, M. A. (1981). Cognitive development and female psychology. *J. Amer. Psychoanal. Assn*., 29:581-605.

Slap, J. (1977). The eroding concept of intrapsychic conflict. *Int. J. Psychoanal. Psychother*., 6:469-477.

Slap, J. W., and Levine, F. J. (1978). On hybird concepts in psychoanalysis. *Psychoanal. Q*., 47:499-523.

Socarides, C. W. (1978). *Homosexuality*. New York: Aronson.

Solnit, A. J. (1979). Psychosexual development: Three to five years. In *Basic handbook of child psychiatry*. Vol. 1, ed. J. D. Noshpitz et al. New York: Basic Books, pp. 178-183.

Solnit, A. J. (1987a). A psychoanalytic view of play. *Psychoanal. Study Child*, 42:205–219.

Solnit, A. J. (1987b). Review of *The interpersonal world of the infant*, by Daniel Stern. *J. Amer. Psychiat. Assn.*, 144:1508–1509.

Solnit, A. J., and Neubauer, P. B. (1986). Object constancy and early triadic relationships. *J. Amer. Acad. Child Psychiat.*, 25:23–29.

Sorce, J. F.; Emde, R. N.; and Klinnert, M. (1981). Maternal emotional signaling: Its effect on the visual-cliff behavior of one-year-olds. Paper presented at the meeting of the Society for Research in Child Development, Boston, Mass.

Spillius, E. B. (1983). Some developments from the work of Melanie Klein. *Int. J. Psychoanal.*, 64:321–332.

Spitz, R. A. (1945). Hospitalism: An inquiry into the genesis of psychiatric conditions in early childhood. *Psychoanal. Study Child*. 1:53–72.

Spitz, R. A. (1946a). Anaclitic depression: An inquiry into the genesis of psychiatric conditions in early childhood. *Psychoanal. Study Child*, 2:313–342.

Spitz, R. A. (1946b). Hospitalism: A follow-up report. *Psychoanal. Study Child*, 2:113–117.

Spitz, R. A. (1947). *Grief, a peril in infancy*. Film, New York Film Library. Cited in Spitz and Cobliner, 1965.

Spitz, R. A. (1950). Anxiety in infancy: A study of its manifestations in the first year of life. *Int. J. Psychoanal.*, 31:138–143.

Spitz, R. A. (1952). Authority and masturbation: Remarks on bibliographical investigation. *Psychoanal. Q.*, 21:490–527.

Spitz, R. A. (1953). Aggression: Its role in the establishment of object relations. In *Drives, affects, behavior*, ed. R. Loewenstein. New York: Int. Univ. Press, pp. 126–138.

Spitz, R. A. (1957). *No and yes: On the genesis of human communication*. New York: Int. Univ. Press.

Spitz, R. A. (1958). On the genesis of superego components. *Psychoanal. Study Child,* 13:375–404.

Spitz, R. A. (1959). A *genetic field theory of ego formation: Its implications for Pathology*. New York: Int. Univ. Press.

Spitz, R. A. (1960). Discussion of Dr. John Bowlby's paper. *Psychoanal. Study Child*, 15:85-94.

Spitz, R. A. (1962). Auterotism reexamined. *Psychoanal. Study Child*, 17:283-315.

Spitz, R. A. (1963). Life and the dialogue. In *Counterpoint: Libidinal object and subject*, ed. H. S. Gaskill. New York: Int. Univ. Press, pp. 154-176.

Spitz, R. A. (1964). The derailment of dialogue: Stimulus overload, active cycles, and the completion gradient. *J. Amer. Psychoanal. Assn.*, 12:752-775.

Spitz, R. A. (1965). The evolution of dialogue. In *Drives, affects, behavior*. Vol. 2, ed. M. Schur. New York: Int. Univ. Press, pp. 170-190.

Spitz, R. A., and Cobliner, W. G. (1965). *The first year of life*. New York: Int. Univ. Press.

Spitz, R. A.; Emde, R. N.; and Metcalf, D. R. (1970). Further prototypes of ego formation: A working paper from a research project on early development. *Psychoanal. Study Child*, 25:417-460.

Spitz, R. A., and Wolf, K. M. (1946). The smiling response. *Genetic Psychol. Mono.*, 34:57-125.

Spitz, R. A., and Wolf, K. M. (1949). Auterotism: Some empirical findings and hypotheses on three of its manifestations in the first year of life. *Psychoanal. Study Child*, 3/4:85-120.

Spruiell, V. (1975). Three strands of narcissism. *Psychoanal. Q.*, 44:577-595.

Spruiell, V. (1979). Alterations in the ego-ideal in girls in mid-adolescence. In *Female adolescent development*, ed. M. Sugar. New York: Brunner/Mazel, pp. 310-329.

Spruiell, V. (1981). The self and the ego. *Psychoanal. Q.*, 50:319-344.

Stechler, G., and Halton, A. (1987). The emergence of assertion and aggression during infancy: A psychoanalytic systems approach. *J. Amer. Psychoanal. Assn.*, 35:821-838.

Stechler, G., and Kaplan, S. (1980). The development of the self. *Psychoanal. Study Child*, 35:85-105.

Steele, B. F. (1970). Parental abuse of infants and small children. In *Parenthood*, ed. E. J. Anthony and T. Benedek. New York: Little, Brown, pp. 449-477.

Steele, B. F. (1983). The effect of abuse and neglect on psychological development. In *Frontiers of infant psychiatry*, ed. J. D. Call, E. Galenson, and R. L. Tyson. New York: Basic Books, pp. 235-244.

Steele, B. F., and Pollock, C. B. (1968). A psychiatric study of parents who abuse infants and small children. In *The battered child*, ed. R. E. Helfer and C. H. Kempe. Chicago: Univ. of Chicago Press, pp. 103-147.

Stein, M. H. (1979). Book Review: *The restoration of the self* by Heinz Kohut. J. *Amer. Psychoanal. Assn*., 27:665-680.

Sterba, R. F. (1942). Introduction. *Psychoanalytic theory of the libido*. 3rd ed. New York: Brunner/Mazel, 1968.

Stern, D. N. (1974a). Mother and infant at play: The dyadic interaction involving facial, vocal, and gaze behaviors. *In The effect of the infant on its caregiver*, ed. M. Lewis and L. Rosenblum. New York: Wiley, pp. 187-213.

Stern, D. N. (1974b). The goal and structure of mother-infant play. *J. Amer. Acad. Child Psychiat*., 13:402-421.

Stern, D. N. (1977). *The first relationship: Mother and infant*. Cambridge: Harvard Univ. Press.

Stern, D. N. (1984). Affect attunement. In *Frontiers of infant psychiatry*. Vol. 2, ed. J. D. Call, E. Galenson, and R. L. Tyson. New York: Basic Books, pp. 74-85.

Stern, D. N. (1985). *The interpersonal world of the infant*. New York: Basic Books.

Stern, D. N.; Barnett, R. K.; and Spieker, S. (1983). Early transmission of affect: Some research issues. In *Frontiers of infant psychiatry*, ed. J. D. Call, E. Galenson, and R. L. Tyson. New York: Basic Books, pp. 74-85.

Stoller, R. J. (1968a). *Sex and gender: On the development of masculinity and femininity*. New York: Science House.

Stoller, R. J. (1968b). The sense of femaleness. *Psychoanal. Q.*, 37:42-55.

Stoller, R. J. (1976). Primary femininity. *J. Amer. Psychoanal. Assn.*, 24 (Suppl.): 59-78.

Stoller, R. J. (1979). Fathers of transsexual children. J. *Amer. Psychoanal. Assn.*, 27:837-866.

Stoller, R. J. (1985). *Presentations of gender*. New Haven: Yale Univ. Press.

Stolorow, R. D., and Lachmann, F. M. (1978). The developmental prestages of defenses: Diagnostic and therapeutic implications. *Psychoanal. Q.*, 47:73-102.

Strachey, J. (1961). Editor's introduction. In *S.E.*, 19:3-11.

Sutherland, J. D. (1980). The British object relations theorists: Balint, Winnicott, Fairbairn, Guntrip. *J. Amer. Psychoanal. Assn.*, 28:829-860.

Tennes, K., and Lampl, E. (1964). Stranger and separation anxiety in infancy. *J. Nerv. Ment. Dis.*, 139:247-254.

Ticho, E. A. (1982). The alternate schools and the self. *J. Amer. Psychoanal. Assn.*, 30:849-862.

Ticho, G. (1976). Female autonomy and young adult women. *J. Amer. Psychoanal. Assn.*, 24:139-156.

Tolpin, M. (1971). On the beginnings of a cohesive self: An application of the concept of transmuting internalization to the study of the transitional object and signal anxiety. *Psychoanal. Study Child*, 26:316-352.

Tolpin, M. (1978). Self-objects and oedipal objects. *Psychoanal. Study Child*, 33:167-184.

Tomkins, S. S. (1962). *The positive affects*. Vol. 1 of *Affect, imagery, consciousness*. New York: Springer.

Tomkins, S. S. (1963). *The negative affects*. Vol. 2 of *Affect, imagery, consciousness*.

Tomkins, S. S. (1970). Affect as the primary motivational system. In *Feelings and emotions: The Loyola Symposium*, ed. M. B. Arnold. New York: Academic Press, pp. 101-110.

Tomkins, S. S. (1978). Script theory: Differential magnification of affects.

In *Nebraska Symposium on Motivation*. Vol. 26, ed. E. H. Howe, Jr., and R. A. Diestbier. Lincoln: Univ. of Nebraska Press, pp. 201–236.

Tomkins, S. S. (1981). The quest for primary motives: Biography and autobiography of an idea. *J. Personal. Soc. Psychol*., 41:306–329.

Tronick, E.; Als, H.; Adamson, L.; Wise, S.; and Brazelton, T. B. (1978). The infant's response to entrapment between contradictory messages in face-to-face interaction. *J. Amer. Acad. Child Psychiat*., 17:1–13.

Tronick, E.; Als, H.; and Brazelton, T. B. (1977). The infant's capacity to regulate mutuality in face-to-face interaction. *J. Communication*, 27:74–80.

Tronick, E. Z., and Gianino, A. (1986). Interactive mismatch and repair. *Zero to Three*, 6:1–6.

Tyson, P. (1978). Transference and developmental issues in the analysis of a prelatency child. *Psychoanal. Study Child*, 33:213–236.

Tyson, P. (1980). The gender of the analyst: In relation to transference and countertransference manifestations in prelatency children. *Psychoanal. Study Child*, 35:321–338.

Tyson, P. (1982a). A developmental line of gender identity, gender role and choice of love object. *J. Amer. Psychoanal. Assn*., 30:59–84.

Tyson, P. (1982b). The role of the father in gender identity, urethral eroticism, and phallic narcissism. In *On fathers: Observations and reflections*, ed. S. Cath, A. Gurwitt, and J. Ross. Boston: Little, Brown, pp. 175–187.

Tyson, P. (1986a). Female psychological development. *Ann. Psychoanal*., 14:357–373.

Tyson, P. (1986b). Male gender identity: Early developmental roots. *Psychoanal. Rev*., 73:405–425.

Tyson, P. (1988). Psychic structure formation: The complementary roles of affects, drives, object relations, and conflict. *J. Amer. Psychoanal. Assn*., 36 (Suppl.): 73–98.

Tyson, P. (1989a). Two approaches to infant research: A review and integration. In *The significance of infant observational research for clinical work with children, adolescents and adults*, ed. S. Dowling and A. Rothstein. Madison, Conn.: Int. Univ. Press, pp. 3-21.

Tyson, P. (1989b). Infantile sexuality, gender identity, and obstacles to oedipal progression. *J. Amer. Psychoanal. Assn*., 37:1051-1069.

Tyson, P. (in press). The adolescent process and adult treatment. *The significance of child and adolescent analysis for clinical work with adults*, ed. S. Dowling and A. Rothstein. New York: Int. Univ. Press.

Tyson, P., and Tyson, R. L. (1984). Narcissism and superego development. *J. Amer. Psychoanal. Assn*., 32:75-98.

Tyson, R. L. (1983). Some narcissistic consequences of object loss: A developmental view. *Psychoanal. Q*., 52:205-224.

Tyson, R. L. (1986). The roots of psychopathology and our theories of development. *J. Amer. Acad. Child Psychiat*., 25:12-22.

Tyson, R. L. (1989). Psychological conflict in childhood: A developmental view. Paper presented at the Seminar for Clinicians, American Psychoanalytic Association, New York.

Tyson, R. L. (in preparation). *The psychoanalysis of the prelatency child*.

Van Leeuwen, K. (1966). Pregnancy envy in the male. *Int. J. Psychoanal*., 47:319-324.

Vigotsky, L. S. (1934). *Thought and language*. New York: MIT Press, 1962.

Waelder, R. (1930). The principle of multiple function: Observations on overdetermination. In *Psychoanalysis: Observation, theory, application*, ed. S. A. Guttman. New York: Int. Univ. Press, 1976, pp. 68-83.

Waelder, R. (1932). The psychoanalytic theory of play. In *Psychoanalysis: Observation, theory, application*, ed. S. A. Guttman. New York: Int. Univ. Press, 1976, pp. 84-100.

Waelder, R. (1936). The problems of the genesis of psychic conflict in earlier infancy. In *Psychoanalysis: Observation, theory, application*, ed. S. A. Guttman. New York: Int. Univ. Press, 1976, pp. 121-188.

Wallerstein, J. S., and Kelly, J. B. (1980). *Surviving the breakup*. New York: Basic Books.

Wallerstein, J. S., and Blakeslee, S. (1989). *Second chances*. New York: Ticknor and Fields.

Wallerstein, R. S. (1981). The bipolar self: Discussion of alternate perspectives. *J. Amer. Psychoanal. Assn.*, 29:377–394.

Wallerstein, R. S. (1983). Defenses, defense mechanisms, and the structure of the mind. *J. Amer. Psychoanal.* Assn., 31:201–225.

Wallerstein, R. S. (1988). One psychoanalysis or many? *Int. J. Psychoanal.* 69:5–22.

Weil, A. P. (1970). The basic core. *Psychoanal. Study Child*, 25:442–460.

Weil, A. P. (1976). The first year: Metapsychological inferences of infant observation. In *The process of child development*, ed. P. Neubauer. New York: Aronson, pp. 246–265.

Weil, A. P. (1978). Maturational variations and genetic-dynamic issues. *J. Amer. Psychoanal. Assn.*, 26:461–491.

Weinshel, E. M. (1970). Some psychoanalytic considerations on moods. *Int. J. Psychoanal.*, 51:313–320.

Weissman, P. (1954). Ego and superego in obsessional character and neurosis. *Psychoanal. Q.*, 23:529–543.

Werner, H., and Kaplan, B. (1963). *Symbol formation*. New York: Wiley.

Widzer, M. E. (1977). The comic-book superhero: A study of the family romance fantasy. *Psychoanal. Study Child*, 32:565–604.

Williams, M. (1972). Problems of technique during latency. *Psychoanal. Study Child*, 27:598–617.

Winnicott, D. W. (1949). The ordinary devoted mother. In *Boundary and space*, ed. M. Davis and D. Wallbridge. New York: Brunner/Mazel, 1981, pp. 125–130.

Winnicott, D. W. (1952). Anxiety associated with insecurity. In *Collected papers*. New York: Basic Books, 1958, pp. 91–100.

Winnicott, D. W. (1953). Transitional objects and transitional phenomena. In *Playing and reality*. New York: Basic Books, 1971, pp. 1–25.

Winnicott, D. W. (1956). Primary maternal preoccupation. In *Collected papers*. New York: Basic Books, 1958, pp. 300–305.

Winnicott, D. W. (1959). The fate of the transitional object. In *Psychoanalytic explorations*, ed. C. Winnicott, R. Shepherd, and M. Davis. Cambridge: Harvard Univ. Press, 1989, pp. 53-58.

Winnicott, D. W. (1960). Ego distortion in terms of true and false self. In *The maturation processes and the facilitating environment*. New York: Int. Univ. Press, 1965, pp. 140-152.

Winnicott, D. W. (1962a). Ego integration in child development. In *The maturational processes and the facilitating environment*. New York: Int. Univ. Press, 1965, pp. 56-63.

Winnicott, D. W. (1962b). The theory of the parent-infant relationship. *In The maturational processes and the facilitating environment*. New York: Int. Univ. Press, 1965, pp. 37-55.

Winnicott, D. W. (1965). The *maturational processes and the facilitating environment*. New York: Int. Univ. Press.

Winnicott, D. W. (1967). Mirror-role of mother and family in child development. In *Playing and reality*. New York: Basic Books, 1971, pp. 111-118.

Winnicott, D. W. (1971). *Playing and reality*. New York: Basic Books.

Wolf, E. S. (1988). Case discussion and position statement. *Psychoanal. Inq.*, 8:546-551.

Wolff, P. H. (1959). Observations on newborn infants. *Psychosom. Med.*, 21:110-118.

Wolff, P. H. (1960). *The developmental psychologies of Jean Piaget and Psychoanalysis*. Psychological Issues, Monograph 5. New York: Int. Univ. Press.

Wolff, P. H. (1966). *The causes, controls, and organization of behavior in the neonate*. Psychological Issues, Monograph 17. New York: Int. Univ. Press.

Wolff, P. H. (1981). Normal variation in human maturation. In *Maturation and development*, ed. K. J. Connolly and H. F. R. Prechtl. London: Heinemann, pp. 1-18.

Yakovlev, P. I., and Lecours, A. P. (1967). The myelogenetic cycles of regional maturation of the brain. In *Regional development of the brain in early life*, ed. A. Minkowski. Oxford: Blackwell, pp. 3–70.

Yasmajian, R. V. (1966). The testes and body-image formation in transvestitism. *J. Amer. Psychoanal. Assn.*, 14:304–312.

Yasmajian, R. V. (1967). The influence of testicular sensory stimuli on the dream. *J. Amer. Psychoanal. Assn.*, 15:83–98.

Yogman, M. W. (1982). Observations on the father-infant relationship. In *Father and child*, ed. S. H. Cath, A. Gurwitt, and J. M. Ross. Boston: Little, Brown, pp. 101–122.

Yorke, C. (1971). Some suggestions for a critique of Kleinian psychology. *Psychoanal. Study Child*, 26:129–155.

Yorke, C., and Wiseberg, S. (1976). A developmental view of anxiety. *Psychoanal. Study Child*, 31:107–135.

Zetzel, E. R. (1965). A developmental model and the theory of therapy. In *The capacity for emotional growth*. New York: Int. Univ. Press, 1970, pp. 246–269.

역자 후기

이 책을 읽다 보면 백여 년에 걸친 정신분석 이론가들의 노력을 볼 수 있다. 즉 성찰과 협력, 경쟁 속에서 정신분석의 개념이 어떻게 발전해 왔는지, 정신분석적 관점이 어떻게 전개되어 왔는지 자연스럽게 알게 된다. 또한 정신성 발달, 대상관계 발달, 자기감의 발달에 관한 이론들을 주의 깊게 통합하고 있어서 전체적인 마음의 모습을 그려 볼 수 있게 해준다. Tyson부부는 교육자로서 또 임상가로서 많은 경험과 뛰어난 글솜씨로 방대한 자료를 참고하여 참 쉽지 않은 일을 해 낸 것 같다. 그 바탕에는 정신분석적 사고에 대한 헌신과 그것이 사람들을 도울 것이라는 믿음이 있었기에 가능한 일이 아니었을까 생각해 본다.

하다 보니 번역에 거의 2년이 걸렸다. 우리말로 옮기고 토론하고 수정하고 그런 과정을 되풀이하였고 다행히 원서가 지닌 매력 덕분에 별로 지치지 않고 해 나갔던 것 같다. 군더더기 없는 표현과 명료한 문장, 저자의 호흡이 느껴지는 문장의 연결이 그 내용과 더불어 새로운 앎의 세계로 끌어당기는 것 같았다. 번역하면서 그런 점을 살리려고 노력하였지만 현실은 마음만큼 따라주지 않은 것 같다.

이 책은 사람들이 가진 마음의 모습을 보여 준다. 사람마다 외모가 다른 것은 쉽게 알 수 있지만, 마음의 모습이 다른 것은 알기 어렵다. 마음을 보는 법을 모르기 때문이다. 이 책은 자신이나 타인의 마음의 모습을 볼 수 있도록 도와준다. 예를 들어, 정신성 발달이 어떻게 이루어졌는지, 대상관계에서 리비도적 대상 항상성을 성취했는지, 삼자간 대상관계가 자리 잡았는지, 정동을 신호로 이용할 수 있는지, 그래서 불안에 쉽게 압도되지 않는지 등을 고려해야 한다는 것. 또한 초자아가 마음속에 분명히 자리 잡아 사회 속에서 자신의 위치를 아는지, 죄책감이 적절한지, 이상을 추구하는 마음이 있는지 하는 것. 그러면서 궁극적으로는 자아가 이 모든 것을 적절히 다룰 수 있는지 보는 것이다.

또한 이 책의 개념들은, 사람의 마음을 이해하고 치료하는 일을 하는 이들이 환자가 주는 단서를 따라 환자의 마음을 조금씩 알아 갈 때, 훌륭한 지원군이 되어 줄 것이다. 우리는 이 책을 번역하면서 발달과 정신분석의 기본 개념을 철저히 알고 싶었고, 자신과 환자의 마음을 더 잘 이해하고 싶었다. 그리고 이제 원하던 것 이상을 얻었다고 느낀다. 지금 바라기로는 이 번역서를 읽는 다른 분들도 원하는 것을 얻었으면 한다.

이 책을 번역하는 동안에 알게 모르게 많은 분들의 격려와 지지 속에 있다는 것을 새삼 느꼈다. 먼저, 꾸준히 정진하면서 귀감이 되어 주신 부산정신치료연구회의 오민웅, 김종길 선생님과 회원들께 감사드린다. 또 정신분석적 치료를 지도해 주신 대한분석치료학회의 유태열, 이동수 교수님과 여러 회원, 그리고 정신분석을 깊이 있게 알게 해 주신 하혜경 선생님께도 감사드린다. 또한 이 책을 번역한다고 알렸을 때 함께 기뻐하면서 즉시 이메일로 답해 주셨던 저자 Robert L. Tyson 선생님의 따뜻한 관심에 감사드린다. 책의 출판을 맡아 주신 산지니 출판사의 강수걸 대표님, 세심하면서도 노련하게 교정을 봐 주신 권경옥 편집장님, 정리하는 데 수고를 아끼지 않은 윤은미 님께도 진심으로 감사한다.

끝으로 이 책에서 발견되는 어떤 오류도 부족한 번역자의 책임임을 밝히며, 아무쪼록 인간 발달을 정신분석적으로 이해하려는 독자들에게 이 책이 유익한 도움이 되길 간절히 기대한다.

2013년 1월

박영숙 · 장대식

찾아보기

인명

내용